FRIEDRICH HEBBEL · TAGEBÜCHER

FRIEDRICH HEBBEL

TAGEBÜCHER

AUSWAHL UND NACHWORT VON
ANNI MEETZ

PHILIPP RECLAM JUN. STUTTGART

Universal-Bibliothek Nr. 8247 [6]
Alle Rechte vorbehalten. © 1963 Philipp Reclam jun., Stuttgart
Gesamtherstellung: Reclam, Ditzingen. Printed in Germany 1987
ISBN 3-15-008247-1

Erstes Tagebuch

HAMBURG. HEIDELBERG. MÜNCHEN. HAMBURG. KOPENHAGEN. HAMBURG

Reflexionen
über Welt, Leben und Bücher, hauptsächlich aber
über mich selbst, nach Art eines Tagebuchs,
von K. F. Hebbel

Angefangen den 23. März 1835

Ich fange dieses Heft nicht allein meinem künftigen
Biographen zu Gefallen an, obwohl ich bei meinen Aus-
sichten auf die Unsterblichkeit gewiß sein kann, daß ich
einen erhalten werde. Es soll ein Notenbuch meines
Herzens sein und diejenigen Töne, welche mein Herz
angibt, getreu, zu meiner Erbauung in künftigen Zeiten, aufbewahren. Der Mensch ist anders als ein Instru-
ment, bei welchem alle Töne in ewigem Kreislauf, wenn
auch in den seltsamsten Kombinationen, wiederkehren;
das Gefühl, welches in seiner Brust einmal verklingt, ist
für immer verklungen; ein gleicher Sonnenstrahl erzeugt in der psychischen nie, wie in der physischen, die-
selben Blumen. So wird jede Stunde zur abgeschlosse-
nen Welt, die ihren großen oder kleinen Anfang, ihr
langweiliges Mittelstück und ihr ersehntes oder ge-
fürchtetes Ende hat. Und wer kann gleichgültig so
manche tausend Welten in sich versinken sehen und
wünscht nicht, wenigstens das Göttliche, sei es Wonne
oder Schmerz, welches sich durch sie hinzog, zu retten?

Darum kann ich es immer entschuldigen, wenn ich täglich einige Minuten auf dieses Heft verwende[1].   *(1)*

[HAMBURG]

d. 28. März. Für einen Roman: der Teufel, der eine Jungfrau als Geliebter umspinnt. Sie hat der Welt entsagt, lebt in einem Kloster. Er will sie durch das Höchste des Lebens, durch die Liebe selbst, verderben. Er nähert sich ihr, sie zieht sich zurück; er stürzt sich ins Wasser, sie rettet ihn. Er tut v i e l Gutes, daß sie es weiß; sie bewundert ihn, die Bewunderung wird L i e b e. Zusammentreffen in einem wilden Augenblick. Dadurch schon ist ihrer Seele Frieden dahin, er untergräbt ihr alle Hoffnungen auf die Ewigkeit, zeigt ihr den gerichteten Jesus (Vision) so, daß sie endlich nichts mehr hat als i h n. Katastrophe: er zeigt sich ihr als Teufel; sie hat nichts mehr als i h n, sie will ihm in die Hölle folgen. Da aber stirbt sie plötzlich, Engel erfüllen das Zimmer. „Die Seele, die t r e u ist, geht nicht verloren.“   *(9)*

Tagebuch des Teufels
Und nun möchte ich dieses Buch nehmen und es tragen vor des Ewigen Thron und sagen: „Vater, lies es! Sage mir, hat er die Macht — —“

— —

Sie ergibt sich dem sinnlichen Rausch —

1. In dieser feierlichen Präambel, die der zweiundzwanzigjährige Hebbel seinem Tagebuch voranstellt, mischen sich Selbstbewußtsein, Ideen über das Wesen der menschlichen Seele und Ironie gegenüber der Diskrepanz zwischen seinen geistigen Ansprüchen und seiner äußeren Lage. Er war damals von Wesselburen nach Hamburg gekommen, um das für die Universität nötige Schulwissen zu erwerben, unterstützt durch die Schriftstellerin Amalie Schoppe (1791-1858) und einige wohlhabende Gönner.

— — — jenes Leben ist nicht und dieses verbittert er uns durch den eitlen Glauben an jenes. In dem Augenblick der Sinnlichkeit befriedigt auch er sie nicht; zu anderen — Beweis dafür, daß auch in der Sinnlichkeit nur im Streben der Genuß liegt; und im Töten.

(10)

d. 1. April. Gestern habe ich zum erstenmal mein Logis gewechselt[1] und bei all dem Hin- und Herschleppen wertloser Sachen gefunden, daß ich eigentlich noch zuviel Eigentum habe. Original: der Karrenschieber, der mir half. Er kam des Morgens zu mir und sagte: „Neh, Minschenfründe jſt dat in Hamborch nich mehr; stell de Herr sich för: da jeh ich to eenem Satan von Wief und stell een Pand up eenen Sösseln, aberstsch, dat Wieff iß schlümmer aß de Juden, seh nimmt nich denn Pand." Er hatte nämlich einen Schnaps auf Kredit trinken und — seinen leeren Geldbeutel zum Pfand setzen wollen.

(13)

Furchtbar wäre es, wenn das Elixier der Unsterblichkeit noch einmal in künftigen Zeiten erfunden würde. Das wäre zugleich ein Beweis dafür, daß die Toten nie aufstehen können, sie, die Armen, für ewig, ewig tot!!!!

(14)

Wenn der Mensch eine Mischung aus allen Naturstoffen wäre (siehe mein Gedicht „Naturalismus"[2]), so wäre jenes Elixier vielleicht ein Gebräu aus allen animalischen und vegetabilischen Säften.

(15)

Die Linie des Schönen ist haarscharf und kann nur um 1000 Meilen überschritten werden. Das Geringste ist alles.

(19)

Warum kann ich keine Musik länger hören als eine

---

1. Hebbel zog zu der Mutter und dem Stiefvater von Elise Lensing (1804-54), die er durch Amalie Schoppe kennengelernt hatte.
2. Später benannte Hebbel dieses Gedicht um in *Der Mensch*.

Die erste Seite von Hebbels Tagebüchern
(leicht verkleinert)

Viertelstunde? Ich denke mir: Es gibt ein Tiefstes der Seele, wenn dieses aufgeregt ist, so kann sie nur noch gefoltert oder kalt gemacht werden. Der Schmerz liegt überhaupt in der D a u e r , die Freude im A u g e n - b l i c k . *(25)*

d. 24. April. Wie ist es mit Blumendüften? Entwickeln sie sich fortwährend aus den Blumen oder ist ihre Dauer an einen Augenblick geknüpft. Unter Dauer verstehe ich hier natürlich den höchsten Grad geistigen Gehalts. *(27)*

d. 6. Mai. Am gestrigen Tage habe ich Elisens Haus wieder verlassen[1]. Ich habe wohl Ursache, den sechs Wochen, die ich bei ihr verlebt habe, ein kleines Denkmal zu setzen, denn so wie mir die Güte gleich beim Eintritt entgegenkam, habe ich die Liebe mit fortgenommen. Das Mädchen hängt unendlich an mir; wenn meine künftige Frau die Hälfte für mich empfindet, so bin ich zufrieden. *(31)*

d. 19. Mai. Und wenn man denn auch die b e w u ß t e Unsterblichkeit aufgeben muß — ist es nicht gleichgültig, ob ich weiß, daß ich schon f r ü h e r gelebt habe, wenn ich j e t z t nur lebe? *(32)*

Die Seelenwanderung — ein Dieb könnte ehemals Herr der Sachen gewesen sein, die er jetzt stiehlt. *(33)*

d. 18. Juni. Solch einen Roman kann ich am Ende noch zugestehen, wo die Situationen ungeheuer sind und eben darum in ganz gewöhnlichen Charakteren das Ungewöhnliche hervorbringen. *(34)*

D a s I d e a l . Es gibt keins, als die verschwundene Realität der Vergangenheit. *(39)*

Nichts ist erklärlicher, als daß Schillers Schule sich nicht

1. Hebbel zog zu einem Herrn Weiß am Stadtdeich.

halten konnte; eben weil seine ungeheure Subjektivität, die eine ganze Welt von philosophischen Ideen in sich aufgenommen hatte, erforderlich war, um seine Gedichte vortrefflich zu machen. *(40)*

Das ist das Unterscheidendste der jetzigen Zeit gegen die frühere, daß jetzt nur die M a s s e und ehemals nur der bedeutende E i n z e l n e lebte. *(46)*

Heute abend kam Elise endlich von ihrer Reise zurück. Es ist merkwürdig, wie die Frauen, die am Mann doch nur eben das lieben, was ihrer Natur gerade entgegengesetzt ist, ihn doch so gerne zu dem machen wollen, was sie selbst sind; sie sind Göttinnen, die nur seine Sünden v e r g ö t t e r n und ihm diese Sünden dennoch n i e vergeben. Sie will mein Tagebuch sehen, und ich hab es ihr versprochen. Sie wird sich wundern, daß ich nur wenig über sie niedergeschrieben habe; aber sie wird sich nicht mehr wundern, wenn sie sieht, daß ich über Alberti[1] kein Wort niedergeschrieben. *(48)*

Menschliche Verhältnisse haben nur so lange Peinliches für mich, als ich sie nicht durchschaut, als ich nicht erkannt habe, daß sie auf der Natur basiert sind. *(50)*

Wen ein großes Schicksal zugrunde richtet, ist klein, wen ein kleines vernichtet, der kann groß sein. *(53)*

So wie der Physiologe nur durch die Anatomie des Tiers die Konstruktion des Menschen erfaßt hat, so sollte auch der Psycholog mit dem Tiere anfangen und durch die an diesem beobachteten geistigen Erscheinungen zum Menschen hinaufsteigen. *(67)*

d. 23. Juli. Die Offenbarung Gottes in der Bibel folgt nicht einmal aus c h r i s t l i c h e n Begriffen. Wenn

---

1. Leopold Alberti (1816-92) war mit Hebbel von Dithmarschen her befreundet und teilte jetzt das Zimmer mit ihm.

er sich offenbaren wollte, so hätte er vermöge seiner Liebe, die es ihm nicht erlaubte, die Menschen irrezuführen, und vermöge seiner Allmacht, die es ihm möglich machte, ein Buch liefern müssen, welches über alle Mißdeutung erhaben war und von jedem, wie er selbst, erfaßt werden konnte. So hat er sich z. B. in der Natur ausgesprochen, die von jedem verstanden wird.   (72)

Warum s c h r i e b Christus nicht, wenn er die Evangelien wollte?   (73)

Die alten Acht-Erklärungen der Kaiser von Deutschland hoben eigentlich, statt ein Akt der Gerechtigkeitspflege zu sein, alles Recht auf. In dem Augenblick, wo ein Mensch außer dem Gesetz erklärt wird, wird ihm seine natürliche Freiheit zurückgegeben; gegen den Staat, der ihn nicht mehr als sein Mitglied anerkennt, hat er auch nicht mehr die Pflichten eines Mitgliedes. Er befindet sich ganz im rohen Naturzustande, und jeder einzelne mag ihn betrachten wie ein wildes Tier, an dem er sich nicht allein deswegen vergreifen darf, wenn es ihm geschadet hat, sondern auch deswegen, weil es ihm schaden k a n n ; nur der Staat selbst, als Gesamtheit, hat kein Recht der Strafe, denn durch das Hinausstoßen aus seiner Mitte hat er den Menschen selbst dispensiert von den Gesetzen, die nur Kraft für den haben, der auch ihre Vorteile genießt.   (78)

1. Aug. G e d a n k e n sind K ö r p e r der Geisterwelt, bestimmte Abgrenzungen des geistigen Lichts, die n i c h t vergehen, da sie übergehen in die Erkenntnis des Menschen. Merkwürdige Übereinstimmung der äußeren und inneren Natur!   (86)

Meine erste Erzählung: „Zitterlein", angef. d. 27. Juni, beendigt d. 1. Aug.   (87)

Augen, die für nichts und wieder nichts glühen.   (88)

Es läßt sich wohl eine Abgrenzung, nicht aber eine Vollendung des Goetheschen „Fausts" denken. Wenn der „Faust" vollendet werden sollte, müßte zuvor die Philosophie vollendet werden. *(89)*

An die Redaktion des Morgenblatts in Stuttgart.
Im Anschluß bin ich so frei, einer verehrlichen Redaktion einige Gedichte zur gefälligen Benutzung für das Morgenblatt zu übersenden. Hiermit verbinde ich die Vorfrage, ob Sie mir verstatten wollen, eine Sendung dieser Art zu wiederholen, und ob Sie etwa auch von Erzählungen und anderen prosaischen Arbeiten aus meiner Feder Gebrauch machen können. Ich hoffe, daß Sie mich hierüber in einigen durch Buchhändlergelegenheit leicht an mich zu befördernden Zeilen oder auch, wenn sich dieses mit Ihrem Geschäftsgange nicht vertragen sollte, durch eine kleine Anzeige im Morgenblatte selbst in Kenntnis setzen werden; für den Fall, daß Ihre Antwort meinen Wünschen gemäß ausfiele, werde ich dasselbe Honorar erwarten dürfen, was anderen Mitarbeitern zuteil wird.
Mit vorzügl. Hochachtung   ganz ergebenst
H.
Angeschlossen: auf ein schl[ummerndes] Kind; Offenbarung; das Kind; Abendgang.   *(92)*

In dem Augenblick, wo wir uns ein Ideal bilden, entsteht in Gott der Gedanke, es zu schaffen. *(96)*

Lustige Erinnerung
Ich habe einmal, weil ich ille, illa, illud nicht behalten konnte, auf der Lombardsbrücke gestanden und geflucht: Gott verdamm' mich, wär' ich nie nach Hamburg gekommen! *(97)*

Das Komische ist die beständige Negation der Natur. *(99)*

Der Geschmack einer Nation geht dem Genius nie vorauf, sondern hinkt ihm beständig nach[1]. *(109)*

Wenn ich meinen Begriff der Kunst aussprechen soll, so möchte ich ihn auf die unbedingte Freiheit des Künstlers basieren und sagen: Die Kunst soll das L e b e n in all seinen verschiedenartigen Gestaltungen ergreifen und darstellen. Mit dem bloßen Kopieren ist dies natürlich nicht abgetan, das Leben soll bei dem Künstler etwas anderes als die Leichenkammer, wo es aufgeputzt und beigesetzt wird, finden. Wir wollen den Punkt sehen, von welchem es ausgeht, und den, wo es als einzelne Welle sich in das Meer allgemeiner Wirkung verliert. Daß diese Wirkung eine gedoppelte sein und sich sowohl nach i n n e n als nach a u ß e n kehren kann, ist selbstverständlich. Hier ist die Seite, von welcher aus sich eine Parallele zwischen den Erscheinungen des wirklichen Lebens und denen des in der Kunst fixierten ziehen läßt. *(110)*

Gefühl ist das unmittelbar von innen heraus wirkende Leben. Die Kraft, es zu begrenzen und darzustellen, macht den lyr[ischen] Dichter. *(111)*

Das D r a m a schildert den G e d a n k e n, der T a t werden will durch H a n d e l n oder D u l d e n. *(112)*

— — allein sie (Körners Charaktere)[2] sind nun einmal, wie alle Geschöpfe des bloßen Talents, Pfeile, die von einer gewissen Sehne ab, einem gewissen Ziele zufliegen und daher nur nach ihrer Abweichung von dieser ihrer Bahn beurteilt werden können. Hierin ist auch der Unterschied zwischen Goethes und Schillers Char[akteren] zu suchen. Schillers Charakt[ere] sind — um mich eines Wortspiels, was hier einmal das Richtige ausdrückt, zu

1. Aus Hebbels Aufsatz *Über Theodor Körner und Heinrich von Kleist* für den „Wissenschaftlichen Verein von 1817". — 2. Ebenda.

bedienen — dadurch schön, daß sie gehalten sind, Goethes dadurch, daß sie n i c h t gehalten sind. Sch. zeichnet den Menschen, der in seiner Kraft a b g e - s c h l o s s e n ist und nun, wie ein Erz, durch die Verhältnisse e r p r o b t wird, deswegen war er im h i - s t o r i s c h e n D r a m a groß. Goethe zeichnet die unendlichen Schöpfungen des Augenblicks, die ewigen Modifikationen des Menschen durch jeden Schritt, den er tut, dies ist das Zeichen des Genies. *(114)*

Humor ist Erkenntnis der Anomalien. *(118)*

Wie ist Tod, der nicht u n m i t t e l b a r e n d e t, möglich, da das Leben u n t e i l b a r und jedes Ingredienz zum Fortbestehen notwendig ist? *(121)*

Glaube ist nicht dunkle, sondern vielmehr hellste Wirksamkeit des Geistes, er umklammert mit Sicherheit das außer dem Kreis der Sinne liegende Verwandte. *(122)*

Die Eifersucht nimmt zu, wie die Schönheit abnimmt. *(123)*

Aufgabe aller Kunst ist Darstellung des Lebens, d. h. Veranschaulichung des Unendlichen an der singulären Erscheinung. Dies erzielt sie durch Ergreifung der für eine Individualität oder einen Zustand derselben bedeutenden Momente. *(126)*

[1836]

E r i n n e r u n g e n a u s d e r K i n d h e i t
Bis in mein 14. Jahr habe ich, obwohl ich Verse machte, keine Ahnung gehabt, daß ich für die Poesie bestimmt sein könne. Sie stand mir bis dahin als ein Ungeheures vor der Seele, und eher würde ich es meinen körperlichen Kräften zugemutet haben, eine Alp zu erklimmen, als meinen geistigen, mit einem Dichter zu wett-

15

eifern, obwohl mich beides reizte. Ich stand in einem
Verhältnis zur Poesie wie zu meinem Gott, von dem ich
ich wußte, daß ich ihn in mich aufnehmen, aber ihn
nicht erreichen könne. Deutlich erinnere ich mich übrigens noch der Stunde, in welcher ich die Poesie in ihrem
eigentümlichsten Wesen und ihrer tiefsten Bedeutung
zum erstenmal ahnte. Ich mußte meiner Mutter immer
aus einem alten Abendsegenbuch den Abendsegen vorlesen, der gewöhnlich mit einem geistlichen Liede
schloß. Da las ich eines Abends das Lied von Paul Ger-
hardt, worin der schöne Vers:

> „Die goldnen Sternlein prangen
> Am blauen Himmelssaal"

vorkommt. Dies Lied, vorzüglich aber dieser Vers, ergriff mich gewaltig, ich wiederholte es zum Erstaunen
meiner Mutter in tiefster Rührung gewiß zehnmal. Damals stand der Naturgeist mit seiner Wünschelrute
über meiner jugendlichen Seele, die Metalladern sprangen, und sie erwachte wenigstens aus einem Schlaf.
1. Jan. 1836.   *(134)*

Das deutsche Volk, so wie ich es kenne, macht es mit
seinen Märtyrern, wie Gott es mit Christus machte: es
läßt ihn ruhig kreuzigen und bewundert ihn: aus dop-
pelten Gründen; was (denkt es) ist er v o r der K r e u -
z i g u n g ?   *(139)*

Selbst im Fall einer Revolution würden die Deutschen
sich nur S t e u e r freiheit, nie G e d a n k e n freiheit
zu erkämpfen suchen.   *(140)*

Es gibt Ungerechtigkeiten, die gerade nur d i e s e r
Mensch gegen j e n e n begehen und deren Größe der
Gekränkte nur dadurch zeigen kann, daß er ebenso
viele gegen den andern begeht. In diesem Fall befinde
ich mich zu dem Kirchspielvogt Mohr[1] in Wesselburen.
                                                 (141)

---

1. Nach dem Tode von Hebbels Vater (November 1827) hatte der

16

Das gesellschaftliche Leben in all seinen Nuancen ist kein bloßer Konflux bodenloser Zufälligkeiten; es ist das Produkt der Erfahrung ganzer Jahrtausende, und unsere Aufgabe ist, die Richtigkeit dieser Erfahrungen aufzufassen. *(143)*

Das Leben mit seinen verschiedenen Epochen ist eine Schatzkammer. Wir werden reich in j e d e m Gewölbe beschenkt; w i e reich, das erkennen wir erst bei dem Eintritt in das n ä c h s t e Gewölbe. *(144)*

Leidenschaft begeht keine Sünde, nur die K ä l t e . Brich j e d e Blüte, selbst wenn du sie nicht für ewig ins Wasserglas zu stellen gedenkst, nur d u f t e sie dir! *(145)*

[HEIDELBERG]

In Schwetzingen die ungeheuren Kastanienbäume, die um das Schloß herumquellen; dann die Fontäne, deren hervorspringendes Wasser einen großen Kristallbecher bildete, den die Sonne wunderbar schön beleuchtete.

(151)

Ich saß (auf'm Heidelberger Schloß) auf der Terrasse und las Goethes „Achilleis"; ein Gewitter zog herauf und kündigte sich, wie etwa eine beginnende Schlacht, durch abgemessene, einzelne Donnerschläge an; der Wind erhub sich und rauschte vor mir in den Bäumen; Regenwolken ergossen in längeren und kürzeren Pausen kalte, dicke Tropfen; von unten schäumte der Neckar zu mir herauf; vor mir sah ich auf einer Bank einen schlafenden Knaben, den Donner, Regen und

Kirchspielvogt Mohr in Wesselburen Hebbel als Laufburschen in sein Haus genommen, wo er bald als Schreiber beschäftigt, aber weiterhin zu den Domestiken gerechnet wurde. 1854 rechnete Hebbel in einem großen Brief mit Mohr ab (vgl. 5300).

Wind nicht zu erwecken vermochten, und in der Ferne, riesenhaft aufdämmernd, die Rheingebirge.

Brief an Brede, 26. Mai 36.   *(152)*

d. 4. Juni. All mein Leben und Streben ist jetzt eigentlich nur noch ein Kämpfen für Mutter und Leichenstein. Jene soll nicht darben, wenigstens nicht an Hoffnung — mehr kann ich ihr seit lange schon nicht geben —, dieser soll nicht durch hämische Zungen verunglimpft werden. Sonst, wie sie mich drückt, diese hohle, flache Existenz, wie es mich drückt, für eine Last, der ich erliege, auch noch, damit sie mir bleibt, arbeiten zu müssen!   *(156)*

Nur mit Bezug auf sich selbst, auf die innern Konflikte, halte man jenen Grundbegriff notwendiger Verschiedenartigkeit aller individuellen Weltanschauung fest. Nach außen hin verfechte man die seinige, das ist Lebensbedürfnis und Lebensbedingung zugleich.   *(157)*

Die Kraft zum Leben fängt immer an, wo die Kraft zum Leben aufhört. Und es ist nicht immer Feigheit, die nicht länger wagt, sich den großen Geheimnissen des Grabes und der Ewigkeit entgegenzustellen; es ist auch wohl bloßes Lebensbedürfnis, welches sich in den Gott hineinspielt, um den Menschen durch ein in der Idee sich Angeeignetes zu ergänzen.   *(158)*

Nur die nächste Folge einer Tat darf dem Menschen zugerechnet werden; alles andere ist Eigentum der Götter; sie tun, was ihnen gefällt und uns nicht gefällt.

(161)

Wie oft verwechselt man Einfälle mit Ideen.   *(167)*

In dunkler Nacht bei starkem Regen aus dem Fenster lugen.   *(171)*

d. 9. Juni. Gestern abend die „Anna"[1] beendet. Zum

1. Eine der frühen Erzählungen Hebbels.

erstenmal Respekt gehabt vor meinem dramatisch-
episch in Erzählungen sich ergießenden Talent. *(178)*

Eine poetische Idee läßt sich gar nicht a l l e g o r i s c h
ausdrücken; Allegorie ist die Ebbe des Verstandes und
der Produktionskraft zugleich. *(197)*

Furcht ist kein Gefühl, es ist der einzige Zustand, der
den Menschen aufhebt. *(207)*

Wirf nicht immer weg, was du verwirfst. Bist du was,
so hängt all dein Tüchtiges oft mit deinem Fehler zusammen, wie der Baum mit seinem Erdreich. Sei dieses
so schlecht, wie es wolle; es muß geduldet werden, des
Baumes wegen. *(209)*

Ein Käfer, der durchs Licht angelockt heut nacht um
1 Uhr an mein Fenster flog und possierlich daran her-
umtappte, erinnerte mich, wie lustig menschliche Bestrebungen um Wahrheit und Wahrhaftigkeit dem
höheren Geist sein müssen. *(215)*

Jede Nation findet einen Genius, der in ihrem Kostüm
die g a n z e Menschheit repräsentiert, die deutsche
Goethen. *(217)*

„Faust" ist gemeinsame Geburt des gewichtigsten Stoffs
und des gewaltigsten Geistes und kann darum nicht
zum zweitenmal produziert werden. Das Werk begreifen heißt seine Unbegreiflichkeit, die es mit jedem Na-
turwerk gemein hat, erfassen. *(218)*

A u s e i n e m B r i e f a n H e r r n K [irch] s p [ie] l-
s c h r e i b e r V o ß   Juli 1836
Heidelberg liegt ganz eigentümlich am Neckar, einem
kleinen, muntern Fluß, zwischen zwei bedeutenden
Bergreihen, harmlos und freundlich, wie es sich bei einer so gigantischen Umgebung geziemt; eine Brücke,
schlank, wie der Bogen, den eine Schwalbe im Fliegen
beschreibt, führt über den Neckar und endigt sich in ei-

19

nem wirklich imposanten Tor. — — — — — — — —
Die N. 4 bezeichnet die prachtvollen Ruinen des Heidelberger Schlosses, welches, mit unendlicher Kühnheit, eine gewaltige Masse, an den Berg hinaufgebaut, stolz und majestätisch-ernsthaft auf die Stadt herabschaut; man muß, wenn man es in seiner ganzen Bedeutung erfassen will, es des Abends im Mondschein vom Karlsplatz aus sehen; da hängt es, geheimnisvoll wie ein Gespenst des Mittelalters, aber überwuchert von üppigster Vegetation der frischesten Gegenwart — ein Geist, der sich mit Laub und Blumen schmückt, herunter; in den auf Mauern und Türmen aufgeschossenen Bäumen säuselt der Nachtwind, und darüber, gleich einer goldenen Krone, funkelt der Sternenkranz.   *(229)*

Der zweite Teil des „Faust" ist einer mythologischen Prozedur des Geistes entsprossen, aber das Mythologische ist nicht poetisch, denn es hat keine Grenzen und d a r f keine Grenzen haben.   *(241)*

     Die Sucht, ein großer Mann zu werden,
     Macht manchen zum kleinsten Mann auf Erden!
Nicht, wie so mancher, möcht ich, Inschriften aufkratzend wie ein Antiquitäten-Krämer, oder phrasendrechselnd wie ein Alltagspoet, an den unendlichen Schätzen der Kunst (in Italien) vorüberkriechen oder vorübertrampeln. Erfassen möcht ich's, soweit es menschlichem Geist möglich ist, was gelebt hat in jenen ewigen Meistern, darstellen durchs Wort wenigstens ihre Intention und dem Auge Rechenschaft abnehmen für den Verstand. Dazu aber gehört bei bestem Naturell ernstunablässiges Studium, anzufangen, sobald man seine Notwendigkeit erkannt hat, fortzusetzen bis an den Tod.   Brief an Wacker[1], 28. Juli 1836. *(245)*

Der Schmerz ist ein E i g e n t u m, wie das Glück und die Freude.   *(250)*

---

1. Jugendfreund Hebbels in Wesselburen.

Mittags habe mit Rousseau[1] eine Gemäldegalerie[2] gesehen; darunter von Holbein eine Maria Stuart[3], ein Gesicht, welches weiß, daß es einer Königin und der schönsten Frau angehört; einen Albrecht Dürer von ihm selbst, sein Gesicht das Inhaltsverzeichnis seiner Leidensgeschichte, worin sich aber deutlich ausspricht, daß es nun nicht schlimmer werden kann; viele Porträts von Lucas Cranach; Venus, Bacchus, Cybele und Amor von Guido Reni; Schülererzeugnisse aus der Rembrandtschen Schule; einiges von Tizian; eine Kopie nach Raffael. An einzelnen Gemälden, deren Meister ich nicht kannte: das Porträt der Frau von Montespan, übermütig-anziehend, ein Weib, worin sich nur ein König zu verlieben herausnimmt; ein Faun, der eine schlafende Nymphe, den Schleier aufhebend, betrachtet, mit Blicken, die sie erwecken könnten, wie ringelnde Feuerflammen, die am Bett hinauflecken; eine Trinkstube aus der niederländischen Schule: zwei sitzen am Tisch, der Wirt steht vor dem Kamin, die Flamme, zwischen seine Beine hindurchfallend, wunderbar alles beleuchtend.
Ein Spiegel war angebracht, damit, wenn eine Dame betrachten will, das s c h ö n s t e Bild nicht fehle. *(253)*

Übrigens war ich ganz wie Hans in der großen Stadt; es wird mir jetzt deutlicher wie vor den Kunstwerken, denn ich drechsle Phrasen. *(254)*

Auf Anerkennung des vorhandenen Trefflichen basiert sich eigentlich das ganze Gefühl der Menschheit. *(270)*

Wie der Sternenhimmel die Menschenbrust w e i t machen kann, begreif ich nicht; mir löst er das Gefühl der

1. Emil Rousseau (1817-38), Studienfreund Hebbels, Sohn eines Apellationsrats aus Ansbach (vgl. Zeittafel u. Anm. zu 1305).
2. Graimbergische Altertümersammlung.
3. Irrtum Hebbels. Holbein starb schon 1543, als Maria Stuart erst ein Jahr alt war.

Persönlichkeit auf, ich kann nicht denken, daß die Natur sich die Mühe geben sollte, mein armseliges Ich in seiner Gebrechlichkeit zu erhalten. *(272)*

„Ich bin kein Adler!" sagte der Strauß. Alles bewunderte ihn wegen seiner Bescheidenheit. Er aber machte ein dumm Gesicht, denn er hatte hinzufügen wollen: „Darum kann ich nicht allein vortrefflich fliegen, sondern auch vortrefflich gehen!" *(279)*

Mitten unter den ungeheuersten Kräften, die ihn umbrausen, mit verbundenen Augen allein zu stehen und doch das lösende Zauberwort auf der Lippe zu fühlen, das ist des Menschen schweres Los. Ein Schiffer in der Sturmnacht auf unbekanntem Gewässer. *(283)*

d. 11. August. Wenn der Richter einen Bock schießt, schlachtet der Advokat ihn ab. *(284)*

Das Steckenpferd ist das einzige Pferd, welches über jeden Abgrund trägt. *(300)*

Ein Wahnsinniger explizierte anderen die Lebensgeschichte der anderen Irren und sagte zuletzt: „Hier sehen Sie den größten Narren, der hält sich für Gott Sohn, was ich, wenn er's wäre, doch wissen müßte, da ich Gott Vater bin!" *(310)*

Ein anderer, der sich für Gott hielt, rief dem eintretenden Aufwärter zu: „Knie nieder vor deinem Gott." Als dieser ihn auf seine Ketten aufmerksam macht und sagt, er würde diese doch wohl zerreißen, wenn er Gott wäre, entgegnet er: „Du Tor, was du für Ketten ansiehst, sind die Bande, welche mich ans Universum fesseln." *(311)*

Der Humor ist die einzige absolute Geburt des Lebens. *(329)*

Des Menschen Glück ist nicht an seine K r a f t , sondern an seine L a u n e geknüpft. *(331)*

Mensch, mit Mensch im Verhältnis, will immer Steigerung dieses Verhältnisses, wenigstens die Möglichkeit derselben. Darum ist der Kulminationspunkt solch eines Verhältnisses oft zugleich der Gefrierpunkt; darum läßt sich so selten an ein wahres Verhältnis zwischen Verheirateten und Unverheirateten denken. Wie oft mögen Freunde sich entzweien, bloß, um sich wieder versöhnen zu können. *(333)*

> Mir ward das Wort gegeben,
>   Daß ich's gebrauche frei,
> Und zeige, wieviel Leben
>   Drin eingeschlossen sei.
> Ich will ihn mutig schwingen,
>   Den geist'gen Donnerkeil,
> Und kann er's mir nicht bringen,
>   So bringt er andern Heil! *(342)*

Es gibt Menschen, die nicht mit s i c h , sondern mit ihren B e k a n n t e n renommieren. *(354)*

[MÜNCHEN]

Von Heidelberg abgereist bin ich den 12. Septbr. 1836; in München angekommen den 29. Sept. 1836[1]. *(363)*

Das Weib ist in den engsten Kreis gebannt: wenn die Blumenzwiebel ihr Glas zersprengt, geht sie aus. *(366)*

Bei dem Eintritt in die Glyptothek hatte ich das Gefühl, was ein Schnitter hat, wenn er das Ährenfeld betritt. Jede Bildsäule ein verschlossenes eigentümliches Leben, das sich mir entsiegeln soll: Aufgabe ohne Grenzen. *(372)*

1. Hebbel wanderte nach Straßburg, wo er die Plattform des Münsters erstieg, dann über Stuttgart und Tübingen, wo er Uhland besuchte, nach München.

Es war eine große Idee der katholischen Religion, daß b e d e u t e n d e Menschen in den Augen der Gottheit etwas gelten und durch Fürbitten wirken konnten.

(375)

d. 19. Okt. 1836. Heute morgen von dem letzten Freund, Rendtorf[1], Abschied genommen. Trüber Himmel, in der Ferne ein hell von der Sonne beschienener Turm. Es steckt eine Hölle von Reizbarkeit und Empfindlichkeit in mir (Ergebnis meines frühern Lebens, wofür, wie in so manchen Punkten, das jetzige bezahlen muß); mancher Funke davon hat auch ihn angesprüht; möcht ich sie bewältigen können! (393)

d. 19. Okt. Entschuldige sich nur keiner damit, daß er in der langen Kette zuunterst stehe; er bildet ein Glied, ob das erste oder das letzte, ist gleichgültig, und der elektrische Funke könnte nicht hindurchfahren, wenn er nicht da s t ä n d e. Darum zählen sie alle für einen und einer für alle, und die letzten sind wie die ersten. Ein Dieb suchte einmal seinen Diebstahl zu rechtfertigen, ja zur Tugend zu erheben, indem er anführte: „Es ging einer hinter oder neben mir, der war ärger wie ich, und hätte nicht allein die Früchte gepflückt, sondern auch die Zweige geknickt." (394)

Der Himmel wende das Unglück[2] in Gnaden ab, denn aus zwei Gründen möcht ich noch nicht gern sterben. Einmal der Mutter wegen; dann hab ich mich oft über des Lebens Ungerechtigkeit gegen mich beschwert und möchte durch einige Hervorbringungen, denen ich mich gewachsen fühle, zeigen, daß ich vielleicht angemessenere Verhältnisse verdient. (408)

Über Nacht hab ich geträumt, Napoleon zu sehen; ich

1. Otto Rendtorf war wie Hebbel von Hamburg zum Studium nach Heidelberg gegangen. (Vgl. 4763.)
2. In München grassierte die Cholera.

fragte ihn, was er zum zweiten Teil von Heines Reisebildern sage. *(416)*

Zu mir hat Welt und Leben nur durch die Kunst ein Organ. *(417)*

Julius Apostata müßte eine gute Tragödie geben. *(418)*

„Wirf weg, damit du nicht verlierst!" ist die beste Lebensregel[1]. *(442)*

Ich muß glauben, daß es in meiner Natur an V e r - h ä l t n i s fehlt, daß sie nur so aufs Ungefähre hin zusammengezimmert ist, ein rohes Durcheinander von Maschine, das klippt und klappt, ohne Zweck und Ziel. Wenigstens weiß ich mir dies Sauersüße, das darin liegt, wenn ich mich einmal als Individualität empfinde, nicht anders zu erklären. Brief an Gravenhorst[2]. *(444)*

Der Witz ist das einzige Ding, was um so weniger gefunden wird, je eifriger man es sucht. *(456)*

— Für die meisten (jungen Leute) ist die Poesie ein Kirchhof, auf dem sie verfaulen und faulen. Niemand verachte und verschmähe die Wissenschaft, und am wenigsten der Dichter, der Repräsentant der Weltseele, in dem sich zugleich Schöpfung und Schöpfungsakt abspiegeln sollen; ich weiß, wie mich meine unvollkommene, einseitige Bildung hemmt und stört; ich weiß freilich auch (und dies gibt mir den Standpunkt gegen andere), daß der Besitz kein so großes G u t ist, als der Mangel ein Ü b e l . *(457)*

1. Grundgedanke für das in München verfaßte Märchen *Der Rubin*, das später zum Märchenlustspiel umgearbeitet wurde.
2. Gravenhorst hatte durch Vermittlung der Doktorin Schoppe 1835 Hebbel als Schüler des Johanneums Lateinstunden gegeben und seine Aufnahme in den „Wissenschaftlichen Verein" betrieben, in dem die Gymnasiasten Aufsätze vorlegten und sich gegenseitig kritisierten. (Vgl. auch 4762.)

d. 3 Dezember. Morgens 6 Uhr mit der liebsten, teuersten Beppy[1] eine Adventsmusik in der Skt.-Michaels-Kirche gehört. Der Morgen in der Stadt ganz wie der Abend, in den Straßen die trüben Laternen, in den Häusern hie und da ein Lichtlein, einzelne Menschen, die vorüberstreifen, der Himmel, grau und verschlossen darüber, Dach ohne Sterne. In der Kirche: der mit unzähligen Kerzen erleuchtete Hauptaltar, die Menschenmenge (teilweise g ä h n e n d !). Die herrliche Musik, nach und nach durch die Fenster erst das bestimmtere B l a u des Himmels, dann die zitternde Helle des Tages. *(460)*

Die im Leben glücklich Gestellten sollten wissen oder bedenken, daß die Not die Fühlfäden des inneren Menschen nicht abstumpft, sondern verfeinert; dann würden sie sich ihrer Stellung nicht so oft überheben, denn gewiß geschieht dies weniger aus Vorbedacht als aus Dummheit.

Aus dem Innersten heraus! *(464)*

Heut abend Schelling gehört. Leute der Art sind gewöhnlich Gewitter statt Lichter, er nicht. *(465)*

Vor einer hohen Freude zittert der Mensch fast so sehr wie vor einem großen Schmerz; da mag er fürchten, die Traube des Lebens auf einmal zu pflücken und den dürren Stock in der Hand zu behalten. *(470)*

Für einen Roman späterer Jahre eignete sich das bis jetzt noch nie abgerollte Bild eines hohen Mannes, wie z. B. Jean Pauls, der durch den Gang, den sein äußeres Leben nimmt, in seiner innersten Entwicklung gestört wird. *(471)*

Die tiefsten Wunden muß ein edler Mensch dem andern schlagen. *(480)*

1. Josepha, genannt Beppi, Tochter des Tischlermeisters Anton Schwarz, bei dem Hebbel in München zeitweilig wohnte.

Als mein Vater am Sonnabend, abends um 6 Uhr, den 11. Nov. 1827, nachdem ich ihn am Freitag zuvor noch geärgert hatte, im Sterben lag, da fleht' ich krampfhaft: „Nur noch acht Tage, Gott"; es war wie ein plötzliches Erfassen der unendlichen Kräfte, ich kann's nur mit dem konvulsivischen Ergreifen eines Menschen am Arm, der in irgendeinem ungeheuren Fall Hilfe oder Rettung bringen kann, vergleichen. Mein Vater erholte sich sogleich; am nächstfolgenden Sonnabend, abends um 6 Uhr, starb er! *(483)*

Ich habe oft ein Gefühl, als ständen wir Menschen (d. h. jeder einzelne) so unendlich einsam im All da, daß wir nicht einmal einer vom andern das Geringste wüßten und daß all unsre Freundschaft und Liebe dem Aneinanderfliegen vom Wind zerstreuter Sandkörner gliche. *(484)*

Die Individualität ist nicht sowohl Ziel als Weg, und nicht sowohl bester als einziger. *(491)*

Schließt der Begriff Unsterblichkeit den Begriff Ewigkeit ein? Ist jener ohne diesen denkbar? *(495)*

Das nächste Ziel mit Lust und Freude und aller Kraft zu verfolgen ist der einzige Weg, das fernste zu erreichen. *(496)*

In die Hölle des Lebens kommt nur der hohe Adel der Menschheit; die andern stehen davor und w ä r m e n sich. *(498)*

Willst du wissen: „Was ist das Leben?", so frage dich: „Was ist der Tod?" *(501)*

Zwei Menschen sind immer zwei Extreme. *(503)*

A u s e i n e m B r i e f a n E[lise].
[19. Dezember 1836.] Meinen Ansichten über die Ehe wünsch ich keinen Beifall, am wenigsten unter dem

weiblichen Geschlecht. Sie gehen überhaupt nicht auf
die Ehe selbst, sondern auf mein Verhältnis z u r Ehe.
Mir wird alles Unveränderliche zur Schranke und alle
Schranke zur Beschränkung. Die Ehe ist eine bürgerliche, physische und in unendlich vielen Fällen auch
geistige Notwendigkeit. Der Notwendigkeit ist die
M e n s c h h e i t unterordnet, jede aber ist mit Rega-
lien verknüpft. Das Individuum darf sich der Notwendigkeit entziehen, wenn es Kraft hat, den Freibrief
durch Aufopferung zu lösen, darin liegt seine F r e i -
h e i t . Ich kann alles, nur das nicht, was ich m u ß .
(509)

Alle B e l e h r u n g geht vom Herzen aus, alle Bildung vom L e b e n .   *(512)*

Mein Bruder[1] verbraucht meine Briefe ruhig zu Fidibus
und sagt: „Er schreibt mir ja immer welche wieder."
(514)

Es gibt nichts U n v e r g ä n g l i c h e s im Leben als
die Erkenntnis der jedesmaligen Zustände, worin es sich
konzentriert. Zu dieser Erkenntnis, die freilich nur
dann möglich ist, wenn der Zustand, den sie erfassen
will, nicht mehr wirklich ist, suche denn jeder nach
Kräften vorzudringen.   *(519)*

Einen k l e i n e n (körperlichen wie geistigen) Schmerz
durch eigne Kraft v e r g r ö ß e r n , heißt ihn l i n -
d e r n .   *(525)*

Die großen Männer, die sie hervorbringen, sind die Te-
leskope, wodurch die fernsten Zeiten miteinander kor-
respondieren.   *(527)*

Unsre Zeit ist dummklug. Andere waren altklug.
(528)

1. Johann Hebbel lebte als Landarbeiter in Wesselburen, später in
Rendsburg.

Über Friedrich Rückert

(Aus einem Brief an Rousseau vom 30. Dezbr. 1836.)
— Jedes unbedeutende Schlaglicht, das auf irgendeinen
Gegenstand fällt, aufzufangen; nichts, was einem Jahr-
marktsbild ähnlich sieht, sich entwischen zu lassen; keinen Scherz, keinen Einfall zu verschmähen, und aus
solchen Stoffen mit Hilfe einer bei Vorwürfen der Art
nicht schwer zu erringenden, gewandten Metrik einen
prunkenden Pfauenschweif zu bilden — wenn das Dichten heißt, so hat in meinen Augen die Dichtkunst keine
Würde mehr und kein Gewicht.
Ich erachte sie für einen Geist, der in jede F o r m der
Existenz und in jeden Z u s t a n d des Existierenden
hinuntersteigen und von jener die B e d i n g n i s s e ,
von diesem die G r u n d f ä d e n erfassen und zur
Anschauung bringen soll. Sie erlöse die Natur zu
s e l b s t e i g e n e m [1], die Menschheit zu f r e i e -
s t e m und die uns in ihrer Unendlichkeit unerfaßbare
Gottheit zu n o t w e n d i g e m Leben. Das geschieht
freilich nicht, wenn wir die Natur in eine ihr nicht ge-
mäße, sog. höhere Region hinüberführen und z. B.
sterbenden Blumen unsre Empfindungen und unseren
Trost unterlegen. Das geschieht nicht, wenn wir mit
Schiller des Menschen Angesicht durch ein Vergröße-
rungsglas betrachten und den Hintern entweder gar
nicht oder durch ein Verkleinerungsglas. Das geschieht
noch weniger, wenn wir uns zu jämmerlichem Gewürm
herunterkanzeln, damit der liebe Gott, der am Ende
doch, als er schuf, tat, was er konnte, recht prächtig und
erhaben darüber sitze.
Leben ist Verharren im Angemessenen. Ein Teil des
Lebens ist U f e r (Gott und Natur), ein anderer
(Mensch und Menschheit) ist S t r o m . Wo und wie
spiegeln sie sich, tränken und durchdringen sie sich ge-

1. Am Rand Notiz Hebbels: NB Wie lebt das W a s s e r in
Goethes „Fischer"!

genseitig? Dies scheint mir die große Frage von Anbeginn, die dem Dichter der Genius vorlegt. Sein Wesen und Streben, am Ende der Bahn von dem Auge eines Verwandten, wo möglich Größeren, zusammengefaßt, bilden die Antwort, die dann, als Quintessenz seiner Existenz, fortwirkt ins Unendliche. Vielleicht erscheint gegen den Abschluß aller irdischen Dinge ein Letzter, Allgewaltigster, der die Summen der vorübergerauschten Jahrtausende in seine Persönlichkeit zieht und sie der Menschheit, die nun einmal nicht aufsummieren kann, zu treuen Händen als Reinertrag ihres gesamten Haushaltens übermacht. Ich meine in ihren Koryphäen schon jetzt mit Sicherheit ein aufsteigendes Prinzip wahrnehmen zu können. So beherrscht, im Gegensatz zu Homer, der Epiker Dante zugleich H i m m e l und E r d e, so ist der Humorist Richter ein erweiterter Sterne und Goethe ein, wo nicht verklärter, so doch klärerer Shakespeare[1].

— — — Diese (Rückertschen) Gedichte werden auf die deutsche Literatur einen unheilvollen Einfluß ausüben und vielleicht die L o h e n s t e i n sche Periode zurückführen. Nichts ist g e f ä h r l i c h e r als M i t t e l m ä ß i g k e i t, die auf e i n i g e s trotzen kann.

(538)

d. 31. Dezbr. 1836. Am Schlusse dieses 1836. Jahres mag ich mir sagen, daß das heranrückende 1837. mehr wie irgendein vorhergegangenes Entscheidung für mich mit sich führen muß. Äußerlich handelt es sich um Begründung einer Existenz durch literarische Bestrebungen; auch innerlich kann dieser zwischen überflutender Fülle und gräßlicher Leere hin und her schwankende und gleich dem eines Trunkenbolds auf und ab steigende Zustand nicht lange mehr fortbestehen. Eine Erfahrung von Bedeutung glaube ich über mich selbst im letzten Jahr gemacht zu haben, nämlich die, daß es mir

1. Am Rand Notiz Hebbels: W o h e r d i e s e P r o g r e s s i o n ?

durchaus unmöglich ist, etwas zu schreiben, was sich nicht wirklich mit meinem geistigen Leben aufs innigste verkettet. Ebenfalls fühl ich mich jetzt — das war früher nicht der Fall — vom Innersten heraus zum Dichter bestimmt; irrt' ich dennoch darin, so wäre mir mit dem Talent zugleich jede Fähigkeit, das in der Kunst Würdige und Gewichtige zu erkennen, versagt, denn das Zeugnis, mich redlich um den höchsten Maßstab bemüht und diesen streng an die Dokumente meines poetischen Schaffens gelegt zu haben, darf ich mir geben. Die Kunst ist das einzige Medium, wodurch Welt, Leben und Natur Eingang zu mir finden; ich habe in dieser ernsten Stunde nichts zu bitten und zu beten, als daß es mir durch ein zu hartes Schicksal nicht unmöglich gemacht werden möchte, die Kräfte, die ich für sie in meiner Brust vermute, hervorzukehren! *(548)*

1837

Die erste Bitte, mit der ich in diesem angefangenen neuen Jahr vor den Thron der ewigen Macht zu treten wage, ist die Bitte um einen Stoff zu einer größeren Darstellung. Für so mancherlei, das sich in mir regt, bedarf ich eines Gefäßes, wenn nicht alles, was sich mir aus dem Innersten losgerissen hat, zurücktreten und mich zerstören soll! Wenig positive Kenntnis, aber höhere Einsicht in meine eigene Natur und deren Zustände, bessere Übersicht vieler Dinge der Welt und des Lebens, tiefere Erkenntnis des Wesens der Kunst und größere Herrschaft über jenes Unbegreifliche, das ich unter dem Ausdruck Stil befassen möchte, hab ich doch gewonnen. Ich bin der Natur um tausend Schritt nähergekommen: ich hab sie im letzten Sommer vielleicht zum erstenmal — sonst war sie mir weniger Wein als Becher, wie so vielen — genossen, und dafür hat sie mir denn — so gewiß ist's, daß nur Genuß zum Verständnis führt — manches vertraut. An Schriftstellern, die auf mich gewirkt, muß ich zuerst Goethe nennen, den ich in Heidelberg durch Gravenhorsts Güte fast ununterbrochen gelesen habe; dann aber auch Börne und endlich Jean Paul. Ich habe mich mehr und mehr von der Wahrheit des all meinem Streben zum Grunde liegenden Prinzips, daß bei dem Menschen n i e von äußerer Erleuchtung, sondern nur von innerem T a g e n die Rede sein könne, überzeugt; mein Evangelium ist: Alles Höchste, in welchem Gebiet es auch sei, e r s c h e i n t nur und wird selbst durch den geweihtesten Priester vergebens g e r u f e n ; man entdeckt nichts d u r c h d i e Wissenschaft, sondern nur b e i G e l e g e n h e i t der Wissenschaft; dies aber gibt der Wissenschaft noch Würde genug. An bedeutenden Persönlichkeiten hab ich kennengelernt: G u s t a v S c h w a b und L u d w i g U h l a n d ; sowie aus anderen Fächern T h i b a u t und Mittermeier; S c h e l l i n g und G ö r r e s ; an Städten H e i d e l b e r g , S t r a ß b u r g und M ü n c h e n ; an Werken bildender Kunst: den M ü n s t e r und die Antiken der G l y p t o t h e k . Etwas, doch nur wenig, bin ich auch in der mir in den dithmarsischen Schmach- und Peinverhältnissen verlorengegangenen Fertigkeit, mich, wenn ich Menschen gegenüberstehe, selbst für einen Menschen zu halten, weitergekommen. *(552)*

Damit sich der Mensch in seiner ganzen Menschheit, d. h. zur Persönlichkeit, ausbilde, ist es notwendig, daß er alle verschiedene Lebensperioden, die jener letzten, worin er stehen, wirken und genießen soll, voraufgehen, mit angemessener Freiheit durchgenieße. Erstlich die Periode der Passivität, wie ich sie nennen möchte, weil sie den Menschen mit Leben und Welt überschüttet —. *(572)*

Hab Achtung vor dem Menschenbild
  Und denke, daß, wie auch verborgen,
  Darin für irgendeinen Morgen
Der Keim zu allem Höchsten schwillt.

Hab Achtung vor dem Menschenbild
  Und denke, daß, wie tief er stecke,
  Der Lebensodem, der ihn wecke,
Vielleicht aus deiner Seele quillt.

Hab Achtung vor dem Menschenbild!
  Die Ewigkeit hat eine Stunde,
  Wo jegliches dir eine Wunde
Und, wenn nicht die, ein Sehnen stillt!

Dies Gedicht[1], entstanden in der Neujahrsnacht, schreib ich in mein Tagebuch nieder, weil es für mich im Sittlichen eine Epoche bildet. Es ist der Maßstab, nach dem ich mich richten werde. Aber was hilft's, sich selbst Sünder nennen, wenn man nicht zu sündigen aufhört, und das ist mein Fall. Durch nichts greif ich die Unverletzbarkeit eines Menschen mehr an als durch meine nichtswürdige, alle Grenzen überschreitende Empfindlichkeit, denn gegen sie kann er sich so wenig schützen als verteidigen, weil er in ihr Krankheit oder Krankhaftigkeit schonen zu müssen glaubt. Es ist wohl wahr, daß i c h durch sie ebensoviel oder gar mehr leide als andere; der Mensch fühlt in seinen Fehlern wie in seinen Tugenden nur sein W o l l e n und seine K r a f t, und reißt er die schönsten Blüten von seinem Lebensbaum ab, so dünkt er sich wunder wie groß dabei. Wär's auch wahr, so entschuldigte es nichts, sondern verdoppelte nur die Sünde. So pflegt mir die alles duldende Josephe des Morgens die „Landbötin" zu bringen. Heut morgen unterbleibt's. Tausend Ursachen kann's haben, die alle nicht in der Macht des armen Mädchens stehen; ich weiß

1. *Höchstes Gebot.*

es, sag es mir, dennoch schau ich, sowie sie sich, liebevoll und freundlich wie immer, an ihrem Fenster blicken läßt, mit einem Gesicht zu ihr hinauf, das sie im tiefsten schmerzen muß. Zuletzt kommt sie mit dem Blatt; die Mutter war auf den Markt gegangen und hatt' es aus Versehen eingeschlossen. O Schlaffheit! Selbstzwist! Wie recht hatte Herder, wenn er gegen euch beide unversöhnlich war! (576)

Wie so manchen Zug des besten Herzens deckt mir Beppi unbewußt auf. So heute, wo sie mir erzählt, daß sie zornig auf eine Tagwerkerin sei, die, hoch schwanger, noch immer Holz und Wasser schleppe, ohne ihr Kind zu schonen. „Oft hab ich ihr schon das Wasser hinaufgetragen."
Jawohl, du armes Kind, bist du zum Unglück geboren! Erst mußt du an den geraten und nun an mich! An jenem Sonntagabend, wo du mir die Geständnisse machtest, war es wohl menschlicher Kraft unmöglich, jedes bittre Gefühl auf einmal zu unterdrücken und deine aus dem tiefsten Herzen kommende Bitte: „Ach Gott, verzeih's mir" zu gewähren. Da in der größten Aufregung geht sie zu Hause und trinkt, glühend in jeder Ader, den kalten Tod herunter; „mit uns — glaubt' ich — ist's ja doch vorbei, mir ist kein Glück bestimmt, so will ich denn auch nicht länger leben!" Heut sagt sie mir, sie speie Blut.
Oh, wie oft fleh ich aus tiefster Seele: O Gott, warum bin ich, wie ich bin! Das Entsetzlichste! (582)

Zuweilen mein ich, eine reine weibliche Natur könne mich retten. (583)

— Das ist des Menschen letzte Aufgabe, aus sich heraus ein dem Höchsten, Göttlichen, Gemäßes zu entwickeln und so sich selbst Bürge zu werden für jede seinem Bedürfnis entsprechende Verheißung. (584)

Nur am Morgen, wenn wir aufstehen, und am Abend, wenn wir zur Ruhe gehen, schauen wir in den Himmel hinein, nicht am lauten, geräuschvollen Tage. *(601)*

Unsre Zeit ist eine Parodie aller vorhergehenden. *(602)*

Den p o e t i s c h e n und genialen G e d a n k e n (beides ist in der Bedeutung eins) unterscheidet von jedem anderen die U n m i t t e l b a r k e i t , mit der er hervortritt, und die U n v e r ä n d e r l i c h k e i t , mit der er sich fixiert. *(621)*

Vielleicht ist das erste Leben ein Probierstein fürs zweite; was sich nicht goldhaltig genug zeigt, wird als Schlacke in die Grabhöhle geworfen, und nur das Gediegene dauert fort. *(622)*

Man muß dem Weib keine Rechte, nur Privilegien einräumen. Sie wollen diese auch lieber als jene. *(627)*

Brief an Gravenh[orst].[1]
19. Febr. 1837. — Der l e t z t e Abgrund ist für den Menschen immer der t i e f s t e . Das ist eine schöne Eigenschaft seiner Natur, viell[eicht] diejenige, die sie zusammenhält. — (Über die Gujet.) Der Mensch ist so arm, so beschränkt, wenn er das Würdige, das Tüchtige will; warum ist er unermeßlich, sobald er in einen schwarzen Kreis eintritt? Man kann nicht umhin, Erscheinungen dieser Art auf das Ganze zu beziehen und zurückzuführen, und dann werden sie, da sie doch damit in Verbindung stehen, daraus hervorgehen müssen, zu Medusenhäuptern, vor denen das freundliche Antlitz der Natur zu Stein oder zur Larve erstarrt. Wenn der einzelne Mensch beleidigt oder geschädigt wird, so sind Galgen und Beil sogleich bereit; wer das Bild der Menschheit beschmutzt und in den Staub tritt, für den gibt es keine Strafe. Und doch kenne wenigstens ich

1. Am Rande Notiz Hebbels: Über die Weiber.

keine Gottheit, zu der ich beten könnte, als eben die Menschheit. — Wenn sich sonst der einzelne Mensch in seiner Beschränktheit und Bedürftigkeit ins Allgemeine, ins Ganze und Große hinüberflüchten konnte, so hat dieses selbst jetzt kaum einen letzten kümmerlichen Opferbrand, an dem sich das erloschene Feuer dereinst wieder entzünden läßt, hineingerettet in eine edlere Menschenbrust. Die Menschheit ist wahrhaft s c h e i n - t o t, und nur die S c h m e r z e n in ihren edelsten Gliedern bürgen für die Möglichkeit eines Erwachens. — Das Weib und die Sittlichkeit stehen in einem Verhältnis zueinander wie heutzutage leider die Weiber und die Unsittlichkeit. Übrigens sind sie zu entschuldigen. Die G e s e l l s c h a f t hat sie emanzipiert, statt daß nur der M a n n sie emanzipieren sollte. Darin steckt die Wurzel alles Übels. Für das Weib gehört der beschränkteste, der engste Kreis. Für sie gerinnt das Weltall in einen Tropfen zusammen. Sie ist die Wünschelrute, die dem Mann die Schätze der E r d e anzeigt. Sie allein könnte den Himmel entbehren, wenn's keinen gäbe, denn für sie ist er nur T r a d i t i o n, kein Weib hätt' ihn erfunden. Daß jede sich hineinsehnt, kommt daher, weil er erstlich einige Ähnlichkeit mit einem ausgesuchten Nachtisch hat, und dann, weil sie uns nicht nachstehen, weil sie sein wollen, wo w i r sind. Weh denen, die das Weib, diese Marketenderin des Augenblicks, zur Sonnenuhr machten, durch die die Ewigkeit ihre Stunden anzeigt. Dies macht sie nicht so verächtlich, als sie scheint. W i r gehen nur so lange sicher, als die Sterne ü b e r uns sicher gehen. Wanken die, so fallen wir. Das Weib ahnt kein Ziel, aber sie kennt aufs genauste den Punkt, von dem man ausgehen muß, sie übersieht kein Wirtshaus, wo man eintreten und sich erfrischen kann. Das Weib bildet die Topographie des Lebens. Und dann (darum sagt' ich oben, der M a n n muß sie emanzipieren, nicht die Gesellschaft) sieht das Weib den Himmel recht gut, nicht durch seine eigenen

Augen, aber durch ein F e r n g l a s , und weiß für die Küche zu benutzen, was der Mann in den Sternen entdeckte. — Die Sentiments der Weiber sind Aderlässe, und wie wir durch erhöhtes Empfinden gewinnen, so verlieren sie. Das Weib ist wie der Weinstock, s o l l e r T r a u b e n b r i n g e n , so darf er nicht b l u - t e n . *(628)*

Alles Dichten ist Offenbarung, in der Brust des Dichters hält die ganze Menschheit mit all ihrem Wohl und Weh ihren Reigen, und jedes seiner Gedichte ist ein Evangelium, worin sich irgendein Tiefstes, was eine Existenz oder einen ihrer Zustände b e d i n g t , ausspricht.
(Brief an Elise vom 14. März.) *(645)*

Genie ist B e w u ß t s e i n der Welt. *(648)*

Lichtenberg ist allenthalben vortrefflich, aber er wird ein Pedant, sobald er auf Poesie kommt, von der ihm, außer dem Rhetorischen, nichts zugänglich gewesen zu sein scheint. *(656)*

Ich glaube oft, schon etwas gesehen zu häben, was ich erweislich zum erstenmal sehe, namentlich Landschaften. *(658)*

Ein Gott, dessen der Mensch, den er geschaffen, noch bedürfte, müßte doch ein recht trauriger Gott sein.
(660)

„Ein Mensch, der sich für ein Genie hält, ist verloren!"
Lichtenberg. *(663)*

Daß ein Bösewicht nie bei kleinen Verbrechen stehenbleibt, sondern immer zu größeren vorschreitet — spricht dies g e g e n den Bösewicht? *(665)*

Faust und Christus, zusammenkommend. — *(666)*

Es ist eine Wahrheit, von der sich jeder möglichst früh

zu überzeugen suche, daß sich im Leben nichts nachholen läßt. *(669)*

Ich träumte einmal, ich läse lauter neue, herrliche Romanzen von Uhland, und erinnerte mich beim Erwachen noch lebhaft, wie sehr ich die Tiefe ihrer Kom-
positionen bewundert hatte; ich mag da selbst recht
gute Romanzen gemacht haben und kann mich (so lächerlich es klingt) noch jetzt über das Vergessen dieses
Traums ärgern. *(671)*

Ich hab mich eigentlich niemals kleiner gefühlt als eben
im Frühling. Die treibende Unendlichkeit drängt sich
um meine Brust herum und schließt sie zu, und erst
wenn der Sommer jämmerlich mit seinen alten Stereo-
typen zu Markte zieht, wird mir's wieder leicht, und
der innere Vesuv wirft sein altes Feuer. *(675)*

Es gibt Menschen, die Musiken sind. *(684)*

d. 13. April. Heute ist ein glücklicher Tag für mich gewesen. 1. erhielt ich heut morgen 8 Louisdor aus Berlin[1]. 2. kam Rousseau. 3. kam er $1^1/_2$ Tag früher, als er
mir geschrieben hatte. 4. ließ ich heut abend mein Licht
zu Boden fallen, ohne daß es zerbrach. *(685)*

(Aus einem Brief an Elise.)
Daß die Menschen so viel von Schmerzen und doch
so wenig vom S c h m e r z wissen! *(687)*

Unsere Zeit ist schlimme Zeit. Das große Geheimnis,
die letzte Ausbeute alles Forschens und Strebens, die
„Einsicht in das Nichts" war ehemals hinter Schlösser
und Riegel versteckt, und der Mensch sah sich und das
Rätsel zu gleicher Zeit aufgelöst. Die alten Schlösser
und Riegel sind schadhaft geworden, der Knabe k a n n

1. Von Gräfin Rhedern, geb. Jenisch, die durch Amalie Schoppe auf
Hebbel aufmerksam gemacht worden war.

sie aufreißen, der Jüngling reißt sie auf; ach, und fliegt der Adler wohl länger, als er an die S o n n e glaubt? Die Weltgeschichte steht jetzt vor einer ungeheuren Aufgabe; die Hölle ist längst ausgeblasen und ihre letzten Flammen haben den Himmel ergriffen und verzehrt, die Idee der Gottheit reicht nicht mehr aus, denn der Mensch hat in Demut erkannt, daß Gott ohne Schwanz, d. h. ohne eine Menschheit, die er wiegen, säugen und selig machen muß, Gott und selig sein kann; die Natur steht zum Menschen wie das Thema zur Variation; das Leben ist ein Krampf, eine Ohnmacht oder ein Opiumsrausch. Woher soll die Weltgeschichte eine Idee nehmen, die die Idee der Gottheit aufwiegt oder überragt? Ich fürchte, zum erstenmal ist sie ihrer Aufgabe nicht gewachsen; sie hat sich ein Brennglas geschliffen, um die Idee einer freien Menschheit, die, wie der König in Frankreich, auf E r d e n nicht sterben kann, darin aufzufangen; sie sammelt, die W e l t g e - s c h i c h t e s a m m e l t, sie sammelt Strahlen für eine neue Sonne; ach, eine Sonne wird nicht zusammengebettelt! *(689)*

Wie ein Mensch mehr Glück, als er verdient, ertragen kann, begreif ich nicht; dies muß der armseligste aller Zustände sein. *(696)*

Viele verfluchen nicht das Leben, sondern i h r Leben.
(698)

Man wirft Napoleon Selbstsucht vor — was bleibt denn einem solchen Mann außer Selbstsucht! *(700)*

Wir Menschen haben darum so o f t recht, weil wir so selten g a n z recht haben. *(701)*

Gewöhnlichen Menschen scheint jedes Medium des höheren Lebens K r a n k h e i t. *(705)*

Man kommt schwer dazu, in den Schwächen und Gebrechen der Menschheit, wie in andern Dingen, Notwendigkeit zu sehen und sie als solche gelten zu lassen. Den einzelnen Menschen hebt über seine Schwächen und Gebrechen wohl der Enthusiasmus hinaus; er irrt sich aber, wenn er, was er gern tut, diesen mit in Anschlag bringt, sobald von der Leistung irgendeiner Gesamtheit die Rede ist, denn die Masse, wenige Fälle ausgenommen, kann sich nicht enthusiasmieren. *(708)*

Der wahrhaft bedeutende Geist kann in keine Zeit fallen, die es ihm unmöglich machte, seine großen Kräfte spielen zu lassen; fällt er in ein mattes, entkräftetes, leeres Jahrhundert, so — ist ja eben das Jahrhundert seine Aufgabe. *(709)*

In welchem Verhältnis wohl gewisse nichtswürdige Tiere, z. B. Schlangen, Insekten pp., zur Erfindung und Ausbildung der Teufelsidee stehen? *(710)*

Die meisten Erfahrungen über mich selbst habe ich in Augenblicken gemacht, wo ich die Eigentümlichkeiten anderer Menschen erkannte. *(712)*

Alle Mittelmäßigkeit in der Poesie führt zur Heuchelei in Charakter und Leben. *(717)*

Es gibt Erscheinungen (regelmäßig wiederkehrende) in der Natur, die mich aus aller Gegenwart herausreißen und in Vergangenheit und Zukunft zugleich hineinstürzen. So erinnre ich mich z. B. im Frühling bei den ersten Blüten dessen, was ich über und durch sie in der Kindheit dachte und empfand, und meine zu ahnen, was ich über und durch sie im hohen Alter denken und empfinden werde. *(722)*

Der Mensch kann eigentlich sein Ich aus der Welt gar nicht wegdenken. So fest er mit Welt und Leben verwebt ist, ebenso fest, glaubt er, seien auch Leben und Welt mit i h m verwebt. *(731)*

In jedem Menschen bleibt irgendein Rest von Gutem. Das ist ein letztes grünes Zweiglein der Pflanze, in dem das Leben sich erhält. Der Gärtner wird ihn zu nutzen wissen. *(732)*

München, d. 29. Mai 1837. Ich habe heute einen Entschluß gefaßt, zu dessen Ausführung Gott mir Kraft verleihe. Ich habe bisher all mein Tun und Treiben zu einseitig auf Poesie bezogen; heut hab ich eingesehen, daß dieser Weg mich am Ende auf ein schales Nichts reduzieren muß. Es heißt, statt des Baums die Blüte pflegen; der Weg zum Dichter geht nur durch den Menschen. Ich werde von nun an arbeiten, arbeiten um der Arbeit und um des Nutzens willen, den sie als solche für mich als Menschen haben wird oder kann! *(746)*

Brief an Janinski[1] vom 26. Mai.
— — — Also Leben genug, mystisch geheimnisvolles der überquellenden Natur und Leben der Menschen (Biertrinken und Kegelschieben), was unter Blütenbäumen und im Frühling auch etwas Unbegreifliches hat und mir zuweilen wie eine Verzauberung vorkommen kann. — — Meine Jurisprudenz hab ich aufgegeben. Ich weiß, daß dieser Schritt von vielen Seiten bitter getadelt werden wird, ich handle aber den Bedürfnissen meiner Natur gemäß und kümmere mich nicht um die Noten der Welt zu diesem heiligen Grundtext, den jeder lästert und lästern muß, der ihn nicht versteht. Hat der Mensch gewisse Erfahrungen über das Höchste gemacht, so würde jahrelanges, sklavisches Versenken in das rein Positive, wie die Jurisprudenz es verlangt, ihn töten. Aber mit der Jurisprudenz habe ich freilich nicht zugleich auch ernstes Bewerben um Kenntnis und Wissenschaft aufgegeben. Ich fühle mich veranlaßt, Dir über diesen Punkt im Gegensatz zu der Deinigen meine

1. Eduard Janinski (Jahnens), Freund Hebbels in Hamburg, gehörte zum Kreis um Amalie Schoppe.

Ansicht mitzuteilen. Du meinst, alle Schulgelehrsamkeit der Welt vergrößere die poet[ische] Mitgabe um kein Haar. Das ist wahr, aber daraus folgt noch nichts, was jene Schulgelehrsamkeit verächtlich oder auch nur entbehrlich machte. Das O h r verstärkt das A u g e nicht, doch um das Rätsel der Welt zu verstehen, müssen wir zugleich sehen und hören können; e i n Organ (und wär' es auch das vollkommenste) reicht für die U n e n d l i c h k e i t nicht aus. Dazu sind Schulgelehrsamkeit und Wissenschaft so verschiedene Dinge wie Metrik und Poesie. Es gibt noch etwas, was ü b e r Wissenschaft und Kunst steht; das ist der K ü n s t l e r selbst, der in sich die Menschheit in ihrer Gesamtkraft und ihrem Gesamtwillen und Streben repräsentieren soll. Daraus, daß der Dichter in einer Hinsicht m e h r besitzt, folgt nicht, daß er in der andern w e n i g e r besitzen dürfe; eher das Gegenteil. Thorwaldsen hat gewiß jahrelang Anatomie und Osteologie studiert, bevor er seinen Jason schuf und schaffen k o n n t e ; der Dichter, der die unendlich schwierigere Aufgabe hat, die Seele in ihren flüchtigsten und zartesten Phasen zu fixieren, den Geist in jeglicher seiner oft bizarren Masken auf das Unvergängliche zu reduzieren und dies Unvergängliche (ich spreche vom Dramatiker, wie eben vorher vom Lyriker) plastisch als Charakter hinzustellen, darf in keinem Gebiet fremd sein, was zu Seele und Geist in irgendeinem Bezug steht, denn nur, wenn er das Universum (wozu tausend Wege führen, deren jeder gewandelt sein will, weil jeder einzelne nur in einen einzelnen Punkt ausläuft) in sich aufgenommen hat, kann er es in seinen Schöpfungen wiedergeben. Das haben auch alle Hohepriester der Kunst gefühlt; Goethe war eine Enzyklopädie, und Shakespeare ist eine Quelle der englischen Geschichte. *(748)*

Jedes Talent verlangt ein Leben zu seiner Ausbildung, und das schwächere vielleicht am dringendsten. Nun

aber frägt es sich, ob die Ernte zu der Saat in Verhältnis steht.   *(753)*

Gestern abend beim Zubettgehen hatt' ich ein Gefühl,
wie es mir sein würde, wenn ich meinen Körper verlassen müßte. An diesen wohlgestalteten Leib fühlt der
Mensch sich so mannigfach durch Leid und Freude,
durch Bedürfnis und Gewohnheit gefesselt, an diesem
Leib, mit ihm und durch ihn hat sich das, was er sein
Ich nennt, entwickelt, dieser Leib ist es, der ihn durch
die nach allen Seiten aufgeschlossenen Sinne so innig
mit der Natur verwebt, ja, das Ich gelangt nur d u r c h
den Leib zu einer Vorstellung seiner selbst, als eines
von den Urkräften freigegebenen, selbständigen und
eigentümlichen Wesens, und die kühne Ahnung eines
noch immer fortbestehenden Verhältnisses zwischen
dem Quell alles Seins und der abgerissenen Erscheinung
des Menschen geht weit weniger aus Eigenschaften des
Geistes als des Leibes hervor. Nun denke man sich den
Tod: ein einziger Augenblick zerreißt alle diese Fäden
und alles, was an sie geknüpft ist: das Auge erlischt,
das Ohr wird verschlossen, der Leib sinkt abgenutzt ins
Grab, und die Elemente teilen sich in ihn: indes soll
das Ich, das nur durch den Leib ein Bild von sich, nur
durch die Sinne ein Bild von der Welt hatte, in neue
Sphären, von denen es keine Vorstellung hat, zu neuer
Tätigkeit, die es nicht begreift, eintreten: als eine
r e i n e Kraft kann es nur unter Verhältnissen und Beziehungen zu andern Kräften, nur wenn es W i d e r -
s t a n d findet, wirken: eine unvollkommene Maschine
ist kein H i n d e r n i s, sondern ein B e d i n g n i s
geistiger Tätigkeit, es gibt keine Vermittlung zwischen
Gott und den Menschen als das Fleisch: also ein neues,
dem alten, verlassenen, analoges Medium ist nötig, und
(hier kann man schaudern vor dem Augenblick des
Übergangs) es entsteht jedenfalls ein leerer, wüster
Zwischenraum, der kurz sein mag, der aber ein völliger

Stillstand des Lebens, wahrer T o d , ist und eine zweite Geburt, mithin die Wiederholung des größten Wunders der Schöpfung, notwendig macht. (Fragen: Ist eine Wirksamkeit des Geistes ohne Körper möglich? Zur Antwort müßten Physiologie und Psychologie, in letzter Entwickelung, führen. Wenn möglich: Zustand des Menschen, der n u r in seinem Leib und durch ihn gelebt hat: Notwendigkeit höchster Ideen.) *(760)*

Wer ganz und von jeher der Natur gemäß lebt, für den ist sie reich genug. Das fühlte ich heut morgen im botanischen Garten so lebhaft, ich, für den sie n i c h t reich genug ist. *(765)*

Heute, den 27. Juni, habe ich das erste Honorar eingenommen, nämlich 30 fl. 3 kr. von der Cottaschen Buchhandlung für Korrespondenzberichte und Gedichte. Die goldene Seite der Poesie. *(771)*

Die dümmsten Schafe sind immer zugleich die reißendsten Wölfe. *(779)*

Ein Drama, welches Napoleon zum Gegenstand hat, muß sich gewissermaßen Vergangenheit, Gegenwart und Zukunft zugleich zur Aufgabe setzen, muß ihn durch die Vergangenheit motivieren und die Zukunft durch ihn. Eine ungeheure Aufgabe! Napoleon, als darzustellender Charakter an sich betrachtet, will nur durch ein Gewitter von Taten gezeichnet sein; mit Worten muß der Darsteller so sparsam sein, daß er ihn kaum befehlen lassen darf. *(781)*

Wer die Menschen kennenlernen will, der studiere ihre Entschuldigungsgründe. *(787)*

Man muß sich hüten, manche Schwäche zu bekennen. Seit ich's z. B. meinen Freunden eingestanden habe, daß ich empfindlich bin, segelt in ihren Augen jedes meiner

Gefühle, das nicht überzuckert ist, unter der Flagge der Empfindlichkeit. *(803)*

Das Anscheinend-Gute beziehen wir immer auf überirdische Zustände; warum nicht auch das Anscheinend-Böse? *(806)*

Furchtbarer noch als die zermalmende ist die v e r - s t e i n e r n d e Kraft der Zeit. Wenn sie nicht eine Meduse wäre, so hätte unser Jahrhundert gar nicht erscheinen können. *(813)*

Sich selbst etwas versprechen und es nicht halten ist der nächste Weg zur Nullität und Charakterlosigkeit. *(823)*

Es ist mir eine grauenhafte Erfahrung, daß nicht bloß das Kleinste, sondern auch das Größte und Höchste in der Menschennatur mit der G e w o h n h e i t zusammenhängt. *(825)*

Als ich heute in der Königl. Bayrischen Schatzkammer war und all die goldnen und silbernen Trinkgeschirre, die Kronen und Diademe, die kostbaren Schwerter pp. erblickte, konnte ich mich an den Gedanken, daß das lauter Kostbarkeiten seien, gar nicht gewöhnen und hatte die feurigsten Edelsteine, die herrlichsten Kleinodien im Verdacht erlogenen Schimmers und usurpierten Glanzes. Bei Theateraufzügen geht es mir gerade umgekehrt. Daraus läßt sich mancherlei folgern, insbesondere dies, daß der Mensch lieber in die Wahrheit Mißtrauen setzt als in die Lüge. *(832)*

Niemand schreibt, der nicht seine Selbstbiographie schriebe, und dann am besten, wenn er am wenigsten darum weiß. *(834)*

Ein Erntefeld, das davonläuft, wenn der Schnitter kommt. Das Publikum vor Schaubuden auf Märkten. *(836)*

Die Bestialität hat jetzt Handschuh über die Tatzen gezogen! Das ist das Resultat der ganzen Weltgeschichte. (842)

Es gibt keine reine Wahrheit, aber ebensowenig einen reinen Irrtum. (852)

Unterschied zwischen Genie und Talent

Das Talent macht eine vereinzelte Erscheinung des Weltlaufs geltend, wie sie sich entwickeln k a n n, und hat den prüfenden Verstand immer auf seiner Seite; das Genie zeigt uns, wie jeder Gegenstand, den es sich zur Aufgabe gestellt hat, s e i n m u ß, die ganze große Natur steht im Hintergrund und b e j a h t. Wir können uns ein höchstes Kunstwerk durchaus nur in der Gestalt, worin es der Dichter uns vorführte, denken; so wenig anders, als eben einen Baum, einen Berg oder einen Fluß. (858)

Es gehört schon viel Zeit dazu, nur einzusehen, wo das Rätselhafte in manchen Dingen denn eigentlich sitzt. (862)

Das Alter wie die Jugend sind vielleicht gleich ungerecht gegen das in der Mitte stehende Echte und Wahre, und aus demselben Grunde, weil sie es beide nicht zu erzeugen vermögen. (866)

Der Mensch kann nie einer Wahrheit ein Kompliment machen, ohne die zweite auf den Fuß zu treten. (875)

Viele tragen in ihre Poesie L o g i k hinein und meinen, das heiße motivieren. (879)

Daß er alles m o t i v i e r e und b e n u t z e, ist die billigste Forderung, die wir an den Dichter stellen können. Ist uns ja doch im Leben selbst ein Faktum kaum noch ein Faktum, wenn wir uns nicht das W i e und das W a r u m in inniger Verbindung anschaulich zu machen vermögen. Abgesehen noch davon, daß, wenn das Leben jegliche seiner Erscheinungen unmittelbar durch sich selbst beglaubigt, die Kunst einer Bürgschaft bedarf, die sie nur aus der Ordnung der Menschenseele und des Weltalls und der Kongruenz zwischen beiden schöpfen kann. *(886)*

Das beste Motivieren ist am Ende das Motivieren durch a n a l o g e F a k t a , genommen aus den heterogensten Verhältnissen. *(888)*

Die Philosophie bemüht sich immer und ewig um das A b s o l u t e , und es ist doch eigentlich die Aufgabe der P o e s i e . *(894)*

Mit jedem Menschen verschwindet (er sei auch, wer er sei) ein Geheimnis aus der Welt, das vermöge seiner besonderen Konstruktion nur e r entdecken konnte und das nach ihm niemand wieder entdecken wird. *(902)*

Aus einem Brief an Elise, vom 19. Okt. 37.
Wenig Menschen (heutzutage nur die Verschnittenen und die Lumpe) sind so glücklich, in den Bedürfnissen der Zeit zugleich ihre eignen Bedürfnisse zu erblicken; den andern bleibt nichts als die herbe Wahl zwischen dem Gott und den Silberlingen. Noch wenigere aber haben ein Recht, auf ihre Persönlichkeit ein Gewicht zu legen, und eines solchen Rechts muß sich doch jeder bewußt sein, der nicht am Ende allen Halt verlieren, ja sich nicht durch Kampf und Widerstand lächerlich machen soll. — Die Finsternis ist nicht ein M a n g e l , sie ist ein G e g e n s a t z des Lichts. — — Um den einzelnen steht es heutzutage jedenfalls schlimm, das Jahrhundert selbst durch seine vorwaltende materielle Richtung ist ein Legat des Teufels, und wer jetzt nur nicht schlecht wird, hat vielleicht schon mehr Kraft aufgeboten als der Gepriesene, der zu Luthers Zeiten ein H e l d ward. *(903)*

Der wahrhafte Dichter stillt in seinen eignen Bedürfnissen zugleich die Bedürfnisse der ganzen Menschheit.
Daher die innere Notwendigkeit, die in
jeder Aufgabe liegt, die er sich stellt, während man seinen Nachbaren höchstens zugibt, daß sie — ihr Ziel erreicht, keineswegs aber, daß sie in dem Ziel etwas e r -
r e i c h t haben! (906)

Sinnlichkeit: Symbolik unstillbarer geistiger Bedürfnisse. (907)

Die Träne — das edelste Kunstprodukt. (912)

Den Menschen trifft kein Unglück, das er nicht aus einer
S c h u l d herzuleiten suchte. (915)

Es fällt keinem ein, einen Thron unbesetzt zu lassen
aus Achtung vor dem Toten, der ihn hinterließ. (917)

Es ist g e f ä h r l i c h , in Bildern zu denken, aber es
ist nicht immer zu vermeiden, denn oft, besonders in
bezug auf die höchsten Dinge, sind Bild und Gedanke
identisch. (920)

Den Göttern kannst du nur schenken, was von ihnen
selbst ausgeht. (930)

Ich träumte mich neulich ganz und gar in meine ängstliche Kindheit zurück, es war nichts zu essen da, und ich
zitterte vor meinem Vater wie einst. (937)

Man kann die Kunst aus einem reinen V e r s t a n -
d e s bedürfnis ableiten, und sie ist dem Verstand vielleicht noch notwendiger als dem Gefühl, indem sie
dessen eigentlichstes Ziel: Klarheit über Ursprung und
Zusammenhang der Dinge, erreicht, wenn auch durch
einen Sprung. (946)

Philosophie gehört schon aus dem Grunde nicht in die
Sphäre der Kunst, weil diese etwas durchaus F e s t e s ,

Unwandelbares, wenn auch Abgerissenes, Vereinzeltes, verlangt. Die Kunst gleicht jenen Kundschaftern Josuas, die Nachricht über das gelobte Land brachten: man mochte über ihre Nachrichten denken, was man wollte, so waren sie, die g e s c h a u t hatten, jedenfalls nur durch S c h a u e n zu widerlegen. *(947)*

Ein Wunder ist leichter zu wiederholen als zu erklären. So setzt der Künstler den Schöpfungsakt im höchsten Sinne fort, ohne ihn begreifen zu können. *(948)*

1838

Das wahrhaft Subjektive ist eigentlich nur eine andre Art des Objektiven. Es erweitert die Welt, indem es die Erscheinungen ausspricht, die nur im Kreis einer bestimmten Menschennatur vorkommen können. *(963)*

Wie die Poesie durchaus nur als Ganzes wirken soll, so soll sie auch nur auf das G a n z e des Menschen, und nur auf solche Menschen, in denen die abgesonderten Kräfte und Organe einen Zentralpunkt gefunden haben, wirken. *(964)*

Ein Bild ohne Unterschrift ist darum kein Bild ohne Sinn. Das echte Gedicht hat mit dem sog. G e d a n - k e n , der immer nur ein Verhältnis zwischen den Gegenständen ausdrückt, nie das Innerste eines Gegenstandes selbst, nichts zu tun. Die poetische Idee ist das wunderbare Produkt einer Lebensanschauung, und das Gedicht ist vollendet, wenn es diese dem Gemüt aufzuschließen gewußt hat.

Brief an d. Lensing vom 18. Jan. 1838. *(965)*

Nicht seine Wirkungen nach außen, der Einfluß, den er auf Welt und Leben ausübt, nur seine Wirkungen nach innen, seine Reinigung und Läuterung, hängt von dem

Willen des Menschen ab. Er ist die von unsichtbarer Hand geschwungene Axt, die sich selbst schleift. In diesem Sinne könnte man sagen: der Mensch tut sein Schlimmes selbst; sein Gutes wirken Gott und Natur durch ihn. Dies alles ist so wahr, daß gerade, was unbewußt als Wirkung von ihm ausgeht, alles andere bei weitem übertrifft. (973)

Für uns Menschen muß überall der Punkt, bis zu dem wir vordringen können, anstatt der Wahrheit gelten. (975)

Ein Schritt, oder 100 vom Ziel: es ist für das Gefühl einerlei. (1000)

„Der Schmerz ist der geheime Gruß,
Durch den die Seelen sich verstehn." (1004)

Die Gottheit selbst, wenn sie zur Erreichung großer Zwecke auf ein Individuum unmittelbar einwirkt und sich dadurch einen willkürlichen Eingriff (setzen wir den Fall, so müssen wir die ihm korrespondierenden Ausdrücke gestatten) ins Weltgetriebe erlaubt, kann ihr Werkzeug vor der Zermalmung durch dasselbe Rad, das es einen Augenblick aufhielt oder anders lenkte, nicht schützen. Dies ist wohl das vornehmste tragische Motiv, das in der Geschichte der Jungfrau von Orleans liegt. Eine Tragödie, welche diese Idee abspiegelte, würde einen großen Eindruck hervorbringen durch den Blick in die ewige Ordnung der Natur, die die Gottheit selbst nicht stören darf, ohne es büßen zu müssen.

(Besser auszuführen.) (1011)

Napoleon könnte allerdings der Held einer echten Tragödie sein. Der Dichter müßte ihm all die großen, auf das Heil der Menschheit abzielenden Tendenzen, deren er auf Skt. Helena gedachte, unterlegen und ihn nur den einen Fehler begehen lassen, daß er sich die Kraft[1]

---

1. Vgl. Holofernes in Hebbels *Judith*.

zutraut, alles durch sich selbst, durch seine eigne Person, ohne Mitwirkung, ja Mitwissen anderer ausführen zu können. Dieser Fehler wäre ganz in seiner großen Individualität begründet und jedenfalls der Fehler eines Gottes; dennoch aber wäre er, besonders in unserer Zeit, wo weniger der einzelne als die Masse sich geltend macht, hinreichend, ihn zu stürzen. Nun der ungeheure Schmerz, daß sein übertriebenes Selbstvertrauen die Menschheit um die Frucht eines Jahrtausends gebracht habe. *(1012)*

Die wenigsten Verhältnisse zwischen Menschen sind der Art, daß sie sich bis ans Ende des Lebens durchführen lassen, und unter diesen befindet sich fast kein einziges, das in der Jugend angeknüpft wird. Es ist außerordentlich schlimm, daß dies nur erfahren, nicht überliefert werden kann, denn hier läßt sich über die Erfahrung selten eher ins reine kommen, als wenn es zu spät ist. *(1016)*

Je individueller ein Gedicht ist, um so sicherer hat es neben der besonderen auch noch eine allgemeine Bedeutung, die man vielleicht in höherem, die Gestaltung nicht aufhebendem, sondern voraussetzendem Sinn allegorisch nennen könnte. *(1017)*

Alles Individualisieren führt zur ewigen inneren Form, von der die äußere nur der Firnis ist, und nur aus der vollendeten Form geht das B e f r e i e n d e hervor. Unter Befreiung verstehe ich den Akt, der das Gedicht, das immer in einem subjektiven Bedürfnis wurzelt und wurzeln muß, wenn es nicht kalt sein und lassen soll, gewissermaßen von dieser seiner Nabelschnur ablöst. *(1018)*

Einem erst die Augen ausstechen und ihn dann führen: ob das wirklich eine Tugend ist? *(1030)*

Es wäre interessant, die Träume aller seiner Freunde und Bekannten, auch nur einer Nacht, in denen man selbst eine Rolle spielte, zu kennen. Da könnte es sich wirklich treffen, daß man in demselben Augenblick Hochzeit machte und begraben würde, den Konsularthron einer neu kreierten Republik besetzte und eine Galgenleiter bestiege, küßte und sich duellierte, der geistigen Funktionen, die man übte, gar nicht einmal zu gedenken. Dabei fällt mir ein, daß eigentlich jede bedeutende Idee in den Köpfen der verschiedenen Menschen, die sich ihrer bemächtigen, solch ein wahnsinniges Traumleben führt. *(1031)*

Menschennatur und Menschengeschick: das sind die beiden Rätsel, die das Drama zu lösen sucht. Der Unterschied zwischen dem Drama der Alten und dem Drama der Neuern liegt darin: die Alten durchwandelten mit der Fackel der Poesie das Labyrinth des Schicksals; wir Neueren suchen die Menschennatur, in welcher Gestalt oder Verzerrung sie uns auch entgegentrete, auf gewisse ewige und unveränderliche Grundzüge zurückzuführen. So war den Alten Mittel, was uns Zweck ist, und umgekehrt. Für das Drama überhaupt ist es gleichgültig, welches dieser beiden Ziele verfolgt wird, wenn es nur mit Ernst und mit Würde geschieht, denn sie schließen sich gegenseitig ein. Das F a t u m der Griechen hatte keine Physiognomie, es war den Göttern, die sie anbeteten und gestaltet hatten, selbst ein schauerliches Geheimnis; das moderne S c h i c k s a l ist die Silhouette Gottes, des Unbegreiflichen und Unerfaßbaren. *(1034)*

Wenn auf Erden irgend etwas das Glück, welches unmöglich ist, ersetzen kann, so ist es der früh und zur rechten Zeit gewonnene Überblick aller Lebensverhältnisse. Dies könnte das Fundament einer Novelle, sogar eines Romans, abgeben. *(1035)*

„Ö d i p u s" von Sophokles. Was mir als das Eigentümlichste und das wahrhaft Ewige und Nacheifrungswerte aus diesem großen Gemälde entgegentritt, ist die unendliche Reinheit der Zeichnung und des Kolorits, die unvergleichliche Sorgfalt, womit der Dichter die verschiedenen Zustände auseinanderzuhalten gewußt hat. Dies tritt bes[onders] in dem Verhältnis des Ödipus zu seinen undankbaren Söhnen hervor; jeder Neuere hätte das Höllengefühl des unseligen Vaters noch mit den Sünden der Söhne getränkt und ihn ihre Frevel als die Strafe der seinigen empfinden lassen. Aber der Ödipus des Sophokles weiß, daß mit jedem neuen Menschen ein neuer Taten- und Schicksalskreis beginnt, und während er vor dem Fatum anbetend und duldend im Staube liegt, flucht er nichtsdestoweniger der Hand, die die dunkle Sentenz an ihm vollstreckte. Dies ist bewunderungswürdig. Dem Weltall, bekannten und unbekannten Göttern gegenüber fühlt er sich nur sündig (nicht Sünder), aber als ihm Eteokles entgegentritt, fühlt er sich nur als Vater, wohl wissend, daß das Schicksal sich keiner v e r g i f t e t e n Pfeile bedient, daß, wenn sich der Sohn zum Henker aufdrängt, ein neuer (wenn auch vielleicht ebenfalls nicht sowohl aus dem Individuum als aus der unbegreiflichen Weltordnung hervorgehender) Prozeß anhängig geworden ist.

(Brief an Rousseau vom 14. März 1838.) *(1036)*

Neulich sah ich im Traum Napoleon. Er ritt mir finster und bleich an einem stürmischen Herbstnachmittag schnell vorüber. *(1040)*

Wir sollen handeln; nicht um dem Schicksal zu widerstreben, das können wir nicht, aber um ihm entgegenzukommen. *(1044)*

Die Geschichte eines falschen Prinzen, der selbst nicht weiß, was er ist, könnte zu einem Lustspiel höheren Stils einen trefflichen Stoff abgeben[1]. *(1047)*

1. Am Rande Notiz Hebbels: NB. (Vgl. *Demetrius.*)

Wir Menschen sind des Grauens und der Ahnung nun
einmal fähig; es ist dem Dichter daher gewiß erlaubt,
sich auch solcher Motive zu bedienen, die er nur diesen
trüben Regionen abgewinnen kann. Aber, zweierlei
muß er beobachten. Er darf hier, erstlich, weniger wie
jemals ins rein Willkürliche verfallen, denn dann wird
er abgeschmackt. Dies vermeidet er dadurch, daß er auf
die Stimmen des Volks und der Sage horcht und nur
aus denjenigen Elementen bildet, welche sie, die der
Natur alles wirklich Schauerliche längst ablauschten,
geheiligt haben. Er muß sich zweitens hüten, solche
Phantasiegebilde zu erschaffen, die nur einen einzelnen
Menschen, etwa den, welchen er, um sie nur überall in
Tätigkeit zu setzen, in seinem Gedicht damit in Verbindung bringt, etwas angehen. Nur d i e Gestalt flößt
Grauen ein, die mich selbst irgendwo verfolgen kann;
nur den gespenstischen Kreis fürchte ich, vor dessen
Wirbel ich nicht gesichert bin.   *(1055)*

Satire, die nicht von dem freiesten Geist ausgeht, ist
unausstehlicher wie der ärgste Pedantismus.   *(1058)*

Der Mensch kann plötzlich einen Tag, einen Moment
erleben, der ihm seine ganze Vergangenheit aufklärt.
                                                   (1059)

Wenn der Dichter Charaktere dadurch zu zeichnen
sucht, daß er sie selbst sprechen läßt, so muß er sich hüten, sie über ihr eigenes Innere sprechen zu lassen. Alle
ihre Äußerungen müssen sich auf etwas Äußeres beziehen; nur dann spricht sich ihr Inneres farbig und kräftig aus, denn es gestaltet sich nur in den Reflexen der
Welt und des Lebens.   *(1062)*

Zwei verwandte Charaktere, einen durch den andern,
zu zeichnen, sie sich gegenseitig in sich abspiegeln zu
lassen, ohne daß sie's merken, wäre wohl der Triumph
der Darstellung.   *(1065)*

54

Der Letzte eines Stamms, der sein ganzes Leben auf Anfertigung eines Stammbaumes verwendet. *(1068)*

Du mußt bedenken, daß eine Lüge dich nicht bloß eine Wahrheit kostet, sondern die Wahrheit überhaupt.
(1075)

Alle Teilnahme an der Kunst beruht auf der Teilnahme an fremden Existenzen. *(1078)*

Es hilft überall nichts, von dem Göttlichen und Höchsten zu sprechen, wenn dies auch mit Engelzungen geschieht. Es soll d a r g e s t e l l t werden, d. h. es soll l e b e n . Dies tut es nur dann, wenn es aus der E r d e , ihrer Beschränkungen ungeachtet, in markiger, kräftiger Gestalt hervorgeht und sich mit ihr verträgt.
(1079)

Es gibt Menschen, die nur das anbeten, was sie vernichten können. *(1082)*

Ein Maitag ist ein kategorischer Imperativ der Freude.
(Geschrieben am 1. Mai 1838.)
Neues Logis, Landwehrstraße N. 10[1]. *(1086)*

Das Leben hat keinen anderen Zweck, als daß sich der Mensch in seinen Kräften, Mängeln und Bedürfnissen kennenlernen soll. Wenigstens ist dies der einzige Zweck, der immer erreicht wird, das Leben mag nun sein, wie es will. *(1093)*

Heute, den 5. Mai, eine Sommerhose gekauft zu 4 fl.
(1094)

„Alles für nichts!" ist der irdische Imperativ. *(1095)*

Die meisten Menschen haben gar nicht das Bedürfnis, klar über ihre Zustände zu werden; sie wollen nur hindurch, wie etwa durch eine Krankheit. Diese gewinnen im Leben keine Resultate, sie machen nicht einmal Er-

1. Bei Tischlermeister Anton Schwarz.

fahrungen; ihr ganzes Leben ist vielmehr eine immerwährende Flucht durch Gefängnisse, und sie täten wahrlich wohl, sich an das erste beste zu gewöhnen, weil sie dann doch einen Standpunkt hätten, von dem aus sie die Welt, gut oder schlecht, betrachten könnten.

(1100)

Ein Gedicht soll individuell sein und zugleich allgemein. Ein scheinbarer Widerspruch: wodurch ist er auszugleichen? Durch die poetische Anschauung, deren Resultat das ist, was ich poetische Idee nennen möchte. Das Individuum ist das F e r n r o h r , was die S a c h e n heranholt.

(1101)

Phantasie ist nur in der Gesellschaft des Verstandes erträglich.

(1102)

Am Ende existiert der Mensch nur durch seine Bedürfnisse.

(1103)

Wie es auf Erden Bedürfnisse gibt, die erst der Himmel stillt, so mag auch der Himmel Bedürfnisse haben, die schon die Erde befriedigt.

(1104)

Einen Menschen leben lassen und ihm dennoch die notwendigsten Bedingungen des Lebens: gesunde Luft, Essen und Trinken u. dgl. entziehen, ist eine Strafe, die einer erleiden, aber nicht verdienen kann.

(1105)

Oft ist es, als ob im Menschen ein hohes geistiges Bedürfnis erwachte, indem er ein körperliches befriedigt. Gewiß ist die Sinnlichkeit die Klaviatur des Geistes.

(1110)

Nur dem Künstler ist ein Wirken ins Unendliche vergönnt: alles andere menschliche Wirken hat seine Grenze, an welcher den reichen Herder z. B., als er sich völlig ausgegeben hatte, die Verzweiflung empfing.

(1114)

Glücklich ist nur derjenige, in dem die Natur gewissermaßen unmittelbar und ohne sich durch individuelle Schranken gehemmt zu sehen, wirkt, wie in Goethe und Shakespeare. *(1115)*

Der Mensch, sich selbst unbewußt, macht immer auf so viel Lebensglück Anspruch, als er verdient; er rechnet unaufhörlich mit dem Schicksal. Eben darum ist der höhere des Vergnügens, dieser abschläglichen Zahlung eines unvermögenden Schuldners, nicht fähig. *(1118)*

Alle Gründe f ü r die fortdauernde Notwendigkeit des Adels sind aus dem Interesse der Throne, keiner aus dem Interesse des Volks hergenommen. Eine sehr merkwürdige Erscheinung. *(1122)*

Aufs Leben Verzicht leisten: auf Gott Verzicht leisten!
(1140)
Emanzipation des Gassenkots muß man nicht verlangen. *(1142)*

Gestern sah ich ein schönes Gesicht; in demselben Augenblick, wo ich es betrachten wollte, hatte sich ein gemeines davorgeschoben. Nur zu gewöhnlich im Leben.
(1144)
Daß der verwandte Gedanke durch einen verwandten Klang ausgedrückt wird, ist wunderbar und erregt die Empfindung einer vorher bestimmten, unauflöslichen Harmonie zwischen Stoff und Form, also das, was die Dichtkunst einzig und vor allem erstrebt. Dies ist die große Bedeutung des Reims. *(1146)*

Und ist ein bloßer Durchgang denn mein Leben
   Durch deinen Tempel, herrliche Natur,
So ward mir doch ein schöner Trieb gegeben,
   Vom Höchsten zu erforschen jede Spur,
So tränkt mich doch, bin ich auch selbst vergänglich,
Ein Quell, der ewig ist und überschwenglich! *(1154)*

Niemand umfaßt das Element, worin er lebt, sondern das Element umfaßt ihn.   *(1156)*

Das l e t z t e Ziel: kann's wohl ein Mensch im Auge haben? Tut er übel, wenn er einstweilen das nächste für das letzte ansieht?   *(1161)*

Die Natur gab dem Menschen die Willenskraft, damit er sich selbst forthelfe, wenn sie ihn etwa auf der Hälfte des Weges fallen läßt.   *(1162)*

> Motto für meine Gedichte:
> Und mußt du denn bei Kraft und Mut
>   In jedem Dorn dich ritzen,
> So hüt dich nur, mit deinem Blut
>   Die R o s e n zu bespritzen![1]
>
> d. 4. Juni 1838. *(1166)*

Die „Jungfrau von Orleans" wäre als Novelle (à la Kleist) zu behandeln. Ich muß überhaupt Chroniken lesen.   *(1169)*

Die Philosophie ist eine höhere Pathologie.   *(1170)*

Es ist nicht nötig, daß alle Fragen beantwortet werden; es reicht bei den wichtigsten schon hin, wenn sie nur aufgeworfen werden, denn sie sind es, die im Verlauf der Zeiten den größten Geistern den Tribut abfordern.
                                                (1171)

Der Pedantismus wurzelt im Herzen, nicht im Geist.
                                                (1172)

Auch zu den großen Toten der Geschichte steht man in einem rein s u b j e k t i v e n Verhältnis.   *(1182)*

Daß die Natur ruhig und gleichgültig das Schönste, was sie hervorgebracht hat, zerstört, erregt die Empfindung ihres unermeßlichen Reichtums, ihrer unerschütterlichen Sicherheit, ihres unverrückbaren Ziels.   *(1184)*

---

1. Vgl. das Gedicht *Dem Schmerz sein Recht.*

d. 11. Juni. Abends. Lebensschmerz! Mit keinem Wort wird mehr Schlechtigkeit getrieben. Nur der spreche von Lebensschmerz, dem von vornherein das Leben völlig unmöglich gemacht, dem ein Ding daraus gedreht wird, das er nicht brauchen kann und doch nicht wegzuwerfen wagt. Der Verlust eines einzelnen Guts erzeugt keinen Lebensschmerz. *(1187)*

Bis an seinen Tod kann jeder ohne Speis und Trank leben; man nennt das aber verhungern. *(1194)*

Es gibt Dinge, die man bereut, bevor man sie tut, und doch tut. *(1195)*

Wer nach den Sternen reisen will, der sehe sich nicht nach Gesellschaft um. *(1201)*

Und wer Sterne entdecken will, lerne Brillen schleifen. *(1202)*

Wenn dich ein Lichtlein lockt, so folg ihm. Führt's dich in den Sumpf, so kommst du wohl wieder heraus; folgst du ihm aber nicht, so peinigt dich durch dein ganzes Leben der Gedanke, daß es vielleicht dein S t e r n gewesen sei. *(1203)*

Allegorie
Einst raubt das Unglück dem Glück die Flügel. Es schwingt sich himmelan, und das Glück muß auf der Erde weilen. *(1204)*

Die Masse macht keine Fortschritte. *(1206)*

d. 22. Juni. Heute in der Metropolitan-Kirche Mozarts Requiem gehört. Einfach und voll. Ich dachte an die Sage von Mozarts Tod. Es liegt etwas Wunderbares darin, auch wenn man sich eine natürliche Auflösung erlaubt. Er schob das Requiem hinaus, weil es seine innersten, höchsten Kräfte in Anspruch nahm, er machte es zuletzt in kürzester Zeit und starb infolge der Überreizung. *(1210)*

Es gibt keinen Weg zur Gottheit als durch das Tun des Menschen. Durch die vorzüglichste Kraft, das hervorragendste Talent, was jedem verliehen worden, hängt er mit dem Ewigen zusammen, und so weit er dies Talent ausbildet, diese Kraft entwickelt, so weit nähert er sich seinem Schöpfer und tritt mit ihm in Verhältnis. Alle andere Religion ist Dunst und leerer Schein. *(1211)*

Wer die Schlange sieht, der sieht das Paradies nicht mehr. *(1214)*

Der Mensch, und vor allem der Künstler, dem es um wahre Bildung zu tun ist, vergesse nicht, daß der Geist sehr oft arbeitet, bloß um sich selbst zu ernähren und zu erquicken, daß er viele Früchte erzeugt, die er selbst genießen will und die man ihm nicht rauben muß, um sie irgendwo zum Dessert aufzusetzen. *(1216)*

Ein Baum mit goldenen Äpfeln, die in dem Augenblick, wo sie reif sind, Flügel bekommen und in den Himmel hinauffliegen. *(1217)*

Es ist die Frage, ob wir jemals eine ganz neue Wahrheit erfahren werden, eine solche, von der wir nicht von Anfang an schon eine Ahnung gehabt hätten, ja, es ist fast unzweifelhaft, daß dies nicht geschehen wird, eben weil es nicht geschehen kann, da ohne den vollständigsten Kreis aller Wahrheiten die menschliche Existenz, die durchaus eine solche Atmosphäre verlangt, gar nicht denkbar ist. *(1227)*

In dem echten Dichtergeist muß, bevor er etwas ausbilden kann, ein doppelter Prozeß vorgehen. Der gemeine Stoff muß sich in eine Idee auflösen und die Idee sich wieder zur Gestalt verdichten. *(1232)*

Es ist ein bedeutender tragischer Zug des Lebens, daß derjenige, der ein Verbrechen straft, dadurch meistens selbst Verbrecher wird. *(1247)*

Es frägt sich, ob, wenn Kleist das Gebrechliche der Welteinrichtung zeigt, er nicht dadurch mehr erhebt, als wenn er sie priese. *(1253)*

In Kleists „Familie Schroffenstein", deren Ausgang allerdings schwach ist, ist es bedeutend, und man könnte es als die Hauptidee des Stücks ansehen, daß Rupert alle diejenigen Verbrechen, von denen er glaubt, daß der durchaus unschuldige Sylvester sie begangen habe, begeht, e b e n weil, und n u r, weil er dies glaubt. *(1257)*

Vom M a l e r M ü l l e r las ich vier Idyllen: „Bacchidon und Milon", „Satyr Mopsus", die „Schafschur" und das „Nußkernen"; sämtlich saftig und kernhaft in hohem Grade. *(1258)*

Eine bedeutende Kraft im Menschen kündet sich dem Gefühl als ein M a n g e l an, solange sie sich noch nicht entwickelt hat. *(1264)*

Gott teilt sich nur dem Gefühl, nicht dem Verstande mit; dieser ist sein Widersacher, weil er ihn nicht erfassen kann. Das weist dem Verstande den Rang an. *(1268)*

Wir sehen heute, wie die Rose hervorblüht; wir sehen morgen, wie sie der Sturm verweht, beides gibt uns doch nur ein Gefühl, daß wir leben. Aber wir suchen das Leben immer im Tode, d. h. in einer Einzelheit. *(1269)*

Große Talente kommen von Gott, geringe vom Teufel. *(1276)*

Wer könnte existieren, wenn er nicht mit Gedanken und Gefühl in eine andere höhere Welt hineinragte. Und doch: wie viele Menschen existieren, bloß, weil sie dies nicht tun! *(1278)*

Es ist die Aufgabe der Poesie, das Notwendige und Unabänderliche in den schönsten Bildern, in solchen, die

61

die Menschheit mit ihrem Geschick auszusöhnen vermögen, vorzuführen. *(1288)*

Neues Irren; neues Leben!

Neues Tagebuch

Angefangen d. 18. Sept. 1838   *(1294)*

München, den 18. Sept. 1838. Sonntag, den 16. d. M., als ich kaum zu Mittag gegessen hatte, erhielt ich einen Brief von meinem Bruder, worin er mir anzeigte, daß meine Mutter Antje Margaretha, geb. Schubart, in der Nacht vom 3. auf den 4. um 2 Uhr gestorben sei. Sie hat ein Alter von 51 Jahren 7 Monaten erreicht und ist, was ich für eine Gnade Gottes erkennen muß, nur vier Tage krank gewesen, vier Tage ganz leidlich, so daß sie noch selbst aufstehen konnte, den fünften sehr bedeutend, mit Krämpfen geplagt, die ein Schlagfluß mit dem Leben zugleich (auf sanfte Weise, wie der Arzt sich aussprach) endete. Sie war eine gute Frau, deren Gutes und minder Gutes mir in meine eigne Natur versponnen scheint: mit ihr habe ich meinen Jähzorn, mein Aufbrausen gemein, und nicht weniger die Fähigkeit, schnell und ohne weiteres alles, es sei groß oder klein, wieder zu vergeben und zu vergessen. Obwohl sie mich niemals verstanden hat und bei ihrer Geistes- und Erfahrungsstufe verstehen konnte, so muß sie doch immer eine Ahnung meines innersten Wesens gehabt haben, denn sie war es, die mich fort und fort gegen die Anfcindungen meines Vaters, der (von seinem Gesichtspunkte aus mit Recht) in mir stets ein mißratenes, unbrauchbares, wohl gar böswilliges Geschöpf erblickte, mit Eifer in Schutz nahm, und lieber über sich selbst etwas Hartes, woran es wahrlich im eigentlichsten Sinne des Worts nicht fehlte, ergehen ließ, als daß sie mich preisgegeben hätte. Ihr allein verdanke ich's, daß ich nicht, wovon mein Vater jeden Winter wie von einem Lieblingsplan sprach, den Bauerjungen spielen mußte, was mich vielleicht bei meiner Reizbarkeit schon in den zartesten Jahren bis auf den Grund zerstört haben würde; ihr allein, daß ich regelmäßig die Schule besuchen und mich in reinlichen, wenn auch geflickten Kleidern öffentlich sehen lassen konnte. Gute, rastlos um deine Kinder bemühte Mutter, du warst eine Märtyrin, und ich kann mir nicht das Zeugnis geben, daß ich für die Verbesserung deiner Lage immer so viel getan hätte, als in meinen freilich geringen Kräften stand! Die Möglichkeit deines so frühen Todes ist meinem Geist wohl zuweilen ein Gedanke, doch meinem Herzen nie ein Gefühl gewesen; ich hielt mich in Hinsicht deiner der Zukunft für versichert; ich legte an deine Zustände meinen Maßstab und tat oft nichts, weil ich nicht alles zu tun vermochte. Ich war nicht selten, als ich dir noch näher war, rauh und hart gegen dich; ach, das Herz ist zuweilen ebensogut wahnsinnig wie der Geist, ich wühlte in deinen Wunden, weil ich sie nicht heilen konnte, deine Wunden waren ein Gegenstand meines Hasses, denn sie ließen mich meine Ohnmacht fühlen. Vergib mir das, was du jetzt in seinem Grunde wahrscheinlich tiefer durchschaust als ich selbst, und vergib es mir auch, daß ich, verstrickt in die Verworrenheiten meines eigenen Ichs und ungläubig gegen jede Hoffnung, die mir Licht im Innern und einen freien Kreis nach außen verspricht, deinen Tod nicht beklagen, kaum empfinden kann. Diese Unempfindlichkeit ist mir ein neuer Beweis, daß der eigentliche, der vernichtende Tod die menschliche Natur so wenig als Vorstellung, noch als Gefühl zu erschüttern vermag und daß er eben darum auch gar nicht möglich ist; denn

alle Möglichkeiten sind in unserm tiefsten Innern vor-
gebildet und blitzen als Gestalten auf, wenn eine Be-
gebenheit, ein Zufall, an die dunkle Region, wo sie
schlummern, streift und rührt. Auch Klagen, auch Tränen werden dir nicht fehlen, wenn ich einmal wieder
ich selbst bin, und ewig wird dein stilles freundliches
Bild in aller mütterlichen Heiligkeit vor meiner Seele
stehen, lindernd, beschwichtigend, aufmunternd und
tröstend. Wenn ich an dich denke, an dein unausgesetz-
tes Leiden, so wird mir jede Last, die mir das Schicksal
auflegt, gegen die deinige leicht dünken; wenn ich mich
d e i n e r kümmerlichen Freuden erinnere, die dein
Herz dennoch in sanfter Seligkeit auftauen ließen, so
werd ich mich nie freudenleer dünken. So wirst du mir
noch über das Grab hinaus Mutter sein; du wirst mir
vergeben und ich dich nimmer, nimmer vergessen!

✝

(1295)

Der Mensch sollte sich selbst immer als ein Experiment
der Natur betrachten. (1296)

Das Leben ist eine in siebenfaches Goldpapier einge-
wickelte Bittermandel. (1300)

✝

Auch mein Freund Rousseau ist, wenige Wochen nach
meiner Mutter, gestorben. Mein Tagebuch ist seit Monaten ins Stocken geraten, weil ich diese Nachricht hin-
einzuschreiben hatte. Der 12. Juli war sein Geburtstag[1].

✝

(1305)

d. 12. Novbr. Ich kann den Gedanken nicht loswerden,
daß ich sehr bald sterben werde. Im Traum sah ich
über Nacht meinen längst verstorbenen Vater, den ich

---

1. Emil Rousseau starb, kurz nach seiner Promotion, am 2. Oktober 1838 in Ansbach im Alter von 22 Jahren. Hebbels tiefe Er-
schütterung spricht aus dem Brief an Elise vom 5. bis 30. Oktober
und an Regierungsrat Rousseau vom 9. Oktober.

fast noch nie im Traum sah. Auf der Brust empfind ich
einen linden Schmerz. *(1308)*

Heute sah ich Rousseaus Schwester, die von einer Reise
nach Italien zurückkam. Ich empfand dabei sehr lebhaft, daß zwei, die denselben Schmerz empfinden, nicht
zusammenkommen dürfen, am wenigsten ein Mann
und ein Frauenzimmer. Einer denkt gewiß vom anderen: Du bist der Kältere. *(1310)*

Meine Brustschmerzen nehmen nicht zu und nicht ab.
Zu einem Arzt zu gehen und mich einer Kur zu unter-
werfen, fehlt es mir an Geld. Ich weiß kaum selbst, ob
ich gern oder ungern sterbe. Ich habe noch manches auf
dem Herzen, was ich ausführen möchte, und doch ist's
mir oft, als sei es aus mit meiner Kraft. Jedenfalls
möchte ich moralisch in anderer Gestalt den dunklen
Schritt machen, aber ich fürchte, ich habe recht, wenn
ich mir sage: Du wirst auf Erden nicht mehr besser, als
du bist. Meine Leidenschaftlichkeit ist mir über den
Kopf gewachsen, und sie wechselt in ihrem Begehren
eigentlich nur mit den Gegenständen, sie selbst bleibt,
was sie ist. *(1311)*

d. 21. Novbr. Jetzt habe ich schon zum zweitenmal
von meinem R[ousseau] geträumt. Er lebte noch, aber
ich wußte recht gut, daß er bald sterben würde; ich
hatte ihn unendlich lieb und suchte ihm dies auf alle
Weise an den Tag zu legen. Ich wüßte nicht, daß ich jemals eine Empfindung von so wunder Süßigkeit (ich
finde kein anderes Wort) gehabt hätte. *(1316)*

Es läßt sich im Leben doch nichts, gar nichts nachholen,
keine Arbeit, keine Freude, ja, sogar das Leid kann zu
spät kommen. Jeder Moment hat seine eigentümlichen,
unabweisbaren Forderungen. Die Kunst zu leben besteht in dem Vermögen, die Reste der Vergangenheit
zu jeder Zeit durchstreichen zu können. *(1322)*

Den Keim meines Unglücks kenne ich sehr wohl: es ist mein Dichtertalent. Dieses ist zu groß, als daß ich es unterdrücken, zu klein, als daß es mich für die darauf zu verwendende Sorgfalt verhältnismäßig lohnen könnte. Doch muß ich noch hinzufügen, daß nur der schlimme Weg, den ich durchs Leben machen mußte, mich zu meinem Talent in ein so übles Verhältnis gestellt hat. Ich fühle es nur zu deutlich: die Handhaben, die Hebel, durch die sich meine Kräfte in Bewegung setzen lassen, sind zerbrochen, und ich bin viel reicher, als mir je gelingen wird zu zeigen. Nur wer sich in einem ähnlichen Fall befindet, vermag zu fühlen, was dies heißt. Es ist wahr, bei dem ewigen Gott, es ist wahr, ich weiß nichts so gewiß als dies. Wie mir, mag einem Menschen sein, der um ein Bein gekommen ist; wenn er sitzt oder liegt, wird er die vollste Gehkraft verspüren und vor keinem Ziel zurückschaudern, steht er aber auf, so ist er lahm und wird wohl gar ausgelacht. Ich bleibe dabei: die Sonne scheint dem Menschen nur einmal, in der Kindheit und der früheren Jugend. Erwarmt er da, so wird er nie wieder völlig kalt, und was in ihm liegt, wird frisch herausgetrieben, wird blühen und Früchte tragen. Tieck sagt in diesem Sinn irgendwo: Nur wer Kind war, wird Mann; ich erbebte, als ich dies zum ersten Male las, nun hatte das Gespenst, das mich um mein Leben bestiehlt, einen Namen. Wie war nicht meine Kindheit finster und öde! Mein Vater haßte mich eigentlich, auch ich konnte ihn nicht lieben. Er, ein Sklav' der Ehe, mit eisernen Fesseln an die Dürftigkeit, die bare Not geknüpft, außerstande, trotz des Aufbietens aller seiner Kräfte und der ungemessensten Anstrengung, auch nur einen Schritt weiterzukommen, haßte aber auch die F r e u d e ; zu seinem Herzen war ihr durch Disteln und Dornen der Zugang versperrt, nun konnte er sie auch auf den Gesichtern seiner Kinder nicht ausstehen, das frohe, brusterweiternde Lachen war ihm Frevel, Hohn gegen ihn selbst,

Hang zum Spiel deutete auf Leichtsinn, auf Unbrauch-barkeit, Scheu vor grober Handarbeit auf angeborne Verderbnis, auf einen zweiten Sündenfall. Ich und mein Bruder hießen seine Wölfe; unser Appetit vertrieb den seinigen, selten durften wir ein Stück Brot verzehren, ohne anhören zu müssen, daß wir es nicht verdienten. Dennoch war mein Vater (wäre ich davon nicht innig überzeugt, so hätte ich so etwas nicht über ihn nieder-geschrieben) ein herzensguter, treuer, wohlmeinender Mann; aber die A r m u t hatte die Stelle seiner S e e l e eingenommen. Ohne Glück keine Gesundheit, ohne Ge-sundheit kein Mensch! *(1323)*

Es ist sehr schlimm, mit äußeren Hindernissen kämp-fen und daran die Hälfte der geistigen Mitgift vergeu-den zu müssen; am schlimmsten aber ist, daß ein Mensch, der das mußte, nie über sich ins klare kommen, daß er nie wissen kann, ob sein Ich, sein ursprüngliches, unverfälschtes, oder sein verschrobenes Verhältnis zur Welt in ihm wirksam ist, wenn er zuweilen nicht aus noch ein weiß. Dunkelheit über diesen Punkt kann zur Verzweiflung führen; ich wollte mich an jegliche, an die abscheulichste Erscheinung gewöhnen, die aus mei-nem Innern auftaucht, wenn ich mir sagen dürfte: auch in solcher Gestalt mußtest du eine Zeitlang einher-gehen, wenn du überhaupt existieren solltest; doch der Gedanke: es ist nicht deine eigne Krankheit, es ist frem-des Gift, was dich entstellt, ist fürchterlich, u m s o f ü r c h t e r l i c h e r , d a e r g a n z u n d g a r t ä u s c h e n k a n n . *(1325)*

Wenn ich Gedichte wie „ B u b e n s o n n t a g ", „ L e t z t e s G l a s " usw. betrachte, so kann ich gar nicht umhin, mich für einen Dichter zu halten; ich würde sie, auch wenn sie ein andrer gemacht hätte, für sehr schön halten. Ich habe übrigens wirklich in meiner Kindheit einmal geträumt, den lieben Gott zu sehen; es war ein schwankes Seil hoch am Himmel aufgeknüpft, auf das setzte er mich und schaukelte mich. Ich hatte große Angst, wenn ich so in die Wolken hinaufflog, und wollte mich immer, wenn das Seil wieder die Erde berührte, herausstürzen, aber ich hatte den Mut nicht. Ich erinnere mich aller dieser Empfindungen noch aufs deutlichste; ich meine, die roten Steinchen, die ich an der Erde bemerkte, wenn mein Blick sie streifte, noch zu sehen. Ein andermal, ich glaube, etwas früher oder um dieselbe Zeit, glaubte ich i m W a c h e n unsern Herrgott (Ausdruck meiner Eltern) in unserm Hause zu sehen, und zwar (lächerlich, aber wahr) in einem Zimmergesellen, der zu meinem Vater kam. Ich fragte meine Mutter nachher: „Nicht wahr, das war unser Herrgott?" und wurde von ihr abgefertigt; ich erinnre mich aber nur des Faktums, nicht dessen, was ich dachte oder empfand. Der Zimmergesell trug eine blau- und weißgestreifte Jacke.   *(1329)*

Das Gebet des Herrn ist himmlisch. Es ist aus dem innersten Zustande des Menschen, aus seinem schwankenden Verhältnis zwischen eigener Kraft, die angestrengt sein will, und zwischen einer höheren Macht, die durch erhobenes Gefühl herbeigezogen werden muß, geschöpft. Wie hoch, wie göttlich hoch steht der Mensch, wenn er betet: Vergib uns, wie wir vergeben unsern Schuldigern; selbständig, frei, steht er der Gottheit gegenüber und öffnet sich mit eigner Hand Himmel oder Hölle. Und wie herrlich ist es, daß diese stolzeste Empfindung nichts gebiert als den reinsten Seufzer der Demut: Führe uns nicht in Versuchung! Man kann sagen: Wer dieses Gebet r e c h t betet, wer es innig empfindet und, so weit es die menschliche Ohnmacht gestattet, den Forderungen desselben gemäß lebt, i s t schon erhört, m u ß erhört werden. Das Amen geht unmittelbar aus dem Gebet selbst hervor; so ist es im höchsten Sinne ein Kunstwerk.   *(1334)*

Der Gedanke der Erbsünde ist der natürlichste, auf den

der Mensch verfallen konnte. Wie oft tut der Mensch etwas, was er schon, indem und bevor er es tut, bereut; wie oft ruft er pfui und spuckt ins Glas und leert es dennoch! Es ist übrigens von der höchsten Wichtigkeit, alles, was im Lauf der Zeit allgemeiner Glaube, unumstößlich scheinende Satzung geworden ist, auf das persönliche, individuelle Bedürfnis zurückzuführen; nur dadurch gelangt man zu einiger Freiheit der Erkenntnis. Man macht auf diesem Wege die merkwürdigsten Entdeckungen, z. B. daß Gottes Mantel aus dem Schlafrock des Menschen und aus dem Gespensteranzug seines Gewissens zusammengestückt ist.   (1335)

Die Menschheit läßt sich keinen Irrtum nehmen, der ihr nützt. Sie würde an Unsterblichkeit glauben, und wenn sie das Gegenteil wüßte. Es wäre möglich, daß unser ganzes höheres Leben nichts als ein warmes Gespinst von nützlichen Täuschungen lieferte, aber es wäre auf jeden Fall etwas ganz Außerordentliches, und ein Wesen, das so weise, so göttlich träumte, möchte die Realisierung seiner Träume verdienen und — b e w i r k e n !
          (1337)

Ich glaube, eine Weltordnung, die der Mensch begriffe, würde ihm unerträglicher sein als diese, die er nicht begreift. Das Geheimnis ist seine eigentliche Lebensquelle, mit seinen Augen will er etwas sehen, aber nicht alles; sieht er alles, so meint er, er sieht nichts.   (1339)

Es wird mir immer klarer, daß das Denken nicht, wie ich früher glaubte, eine allgemeine Gabe ist, sondern ein ganz besonderes Talent. Ich selbst besitze dies Talent nicht, aber ich besitze die Ahnung desselben, und daher kommt es, daß ich mir nie zu genügen vermag, wenn ich einen Aufsatz schreibe. Ich will gehen und kann bloß springen; ich will alles aufs Bestimmte, Zusammenhängende, Gegliederte zurückführen und kann nur stückweise den Schleier zerreißen, der das Wahre verhüllt. Das echte Denken ist, wie jede schöpferische, ursprüngliche Kraft, produktiv; der d e n k t noch keineswegs, der durch eine Vernunft- oder Verstandesoperation hie und da einen Irrtum matt macht, das geschieht durch bloßes Messen, Wägen und Vergleichen. Es hätte mir nicht so lange unklar bleiben sollen, daß das Denken ein Talent ist. In jedem Menschen ist übrigens ein Surrogat, welches in einer schnellen Wahrnehmung der Analogie und des Widerspruchs besteht; ich glaube, dies Surrogat gründet sich größtenteils auf das Gefühl und ist also eine höhere Art Instinkt. Jeder große Denker hat gewiß eine neue Denkmethode, obgleich er sich ihrer nicht bewußt sein mag.   (1348)

Es ist ein großes Unglück für mich, daß Rousseau (über Nacht hat er mir auf'm Klavier vorgespielt!) gestorben ist, und ein ebensogroßes, daß er gerade gegen Anbruch des Winters gestorben ist. Abreisen kann ich nicht mehr von München, denn die Reise zu Fuß zu machen ist in dieser Jahreszeit mehr als bedenklich, und zu Wagen würde sie mich zuviel kosten. Wie ich aber den Winter durchkommen soll, weiß ich nicht. So ohne alle Anregung, ohne alle Aufforderung zur Tätigkeit bin ich noch nie gewesen. Ich sehe die ganze Woche keinen einzigen Menschen, ich habe keine Gelegenheit zum Sprechen, was mir doch ein Bedürfnis ist, an Mitteilung dessen, was ich etwa arbeiten könnte, ist gar nicht zu denken, ich erblicke nicht einmal ein Zeitungsblatt. Meine Korrespondenz ist auf den Briefwechsel mit Elise beschränkt; diesen führe ich zwar gern, aber pekuniäre Rücksichten verbieten das zu häufige Schreiben. Gravenhorst ist ganz gewiß imstande, einen Briefwechsel zu führen, aber er ist schon seit einem Jahre stumm; Rendtorf versteht die Natur eines Briefes nicht oder will sie, was noch schlimmer wäre, nicht gelten lassen, er zieht alles zu sehr ins Enge, glaubt immer nachmessen zu müssen und macht einen freien Geistes- und

Stundenerguß dadurch unmöglich. Ich muß auch diesen Zustand aushalten, aber was das mich kosten wird, fühle ich, und ich habe wenig oder nichts mehr zuzusetzen. Ich fürchte diese geistigen Entbehrungen weit mehr als die physischen, obwohl es auch etwas sagen will, daß ich schon seit 2½ Jahren, einen Sommer ausgenommen, nicht mehr warm gegessen habe. Das Glück könnte mir, denk ich oft, dadurch den ärgsten Possen spielen, daß es nicht ganz ausbliebe, daß es nur z u s p ä t käme; dann brächte es mich richtig auch noch um den Leichenstein, um die wohlverdiente Grabschrift. Armer Baum, mit dem die Sonne zu liebäugeln beginnt, nachdem seine Wurzeln erfroren sind. „Elender Stumpf" — ruft der müßige Spaziergänger aus, der ihn belorgnettiert — „warum grünst du nicht, da doch alles grünt?" Überhaupt, was ist denn entsetzlich? Nicht, daß eine Welt zu Trümmer gehen, sondern daß sie so ganz im stillen v e r w e s e n kann! *(1352)*

Es ist ein sonderbarer, aber erklärlicher Irrtum, daß ich mein L e b e n bisher für ein Nichts gehalten und deshalb auch nur wenig Aufmerksamkeit darauf verwandt habe. Es ist und bleibt doch immer die Hauptsache, die Bedingung, die Grenze des Ichs. *(1362)*

Der Mensch ist die Kontinuation des Schöpfungsakts, eine ewig werdende, nie fertige Schöpfung, die den Abschluß der Welt, ihre Erstarrung und Verstockung, verhindert[1]. Es ist (dieser Gedanke führte mich auf den soeben ausgesprochenen) höchst bedeutend, daß alles, was als menschlicher Begriff existiert, nicht vollkommen und ganz — wohl stückweise — in der Natur vorhanden ist und alles, was in der Natur vollkommen und ganz existiert, sich dem menschlichen Begriff entzieht, des Menschen eigne Natur nicht ausgenommen. So wissen

1. Später schrieb Hebbel hier an den Rand: Dies ist die tiefste Bemerkung im ganzen Buch. d. 7. Jan. 1840.

und definieren wir, was Recht und Unrecht ist, was Tugend und Unschuld (letztere, sobald wir sie verloren haben) ist, aber nicht, was Leben ist usw. Wo uns Erkenntnis vergönnt ward, da bedarf die Natur unsrer Mithilfe. *(1364)*

Es ist kaum ein Trost, daß wir immer höher kommen, da wir immer auf der Leiter bleiben. *(1367)*

Kunst, Wissenschaft, Gesellschaft usw. sind ewige Formen des Lebens und als solche jederzeit unentbehrlich, wenn ihr Gehalt vollständig ausgeschöpft werden soll. Was unter keiner Form erscheint, hat keine Existenz, wenigstens für uns nicht. *(1370)*

Mir schwebt das Ideal einer Kritik vor, die die deutsche Literatur noch nicht kennt. Diese hätte die Aufgabe, die Grundidee eines Werkes aus seinen gesamten Einzelheiten wirklich zu entwickeln, sie nicht bloß, wie bisher von allen (wenn sie nicht etwa tadelten) geschah, auszusprechen. Ich glaube, auf diesem Wege würde die Wissenschaft der Kunst, die Ästhetik, sehr viel gewinnen können, denn in dem Sinne, wie ich es meine, von den Einzelheiten ausgehen, heißt die Schöpfung des Werks aus seinen innersten Embryonen anschaulich machen. Schwer, doch nicht unmöglich. *(1371)*

Eine echte Biographie ist eine Selbstkritik; warum hält falsche Bescheidenheit unsre großen Schriftsteller ab, solche Biographien ihrer Werke zu liefern? Sie wären ein unermeßlicher Gewinn für die Welt. *(1372)*

Je länger man lebt, je weniger weiß man, warum man lebt. *(1377)*

Wenn man überall Geist annehmen darf, so muß man ihn auch im Menschen annehmen. *(1378)*

Und doch wäre es möglich, daß dasjenige, was wir in höherem Sinne Geist nennen, der erleuchtende Funke, der uns fremde Welten eröffnet, weil er aus fremden Welten stammt, uns nur besuchte, nicht aber in uns wohne. Er könnte von uns angezogen werden, wie der physische Funke, der Blitz, vom Eisen; wir könnten seine Werkstatt sein, worin er Großes schafft, und die von seiner Flammenkraft glüht und glänzt, ohne für sich selbst etwas zu bedeuten. Geht doch fast alles, was man geistig zu erleben glaubt, spurlos vorüber; b e - g r e i f t man doch zuweilen später manchen Zustand nicht, in dem und durch den man früher lebte. *(1379)*

Nicht, was der Mensch s o l l : w a s und w i e er's vermag, zeige die Kunst. *(1388)*

Die Formen der neuern Malerei streben nach dem Idealen und streifen doch das Individuelle nicht ab. *(1391)*

„Form ist Ausdruck der Notwendigkeit!" sag ich in einer Kritik. Beste Definition! Stoff ist Aufgabe; Form ist Lösung. *(1395)*

Der Mensch hält seinen Seufzer gern für das Echo der Welt. *(1400)*

Man hält den Schmerz immer nur für einen Angriff aufs Leben, für eine Pause desselben. Dies ist ein Irrtum; er selbst ist Leben, er will leben. Darum ist es eigentlich mit der Freude vorbei, sobald der Schmerz einmal die menschliche Seele eroberte. *(1407)*

Wenn der Mensch einen großen Schmerz erlitten hat, so sollte er nicht mehr zittern vor einem noch größern. Und doch zittert er eben dann am meisten. *(1413)*

d. 31. Dezbr. abends um halb 12 Uhr. Das Jahr ist abermals zu Ende, und ich schließe es mit der Gewißheit, daß mir das neue gar nicht wiederbringen kann, was mir das alte geraubt hat. Am vorigen Silvesterabend war ich mit Rousseau zusammen, wir tranken Punsch, tausend Pläne und Hoffnungen gingen wie

Funken aus unsern entzündeten Seelen hervor, und wie die zwölfte Stunde ausgeschlagen hatte, sprangen wir auf und umarmten und küßten uns innig. Jetzt modert er, und ich – kann dies ruhig niederschreiben. Doch denke ich sehr viel, fast immer, an ihn, und es ist mir ein stiller Trost, daß er meine Zustände, die mir selbst unbegreiflich sind, durchschauen und verzeihen wird. Es ist mir seit seinem Tode, als ob meine geheimsten Empfindungen und Gedanken ein Verhältnis zu ihm haben, als ob sie ihm schon im Augenblick ihres Entstehens bekannt sein müßten; ich nenne oft unwillkürlich seinen Namen und erkläre mich gegen ihn über manches, als ob er anwesend wäre und mich mißverstanden haben könnte. Weit weniger denk ich an dich, teure Mutter; ich kann's nicht helfen, überhaupt bin ich starr und kalt und werde vom Leben nur noch hin und wieder im Vorbeigehen b e s u c h t .
Es schlug 12 Uhr, ich habe für die Toten gebetet. *(1414)*

1839

Der Mensch ist ein Blinder, der vom Sehen träumt.
(1421)

Sich schöne Träume zu bilden, mögen diese nun Realität haben oder nicht, ist doch immer ein herrliches Vermögen der Menschheit. *(1424)*

Ein Hund, den sein Herr verkauft und, wenn er zurückkehrt, mit Prügeln vertreibt, ist ein tragischer Gegenstand. *(1425)*

Welchen Dingen und Wesen kann man Dank schuldig werden! Wieviel frische, freudige Augenblicke verdanke ich z. B. meinem kleinen Hündchen! Wie erregt es in mir Mut und Lebenslust, wenn ich es so fröhlich herumspringen sehe! *(1426)*

In der letzten schlaflosen Nacht, wie ich den Sturm so wütend brausen hörte, dachte ich: Der Schmerz ist dem Menschen zum Leben ebenso notwendig wie das Glück. Allerlei phantastische Bilder mischten sich in diesen Gedanken. *(1429)*

Künstlerische Tätigkeit: höchster Genuß, weil zugleich Gegenteil von Genuß. *(1432)*

Das Aufbrausen ist die Lebensäußerung des Zorns und zugleich sein Tod. *(1451)*

Um jemandem leichter vergeben zu können, muß man eine kleine Sünde gegen ihn begehen, damit auch er etwas zu vergeben habe. *(1452)*

Die Pfeile des Schmerzes sind anfangs bitter und zuletzt süß; die Pfeile der Freude haben Honig auf der Spitze und am Ende den Stachel. *(1457)*

Die Poesie soll alle Strahlen des Menschen, dieser Nebelsonne, auffangen, sie verdichtet auf ihn zurückleiten und ihn so durch sich selbst erwärmen. *(1459)*

d. 29. Jan. Gestern abend zum erstenmal in einem brillanten Zirkel, wo ich die élite von München fand[1]. Ganzen Nachmittag mit mir in Zweifel, ob ich hingehen solle; endlich den Entschluß gefaßt, weil ich mir vorhielt, daß das Gegenteil Feigheit sei. Erstes Debüt, und für dieses, in Vergleich zu früher, gut genug. Mich zuletzt, weil ich nicht tanzte, gelangweilt; zu tanzen wagte ich nicht, weil ich diese Kunst in 3 Jahren nicht mehr exekutiert habe. Bekanntschaft eines Hofkapellmeisters gemacht. Ein sehr schönes Mädchen (Fräulein Maurer) gesehen. Schelling war anwesend. *(1464)*

Das Gedicht vom Maler Müller: „ A m o r   u n d   B a c -

1. Bei Hofrat Vogel, dessen Frau, eine Tante Emil Rousseaus, Hebbel freundlich eingeladen hatte.

chus" ist außerordentlich schön, seine Idyllen haben in der deutschen Literatur ihresgleichen nicht, und in der letzten Faustszene zeigt sich kräftiger und einfach-edler Humor. Seine „Genoveva" dagegen ist ein Nichts[1], und Tieck hat recht, wenn er mißverstandene Nachahmung, ja Konzentration Shakespeares darin findet. Sie enthält nur einen einzigen schönen Zug; als Siegfried in die Höhle seines verstoßenen Weibes tritt und das rohe Kruzifix sowie die übrigen frommen Zeichen verborgener Andacht erblickt, wirft er sich weinend auf die Knie, der kleine Schmerzenreich tritt herzu und sagt: „Der Mann ist so traurig wie meine Mutter, sollte es wohl mein Vater sein?" Dieser rührend-naive Schluß des Kindes spiegelt dessen ganze Vergangenheit; wir sehen eine Blume, die nur den Tau der Tränen getrunken hat. Das Ganze ist mit Ach und Oh gemalt und wässerig-sentimental; nach Naturlauten wird gehascht und Seufzer, die nichts sagen, weil sie alles sagen, stellen sich ein. Der es am wenigsten verdient, der Pfalzgraf, geht als der allein Glückliche aus der Katastrophe hervor; er hat zwar das Gelübde getan, Gott in der Einsamkeit sein Leben zu weihen, aber er nimmt sich Zeit, vorher seinen Prinzen zu erziehen, und Genoveva begleitet ihn; Golo wird von drei Vettern auf die Seite geführt und im stillen abgeschlachtet. Ich habe die Tiecksche Genoveva bis jetzt nicht gelesen und verspreche mir nicht viel davon; allein, ich habe oft über diesen Stoff nachgedacht und finde seinen dramatischen Gehalt nur im Charakter des Golo. Ich sage, seinen dramatischen Gehalt; in der Erzählung verhält es sich allerdings anders. Der dramatische Dichter kann den Golo des alten Volksbuchs nicht brauchen, nur wenn es ihm gelingt, diesen flammenden, hastigen Charakter aus menschlichen Beweggründen

1. Diese Kritik Hebbels an Maler Müller enthält schon eine Skizze seines eigenen Dramas *Genoveva*.

teuflisch handeln zu lassen, erzeugt er eine Tragödie. Golo liebt ein schönes Weib, das seiner Hut übergeben ward, und er ist kein Werther: darin liegt sein Unglück, seine Schuld und seine Rechtfertigung. Die Liebe selbst, für die er nicht kann, ist schon Sünde, und je edler sein Gemüt ist, je schmerzlicher wird er diese ihm angeflogene Sünde empfinden; Haß des Gegenstandes, der ihn, wenn auch unbewußt, mit sich selbst entzweite, mischt sich von Anfang an in sein süßestes Gefühl und ist nicht einmal durchaus ungerecht. Die Harmonie seines Innern ist einmal gestört, er kann sich selbst nicht mehr achten; soll jenes umsonst geschehen sein? Er ward auf den Weg gestoßen, umzukehren steht nicht in seiner Gewalt, das reizende Ziel schwebt ihm stets vor Augen: ist es ein Wunder, daß er es zu erreichen strebt? Vielleicht täuscht er sich selbst eine Zeitlang und faßt Entschlüsse, die er nicht auszuführen vermag; plötzlich übermannt ihn die Stunde, er gesteht seine Leidenschaft und — bloß gewollt oder vollbracht, das Verbrechen ist gleich groß, die Schande ist im ersten Fall sogar größer. Er bittet Genoveva um Liebe, das heißt, er verlangt von ihr, daß sie in den Ehebruch willigen soll; auch dies ist bedeutend für sie wie für ihn. Kann und darf sie ihrem Gemahl, selbst wenn sie es verspricht, verbergen, welchen Verrat sein Freund an ihm üben wollte? Kann Golo sich sicher fühlen, wenn sie rein bleibt? Eine Herstellung des Verhältnisses ist nicht möglich; ein Weib, das ein solches Geheimnis bewahren soll, steht über einer Mine, sie ist eine Blume mit einer brennenden Kohle im Schoß, das Geheimnis vernichtet sie, und sie mag es verschweigen oder nicht, immer verstößt sie hier oder dort gegen ihre Pflicht, ja offenbart wirkt es vielleicht nicht so fürchterlich als unterdrückt und durch einen Zufall unfreiwillig ans Licht gezerrt; Golo, nachdem er begann, muß vollenden, selbst dann, wenn er die Glut seines Herzens erstickt, er muß vollenden, um nur das zu retten, was er längst besaß. Dazu kommt,

daß eben der edelste Verführer am wenigsten an die
Heiligkeit des kalten Weibes glauben kann; warum soll
sie höher stehen wie er, und wenn sie durch irgendeinen
fallen m u ß, warum nicht durch ihn? So geht Golo Schritt
vor Schritt, wollend und nichtwollend weiter, der Preis
wächst mit der Mühe, nur ein großer Entschluß kann
die tausend Stricke zerreißen, welche Zufall und Schicksal aus einem einzigen wahnsinnigen Augenblick ge-
sponnen haben. Aber das erdrückende Bewußtsein der
Unwürdigkeit macht den großen Entschluß für das
knirschende, in sich zusammenbrechende Gemüt zu
schwer; nur wer den Himmel verdient, leistet leicht
und freudig auf die Erde Verzicht; nur der wirft das
Leben gern weg, der etwas daran wegzuwerfen hat.
Schon das steht einem solchen Entschluß im Wege, daß
er nicht früher, daß er nicht damals gefaßt ward, als er
noch alles gutmachen, oder richtiger, noch alles abwenden konnte; auch die Tugend ist an einen bedingenden
Moment geknüpft. Ein Unverzeihliches, das Golo gegen
die Gräfin begeht, erzeugt das andere; kann er vor dem
letzten Schritt zurückbeben, nachdem nur noch dieser
übrigblieb? Der letzte ist nicht so arg als der erste, denn
er ist notwendig, da dieser freiwillig war, er muß vergeben werden, wenn dieser vergeben wird; gegen Genoveva kann Golo überall nicht so freveln, als er schon
gegen seinen Freund gefrevelt hat, und der Mensch ist
verrückt genug, in der großen Sünde eine Art von Freibrief für die kleineren zu sehen. Genovevas Schicksal
muß erfüllt werden, damit Golos H ö l l e ganz werde;
kann er nicht ganz selig sein, so will er doch ganz verdammt sein. Er läßt sie ermorden und ist nun als Verbrecher, was er ehemals als Mensch und Mann war,
denn dahin drängt ein ewiges Gesetz der Natur, nur fallende Engel wurden Teufel, nicht der fallende Mensch.
Dies sind die Hauptmomente: eine ungeheure Bluttat,
die aus einem holden Lächeln, einem falsch ausgelegten
gütigen Blick entspringt; himmlische Schönheit, die

durch sich selbst, durch ihren eignen Glanz, ihren göttlichen Adel, in Marter und Tod stürzt. Golo wird sich seiner heimlichen, das Licht scheuenden Liebe zum erstenmal mit Schrecken bewußt, als Genoveva von ihrem Gemahl Abschied nimmt und in dieser bangen Stunde, wo Angst und Furcht des Kommenden sie überwältigen, ihr ganzes still-glühendes Herz mit seinem unendlichen Reichtum gegen den Scheidenden aufschließt; des Himmels reinster Blick entzündet die Hölle. Erschütternd und tragisch in höchster Bedeutung ist dieser verhängnisvolle Augenblick; erschütternd und tragisch in jedem Sinn und auf jedem Punkt ist das Schicksal Golos, der nicht weniger wie Genoveva selbst durch die Blüte seines Daseins, durch sein edelstes Gefühl, das durch böse Fügung mißgeboren in die Welt tritt, unabwendbarem Verderben als Opfer fällt. Genoveva kann und darf nicht im Vorgrund stehen; ihr Leiden ist ein rein äußerliches und zugleich ein solches, das die tiefsten Elemente ihres Wesens, die religiösen, befruchtet und entfaltet und sie als Mutter, da sie trotz ihrer Verlassenheit ihre mütterliche Pflicht zu erfüllen weiß, hoch über alle andern Mütter hinaufstellt; sie ist ein durchaus christlicher Charakter, den der Scheiterhaufen nicht verzehrt, sondern verklärt; sie muß (und dies ist in bezug auf sie Hauptvorwurf der Darstellung) zu Gott in dasselbe Verhältnis kommen, worin sie einst zu Siegfried stand, es muß veranschaulicht werden, daß ihre irdische Liebe von jeher nur eine sich selbst noch nicht erkennende höhere war. Sie sei im Gedicht der mildernde linde Mond hinter Sturm- und Gewitterwolken. Der S c h u l d i g s t e ist der Pfalzgraf; warum hat er eine solche Natur, die ihn bis auf den Grund in ihr klares Innere hinabschauen ließ, nicht erkannt? Es ist ungleich sündlicher, das Göttliche in unsrer Nähe nicht zu ahnen, es ohne weitere Untersuchung für sein schwarzes Gegenteil zu halten, als es in weltmörderischer Raserei zu zerstören, weil wir es nicht besitzen können. Er allein darf durch die Katastrophe gestraft werden, und er wird gestraft, denn er findet die beweinte Verstoßene nur wieder, um die zermalmende Überzeugung zu gewinnen, daß das Band zwischen ihm und ihr für Zeit und Ewigkeit zerrissen ist. Für Genoveva ist dies Wiedersehen die letzte Verklärung; auch ihr B i l d ist jetzt rein. *(1475)*

Die Ehe gibt dem einzelnen Begrenzung und dadurch dem Ganzen Sicherheit. *(1478)*

Ausnahmen sollen geduldet werden, aber nur, solange sie selbst dulden. *(1479)*

Es gibt Menschen, die nichts haben als die Kraft, sich zu entschließen, und die doch dadurch schon viel haben. *(1491)*

München, d. 16. Februar 1839. Heute morgen habe ich meine Sachen in einer Kiste nach Hamburg abgesandt. *(1495)*

Gestern abend im Bett las ich seit undenklicher Zeit zum erstenmal wieder Lessings „E m i l i a   G a l o t - t i". Es verlohnt sich der Mühe, zu untersuchen, ist aber schwer zu sagen, warum dieses Gedicht trotz seines reichen Gehalts dennoch kein Gedicht ist. Man könnte sich vielleicht so ausdrücken: Es erreicht das Ziel der Poesie, insofern dies ein allgemeines sein mag, aber es geht nicht den Weg der Poesie; der Dichter schulmeistert das Musenroß und treibt es im ganzen freilich, wohin er will, aber im einzelnen immer entweder zu weit oder nicht weit genug. Gerade dies ist der Punkt, worin der echte Dichter sich von seinem nächsten Nachbar, der Lessing gewiß war, unterscheidet; bei jenem ist die Begeisterung heiliges Feuer, das vom Himmel fällt und das er gewähren läßt, bei diesem ist es ein Flämmchen, welches er selbst anmacht und welches nun, je nachdem die Stoffe sind, womit er es ernährt, bald nur kümmerlich schleicht, bald aber gar zu breit und ungestüm aufleckt. Bei einer solchen Flamme kann man löten und schmieden, aber die Sonne mit ihrer linden, unsichtbaren Glut muß wirken, wenn Bäume und Blumen entstehen sollen. Das Bewußtsein hat an allem wahrhaft Großen und Schönen, welches vom Menschen ausgeht, wenig oder gar keinen Anteil; er gebiert es nur, wie eine Mutter ihr Kind, das von geheimnisvollen Händen in ihrem Schoße ausgebildet wird und das, ob es gleich Fleisch von ihrem Fleisch ist, ihr dennoch in unabhängiger Selbständigkeit entgegentritt, sobald es zu leben anfängt; der Handwerker weiß allerdings mit Bestimmtheit, warum er jetzt zum Hammer und jetzt zum Hobel greift, aber er macht auch nur Tische und Stühle. Das Bewußtsein ist nicht produktiv, es schafft nicht, es beleuchtet nur, wie der Mond; die Philosophie beweist nicht gegen diese Behauptung, denn sie entwickelt nichts als sich selbst, sie zeugt nur ihre eigenen Prozesse. Wer mich hier mißversteht, dem mag überhaupt die Fähigkeit gebrechen, über diesen Gegenstand etwas zu verstehen; ich bemerke nur noch, daß man von hier ausgehen muß, wenn man sich klarmachen will, inwieweit der Dichter einen Plan haben kann und darf.

Die Charaktere in „Emilia Galotti" mögen Charaktere sein; es würde zu weit führen, wollte ich untersuchen, ob nicht der Mensch, wenn er sich Menschen denkt, schon deshalb, weil er Mensch ist, sich immer solche denken muß, die mit einer gewissen Existenzmöglichkeit auftreten, und ob es genug sei, daß wir poetische Gestalten bloß nicht entschieden verneinen können, ob wir sie nicht vielmehr, wenn wir sie gelten lassen sollen, unbedingt und unwillkürlich bejahen müßten. Jedenfalls sind diese Charaktere zu absichtlich auf ihr endliches Geschick, auf die Katastrophe, berechnet, und dies ist fehlerhaft, denn dadurch erhält das ganze Stück die Gestalt einer Maschine, worin lebendige Menschen die füreinander bestimmten und notgedrungen auf den

Glockenschlag ineinandergreifenden Räder vorstellen. Zwar sollen die Charaktere den Blitzstrahl des Schicksals an sich ziehen, er könnte sie sonst nicht treffen, ohne das Band, das die Weltordnung zusammenhält, zu zerreißen; aber dies muß spielend, und ohne daß man es ahnt, geschehen, Mensch und Schicksal müssen sich an einem Ort begegnen, wo man es nicht erwarten konnte und wo man desungeachtet, wenn man näher hinsieht, nicht die verhüllte Larve des Zufalls, sondern das ernste Antlitz der Notwendigkeit erblickt: ist das Gegenteil der Fall, so ist nur noch die Exekution oder die Prämienverteilung möglich, und damit hat die Kunst nichts zu tun. Ein Vater, der sich leichter zum Äußersten als zu etwas anderem entschließt; eine Tochter, die um ihren Tod bettelt, wie Tausende ums Leben betteln würden; eine Mutter, die an sich nichts bedeutet, deren breites Dasein aber Gelegenheit gibt, daß andere sich entfalten; ein hitziger Graf, der weiß, daß die Affen hämisch sind, und der sie dennoch aufs ärgste reizt; ein junger Fürst, der seinen Lüsten jedes Gefühl seiner Würde, jede Rücksicht auf Gesetz und Gewissen aufopfert und der sich, um sich vor sich selbst zu schützen, anfangs hinter eine schlangenglatte Dialektik, zuletzt hinter eine Reue, die ärger ist, als selbst die Sünde war, verkriecht; ein Hofmann, der sein Vertrauter ist und der Teufel dazu; eine rachsüchtige verlassene Mätresse, die ihren Abgott abschlachten will, weil sie nicht mehr bei ihm schlafen darf; obendrein ein paar Mörder, und um die letzte kleine Schwierigkeit beiseite zu schaffen, noch sogar ein tragischer Kutscher, der sich gezwungen mit diesen verständigen muß: Das Schicksal hatte es doch gar zu leicht!, wir wollen aber nicht sehen, was nicht ausbleiben kann!

Emilia ist mir ein Ding wie ein Widerspruch. Von einer Frömmigkeit, daß sie sogar am Hochzeittage die Messe nicht versäumt; geliebt und — der Dichter hat sie nicht so geschildert, aber was berechtigt uns, anzunehmen, daß er sie nicht hat so schildern wollen? — von Liebe zu ihrem Verlobten erfüllt; zu wissen, daß der Graf tot ist, daß er um ihretwillen tot ist, oder richtiger, dies nicht zu wissen, es bloß zu ahnen, ein noch schrecklicherer Gemütszustand: dennoch, sie sagt es mit klaren Worten, fühlt sie dem meuchelmörderischen Wollüstling gegenüber nichts so lebhaft, als daß sie warmes Blut hat, daß sie verführt werden kann, und fühlt dies sogleich, in den ersten entsetzensvollen Augenblicken. Ist dies natürlich? Und wenn, ist sie dann nicht eine gemeine Seele? Und wird eine gemeine Seele sterben, um das zu retten, was sie nie besaß? Übrigens übersehe ich nicht, daß Emilia der herrlichste Charakter geworden wäre, wenn ihn ein wahrhafter Dichter geboren hätte; es ist außerordentlich schön, daß das Mädchen aus heiliger Scheu vor den dämonischen Mächten in ihrem Innern in ihrer letzten freien Stunde weiblich furchtsam und doch heldenkühn den Tod erwählt; gewiß hat auch Lessing die Situation seiner Heldin so empfunden, nur daß ihm die Mittel zur poetischen Darstellung versagten. Es ist möglich, daß ihm die Idee eines weiblichen Romeos vorschwebte; mit den Modifikationen, welche die Umstände mit sich brachten, wie sich von selbst versteht. (1496)

Jede Sehnsucht fühlt, daß sie Befriedigung verdient, am meisten die Sehnsucht nach Gott. Daraus entspringt unmittelbar die Überzeugung, daß, wenn der Sehnende nicht Magnet sein kann, das Ersehnte Magnet werden muß, daß, wenn jener sich nicht zu erheben vermag, dieses sich zu ihm herablassen muß. Dies ist das festeste Fundament des Glaubens an Offenbarung. (1500)

d. 19. Februar. Gestern las ich das Leben Lessings von Schink und abends seine Dramaturgie. Ich komme noch einmal auf die „Emilia Galotti" zurück.
Es ist allerdings in der ersten Szene, wo Emilia auftritt, genugsam angedeutet, daß sie für den Prinzen empfin-

det. Sie zittert, sie ist in der größten Aufregung, sie hat
nicht gewagt, ihn zum zweitenmal anzusehen; alles
Zeichen einer unbewußt aufkeimenden Liebe. Aber hiedurch entstehen eben neue Bedenklichkeiten. Es frägt
sich, welcher Art diese Liebe ist. Ist sie nichts anderes
als das erste Erwachen der bisher in den Schlaf gelullten
glühenden Sinnlichkeit, vorbereitet vielleicht durch den
Gedanken an die baldige Hochzeit, zurückgehalten
wieder durch das naßkalte Bild des nur für die Seele
der Braut schwärmenden Bräutigams? Dann sind zwei
Fälle möglich. Entweder ist der ungestüme drängende
Prinz nur der Funke, der ihr Herz in Flammen setzt,
und dieses wendet sich nun mit voller Glut dem Bräutigam zu, den das Mädchen mit ganz anderen Augen
betrachten lernt, in dem sie den Schlüssel ihres Daseins
ahnt; oder sie wird klar darüber, daß ihr Verhältnis zu
dem Grafen nur ein gemachtes ist, daß er mehr der zufällige als der wahre Gegenstand ihrer Neigung ward,
und ist dieses, so kann sie, die uns der Dichter als des
größten Entschlusses fähig vorführt, über das, was sich
für sie zu tun geziemt, nicht zweifelhaft und unentschieden sein, sie kann nicht zögern und nicht zagen,
ein Band zu zerreißen, das nie hätte geknüpft werden
sollen. Im Herzen den einen tragen und dem andern
zum Altar folgen, das verträgt sich nicht mit ihrer
Frömmigkeit, ihrer Gemütsreinheit. Ist aber jene Liebe
etwas Höheres, ist sie, was sie sein soll, so verklärt sie
auch unmittelbar und notwendig den Gegenstand, der
sie erweckt hat; sieht die ganze Welt im Prinzen nur
den Wollüstling und den Verführer, Emilia muß etwas
Besseres in ihm sehen, denn nie kann vom Gemeinen
eine edle Wirkung ausgehen. Und hiemit fällt die Katastrophe weg, soweit nämlich der Wille der Tochter
Anteil daran hat; der Vater mag sie immerhin noch
morden, um demjenigen ihren Körper zu entreißen, der
ihre Seele auf ewig besitzt. Emilia kann nicht mehr
fürchten, verführt zu werden, und wenn sie sich auch,

hin und her geworfen zwischen innerer und äußerer Pflicht, im Widerstreit mit einer einmal eingegangenen Verbindlichkeit und dem Zuge ihres ganzen Wesens, nicht gleich zu helfen weiß, so kämpft sie doch einen ganz anderen, einen viel ernsteren und heiligeren Kampf, einen solchen, der, falls er nur durch den Tod zu enden wäre, den Tod wahrhaft tragisch machen würde. Sich zu töten, weil man fühlt, daß man, wenn man sich nicht tötet, nicht stark genug sein wird, die Unschuld zu bewahren, ist wohl kaum der Mühe wert.

(1501)

Wie andere ihn betrachten und wofür sie ihn halten: das ist die Atmosphäre, worin der Mensch lebt, und der beste kann in der schlechtesten ersticken. (1505)

Warum wird die Wahrheit durch die Subjektivität so gespalten? Weil Welt und Leben nur so möglich sind.

(1508 e)

Das Individuum existiert nur als solches, und wenn es sich selbst aufgibt, so ist sein Leben nur noch ein Sterben, ein unnatürliches und unnützes Hinwelken. Der Zustand einer Individualität, die sich einer größeren auf Gnade und Ungnade gefangen gibt, könnte den herrlichsten Stoff zu einer Novelle abgeben. Obgleich aber das Individuum nur als solches existiert, hat es dennoch keine heiligere Pflicht, als zu versuchen, sich von sich selbst loszureißen, denn nur dadurch gelangt es zum Selbstbewußtsein, ja zum Selbstgefühl. (1510)

Ein Kind, das seine Mutter bittet, mit Weinen aufzuhören. (1511)

Die Frucht des Baums ist nicht für den Baum. (1512)

„Warum ficht mich so manches Übel an?"
Weil Gott dich vor dir selbst nicht schützen kann!

(1513)

Alles, was zu einem Ding notwendig ist, muß darin

sein, muß immer darin sein, oder es ist nicht, ist zuweilen nicht. Dies auf die Welt angewandt, so kann durchaus nichts Neues, Nichtdagewesenes eintreten; nur verschwindet ein Element oft an einem Platz und tritt an einem anderen wieder hervor. Ein unentwickelter, aber sehr reicher Gedanke. *(1515)*

Durch Dulden Tun: Idee des Weibes. *(1516)*

d. 2. März. Noch immer bin ich in München. Alle meine Papiere und Sachen sind schon fort, mein Zimmer hat etwas Unheimliches, es ist ein öder, wüster Zustand. Ich lese Romane von Walter Scott, blättre in Schadens Reisehandbuch, betrachte die Karte von Deutschland und schwebe zwischen Kopfweh und Langeweile in der Mitte. Nachts, die letzte ausgenommen, ein dumpfer, zerrissener Schlaf. Dennoch wünsche ich mich nicht weg, und es kommt mir zuweilen vor, als hätte ich noch länger hierbleiben sollen. Von Hamburg verspreche ich mir gar nichts, die alten, häßlichen Erinnerungen steigen wieder auf — ich vermag niemanden mit Herzlichkeit entgegenzukommen, wie könnten sie mir Herzlichkeit beweisen. Das Grundübel liegt darin, die Leute, mit denen ich dort durch Zufall und Not in Beziehung und Verhältnis gekommen bin, sind nicht für mich; ich hätte mit keinem die Verbindung gesucht, hätten nicht die Umstände sie mir aufgedrungen. E[lise] muß ich freilich ausnehmen. Narrheit ist's, dergleichen Stimmungen durch Niederschreiben festzuhalten, aber der Mensch pökelt sich gern seine Qualen ein! —— Neulich der Spaziergang auf den Weg nach Ingolstadt hinaus; Empfindungen, München zu verlassen; versüßt durch den Gedanken: Du kehrst noch wieder zurück. Und warum sollte ich nicht auch vom Norden aus zurückkehren können? *(1519)*

Mittags. Als ich ankam in München, hatte ich gleich vorm Tor Gelegenheit, ein Paar Stiefeln zu erhandeln, die ich notwendig brauchte. Ich nahm dies für ein günstiges Zeichen und habe mich nicht getäuscht. Freilich hab ich in München viel verloren, aber ich habe darin doch auch viel besessen. Heute morgen dachte ich: Die erste Person, die dir, wenn du ausgehst, begegnet, soll dir Glück oder Unglück bedeuten. Ich hatte dies ganz vergessen, als ich fortging; bei der protestantischen Kirche stieg gerade, wie ich vorüberging, die Königin aus dem Wagen; da fiel es mir wieder ein. Die zweite Person, die mir auffiel (und diese können doch nur gelten) war der Prinz. Also — Glück! Denn diese Personen, die so glücklich sind, können doch unmöglich Unglück verkündigen. Dazu, um mich ganz selig zu machen, ward mir noch einmal die Wonne, zu dichten. Ich machte einen Spaziergang — den letzten — im Englischen Garten; da entstand in bezug auf das schon vorhandene erste ein zweites Scheidelied:

> Das ist ein eitles Wähnen,
>   Sei nicht so feig, mein Herz!
> Gib redlich Tränen um Tränen,
>   Nimm tapfer Schmerz um Schmerz!
>
> Ich will dich weinen sehen,
>   Zum ersten- und letztenmal;
> Will selbst nicht widerstehen,
>   Da löscht sich Qual in Qual.
>
> In diesem bittren Leiden
>   Hab ich nur darum Mut,
> Nur darum Kraft zum Scheiden,
>   Weil es so weh uns tut!

Dann stieg ich den μονόπτερος[1] hinan und übersah noch einmal den großen Garten und die Stadt. Ich habe dort gebetet, um Segen für München, das mich in seinem

---

1. In der Hist.-krit. Ausgabe von R. M. Werner μενόπτερος geschrieben; der Fehler zeigt, wie mühsam erworben und lückenhaft Hebbels fremdsprachliche Kenntnisse waren.

Schoß so freundlich aufnahm, und um Segen für mich
selbst. „Mach etwas aus meinem Leben" — rief ich aus —
„es sei, was es sei!" Auch für meine liebe Beppi habe ich
den Segen des Himmels herabgerufen. Und, da dieses
Blatt doch beschlossen werden muß: warum soll ich es
nicht mit ihrem Namen beschließen?[1]   *(1528)*

HAMBURG

Zweiter Aufenthalt

d. 3. April 1839. Äußerst erkältet kam ich d. 31. v. M.
abends 6 Uhr in Hamburg an. Meine Stiefel waren sehr
zerrissen, mein erstes war, mir vorm Altonaer Tor ein
Paar neue zu kaufen, dann fuhr ich mit E[lise], die mir
bis Harburg entgegengekommen war, in das Holsteini-
sche Haus. Müde und voll Frost und Kopfweh legte ich
mich sehr früh zu Bett und las Gutzkows „Seraphine".
Anderntags bei E[lise]. Gestern ging ich zu der Doktorin. Wohlwollend-herzliche Aufnahme. Bekanntschaft mit Mad. Lina Reinhardt. Von Julius Schoppe
hörte ich aus dem Munde der Mutter Dinge, die mich
erstarren machten, so daß ich mich krank fühlte, als ich
ging. Nachmittags zu Jahnens. Ich traf ihn nicht, aber
er eilte zu mir. Heute mit Jahnens in die Konditorei.
Dort saßen Gutzkow und Wihl[2], Jahnens führte mich
zu ihnen. Gespräch über meine Studien, München und
Hamburg, Laube und Mundt[3], Kunst und Literatur.

1. Am 11. März 1839 begann Hebbel seine Fußreise von München
nach Hamburg, wo er am 31. März eintraf. Das Reisejournal von
München nach Hamburg trug er erst im Februar 1843 in Kopenhagen in sein Tagebuch ein (vgl. 2654).
2. Karl Gutzkow (1811–78), vielseitiger Schriftsteller und Kritiker,
‚Literaturpapst' seiner Epoche, war damals Redakteur des *Telegraph* in Hamburg; Dr. Ludwig Wihl (1807–82) war Mitredakteur.
3. Heinrich Laube (1806–84) und Theodor Mundt (1808–61) gehör-
ten wie Gutzkow zum „Jungen Deutschland".

Gutzkow forderte mich auf, Beiträge zu den Jahrbüchern zu liefern und ihn zu besuchen. Er sagte mir, daß er mit meinen Ansichten über die Lyrik übereinstimme, daß Freiligrath und Grün in seinen Augen gespreizte Talente seien. Jahnens meinte, er hätte G. nie so gesehen und ich habe große Ursache, mit der Art, wie sich das Verhältnis zu ihm anknüpft, zufrieden zu sein. *(1529)*

Die Geschichte ist die Kritik des Weltgeistes. *(1530)*

Dem Schmerz zu zeigen, daß er sich selbst nicht versteht, am Abgrund nachweisen, daß er tiefer ist, als man glaubt, verdient keinen Dank. Wenn man tief fallen muß, ist es noch immer gut, nicht zu wissen, w i e tief. *(1533)*

Kleists Arbeiten s t a r r e n von Leben. *(1536)*

Kraft ist Ersatz für Glück, darum hat sie keins. *(1538)*

Die Schellingsche Idee, daß zu einer bestimmten Zeit aus Gott dem Vater Gott der Sohn hervortreten mußte, führt den Dualismus in die Gottheit selbst hinüber, zerspaltet die Fundamentalidee des menschlichen Geistes und macht Gott zur Wurzel der Weltentzweiung. Dies sind die nächsten Konsequenzen. *(1546)*

Das g e s t a l t e t e Leben ist schon vom Tode umarmt, nur das sich entwickelnde, sich aus dem Keim losringende ist eigentliches Leben. *(1548)*

Die Lyrik ist der reinste Ausdruck der Völkernationalität. *(1549)*

Sollten denn von Anfang der Welt an alle Kräfte in ihr sogleich entfesselt sein; sollte nicht manche erst im Lauf der Zeit entfesselt werden? *(1552)*

Ein Lichtschein beleuchtet plötzlich eine weiße Wand, und eine Stimme ruft aus: „Lies!" Ich aber sehe keine

Schrift. „Kannst du nicht lesen? Es steht doch deine ganze Zukunft dort geschrieben."[1]   *(1555)*

Es liegt in der B e i c h t e ein echt menschliches Element. Eine Tat, b e k a n n t , ist v e r z i e h e n ; das Bekenntnis ist die Satisfaktion der beleidigten Idee.
(1574)

d. 13. Mai. Der Zustand dichterischer Begeisterung (wie tief empfind ich's in diesem Augenblick!) ist ein Traumzustand; so müssen andere Menschen sich ihn denken. Es bereitet sich in des Dichters Seele vor, was er selbst nicht weiß.   *(1585)*

Es gibt rein subjektive Empfindungen, die nur dadurch, daß sie ausgesprochen und gestaltet werden, zur echten Existenz gelangen. Diese gehören ins Gedicht, denn in ihnen liegt die Notwendigkeit der Form.   *(1588)*

Der Trost liegt nicht darin, daß Gott uns auf dunklen Wegen führt, sondern darin, daß die Dunkelheit des Weges oft durch die Erreichung des Ziels bedingt ist.
(1591)

Der Pfeil flieht den Bogen, der ihm die Kraft verleiht.
(1593)

Einen Menschen zum bloßen Mittel herabzuwürdigen: ärgste Sünde.   *(1611)*

Das Herz macht des Menschen Glück oder Unglück; nicht sein Verdienst.   *(1623)*

Wirb um das Leben, es ist dir ebensowenig geschenkt wie ein anderes Gut.   *(1626)*

Wenn ein Baum, auch im schlechtesten Boden, ausgeht, so geschieht es nur, weil er die Wurzeln nicht tief genug schlägt. Die ganze Erde ist sein.   *(1628)*

---

1. Am Rand Notiz Hebbels: G e s p e n s t i s c h e s B i l d .

Flechtet keinem den Lorbeerkranz zu groß: er fällt ihm sonst als Strick um den Nacken! *(1632)*

Ist die uralte Annahme, daß in den innersten Kern des Menschen etwas eingeschlossen sei, welches ihn selbst befehdet und in manchen Fällen zerstört, nicht eigentlich ein Unsinn? Wo wäre der Baum mit der selbsterzeugten Axt an der Wurzel, wo wäre nur die Schlange, die am eignen Gifte stirbt? *(1633)*

Der Geist wird wohl die Materie los, aber nie die Materie den Geist. *(1634)*

Der Gedanke ist das Produkt der Individualität.
(1636)

Wenn die Hand des Todes den Menschen schon gepackt hat und das Grab vor ihm offen steht, so sieht er noch einmal zurück. Erblickt er dann ein weinendes Auge, so kehrt er wohl noch wieder um, sieht er aber gleichgültig kalte Gesichter, die sich alle schon nach dem Grabscheit umsehen, so stürzt er sich selbst in die Grube.
(1658)

Ein Mädchen vorm Spiegel ist die Frucht, die sich selber ißt. *(1663)*

Das Schicksal ist die Idee der Welt. *(1670)*

Gott war sich vor der Schöpfung selbst ein Geheimnis, er mußte schaffen, um sich selbst kennenzulernen.
(1674)

Wenn man sich auch das größte Verbrechen denkt, man kann sich Gott doch noch immer daneben denken.
(1675)

d. 3. Oktober. Gestern fing ich meine Tragödie „ J u - d i t h " an und schrieb ein paar Szenen, die mir gefielen. Heute schrieb ich fort, und es glückte wieder. Leben, Situation und Charakter springen in körniger Prosa ohne lange bauschige Adjektiva, die den Jambus so oft ausfüllen helfen müssen, frisch und kräftig hervor. Gott, wenn das ginge! Wenn die bisherige Pause, dies Stocken des poetischen Stroms nichts bedeutet hätte als ein neues Bett! Ich wäre glücklich! Von meiner Poesie hängt mein Ich ab; ist jene ein Irrtum, so bin ich selbst einer! *(1677)*

d. 8. Oktober. Mit meiner Tragödie geht es herrlich, ich schreibe täglich daran fort und machte heute die Hauptszene, von der ich glaube, daß sie sich nicht zu schämen braucht, man mag neben sie stellen, was man will. Ich bin selig und fühle mich auf dem Weg zu einem neuen Leben; Gott verhüte, daß nicht alles plötzlich wieder ins Stocken gerate. *(1684)*

Das Leben borgt seinen höchsten Reiz vom Tode; es ist nur schön, weil es vergänglich ist. *(1686)*

Gibt es denn wirklich ein Gut, das höheren Wert hat als das Leben selbst? Wer ja sagt, muß einen Unterschied zwischen Sein und Wesen annehmen, einen Unterschied, den man wohl bei schärferem Nachdenken kaum festhalten kann. Das Leben bringt jedes Gut, und die meisten Güter (vielleicht alle) haben nur Wert in ihrem Verhältnis zum Leben. *(1686 a)*

In dem Maß, wie der Gedanke sich ausdehnt, verengt sich die Welt. Sein Wesen ist, daß er jeden Stoff vernichtet und doch sich selbst nicht Stoff sein kann. Vielleicht ist er selbst nur Stoff für etwas Höheres; er ist etwas, was etwas anderes voraussetzt. *(1689)*

Ein Schiffer, der, sowie er zur Ruhe kommt, das Schiff, auf dem er fuhr, sich malen läßt und nicht mehr erworben hat, als das Bild kostet. *(1690)*

Wenn euer Herz ein Spiegel ist, so schaut doch nicht ewig selbst hinein; er kann ja sonst nichts abspiegeln als euch selbst. *(1695)*

Das Göttliche lehnt sich gegen Gott auf, weil es seinesgleichen ist. *(1698)*

d. 15. Oktober. Heute morgen ging ich zu Campe[1], ihn
um einen ferneren Vorschuß auf meinen historischen
Roman[2] zu bitten. Ich sprach erst manches über mein
Werk, dann frug er: „Noch etwas?" Ich antwortete:
Geld! „Das mag ich nicht." Ich muß noch vier Monate
an dem Roman arbeiten und soll existieren. „Für ge-
gessenes Brot arbeitet man nicht gern; ich habe diesen
Roman schon einmal bezahlt." Mir nicht. Also Sie
wollen nicht? „Erst das Werk geliefert." Dann kann
ich es nicht schreiben. Aber ich bin Ihnen fünf Louisdor
schuldig, in 14 Tagen werde ich sie Ihnen zurückzahlen.
Die Zinsen werden Sie mir dann berechnen. „Zinsen
nehme ich nicht." Und ich lasse mir nichts schenken; ich
will Ihr Geld nicht umsonst gehabt haben. — Damit
ging ich. Ich kam mit dem festen Entschluß, mit Ernst
und Kraft an die Ausführung des Romans zu gehen
und ihn bis Februar zu beseitigen. Jetzt ist's vorbei.
Was das Beste war, wird die Zeit lehren. Elisens grenzenlose Güte wird mich in den Stand setzen, meine
Schuld bei C. abzutragen. I h r und nur i h r danke
ich, was ich bin. Von ihren Mitteln habe ich in Heidelberg und in München, so wie früher und jetzt in Hamburg gelebt. Sie hat alle meine Launen ertragen und
mich in der Krankheit mit einer himmlischen Aufopferung gepflegt. Ihr bin ich verpflichtet, wie keinem.
Und doch kann die Frau Doktorin — !! *(1700)*

Es ist gar nicht m ö g l i c h , daß die Ideen von Gott

1. Julius Campe (Verlag Hoffmann und Campe, Hamburg) veröffentlichte die meisten Werke Hebbels. Ihr Verhältnis zueinander
war recht wechselvoll, oft stürmisch, wandelte sich aber mit den
Jahren in eine achtungsvolle Freundschaft. (Vgl. 2627, 2640, 4766.)
2. Dieser Roman *Die Dithmarschen* wurde nie geschrieben; wir
kennen aus Hebbels Nachlaß nur ein paar dramatische Szenen zu
diesem Stoff.

und Unsterblichkeit Irrtümer sind. Wäre das, so überwöge ja der Wahn reell alle Wahrheit, und das ist eine Ungereimtheit. Wir können jene Ideen nicht b e w e is e n , wie wir u n s s e l b s t nicht beweisen können; jene Ideen sind eben wir selbst, und kein Wesen kann die Fähigkeit besitzen, seine eigene Möglichkeit zu deduzieren. Vom Geist zur Materie ist ein Schritt; von der Materie zum Geist aber ein Sprung. Wir könnten die Unsterblichkeit gewiß beweisen, wenn wir nicht selbst unsterblich wären. *(1702 d)*

Gestern eine kleine Novelle: „ M a t t e o " angefangen. Daß mir auch doch so gar keine Freude aus meinen Arbeiten quillt! Die Idee zu dieser Novelle ist doch wirklich originell und schön, und ich kann sie ausführen, wann ich will, aber der Gedanke: wozu? lähmt mir die Hand und vereist mir die Seele. Das können die guten Leute, die eine „Idee" haben, sobald ihnen eine Spekulation, die einen Buchhändler ködern könnte, einfällt, gewiß nicht begreifen. Oh, ihr Armseligen, die ihr mit eurem „Fleiß" täglich sechs Bogen voll schmiert, weil das 6 Louisdor einbringt, und die ihr für euren Kot doch noch in meiner Seele einen goldnen Rahmen verlangt! Wir stehen einander so fern, daß wir uns gegenseitig nicht einmal erkennen können. *(1704)*

Wie die Natur die Dinge äußerlich gestaltet, soll die Kunst sie innerlich entfalten und beleuchten. Sie soll die in allem Existierenden wohnenden Geister verkörpern. *(1707)*

Die Welt soll aus Nichts gemacht sein. Sie ist vielmehr aus Dreck gemacht. *(1708)*

Was ist der Schlüssel zur Blume? Die Sonne am Himmel. *(1710)*

N o v a l i s hatte die wunderliche Idee, weil die ganze Welt poetisch auf ihn wirkte, die ganze Welt zum Ge-

genstand seiner Poesie zu machen. Es ist ungefähr ebenso, als wenn das menschliche Herz, das sein Verhältnis
zum Körper fühlt, diesen ganzen Körper e i n s a u -
g e n wollte. Jean Paul[1] nennt Nov. mit Recht einen
poetischen Nihilisten; Menzel in seiner Literaturgeschichte weiß ihn nicht genug zu erheben.   *(1711)*

Sowie du um eine Freude reicher bist, ist der Baum des
Lebens für dich um eine ärmer.   *(1712)*

Wäre nur irgend etwas g a n z erklärt, so wäre alles
erklärt.   *(1713)*

Ein Gedicht soll seine ganze Atmosphäre mitbringen.
                                                     (1717)

Die Schranke der Kreatur ist die Freiheit der Natur.
                                                     (1719)

Die Natur gibt allen Geschöpfen etwas mehr und etwas
weniger als sie brauchen. Mit diesem Mehr dienen sie
dem großen Ganzen und verketten sich dadurch mit
ihm; dies Weniger bietet ihnen die Welt. Darauf ist der
Kreis des Lebens fundamentiert.   *(1720)*

Form ist Grenze, und zwar doppelte Grenze, des Teils
und des Ganzen, und wiederum sowohl nach innen als
nach außen. Form entspringt aus der Ausdehnungskraft
des Teils, gegenüber der Ausdehnungskraft des Ganzen;
sie bezeichnet den Punkt, wo beide einander neutralisieren.   *(1728)*

Wir halten aus bescheidenem Irrtum den inneren Zentralpunkt der uns angeborenen Göttlichkeit für den
bloßen Widerstrahl einer himmlischen Sonne. Die arme
schwarze Erde betet den stolzen Baum mit seinem
Kranz von Blüten und Früchten in Demut an und hat
ihn dennoch erzeugt.   *(1739)*

1. In Jean Pauls *Vorschule der Ästhetik* § 2 wird Novalis „ein Sei-
ten- und Wahlverwandter der poetischen Nihilisten, wenigstens
deren Lehenvetter" genannt.

Wer das Brot nicht mehr verdauen kann, muß nicht anfangen, den S t e i n für eine bessere geheimnisvolle Nahrung zu halten. *(1742)*

Der große Mensch ist allenthalben der Fernseher; aber freilich nicht unter Ochsen und Eseln. *(1743)*

Die Schöpfung ist die Schnürbrust der Gottheit. *(1744)*

Nach der Seelenwanderung ist es möglich, daß Plato jetzt wieder auf einer Schulbank Prügel bekommt, weil er den Plato nicht versteht. *(1745)*

Schlaf ist ein Hineinkriechen des Menschen in sich selbst. *(1753)*

Die Motive vor einer Tat verwandeln sich meistens während der Tat und scheinen wenigstens nach der Tat ganz anders: dies ist ein wichtiger Umstand, den die meisten Dramatiker übersehen[1]. *(1756)*

Wenn wir von irgendeiner geistigen Erscheinung im Gebiet der Kunst auseinandersetzen, was sie s o l l, so meinen wir meistens nur, was sie t a t. Wir fassen ihre Vergangenheit zusammen und dekretieren danach ihre Zukunft. Aber was sie schon t a t, soll sie nicht mehr. *(1757)*

Das Leben ist vielleicht auch nur ein höchster Begriff wie Raum und Zeit; es ist die Kategorie der M ö g l i c h k e i t. *(1759)*

Ausatmen der Seele im Brief. *(1763)*

Inkarnation des Geistes im Gedicht. *(1764)*

Der Natur liegt eine ungeheure, geheimnisvolle Kraft zum Grunde, die in ihren Erzeugnissen keineswegs aufgeht, sondern diese augenscheinlich nur ausstößt, so

---

1. Wichtig für Hebbels *Judith*.

daß man sie vielleicht eher für geile Schößlinge als für echte Manifestationen der treibenden Grundwurzel halten darf; diese Kraft ist daher immer konzentriert, bei jeglichem Akt ist sie ganz in Tätigkeit, sie ist in jeder Regung groß und gewaltig, sie kann recht gut sich selbst Zweck sein. Anders verhält es sich mit der Kraft, die in die Menschheit eingeschlossen ist. Diese ist unter die einzelnen verteilt, die nebeneinander herlaufen und sich in den Weg treten, für sie gibt es keine Konzentrationsmöglichkeit, und dennoch ist eben Konzentration der ewige Gegenstand ihrer Sehnsucht und zeugt in verzweifelter Selbsthilfe Religionen und Staaten.

(1765)

Eine Tat ist wie ein Schuß; er ist nur einer, wenn er trifft. Aus der Überlegung geht nie eine Tat hervor.

(1766)

Ich sehe in dem Höchsten und Edelsten des Individuums nie ein Übermaß von Tugend, nur ein Übermaß von Vermögen. Was ist Tugend? Ein schöner Name für das einfachste Ding: G e s u n d h e i t .   (1772)

Der Traum ist eine Hülle um das Ich, das Wachen ist eine andere, und alle diese Hüllen bedecken am Ende — ein Nichts. So besteht die Zwiebel aus lauter Häuten, zieht die letzte ab, so ist sie nicht mehr.   (1775)

Büchners „Danton" ist freilich ein Produkt der R e v o l u t i o n s i d e e , aber nur so, wie wir alle Produkte Gottes sind oder wie alle Pflanzen und Bäume, trotz ihrer Verschiedenheit, von der Sonne zeugen.

(1776)

Was soll die Schranke? Sie soll verhüten, daß ein Ding nicht sein Gegenteil werde. Wenn sie mehr will, so frevelt sie.   (1777)

Die lyrische Poesie hat etwas Kindliches, die dramatische etwas Männliches, die epische etwas Greisenhaftes.

(1781)

Grabbe und Büchner: der eine hat den Riß zur Schöpfung, der andere die Kraft. *(1783)*

Der Herbst stellt die Grenzen zwischen Innen und Außen fest, er sondert den Menschen von der Natur und gibt ihm das Gefühl seiner selbst. Winter und Sommer greifen in den Menschen hinein, der Frühling lockert sein Fundament auf. *(1785)*

Goethes Faust umfaßt alle Geheimnisse der Welt; er kann sie aber nicht anders aussprechen, als wie die Welt selbst sie ausspricht. *(1793)*

Es ist schlimm, daß man bei Beurteilung einzelner Handlungen und Äußerungen eines Menschen immer sein ganzes Wesen in Anschlag bringt. *(1797)*

Es gibt ein geistiges Magnetisieren, wo man dem fremden Geist seine Gedanken und Phantasien vorschreibt, ohne daß er's ahnt. *(1799)*

In der „Judith" zeichne ich die T a t eines W e i b e s , also den ärgsten Kontrast, dies Wollen und Nicht-Können, dies Tun, was doch kein Handeln ist. *(1802)*

Die Poesie ist die Schminke des Lebens, die Kunst, uns über unsere Armut zu täuschen. *(1805)*

Schmerz und Freude s i n d weniger, als sie b e d e u t e n. Der Schmerz ist ein Vorempfinden unendlicher Qual, die Freude ein Ahnen überschwenglicher Wonne. Die Möglichkeit des Schmerzes deutet auf ein tiefes Mysterium in der Natur. *(1811)*

d. 23. Novbr. Gestern abend durch Sturm und Nacht der Gang über den Wall. Auf der Lombardsbrücke stand ich, unter mir die schwarze, brausende Alster, vor mir den von den Lampen des Jungfernstiegs umschriebenen Lichtkreis und die Feenpaläste im Wasser.

Die Schildwache, die mein Hineinschauen in die Wellen bemerkte, stand auf dem Sprung, mich zurückzuhalten, falls ich, wie ich Miene zu machen scheinen mochte, hineinspringen sollte. *(1815)*

Oh, wie beglückt ist, wer das Große schauen kann. Es zieht in seine eigene Brust ein. *(1817)*

Die Geschichte ist das Bett, das der Strom des Lebens sich selbst gräbt. *(1822)*

Das Gute selbst kann Feind des Guten sein, die Rose kann die Lilie verdrängen wollen, beide sind existenzberechtigt, aber nur eins hat Existenz. So entsteht ein Kampf um den Moment, das Ewige muß sich seiner selbst entäußern, um das Zeitliche zu gewinnen, Resignation gilt nicht, denn es heißt, auf Wirkung Verzicht leisten, und Wirkung ist das Besitztum der Welt, Wirkung ist der Tribut des einzelnen ans Allgemeine. Auf diesem Wege kann die höchste Tragödie entstehen. *(1823)*

Die größte Torheit ist's, gebeugt ins Leben einzutreten. Das Leben ist dem Widerstreben geweiht. Wir sollen uns aufrichten, so hoch wir können, und so lange, bis wir anstoßen. *(1830)*

Dichten heißt, sich ermorden. *(1838)*

Weihnachtsabend 1839. Es ist vier Uhr nachmittags, der Regen saust, Sonnenstrahlen fallen hindurch, ein Frühlingswetter. Ich komme eben aus der Stadt zurück und habe mir Novalis' Schriften geholt, Kaffee steht auf meinem Tisch, die aufgeschlagene Bibel und meine „Judith" liegen vor mir, und seit drei Jahren zum erstenmal wieder werd ich diesen Abend auf eine schöne Weise feiern. Ich habe ein Gefühl, als hätt' ich ein R e c h t zur Freude, und dann bleibt die Freude selbst nicht aus; in meiner Kammer stehen die Puppen, Nüsse usw. für die beiden kleinen Mädchen im Hause. *(1843)*

Ein paar Stunden später. Mein eigner Geist hat mir noch schnell ein schönes Weihnachtsgeschenk gemacht, eine Szene an der „Judith". *(1844)*

Im Leben darf man den Tod fürchten, nur nicht in der Nähe des Todes. *(1847)*

Zwei Hände können sich wohl fassen, aber doch nicht ineinander verwachsen. So Individualität zu Individualität. *(1848)*

Die Liebe ist der Kern des Menschen, sie darf deshalb in ihrem gesunden Zustande so wenig zum Gegenstand der Darstellung gemacht werden wie etwa Essen und Trinken. *(1849)*

Das Leben ist nie etwas, es ist nur die Gelegenheit zu einem Etwas. *(1854)*

d. 30. Dezbr. 1839. Heute mittag die besten Nachrichten von der Stich[1] aus Berlin. Gruß an mich und Bitte um schnellste Sendung des Manuskripts. Die Sache würde mir mehr Freude machen, wenn ich mich den Forderungen des Theaters besser gewachsen wüßte. Es kommt mir so vor, als ob mein Stück unaufführbar sei. Holofernes z. B. wird geköpft. Wie soll das gemacht werden? Soll man immer einen wirklichen Sünder in Bereitschaft halten, den man als Holofernes einkleidet und den nun die Schauspielerin statt des Henkers durch das Beil vom Leben zum Tode bringt? Vorher geht Judith mit Hol. in die Kammer: wird das Publikum nicht lachen? Und hat es nicht recht, zu lachen? Die Poesie will ich wohl vertreten, aber das Theatralische macht mir große Sorgen. *(1862)*

---

1. Die Schauspielerin Auguste Stich-Crelinger erwartete das Manuskript der *Judith*. Sie war durch Amalie Schoppe auf Hebbel aufmerksam gemacht worden und setzte sich in Berlin für die Aufführung der *Judith* ein. Am 6. Juli 1840 verkörperte sie bei der Uraufführung im Königlichen Hoftheater die Titelheldin.

Man macht es dem Menschen zur Pflicht, daß er versöhnlich sein soll; ich möchte fragen, wieweit er ein Recht dazu hat. Eine wahre tiefe Verletzung trifft ja nicht den einzelnen bloß als Persönlichkeit, sie trifft ihn zugleich als Repräsentanten der allem Menschlichen zugrunde liegenden Idee, und dieser Idee darf er nichts vergeben. Wie der Versöhnung mit Gott nach christlichen Begriffen die aufrichtige Beichte und dieser die Erkenntnis der Sünde vorhergehen muß, so gilt dies auch bei Aussöhnung der Individualitäten untereinander. Die Sünde ist eine Todeswunde, die der Mensch sich selbst schlägt und die nur dadurch, daß er sie sieht, geheilt werden kann. Ich darf meinem Feind die Hand nicht eher reichen, als bis die seinige wieder rein ist; wer Vergebung annimmt, ohne sie zu verdienen, frevelt gegen das Herz, wie man in der Sünde gegen den Heiligen Geist am Geist frevelt. Dies ist der äußerste Punkt sittlicher Verderbnis, unheilbar, Knochenfraß, Vernichtung. *(1863)*

d. 31. Dezember 1839. Mit etwas größerer Beruhigung wie sonst kann ich diesmal den Jahresabschluß machen. Die Rückkehr von München nach Hamburg hat sich als durchaus zweckmäßig erwiesen; ich stehe nicht mehr so isoliert da, ich habe zu Literatur und Gesellschaft ein Verhältnis gefunden und darf mit dem Erfolg, den ich in jedem dieser Kreise fand, sehr zufrieden sein. An Gedichten sind 24 entstanden, darunter das „Scheidelied"; „Sonne und Erde" und das „Vaterunser". In den Telegraphen gab ich: ein Gemälde von München, das meinen eigenen Beifall, den es nicht hat, entbehren kann, da es den des Publikums erhielt; Rezensionen über Gedichte von Blessig; „Sokrates" von Heinsius; „Emerich Tököly", Drama; „Wissenschaft und Universität" von Biedermann; die „Dramatiker der Jetztzeit" von Wienbarg, Gedichte von Lommel; dito von Ferrand; dito von Julius Krais. Novellen von Ernst; dito von Ferrand; Gedichte von Minna Fischer; Viehofs Schiller-Kommentar; „Glaube und Wissen", Roman von Wilhelm Elias; „Eduard Elfen", Roman von Ehrenreich Eichholz; Gedichte von Wilhelm Zimmermann; außerdem einen mittelmäßigen Aufsatz über Literatur und Kunst für die Probeblätter und jenen Artikel, der Gutzkow von dem schnöden Verdacht, der Übersetzer seines eigenen „Savage" zu sein, reinigt. Ich glaube, den besten jener Rezensionen außer ihrer Aufrichtigkeit und dem Ernste, in dem sie wurzeln, einige Selbständigkeit zusprechen zu dürfen, Selbständigkeit in dem Sinne, daß sie einen nicht bloß relativen, sondern einen von den beurteilten Schriften unabhängigen inneren Wert besitzen. Der Artikel über Gutzkow führte meinen Bruch mit Wilhelm Hocker herbei und zeigte mir diesen Menschen, der vor Jahren durch die Doktorin an mich g e k i t t e t worden, in einer bodenlosen Niedrigkeit. Als Hauptwerk muß ich die „J u d i t h" betrachten, von der jetzt zwei Akte fertig sind und die in mir fast bis ins kleinste hinein vollendet ist. Diese Tragödie hat mir Freudigkeit und Mut gegeben; sie ist der erste Faden des in mir liegenden Höchsten, der sich abwickeln ließ, meine Zukunft steht jetzt vor mir wie eine neue Welt, die ich erobern soll. Soweit von den Produktionen, nun zu den Verhältnissen. Von T i e c k, dem ich noch von München aus meinen „Schnock" sandte, empfing ich einen Brief, der vielleicht das Fundament einer näheren Verbindung werden kann. Ich habe ihm noch nicht geantwortet und will es erst tun, wenn ich ihm, als Direktor des Theaters in Dresden, mein Stück übersende. Mit G u t z k o w und W i h l machte J a h n e n s mich in der Konditorei bekannt. W i h l bin ich so nah gekommen, als man der Schwäche, die sich für stark hält, kommen kann. Ich bin gewiß sein Freund und glaube, sein Herz nicht hoch genug schätzen zu können; seine Kenntnisse scheinen ausgedehnt zu sein, und sein Wille ist gut, sein Talent ist

jedoch geringfügig und seine Eitelkeit unbändig. Gutzkow näherte sich mir anfangs und mag auf Subordina-
tion gerechnet haben; leider bin ich noch immer nicht
so weit, mich gleich im ersten Moment stellen zu können, ich mache keine Zugeständnisse, aber ich lasse manches passieren; auch ist das Gegenteil schwer, wo nicht
unmöglich, da bei der ersten Berührung, wenn sie nicht
eine entschieden feindliche ist, ja nur das Allgemeinste,
nicht das Besondere, hervortritt. Der Ton, der in „Götter, Helden und Don Quixote" herrscht, ist ein würdi-
ger, mit dem meisten, was ausgesprochen wird, kann
man sich befreunden; der „Blasedow"[1] ist in der Idee
bedeutend und die Ausführung im ersten und zweiten
Band ist gut, teilweise sogar sehr gut; beide Bücher
habe ich noch in München gelesen, das erste hatte mich
auf Selbstverständigung und daraus hervorgegangene
Sinnesänderung, das zweite auf mögliche höhere Ent-
wickelungen und Progressionen eines in der „Wally"
und den Novellen von mir verachteten poetischen Talents schließen lassen. Bedenklich war es mir freilich
gleich, als ich bei meiner Ankunft von shakespeareschen
Tragödien hören mußte, die Gutzkow geschaffen haben
sollte, doch wäre es vermessen gewesen, Hervorbringungen, die ich nicht kannte, a priori zu verurteilen,
und ich ließ die Sache dahingestellt sein. Gutzkow reiste
nach Frankfurt ab, und wir schieden als Freunde; er
bat mich, ihm zu schreiben, was ich nicht sowohl unter-
ließ, als es unterblieb. Meine Krankheit trat ein; gleich
nach derselben erschien die Rezension über Wienbarg,
die den Dramatiker Uhland in seine Rechte einführt;
Gutzkow kam wieder, wir trafen uns auf meinen Wunsch
im Tivolitheater, er sprach seine Verwunderung darüber aus, daß ich Uhland als Dramatiker gelten lasse,
wir disputierten, es wurde nichts ausgemacht, da er

1. Karl Gutzkows Roman *Blasedow und seine Söhne* war 1838 er-
erschienen.

nicht kämpft, sondern ohne weiteres mit dem Arm, der ihm noch nicht abgehauen ist, die Siegsfanfare hält und sie lustig bläst. Mittlerweile hatte ich seinen „S a u l" und seinen „S a v a g e" kennengelernt und mich überzeugt, daß es Gutzkow in den Dramen geht wie im Roman; die Ideen sind allerdings gewichtig, aber das poetische Talent ist ihnen nicht gewachsen, und so ist es, als ob Kornsäcke auf der Kaffeemühle durchgemahlen werden sollten. Als Kritiker hatte ich, als ich Gutzkow persönlich nahe kam, angefangen, ihn für einen zu halten, der, wenn die Wahrheit auch nicht seine Natur ist, die Wahrheit doch seiner Natur vindizieren möchte, aber er widerlegte mich siegreichst, daß ich mich schämte; einen Lump nach dem andern setzte er auf den Thron und verfuhr, als ob nicht Kunst und Wissenschaft, sondern als ob sein eignes Ich das Herz der Literatur wäre. Ich teilte Wihl diese meine Urteile mit; er stimmte mir in bezug auf Gutzkow, den Kritiker, völlig bei, den Dramatiker wollte er anfangs nicht fallen lassen, später sprach er sich dahin aus, daß Gutzkows Dramen doch s p e z i f i s c h höher ständen als Raupachs[1] dichterisches Geschmeiß, dies hatte ich nie bestritten. Ich glaube, daß Gutzkow durch Wihl weiß, wie ich über ihn denke; es ist mir lieb, obgleich es mir leid tut, daß er es durch Wihl erfahren hat. Mit der D o k t o r i n stehe ich wieder gut; der Bruch war vielleicht notwendig, damit wir uns gegenseitig über die Grenzen verständigten; einige Dienste, die ich ihr in der Angelegenheit ihres Sohnes leisten konnte, haben ihr hoffentlich gezeigt, daß ich den Dank, den ich in Worten nicht aussprechen mag, mit Freuden durch Taten an den Tag lege. J a h n e n s ist ein Problem der Achtung, ein Mensch, wie Wasser, ohne Form und ohne Brauchbar-

1. Ernst Raupach (1784-1852), Verfasser vielgespielter Possen, gesellschaftskritischer Stücke und historischer Dramen. Die Chriemhild in seinem *Nibelungenhort* war eine Glanzrolle von Christine Enghaus, Hebbels späterer Frau.

keit für Kunst und Leben, ein solcher, der einem gewissermaßen an den Fingern sitzen bleibt, wenn man ihn anfaßt, und der, man erwarte nun im Guten oder Schlimmen Konsequenz von ihm, jedesmal täuscht. Ich darf so über ihn sprechen, denn ich habe ihm meine Freundschaft geschenkt bis zu dem Moment, wo mir seine völlige Unfähigkeit, für irgendein Verhältnis den nötigen Einschlag herzugeben, klar ward. Er dauert mich, und ich wollte, daß ich ihn reich machen könnte. E l i s e L e n s i n g (ich schreibe ihren Namen deshalb ganz aus, weil ich mir bewußt bin, ihrer in meinem Tagebuch noch niemals so gedacht zu haben, wie sie es verdient) ist mein guter Genius, und daß die Doktorin, die mich in ihr Haus brachte, auf das Geschwätz niederträchtiger Waschweiber hin dies edle Wesen so grausam verleumden konnte, ist die Sünde, die ich ihr am schwersten vergebe. Elise ist es, die mich mit Aufopferung ihres ganzen kleinen Vermögens sowohl in Heidelberg als in München auf der Universität erhielt und die dafür keinen anderen Lohn begehrte als einen nicht gar zu unfreundlichen Brief! Was ich durch die Schoppe bekam, hätte mich k e i n J a h r notdürftig gefristet; Elise opferte sich selbst auf, stickte und nähte Tag und Nacht und freute sich, wenn sie mich der drückendsten Verlegenheit entheben konnte. O du himmlisches, reines Gemüt, das sich selbst nicht zu schätzen weiß, nur deinetwegen, nur um dich vor einer Lage, die dich erstikken muß, zu sichern, wünsche ich mir eine Zukunft, die mir mehr bringt als das Stück Brot für meinen eigenen Magen! Ich war so oft hart gegen dich, ich habe dir so manche Träne entpreßt: wenn Gott mir das verzeiht, so brauch ich das übrige nicht zu fürchten. Du bist mir heilig, aber das Heilige reizt ebensooft zur Empörung, als es zur Anbetung zwingt. In deinem Namen schließe ich das Jahr! — Die sieben Nächte, die sie in meiner Krankheit bei mir wachte! *(1865)*

1840

[1. Januar.] Abends 12 Uhr. Nächstes Jahrzehnt, voll
Entscheidung bist du für mich; was wirst du mir bringen? Den Ruhm oder das Grab? *(1866)*

Große Menschen werden immer Egoisten heißen. Ihr
Ich verschlingt alle anderen Individualitäten, die ihm
nahekommen, und diese halten nun das Natürliche und
Unvermeidliche, das einfach aus dem Kraftverhältnis
hervorgeht, für Absicht. *(1869)*

Es gibt aber im ganzen Lauf der Zeiten für jede Sünde
nur e i n e n Moment der Buße. Dies ist derjenige, wo
wir noch im Genuß der Sünde sind. Lassen wir ihn vorübergehen, so ist keine Reinigung mehr möglich, wir
sind aussätzig für immer. Viele glauben die Sünde zu
hassen, weil sie den Aussatz der Sünde hassen. *(1871)*

d. 3. Jan. Wegen meiner „Judith" befinde ich mich jetzt
in einer inneren Verlegenheit. Die Judith der Bibel
kann ich nicht brauchen. Dort ist Judith eine Witwe,
die den Holofernes durch List und Schlauheit ins Netz
lockt; sie freut sich, als sie seinen Kopf im Sack hat,
und singt und jubelt vor und mit ganz Israel drei Monde
lang. Das ist gemein; eine solche Natur ist ihres Erfolgs
gar nicht würdig, Taten der Art dürfen der Begeisterung,
die sich später durch sich selbst gestraft fühlt, gelingen,
aber nicht der Verschlagenheit, die in ihrem Glück ihr
Verdienst sieht. Meine Judith wird durch ihre Tat
paralysiert; sie erstarrt vor der Möglichkeit, einen
Sohn des Holofernes zu gebären; es wird ihr klar, daß
sie über die Grenzen hinausgegangen ist, daß sie min-
destens das Rechte aus unrechten Gründen getan hat.
Aber nun der Entschluß zur Tat! Nur aus einer jung-
fräulichen Seele kann ein Mut hervorgehen, der sich
dem Ungeheuersten gewachsen fühlt; dies liegt in der

Überzeugung des menschlichen Gemüts, in dem übereinstimmenden Glauben der Völker, in den Zeugnissen der Geschichte. Die Witwe muß daher gestrichen werden. Aber — eine jungfräuliche Seele kann alles opfern, nur nicht sich selbst, denn mit ihrer Reinheit fällt das Fundament ihrer Kraft, sie kann die Zinsen ihrer Unschuld nicht mehr haben, sobald sie ihre Unschuld selbst verlor. Ich habe jetzt die Judith zwischen Weib und Jungfrau in die Mitte gestellt und ihre Tat so allerdings motiviert; es frägt sich nur, ob Judith nicht hiedurch ihre symbolische Bedeutung verliert, ob sie nicht zur bloßen Exegese eines dunklen Menschencharakters herabsinkt. *(1872)*

Man macht an das Große und Schöne unbewußt immer den Anspruch, daß es nicht bloß dasein, daß es auch zeugen und sein Gegenteil aufheben, vernichten, in etwas ihm Analoges verwandeln soll. Man knüpft seine Existenz immer an seinen Sieg, da es doch als etwas rein Innerliches genug getan hat, wenn es dem rohen Andrang der Welt gegenüber sich selbst zu entfalten und zu behaupten wußte. *(1873)*

Lieben heißt, in dem anderen sich selbst erobern. *(1876)*

Der Mensch dachte sich sein eignes Gegenteil; da hatte er seinen Gott. *(1883)*

Daß man dir ihn abschlagen kann, dazu hast du den Kopf. *(1889)*

Aus einem Brief an Fräul. Rousseau vom 29. Jan. 1840. Das Herbe, Entschiedene, das sich keine Modifikationen gefallen lassen will, das nur im ganzen oder gar nicht genossen werden kann, ist nicht die Speise des jetzigen Publikums. Es gibt jetzt in der Literatur nur K ö c h e , keine P r o d u z e n t e n . G[utzkow] ist der rechte Mann. Das Genie ist in seiner höchsten Freiheit g e b u n d e n , das forcierte Talent kann, was es

soll. Heute ist es satirisch, morgen sentimental, übermorgen beides zugleich. Bricht es das Bein, so stellt es
sich, als ob es so sein müsse, und dichtet einen ironischen
Hymnus auf die gelungene Intention; schließt es statt
der Muse einmal eine Holzpuppe, die sie vorstellt, in
die Arme, so sagt es: „Ich spielte B l i n d c k u h.“ — — —
(Über die „Judith“[1] und daß ich so viel von ihr schrieb.)
Es ist etwas Seltsames mit einer solchen Produktion.
Erst, wenn sie h e r a u s ist, fängt sie an, die Seele ganz
zu füllen; es ist, als ob sie wieder hinein wolle. Man
hat sie hastig ausgestoßen, wie ein innerlich Überflüssi-
ges; man möchte sie wieder einziehen, wie ein entbehr-
tes Notwendiges. *(1894)*

Das S c h ö n e ist die Ausgleichung zwischen Inhalt
und Form, nicht der Sieg, sondern der Waffenstillstand.
Die Schönheit setzt Freiheit voraus, so sehr, daß, wenn
uns bei einer Blume einfiele, daß sie nicht anders sein
könne, als sie ist, die ganze schöne Wirkung zerstört
sein würde. Das Schöne ist die Lüge des Siegs. *(1896)*

d. 7. Febr. Heute sah ich den ersten Druckbogen meiner
„Judith“. Abends 11 Uhr. *(1901)*

Die Ausübung der Gerechtigkeit in ihrer jetzt schon
seit Jahrtausenden bestehenden Gestalt ist die stete An-
häufung von Blutschuld auf unserm Geschlecht. *(1902)*

Daß Böses aus Gutem entstehen kann, ist begreiflich;
wie aber Gutes aus Bösem? *(1905)*

> Schmerz ist der Durst nach Wonnen;
> Willst du den Durst verfluchen?
> Er deutet auf den Bronnen,
> Den Bronnen wollt' ich suchen. *(1906)*

Duften ist Sterben der Blume. *(1909)*

---

1. Am 28. Januar 1840 hatte Hebbel seine *Judith* beendet.

d. 12. Febr. Heute mit Herrn Radeker und Hauer auf dem Petri-Turm. Himmlischer Frühlingsmittag. Die Stadt, sich herausschälend aus dem Rauch. Das Glockenspiel: Wachet auf, ruft uns die Stimme! Christliche Empfindungen. „Werdet nur alle gut" — dacht' ich — „dadurch z w i n g t ihr Gott, euch glücklich zu machen." *(1910)*

Schmerz ist etwas Positives. *(1915)*

Das Leben ist eine Plünderung des inneren Menschen. *(1920)*

Einer wirft beim Schiffbruch dem andern ein Brett zu, worauf er sich rettet. Angekommen am Lande, frägt dieser: „Wieviel kostet das Brett?"[1] *(1921)*

d. 4. März. Erhielt gestern einen an die Sch[oppe] geschriebenen Brief der Stich aus Berlin, voll Begeisterung für mich und meine „Judith", zugleich voll Einsicht in die Dichtung, der mir große Hoffnung zur Aufführung gibt, aber viele Abänderungen verlangt. Diese hab ich heute unter gräßlichem Kopfweh zu bewerkstelligen versucht und dabei erfahren, daß es die schwerste Aufgabe ist, etwas G u t e s schlecht zu machen! *(1923)*

Der Mann weicht dem Stein, der ihn zu zerschmettern droht, aus und vermauert ihn in sein Gebäude! *(1926)*

d. 6. März. Heute abend bei Lebrün[2]. Er sagte mir das Schönste über die „Judith" und über mein Talent zum dramat. Dichter; „er könne nur wiederholen, was er Jahnens gesagt habe: es könne seines Erachtens keinen Menschen geben, der durch dies Werk nicht im tiefsten ergriffen würde". Am meisten freute mich sein Wort:

---

1. Vgl. Hebbels Epigramm *Ausgleichung.*
2. Karl August Lebrun (1792-1842), Direktor des Stadttheaters in Hamburg.

„Es ist alles, selbst im kleinsten, so durch und durch ausgebildet, daß auch nirgends die Frage: Was soll's sein? entstehen kann." Er wollte eine Wette eingehen, daß auch Tieck so urteilen werde. — Frage: Ich wußte, daß man mich bei Lebrün mit Achtung und Begeisterung aufnehmen würde: wie konnt' ich denn so verlegen sein wie ein Bettler? (1928)

Aus d. Brief an die Stich vom 7. März 40. Die dramat[ische] und theatr[alische] Kunst sind in meinen Augen zwei Notwendigkeiten, die, obgleich sie aus einem und demselb. Bedürfnis entspringen, doch nur in einem Annäherungsverhältnis zu einander stehen und nicht ganz zusammenfallen können. Gar manches gehört durchaus in die dramat. Dichtung hinein, was bei ihrer theatralischen Verkörperung ebenso notwendig wegfallen muß, denn die Dichtung ist mehr Natur, die Darstellung mehr Bild, jene empfängt nur ihre letzten und höchsten, diese empfängt alle ihre Gesetze von der Schönheit. Hieraus folgt nun nicht, daß der Dichter sich eigensinnig zurückhalten und sich dadurch um die herrlichste Wirkung bringen soll; es folgt daraus, daß er sein geschaffenes Werk zum Objekt einer ausgleichenden Prozedur machen und in gewissem Sinne eine doppelte Schöpfung versuchen soll. — — (Über die Hochzeitsnacht.) Die Judith der Bibel ist eine Witwe; eine Witwe aber kann nicht mehr empfinden, was meine Judith in dem gegebenen Fall noch empfinden mußte, wenn ich die Dichtung zu ihrem Wende- und Höhepunkt führen wollte; eine Witwe darf sich zu einem Schritt, dessen Ziel sie kennt, nicht einmal entschließen, wohl aber ein Mädchen und eine Witwe, die noch Mädchen ist. (1931)

8. März. Elise ist krank, ich fürchte, sehr krank! Ich kann mich über so viel Schönes, das diese Zeit mir brachte, nicht freuen, solange dies dauert. Gott! Sie ist die letzte, die mir die Welt erträglich macht! Und ich

hab so viel, so unendlich viel gegen sie gutzumachen! D e r Gedanke – ich will ihn nicht denken – er könnte mich vernichten! Es ist fürchterlich, daß man so innig miteinander verflochten sein und doch allein sterben kann! Gnade, Gnade! *(1933)*

Ich will aufhören, an Gott zu glauben, wenn ich sehe, daß ein Baum ein Gedicht macht und ein Hund eine Madonna malt; eher nicht. *(1937)*

d. 19. März, abends 12 Uhr. Wie glücklich könnt' ich jetzt sein, wenn Elise nicht so krank wäre! Meine „Judith" erregt allenthalben und in den verschiedensten Kreisen Enthusiasmus. Heute abend bei Lotz[1] sagte mir Töpfer[2], sie hätte ihm tagelang in den Knochen gelegen und ihm das Selbstschaffen unmöglich gemacht; seit langen Jahren sei das die erste Erscheinung, die ihn im tiefsten aufgeregt habe. Er las mehrere Szenen daraus; wunderschön! – Ach, Gott wird doch nicht alle Knospen aus meiner Seele hervorlocken, um sie dann auf einmal zu ersticken! Nein, meine teuerste, geliebteste Freundin muß wieder gesund werden! *(1938)*

Die Scham, die mancher Sünder empfindet, rechnet er sich für Tugend an. *(1942)*

Scham ist die innere Grenze gegen die Sünde. *(1943)*

Ein Weib, das etwas Außerordentliches tut, um sich von der Ehrfurcht für den Mann zu befreien. *(1945)*

In der Freude ist es ihre Grenze, die uns quält. *(1949)*

Dummer Einfall: statt älter immer jünger zu werden! Und doch ist dies die tiefste Notwendigkeit im Leben. *(1950)*

1. Georg Lotz (1784-1844) schrieb die Anzeige der *Judith* in den *Originalien aus dem Gebiete der Wahrheit, Kunst und Phantasie*, Hamburg, 1. April 1840. (Vgl. 1961.)
2. Karl Töpfer (1792-1871), damals bekannter Dramatiker.

Genie ist Intelligenz der Begeisterung.　　　　*(1952)*

Aus meinem Begriff der Form folgt sehr viel und das verschiedenste. In bezug auf die Lyrik: das ganze Gefühlsleben ist ein Regen, das eben herausgehobene Gefühl ist ein von der Sonne beleuchteter Tropfen. D r a m a t i k . Form ist da der Punkt, wo göttliche und menschliche Kraft einander neutralisieren.　　*(1953)*

2. April. Wenn Gott dir Glück gibt, so macht er dir eine Vorauszahlung, die du abbezahlen sollst! Ich ruf es mir selbst zu, da ich in dieser Zeit durch die Erfolge meiner „Judith" wirklich glücklich bin.　　　　　*(1954)*

Prophetie, Einwirkung der Gottheit, war nur möglich, als die Welt in ihrem Gange noch nicht ganz entfesselt war.　　　　　　　　　　　　　　　*(1957)*

Über „Judith"
(Brief an Mad. Stich vom 3. April 40.)
―――― Judith und Holof[ernes] sind, obgleich, wenn ich meine Aufgabe löste, wahre Individualitäten, dennoch zugleich die Repräsentanten ihrer Völker. Judith ist der schwindelnde Gipfelpunkt des Judentums, jenes Volkes, welches mit der Gottheit selbst in persönlicher Beziehung zu stehen glaubte; Hol. ist das sich überstürzende Heidentum, er faßt in seiner Kraftfülle die letzten Ideen der Geschichte, die Idee der aus dem Schoß der Menschheit zu gebärenden Gottheit, aber er legt seinen G e d a n k e n eine demiurgische Macht bei, er glaubt zu sein, was er denkt. Judentum und Heidentum aber sind wiederum nur Repräsentanten der von Anbeginn in einem unlösbaren Dualismus gespaltenen Menschheit; und so hat der Kampf, in dem die Elemente meiner Tragödie sich gegenseitig aneinander zerreiben, die höchste symbolische Bedeutung, obwohl er von der Leidenschaft entzündet und durch die Wallungen des Bluts und die Verirrungen der Sinne zu

Ende gebracht wird. Die Erscheinung des Propheten ist gewissermaßen der Gradmesser des Ganzen; sie deutet auf die Stufe der damaligen Weltentwickelung, sie zeigt, daß das g e s c h a f f e n e Leben noch nicht so weit entfesselt war, um der unmittelbaren Eingriffe der höchsten, göttlichen Macht enthoben zu sein und sie entbehren zu können. Eine Kritik, die nicht zum Kern meines Werks durchdränge, könnte fragen, wie Judith durch eine Tat, die Gott durch seinen Propheten verkündigte und dadurch zur Notwendigkeit stempelte, in ihrem Gemüt vernichtet werden könne; sie könnte hierin einen Widerspruch erblicken. Aber hier wirkt der Fluch, der auf dem gesamten Geschlecht ruht; der Mensch, wenn er sich auch in der heiligsten Begeisterung der Gottheit zum Opfer weiht, ist nie ein ganz reines Opfer, die Sündengeburt bedingt den Sündentod, und wenn Judith auch in Wahrheit für die Schuld aller fällt, so fällt sie in ihrem Bewußtsein doch nur für ihre eigne Schuld. Hieran aber knüpft sich der Schluß des Stücks in seiner unbedingten Notwendigkeit. Die Waage muß, weil keine irdische Ausgleichung denkbar ist, in beiden Schalen gleich schweben, und der Dichter muß es unentschieden lassen, ob die unsichtbare Hand über den Wolken noch ein Gewicht hineinwerfen wird oder nicht! — — — *(1958)*

Jeder wendet seine eigene Lebensform (bewußt oder unwillkürlich) auf fremde Lebensentwickelungen an; bei Pflanzen und Steinen sogar geschieht das. *(1960)*

Sonntag, d. 5. April. Die letzte Woche war für mich ein wahrer Triumphzug. Lotz krönte mich in den „Originalien", und der gute Wille sowie das wahre, warme Gefühl, womit es geschah, konnte mich nur angenehm berühren, wenn der Kranz sonst auch nicht von der rechten Hand geflochten war. Gutzkow ersuchte mich in einem freundlich-schmeichelhaften Brief um die „Judith"; Baison[1], den ich persönlich nie sah, tat es nach ihm und meldete mir, daß Gutzkow meinem Werk die größte Würdigung widerfahren lasse. Mad. Crelinger machte mir die größten Hoffnungen zur Aufführung. Ich bin von Dank gegen Gott erfüllt, fürchte mich aber vor dem Unglück, das auf so viel Glück folgen kann.

(1961)

Gott ist gebundene, Natur ungebundene Kraft. *(1963)*

Ein Mensch, still wie ein Gotteshaus. *(1968)*

Es wäre doch seltsam, wenn nicht Gott die Welt, sondern wenn die Welt Gott geboren hätte. *(1971)*

Das echte Idyll entsteht, wenn ein Mensch innerhalb des ihm bestimmten Kreises als glücklich und abgeschlossen dargestellt wird. Solange er sich in diesem Kreise hält, hat das Schicksal keine Macht über ihn.

(1974)

Tags darauf. Es ist mir jetzt ausgemacht, daß mein Stück in Berlin n i c h t aufgeführt wird. Hätte ich nur bald die Entscheidung! Es komme, wie es wolle. Eine Öde und Leerheit in mir, wie seit meiner Abreise aus München nicht mehr! Alles zerbrochen und zerschlagen! Ohne Glück! *(1975)*

Mittags desselben Tages. Meine Voraussahnung hat mich getäuscht. Die „Judith" ist in Berlin definitiv angenommen und wird wahrscheinlich schon in der Mitte Mais gespielt. Die Doktorin Schoppe hat mir diese Nachricht auf eine Weise gemeldet, die mir alle Freude verdarb, ja vorwegnahm. Diese Frau scheint die Grenzen, innerhalb deren die Bildung sich in allen Situationen halten muß, nicht zu kennen; wenn sie einen Menschen beleidigt hat, so ist sie weit entfernt, Reue zu

---

1. Jean Baptiste Baison (1812–49), Schauspieler und Direktor des Thalia-Theaters in Hamburg.

fühlen, sie häuft vielmehr Beleidigung auf Beleidigung. Daß sie in Berlin die Hand mit im Spiel gehabt hat, ist mir mehr als widerlich, hat sie ja doch schon vor der Entscheidung gegen Jahnens den ganzen möglichen Erfolg ihrer Empfehlung zugeschrieben. Das beste ist, daß sie gleich nach meiner „Judith" ein Stück von sich selbst an die Madame Crelinger sandte; dies hat sie doch gewiß auch empfohlen, und wenn es nicht zur Aufführung kommt, so liegt darin der Beweis, daß nicht ihre Empfehlung, sondern mein Talent mir die Bahn gebrochen hat. *(1976)*

Ich denke, es ist kein Fehler an meiner Judith, daß man gar nicht erfährt, wie sie ihren Plan gegen Holof[ernes] auszuführen gedenkt. Sie weiß es selbst nicht, sie kann es nicht wissen, aber sie verspricht im Namen Gottes, weil sie sich auf Gott verläßt, und erwartet nun die Gelegenheit. *(1978)*

Nicht was der Mensch i s t , nur was er t u t , ist sein unverlierbares Eigentum. *(1980)*

Das Weib im Mann zieht ihn zum Weibe; der Mann im Weibe trotzt dem Mann. *(1981)*

Die Lüge ist ein Mittelding zwischen Sein und Nichtsein. *(1982)*

An den Herrn Etatsrat, Ritter O e h l e n s c h l ä g e r[1] in K o p e n h a g e n
Hochverehrter Herr!
Nach einem Artikel im „Hamburger Korrespondenten", der mir erst jetzt bekannt wurde, wird die Universität zu Kopenhagen unter Ew. Hochwohlgeboren

1. Adam Oehlenschläger, der dänische Dichter (1779-1850), vermochte Hebbel diesmal noch nicht zu helfen. Als aber im Winter 1842 auf 1843 Hebbel in Kopenhagen krank lag, nahm sich Oehlenschläger seiner aufs freundlichste an und bewirkte durch seine Fürsprache, daß König Christian VIII. Hebbel ein Reisestipendium bewilligte.

Mitwirkung bei der bevorstehenden Krönung Ihro Majestät des Königs an die Befähigten und Berechtigten akademische Würden erteilen; nach der Fassung jenes Artikels darf ich annehmen, daß dies vermöge eines Gnadenakts, und also auf allerhöchste Kosten, geschehen wird. Als geborner Untertan Ihro Majestät glaube ich ein Recht zu haben, mich bei dieser Gelegenheit um den philosophischen Doktorgrad zu bewerben; meine Befähigung hoffe ich durch die Anschlüsse auf genügende Weise darzutun. pp. pp.   *(1984)*

Die Kunst allein ist Bürge menschlicher Unsterblichkeit. Alle übrigen menschlichen Kräfte stehen mit den Geschicklichkeiten der Spinnen, Perlenmuscheln pp. al pari, denn sie fangen nichts Neues, Selbständiges an, sie flicken das Vorhandene bloß aus.   *(1986)*

Brief an Madame Stich vom 23. April.
— — Meine ganze Tragödie ist darauf basiert, daß in außerordentlichen Weltlagen die Gottheit unmittelbar in den Gang der Ereignisse eingreift und ungeheure Taten durch Menschen, die sie aus e i g e n e m Antrieb nicht ausführen würden, vollbringen läßt. Eine solche Weltlage war da, als der gewaltige Holof. das Volk der Verheißung, von dem die Erlösung des ganzen Menschengeschlechts ausgehen sollte, zu erdrücken drohte. Das Äußerste trat ein, da kam der Geist über Judith und legte ihr einen Gedanken in die Seele, den sie (darum die Szene mit Ephraim) erst festzuhalten wagt, als sie sieht, daß kein Mann ihn adoptiert, den nun aber auch nicht mehr das bloße Gottesvertrauen, sondern nach der Beschaffenheit der menschlichen Natur, die niemals ganz rein oder ganz unrein ist, zugleich mit die Eitelkeit ausbrütet. Sie kommt zum Holof., sie lernt den „ersten und letzten Mann der Erde" kennen, sie fühlt, ohne sich dessen klar bewußt zu werden, daß er der einzige ist, den sie lieben könnte, sie schaudert, indem er sich in seiner ganzen Größe vor ihr aufrichtet,

sie will seine Achtung ertrotzen und gibt ihr ganzes
Geheimnis preis, sie erlangt nichts dadurch, als daß er,
der vorher schon mit ihr spielte, sie nun wirklich er-
niedrigt, daß er sie höhnend in jedem ihrer Motive
mißdeutet, daß er sie endlich zu seiner Beute macht und
ruhig einschläft. Jetzt führt sie die Tat aus, sie führt sie
aus auf G o t t e s G e h e i ß , aber sie ist sich in dem
ungeheuren Moment, der ihr ganzes Ich verwirrt, nur
ihrer p e r s ö n l i c h e n Gründe bewußt; wie der
Prophet durch den Samaja, so wird sie durch ihre
Magd, durch die einfach-menschlichen Betrachtungen,
die diese anstellt, von ihrer Höhe herabgestürzt; sie
zittert, da sie daran erinnert wird, daß sie Mutter werden kann. Es kommt ihr aber auch schon in Bethulien
der rechte Gedanke: Wenn die Tat von Gott ausging, so
wird er sie vor der Folge schützen und sie nicht gebären
lassen; gebiert sie, so muß sie, damit ihr Sohn sich nicht
zum Muttermord versucht fühle, sterben, und zwar
muß sie durch ihr Volk den Tod finden, da sie sich für
ihr Volk als Opfer dahin gab. Das Schwanken und Zwei-
feln, worin sie nach ihrer Tat versinkt, konnte sie allein
zur t r a g . H e l d in machen, auch können und dürfen
solche Zweifel gar nicht ausbleiben, da der Mensch selbst
in den Armen eines Gottes nicht aufhört, Mensch zu
sein, und da er, sobald der Gott ihn losläßt, ausgenblick-
lich in die rein menschlichen Verhältnisse zurücktritt
und nun vor dem U n b e g r e i f l i c h e n , was von ihm
ausgegangen ist, erbebt, ja erstarrt. — — —   *(1989)*

Nicht bloß in den Handlungen eines Menschen, auch in
den Begebenheiten, die ihn treffen, liegt Konsequenz
und Übereinstimmung.   *(1993)*

Das Herz ist der Magnet der Leiden.   *(1994)*

Es ist die Frage, ob die Geschichte eine Wohltat des
Menschengeschlechts ist. Die überlieferten Erfahrungen
müssen dem Menschen und den Völkern nach und nach

alle eigenen abschneiden und unmöglich machen, der Gedanke wird dem Leben immer mehr zuvorkommen, und alles Sein wird sich in Kategorien verlieren, wenn nicht ein ungeheurer Sturm über kurz oder lang die einbalsamierte Vergangenheit mit Sand überschüttet. Es kann und darf von Sterblichen nichts Unsterbliches ausgehen; auf Jahrtausende mögen sich die Wirkungen großer Dichter und gewaltiger Helden erstrecken, aber sie müssen ihr zeitliches Ziel finden, wenn nicht der lebendige Sprudelquell der Schöpfung erstickt werden soll. Shakespeare, Goethe, alles weg — ungeheurer, unsäglich vernichtender Gedanke! *(1995)*

Schlaf ist Zurücksinken ins Chaos. *(1998)*

Allegorie entsteht, wenn der Verstand sich vorlügt, er habe Phantasie. *(2002)*

Der Verstand mag an einem entstehenden Dichterwerk manches wegnehmen, aber nie darf er etwas hinzutun. *(2003)*

Das Leben ist ein ewiges Werden. Sich für geworden halten heißt sich töten. *(2005)*

Auch mit Taten kann man sich s c h m i n k e n . Wenn der wahre Mensch manches einzelne durch die Totalität seines Lebens und Wesens zu entschuldigen glaubt, so wähnt der falsche umgekehrt, durch ein löbliches Einzelnes die Schlechtigkeit des Ganzen zu rechtfertigen. *(2009)*

Auch im schlechtesten Menschen bleibt so viel Göttliches, um sich selbst verwehen zu sehen. *(2010)*

Wieweit sind die Charaktere des Dichters objektiv? Soweit der Mensch in seinem Verhältnis zu Gott frei ist. Die Notwendigkeit der Schöpfung ist die Grenze menschlicher Freiheit. *(2011)*

Im Grunde trägt jeder die ganze Welt. *(2020)*

d. 20. Mai. Eine furchtbare Arbeit habe ich hinter mir[1]. Die Dokt. Schoppe schrieb mir am 4. d. M. einen Brief, der alles, was einem Menschen meiner Art an Beleidigungen jemals zuteil ward, übertraf. Dieser Brief hätte mich töten können, und ich habe, als ich ihn empfing, im tiefsten erfahren, daß Unschuld und Selbstbewußtsein keineswegs, wie man wohl zuweilen sagt, dem Gift, das von außen kommt, den Weg zu der Seele verschließen. Anfangs, den ersten Tag, kam es mir vor, als ob ich juristisch gegen die böse Frau auftreten müsse; es ging aber nicht, denn sie hatte mir nicht Injurien, sondern bloß ärgere Dinge als Injurien geschrieben. Darauf entschloß ich mich zu einer bis ins einzelnste gehenden Auseinandersetzung des seit jeher in den verschiedensten Modifikationen zwischen uns bestandenen Verhältnisses und damit bin ich heute fertig geworden. Es ist mir dabei zumute gewesen, als ob ich die vielen rostigen Dolche, die einst in meinem Herzen wühlten, schliffe, um sie noch einmal hineinzubohren. Die Resultate sind wahrhaft fürchterlich und folgen so von selbst, ohne Interpretation, aus den Tatsachen, daß ich vor der Frechheit des Weibes, die mir im vor[igen] Sommer schrieb: sie habe sich gegen mich nicht das mindeste vorzuwerfen, erstaunen muß. Ich sende ihr mit meiner Darstellung ihren Brief zurück; gebe Gott, daß sie ihn behalte, damit ich des Äußersten überhoben sei. Es ist mir ja nicht um Rache oder auch nur um einen Sieg über eine solche Natur zu tun; ich will ja nur meine Vergangenheit vor Verleumdungen und meine Zukunft vor Vergiftung sichern! *(2022)*

In die dämmernde, duftende Gefühlswelt des begeisterten Dichters fällt ein Mondenstrahl des Bewußtseins, und das, was er beleuchtet, wird Gestalt. *(2023)*

---

1. In einem „Memorial" rechnete Hebbel mit der Doktorin Schoppe ab (Sämtl. Werke, hrsg. v. R. M. Werner, Briefe II, S. 39).

Durch den Dichter allein zieht Gott einen Zins von der Schöpfung, denn nur dieser gibt sie ihm schöner zurück.
(2024)

Nicht Stillstehen, nicht Fortgehen, nur B e w e g u n g ist der Zweck des Lebens. *(2025)*

Wenn ein begangener Fehler einen neuen, bisher verschlossenen Pflichtkreis öffnet, so ist er gerechtfertigt. Ein Mädchen, das Mutter wird. *(2030)*

Die Begriffe der Menschen von den Dingen sind meistens nur ihre Urteile über die Dinge. *(2031)*

Heute „Die natürliche Tochter" wieder gelesen. Unendlich ergreifen mich immer diese Verse:

> Sie ist dahin für alle, sie verschwindet
> Ins Nichts der Asche. Jeder kehret schnell
> Den Blick zum Leben und vergißt, im Taumel
> Der treibenden Begierden, daß auch sie
> Im Reihen der Lebendigen geschwebt!

Das ungeheuerste Weh liegt darin. Ja, geschminkte Asche das Leben und stäubende Asche der Tod, und ein Wirbelwind hinterdrein, der die Asche in jeglicher Gestalt durchs Leere treibt. Das Herz will springen und der Kopf bersten, wenn man solche Bilder festhält! In die Asche weint vielleicht ein Gott glühende Tränen hinunter, die der Blick aufs Leere ihm auspreßt, und diese Tränen allein geben der Asche ein Gefühl, das sie für Leben hält. Oder, wir sind Tränen, die ein Gott in einen Abgrund hinunterweint! Wenn man einen Toten sieht, so ist es einem oft, als wäre er die stille, ruhige, abgeschlossene Statue, die das Leben durch unausgesetzte Schläge ausgemeißelt. Hör auf! *(2033)*

In jedem wahren Gedicht durchdringt sich das Allgemeinste und das Individuellste. Jenes gibt den Gehalt und dieses die Form. *(2034)*

Im Juli. „Judith" ist Montag d. 6. Juli zum ersten- und

Donnerstag d. 9. zum zweitenmal gegeben worden und hat Beifall gefunden. Ich schreibe das mit einer Kälte nieder, als ob's mich gar nicht anginge. Immer mehr Eis im Blut! (2037)

Ein Mensch, der in einen hineinregnet. (2038)

Der Gute, der von dem Bösen verlangt, daß er gut werden soll, frage sich doch zuvor, ob er selbst die Fähigkeit hat, böse zu werden. Eins ist so unmöglich wie das andre. (2043)

Die Aufgabe des glücklichen Menschen ist, sich zu entwickeln; die des unglücklichen, sich zu v e r n i c h t e n . Ganz gewiß! (2044)

Sonntag, d. 20. Juli. Gestern war ich glücklich, strömend-voll. Emma Schröder[1], welch ein liebliches Mädchen! Die Rose, die sie mir schenkte, berauscht mich noch mit ihrem Duft. (2045)

Sonntag, d. 27. Juli. Gestern abend erhielt ich von Emma ein Briefchen. Ich hatte ihr Gedichte und die „Judith" geschickt. Wie selig hat es mich gemacht! Meine Adern wollten springen, ich konnte mich erst um 1 Uhr zur Ruhe legen. Ich freue mich, daß ich noch solcher Gefühlsaufregung fähig bin. Heute erzählte ich's J. Er nahm es, wie es mir vorkommen wollte, sonderbar auf und Angst, als ob ich das schöne Verhältnis dadurch vernichtet hätte, daß ich gegen meinen Freund mein Entzücken darüber aussprach, bemächtigte sich meiner um so mehr, als er dieses nur gezwungen zu teilen schien. (2047)

Zweierlei Arten von Liebe gibt es. Die eine bemächtigt sich irgendeines einzelnen Wesens, das in die Lücke des Herzens ganz oder teilweise hineinpaßt, umspinnt und

1. Während Elise Lensing ein Kind erwartete, verliebte sich Hebbel in die junge, schöne Emma Schröder, und Elise wußte davon.

umschlingt es und läßt es nicht wieder los. Dies Lieben ist eigentlich ein Selbstheilen. Die andere wagt sich in den Kampf mit der ganzen Welt. *(2051)*

Das Weib, sobald es ein Kind hat, liebt den Mann nur noch so, wie er selbst das Kind liebt. *(2052)*

Aus aller Befriedigung entsteht Ekel, weil eben in der Spannung der Kräfte allein die Wollust liegt. *(2053)*

Geschichte

Der unbekannte Künstler meißelt seit Jahrtausenden an einem Gott. Sowie aber ein schnurrig gestaltetes Stück vom Marmor unter seinem Meißel abspringt, laufen wir danach und rufen: „Da ist er!" Wie wird uns sein, wenn der Gott einst leuchtend vor uns steht[1]? *(2061)*

Was der Behandlung der Jungfrau von Orleans[2], als Drama, sehr entgegensteht, ist der erbärmliche Charakter des Königs, um dessentwillen alles geschieht. Freilich stehen die Volksinteressen im Hintergrunde, aber als letztes Motiv, der König ist das nächste. Schiller scheint dies gar nicht gefühlt zu haben. Daß Frankreich selbständig bleiben, daß Gott ein Wunder tun mußte, um dies zu veranlassen: dies war nötig, weil von Frankreich die R e v o l u t i o n ausgehen sollte.

(2064)

d. 13. August. Dieses Jahr ist unbedingt das inhaltvollste meines Lebens. Aber, ich muß es bekennen: ich kann mit dem Schicksal, aber ich kann nicht mit mir selbst zufrieden sein. Die Elemente, aus denen ich bestehe, tosen und gären noch immer durcheinander, als ob sie gar nicht in eine beschränkende, individuelle Form eingeschlossen wären; eins kämpft mit dem andern und unterwirft es oder wird unterworfen, bald ist auf dieser Seite der

1. Vgl. dazu Hebbels Sonett *Der Mensch und die Geschichte.*
2. Hebbel schrieb damals seine *Geschichte der Jungfrau von Orleans.*

Sieg, bald auf jener, doch das Gesetz fehlt! Wenn ich mich in meiner Vergangenheit oder in meiner nächsten Gegenwart umsehe: überall derselbe Leichtsinn, dem mein Sinn widerstrebt und der meine Tage ausfüllt; ein Spähen nach Geheimpfaden der Weisheit, um, wenn sie ausgefunden sind, Mittagsschlaf auf dem Weg zum Heiligtum zu halten; gedankenloses Haschen nach so manchem Faden, der ins Gewebe meiner Existenz zu passen scheint, und dann wieder gewissenloses Fahrenlassen desselben oder ein verzweifelndes Festhalten, das zum Umstricken und Ersticken führt! Schwer, unendlich schwer ist es allerdings, das Leben zum Kunstwerk zu adeln, wenn man so heißes Blut hat wie ich; es setzt die Herrschaft über den Moment voraus, die wenigstens derjenige, der an den Moment noch Ansprüche macht, so leicht nicht erlangt; doch kann man sich diesem Ziel mehr und mehr nähern, und ich bin noch nicht einmal unterwegs. Selbst eine Beichte wie die jetzige, was ist sie? Sie kommt unwillkürlich wie ein Seufzer oder ein Schlag an die Brust, denn ich wollte etwas ganz anderes niederschreiben; sie hat aber leider ganz andere Folgen, als sie haben sollte, denn sie erleichtert das Gemüt, anstatt es mehr zu drücken! *(2066)*

Wenn der Mensch betet, so atmet der Gott in ihm auf.
(2073)

Elisens schöner Traum: Eine goldene Harfe wird ihr gereicht; sie soll spielen und kann nicht; als sie es aber versucht, spielt sie so herrlich, daß sie selbst entzückt wird. *(2075)*

Was ist das? Sobald der Mensch sich fühlt und sich aufrichtet, empfindet er etwas wie einen Druck von oben, und doch lebt er nur soweit, als er sich fühlt. Es ist, als ob er sich aus einem Abgrund erhöbe und von unbekannter Hand immer wieder hineingestoßen würde.
(2078)

Die Dichtkunst, die höchste, ist die eigentliche Geschichtschreibung, die das Resultat der historischen Prozesse faßt und in unvergänglichen Bildern festhält, wie z. B. Sophokles die Idee des Griechentums. *(2079)*

Der Mensch muß sich durchs Leben drängen, wie die sich entwickelnde Blume durch den Kot. *(2085)*

Liebe gleicht die natürliche Feindschaft aus zwischen Mann und Weib. *(2101)*

In den Eltern unterdrückte, in ihrem Blut zurückgehaltene Lüste werden der Fluch der Kinder. *(2112)*

Das Genie ist ein geborner Mittelpunkt. *(2114)*

Nur durch die Liebe kann der Mensch von sich selbst befreit werden. *(2115)*

d. 13. Septbr. Habe die „Genoveva" angefangen, weil ich die Tiecksche[1] las, mit der ich nicht zufrieden bin. Die ersten Szenen sind recht geglückt. Doch wird es wohl kein Drama fürs Theater. *(2122)*

Wir Menschen sind diejenigen Punkte der Natur, worin sie sich zusammenfaßt. Vielleicht auch die Adern der Natur. *(2123)*

Eher noch wird der Mensch die Quellen des allgemeinen Lebens erkennen als die seines eigenen individuellen. *(2128)*

Alles Leben ist Kampf des Individuellen mit dem Universum. *(2129)*

Und kann der Mensch Gott nicht in sich aufnehmen, so

---

1. Ludwig Tieck, *Leben und Tod der heiligen Genoveva*, Jena 1800.

muß wohl Gott den Menschen in sich aufnehmen, aber der Mensch wird sich auch dann nur als kleiner Kreis im größeren fühlen. *(2132)*

d. 21. Sept. Tränen des Danks, nimm sie, Ewiger! Aus allen Tiefen meiner Seele steigt Genoveva hervor! Nur die Kraft, nur die Liebe — dann laß kommen, was da will! *(2133)*

In der Welt ist ein Gott begraben, der auferstehen will und allenthalben durchzubrechen sucht, in der Liebe, in jeder edlen Tat. *(2137)*

Wenn man einen Gedanken nicht ganz ausdenken kann, so ist es einem, als ob man einen Teil seiner selbst verlöre, ja, als ob man irgendwo innerlich gefesselt wäre und sich umsonst loszureißen versucht hätte. Jeder Gedanke ist ein Gut, das man dem Universum, der Macht, die es festhält, abkämpfen muß. *(2141)*

Nur Goethe, in seinen Jugendliedern, stellt die reine Seligkeit, die Seligkeit an sich, die aus dem Dasein selbst entspringt, dar; andere nur die errungene Seligkeit. *(2149)*

Das Unglück gebiert nur Zwillinge. *(2158)*

Er nahm wohl einen Fußtritt hin, aber er mußte von einem gewichsten Stiefel appliziert werden. *(2159)*

Die Natur, wenn sie einen Vogel macht, vergißt, daß sie auch Löwen machen kann. *(2160)*

Der Schuß, der in der Flinte sitzenbleibt, verdirbt sie. So die Kraft im Menschen. *(2161)*

Als Gott wegen einer Masse Menschen, die aus sich selbst nichts machen können, in Verlegenheit war, da schuf er das Glück. *(2171)*

Nicht bloß den Kunstformen, auch den Lebensformen liegt in gewissem Sinn etwas Unwahres zugrunde, indem in keiner einzigen das Wollen des Menschen ganz rein aufgeht. *(2172)*

d. 26. Oktober. Bei argem Schnupfen und raucherfülltem Zimmer dachte ich heute morgen über meine Dramen nach. Ihr Unterscheidendes liegt wohl darin, daß ich die Lösung, die andere Dramatiker nur nicht zustande bringen, gar nicht versuche, sondern, die Individuen als nichtig überspringend, die Fragen immer unmittelbar an die Gottheit anknüpfe. Dies ist in „Judith" der Fall und heute wird es mir klar, daß es auch in „Genoveva", namentlich in Golo, der Fall sein wird. Was besser ist, das eine oder das andere, weiß ich nicht. *(2174)*

Das Böse steht als Schranke zwischen Gott und dem Menschen, aber als solche Schranke, die dem Menschen allein individuellen Bestand gibt. Wäre es nicht da, so würde der Mensch mit Gott zu Eins. *(2179)*

Wie es um meinen dichterischen Beruf steht, weiß ich nicht; aber meine Einsicht in die Natur des Menschen und der Dinge und meine Fähigkeit, das Erkannte festzuhalten und zu gestalten, wächst immer mehr. Ich habe zuweilen ein Gefühl, als ob ich den tiefsten Schatz auf einmal erheben sollte, so drängt sich meinem geistigen Auge das Wesenhafte aus allen Schalen entgegen. Immer klarer wird mir auch das: Nur, was von Gott selbst ausging, ist Gegenstand der höchsten Kunst, nichts, was Menschen den Ursprung verdankt. Sogar im „Faust" ist das vergänglich, was auf M a g i e gebaut ist, denn eine Zeit wird kommen, wo selbst die Erinnerung an Magie und Zauberei verlorenging. *(2181)*

d. 5. Novbr. Welch ein Tag! Gott lasse mich so den z w e i t e n nicht erleben! Heute, am 5. Novbr. 1840, einem Donnerstag und Bußtag, wurde mir mein Sohn geboren. Aber, was hat die arme Mutter ausgehalten! Gott, nimm sie in deinen heiligen Schutz! Unmenschlich. Noch höre ich ihr Geschrei, sehe ihre verstörten Blicke. Instrumente wurden angewandt. Das Kind kam 10 Minuten nach 2 Uhr. Ich bin matt und angegriffen.

(2184)

d. 7. Novbr. Elisens Entbindung ist eine solche gewesen, wie der seit 18 Jahren praktizierende Arzt noch keine erlebt zu haben bekannte. Was ich im Nebenzimmer empfand, weiß Gott. Der Knabe ist ganz mein Ebenbild: Nase, Kinn, Augen, wie ich, sogar langes, blondes Haar, außerordentlich stark und groß, kräftig in jeder seiner Bewegungen. Oh, es ist doch auch ein schönes Gefühl, Vater zu sein, müßte man's nur nicht so teuer erkaufen. Dennoch möcht' ich mich in diesem Augenblick nicht mit meinen Wünschen zwischen die Ewigen und das Neugeborne stellen. Nur Segen! Und nicht ganz wie ich. Über Nacht wachte ich bei meiner Geliebten. Eine leidliche Nacht. Der Herr wende alles zum besten. Ach, sie ist eine himmlische Natur; edel, gehalten, selbst im höchsten Schmerz. Ihre Liebe zum Kinde und zu mir grenzenlos. Als ich Donnerstag ausging, begegneten mir Schafe. Gutes Zeichen. Später ein auf dem Arm getragenes jauchzendes Kind. Sie zu mir: „Dein Haar, deine Züge!" Mit bleichem Mund, selbst zum Lächeln zu entkräftet.

(2185)

Selbstverachtung ist nur versteckte Eitelkeit. Denn, das sich Verachtende muß notwendig zugleich das sich Achtende sein. Vor mancher Gefühlsanalyse schaudere ich.

(2187)

d. 2. Dezbr. Gestern abend wurde „Judith" im Stadttheater gegeben. Das Stück fand lauten und stillen Beifall, das ganze Haus war namentlich während des letzten Akts, den ich sah, in echt tragischer Erregung. Mir aus zwei Gründen sehr lieb: erstlich, weil ich nun doch nicht dem Pöbel in die Klauen falle, dann, weil ich nun von der Direktion mit gutem Gewissen das Honorar annehmen kann. *(2196)*

Der Dualismus geht durch alle unsre Anschauungen und Gedanken, durch jedes einzelne Moment unseres Seins hindurch, und er selbst ist unsre höchste, letzte Idee. Wir haben ganz und gar außer ihm keine Grundidee. Leben und Tod, Krankheit und Gesundheit, Zeit und Ewigkeit, wie eins sich gegen das andere abschattet, können wir uns denken und vorstellen, aber nicht das, was als Gemeinsames, Lösendes und Versöhnendes hinter diesen gespaltenen Zweiheiten liegt. *(2197)*

Die kranken Zustände sind übrigens dem Wahren (Dauernd-Ewigen) näher wie die sog. gesunden. *(2198)*

Z w e i T r ä u m e : ich lag in einem Sumpf, frierend und nackt. Menschen gingen vorüber, höhnten mich und spien mich an. Das war mir recht. Aber es kamen auch andere, die mir die Hand reichten und mich herausziehen wollten. Das stachelte meinen Ingrimm, ich warf mich knirschend zurück und widerstand. „Ist's genug?" war mein letzter Gedanke, der sich mit dem Gedanken an Gott verschmolz. — Auf einem Berg lagen lauter Grabsteine und Gräber umher, falbes, grauenhaftes Licht beleuchtete den Platz, es war ein Berg bei Heidelberg, ich tanzte mit anderen auf den Gräbern und rief jemandem zu: „Nimm dich in acht, man sinkt oft plötzlich in ein Grab hinein." — *(2199)*

Diejenigen, die sagen: Napoleon war klug genug, andere zu nutzen, könnten ebensogut sagen: Shakespeare wußte die vorhandenen Wörter der Sprache: Liebe, und so pp. klug genug zu mischen, so daß ein „Macbeth" entstand. *(2201)*

d. 25. Dezbr. Weihnacht. Den heiligen Abend brachte ich bei meiner teuren Elise zu. Schöne Geschenke. Alle drei Tage an „Genoveva" geschrieben! Gott meinen Dank! (2202)

d. 31. Dezbr., abends 10 Uhr. Bedeutender wie irgendein anderes ist das vergangene Jahr für mich gewesen. Ich bin Vater geworden, Vater eines Sohnes, den der Himmel in seinen heiligen Schutz nehmen und um dessen willen er mich in meinen Bestrebungen begünstigen möge. Meinen innigsten Dank dafür, daß er den bittersten Kelch an mir vorübergehen ließ, daß er mir meine teuerste Freundin, deren Verlust zu ertragen ich nicht stark genug bin, am Leben erhielt. Ereignisse bedeutender Art sind für mich die beiden Aufführungen der „Judith" in Berlin und Hamburg gewesen, beide leidlich ausgefallen. Neue Verhältnisse zu Personen haben sich nicht angeknüpft; die Beziehungen zu der Dokt. Schoppe und zu Gutzkow haben sich gelöst, letztere hätten vielleicht, was bei mir stand, festgehalten werden müssen. Gedichte sind nur fünf entstanden; an „Genoveva" (durch Indignation über Tiecks Drama des Namens hervorgerufen) ist der dritte Akt fast fertig. Bisher haben die Weiber mir Geld gekostet, wenig, aber doch noch immer zuviel; ich habe den festen Entschluß gefaßt, daß dies anders werden soll. Und so werde denn das Jahr 1841 mit Hoffnung und Gottvertrauen eröffnet! (2203)

1841

Der Zufall, der sich aller Tat und Handlung des Menschen als ein anfliegendes Element hinzugesellt, ist der Ausdruck des göttlichen Willens, der im Interesse der Welt und des Allgemeinen den individuellen menschlichen Willen ergänzt und modifiziert. (2210)

d. 11. Jan. Gestern, Sonntag, den 10., habe ich den dritten Akt der „Genoveva" mit großer Zufriedenheit geschlossen. Er ist sehr lang geworden, aber er scheint mir im d r a m a t i s c h e n Sinne das Beste, was ich bis jetzt machte, denn er stellt alles, was geschieht, rein w e r d e n d dar. In Golo schildere ich die innerste Natur der Leidenschaft, die, wenn sie auch die bösen Triebe, die sie unterstützen könnten, nicht geradezu entfesselt, doch wenigstens die guten, die sich ihr entgegenstellen, so lange unterdrückt und hemmt, bis das Übel da ist.

(2211)

„Antigone": einen romantisch - individuellen Stoff in antiker Form darstellend, ist das Meisterstück der tragischen Kunst.   (2216)

Das Drama soll keine neue Geschichten bringen, sondern neue Verhältnisse.   (2226)

I d e e   z u   e i n e m   h ö c h s t e n   L u s t s p i e l : Einer, der sich für einen Prinzen hält und nun nicht weiß, ob er, der selbst über seine Geburt nicht gewiß ist, Versuche machen soll, den Thron zu erobern, oder nicht. Was er auch tue oder unterlasse: beides ist vielleicht Frevel und Schande, also ein Mensch, der nicht einmal weiß, was für ihn gut oder bös ist. Eine sehr fruchtbare Idee[1].

(2231)

Der Tod kam in die Welt. Weil die Sünde den reinen Lebensfaden beschmutzte, so schnitt Gott ihn von Zeit zu Zeit wieder ab, um ihn neu und golden wieder anknüpfen zu können. Die Sünde frißt ihn durch pp.

(2233)

Das Gewissen ist die Wunde, die nie heilt und an der keiner stirbt.   (2236)

d. 2. Febr. In Anlaß der mit Campe wieder angeknüpften Verbindung die Novelle „M a t t e o", längst angefangen, vollendet. Ich halte sie für mein Bestes in

1. Vgl. Hebbels *Demetrius*.

dieser Gattung. Ein wahnsinniger Humor herrscht darin, der durch komische Mittel den höchsten tragischen Effekt erzielt. *(2241)*

Die Kunst hat den Zweck, alles, was im Menschen und seiner irdischen Situation liegt, zum Bewußtsein zu bringen, so daß nach Jahrtausenden alle mögliche Erfahrung aus ihr genommen werden kann und das Geschlecht jedes Lehrgeld erspart. *(2242)*

Bei Gelegenheit von Kleist: ich wüßte nicht, was den Menschen in diesem öden, nichtigen Dasein noch trösten könnte, wäre es nicht eben die Einsicht in die Nichtigkeit dieses Daseins selbst. *(2247)*

War denn der Unterschied zwischen G ö t z e n - und G o t t e s dienst für Gott selbst so groß? Der Götze war sein nur unvollkommenes Symbol. *(2250)*

Bei allen Geschichtsereignissen sehe man auf den Zeitpunkt, wo sie eintreten, dann wird Diagnose und Prognostikon leicht. Gewicht ruft immer Gegengewicht hervor, und sobald das Gegengewicht überwiegt, kehrt das Verhältnis sich um. Der ganze Weltprozeß wird am besten durch die zwei Eimer im Brunnen veranschaulicht. *(2253)*

Echte Kritik sollte sich nie so sehr am echten Dichter versündigen, daß sie ihn das Allgemeine erst lehren will, aber auf seine individuellen Schranken sollte sie ihn aufmerksam machen. *(2259)*

G e b u r t ist derselbe Prozeß, der das Blatt vom Baum abreißt, damit es sich anscheinend - selbständig einen Augenblick im Spiel der Winde drehe und dann zu Boden falle, um dort zu faulen und den Baum neu mit düngen zu helfen. *(2261)*

L e b e n ist der Versuch des trotzig-widerspenstigen T e i l s , sich vom Ganzen loszureißen und für sich zu existieren, ein Versuch, der so lange glückt, als die dem Ganzen durch die individ[uelle] Absonderung geraubte Kraft ausreicht. *(2262)*

Zum Vorwort der „Judith": Schiller mußte, wie jeder Gedankendichter, der statt des sanften runden Kreises die scharfe Facette bringt, von seiner Zeit überschätzt werden, aber ebenso notwendig mußten sich auch nach und nach die tiefbegründeten Kunsturteile, die Goethe still, Tieck, Schlegel, Jean Paul laut über ihn aussprachen, von selbst geltend machen. Unterschied des Verdienstes um Kultur und Kunst; wonach zur Zeit der weiter vorgerückten Nationalbildung ein großer Dichter um erstere weit weniger sich verdient machen kann als ein früherer kleiner Dichter. — Jedes echte Kunstwerk ist ein geheimnisvolles, vieldeutiges, in gewissem Sinn unergründliches Symbol. Je mehr nun eine Dichtung aus dem bloßen Gedanken hervorging, je weniger ist sie dies, um so eher wird sie also verstanden und aufgefaßt, um so sicherer aber auch bald ausgeschöpft und als unbrauchbare Muschel, die ihre Perle hergab, beiseite geworfen. Der sog. Lehrdichter liefert gar statt des Rätsels, das uns allein interessiert, die nackte, kahle Auflösung. Dichten heißt nicht Leben-Entziffern, sondern Leben-Schaffen! Uhlands „Herzog Ernst": statt der Treue selbst, Deklamationen über sie! *(2265)*

Heute, den 11. Febr., schloß ich den vierten Akt der „Genoveva"; d. h. die Mittelszene, alles übrige, der Schluß besonders, war längst fertig und wurde von mir in einer Begeisterung, die mir Schlaf und alles raubte, vor drei Wochen geschrieben. *(2267)*

Wir leben in den Zeiten des Weltgerichts, aber des stummen, wo die Dinge von selbst zusammenbrechen. *(2271)*

Vorsehung die leitende, Zufall die kreuzende Macht. *(2272)*

So wenig wir wissen, wie in unserm Innern einer oder der andere Blutstropfen läuft, so Gott mit den Individuen der Welt. (2274)

d. 21. Febr. „Genoveva" nähert sich dem Ende. Inzwischen lese ich mit höchstem Entzücken die Tragödien des Euripides. (2275)

Jedes Geschöpf, das zwischen zwei Welten in der Mitte steht, soll sich zu der Welt, aus der es hervorwuchs, nicht zu der, der es entgegenwächst, rechnen. Für jene hat es Überfluß, für diese dagegen Mangel. (2281)

Heute morgen, den ersten März, schloß ich die „Genoveva". (d. 1. März 1841.) (2282)

Warum gibt es Philister in Deutschland? Weil es Studenten gibt! (2283)

Der Tod ist der beste Bleicher, die Scham der beste Maler. (2284)

Das Gefühl ist nur Lebensmaterial, das erst geformt werden soll. (2288)

Zeugen: Entleerung des Individuums vom Weltstoff.
(2289)

„Genoveva"-Brocken

„Was einer werden kann, das ist er schon." Gott wird nicht auf die Sünden sündiger Individuen gegen e i n - a n d e r das entscheidende Gewicht legen, sondern nur auf die Sünden gegen die Idee selbst, und da sind wirkliche und bloß mögliche völlig eins. (2290)

Wer nicht die Kraft hat, wahr zu sein, hat auch nicht die Kraft, an eines andern Wahrheit zu glauben. (2291)

Unser Leben ist der aufzuckende Schmerz einer Wunde.
(2294)

Das Leben ist nur ein Augen-Öffnen und Wieder-Schließen. Darauf kommt's an, was man in der kleinen Mittelpause sieht. *(2296)*

„Gott versteckt sich hinter das, was wir lieben." „Man sollte jeden so lieben, wie er Gott liebt." *(2297)*

Dichten heißt: Abspiegeln der Welt auf individuellem Grunde. *(2300)*

Das Ewige muß so vom Zeitlichen träumen, wie das Zeitliche vom Ewigen! *(2302)*

Ein Atmen über mir, als ob's mich einziehen will. — Alles Leben ist Raub des einen am andern. Einer steckt die Kapelle in Brand und die Flamme beleuchtet das Heiligenbild und er betet's an. — Der Mensch darf töten, denn er muß selbst den Tod erleiden. — Die Freude ist ein Wundervogel, der uns nur darum entflieht, weil er uns in die Heimat locken soll. — Schönheit ist inneres Licht, herausgetreten. Strafen heißt das Gefühl der Schuld überbieten. — Die Schönheit des Leibes ward der Seele zur Nacheiferung vorgestellt. — Der Mensch muß so viel wert sein wie seine Gedanken. — *(2303)*

Freitag, den 12. März, las ich bei Madame Hellberg in einem zahlreichen Kreise meine „Genoveva" vor. Es waren da: Elise, Janinski, an Fremden: ein Graf Brockdorf mit seiner Frau, der Obergerichtsadvokat Schütze[1], Emma Schröder usw. Ich hatte noch nie gelesen, aber ich las ohne Verlegenheit und wenn ich mir selbst, Elisen, der Schröder pp. trauen darf, lebhaft und anschaulich. Janinski schien anderer Meinung zu sein. Am Schluß trat für mich eine peinliche Situation ein. Auch kein einziger der Anwesenden sagte mir ein artiges Wort. Ich

---

1. Advokat Schütze, mit Hebbel befreundet, war Pate von Hebbels Söhnchen.

stand rasch auf. Die Schröder, einer Ohnmacht nahe, ward aus dem Zimmer geführt. Sie sagte mir später, das Stück habe so erschütternd auf sie gewirkt. Ich glaube, sie täuschte sich selbst. Schütze sagte mir: er müsse erst verdauen, das Werk habe ihn so ergriffen, daß er sich noch nicht darüber zu äußern vermöge. Ob es Wahrheit war, ob Ausrede: ich weiß es nicht. Es war sehr spät geworden, die Gäste entfernten sich rasch und sagten mir beim Weggehen, was sie mir hätten sagen mögen, als ich noch vor meinem Pult saß, das gewöhnliche Kompliment. Janinski wand und drückte sich den Abend etwas sonderbar in seinen Äußerungen, gestern sagte er mir: der Schluß, wo Golo sich blendet pp., habe sein Gefühl erstarrt, anstatt es zu erschüttern. Wenn dies mehr wäre als individueller Eindruck, so wäre es übel, denn ändern läßt sich an diesem Punkt nichts; eben diese letzte schrecklichste Konsequenz ist die natürlichste in Golos Charakter. Darniedergedrückt von einer ungeheuren Blutschuld, noch mehr durch Siegfrieds Edelmut, bleibt ihm nichts übrig als die Rache an sich selbst. Eben weil er, zwischen Mann und Jüngling in der Mitte stehend, von einer furchtbaren Leidenschaft übermannt und zu Boden getreten wurde, springt er beständig von Extrem zu Extrem, wählt im ersten Akt den fast gewissen Tod, zieht „in grimm'ger Notwehr" im 2. Akt gegen sie das Schwert, verlangt im 3. von ihr eine Entscheidung an Gottes Statt, tritt im 4., wo seine Fieberreden ihm als Taten entgegentreten, eine fremde Sündenernte an, als ob er selbst gesät hätte, treibt im 5. jenen diabolischen Humor, der das Göttliche in der eignen Brust zu vernichten eine Verzweiflungslust empfindet, aufs höchste und wütet dann zuletzt, wo der Zufall ihm die Fäden aus der Hand genommen hat, gegen sich selbst, wie er gegen Gott und Welt gewütet hat. Ich ehre das freie Urteil, aber ich glaube doch, J. ist unbewußterweise etwas parteiisch für „Judith", die freilich eine ganz andere Behandlung erforderte als „Genoveva" und die sich zu der letzteren verhält, wie der negative Pol zum positiven. *(2304)*

Des Weibes Natur ist Beschränkung, Grenze, darum muß sie ins Unbegrenzte streben; des Mannes Natur ist das Unbegrenzte, darum muß er sich zu begrenzen suchen. Innerstes Vermögen und innerste Fessel sind immer eins; was die Uhr zur Uhr macht, hält sie zugleich ab, etwas anderes als Uhr zu sein. *(2309)*

Diese Gedanken hatte ich gestern nachmittag über Selbstmord: Gott gab dem Menschen die Fähigkeit, die Welt zu verlassen, weil er ihn nicht gegen die Erniedrigung der Welt schützen konnte. Hat der wahre Selbstmörder also mit Gott zu tun, so kann er die Tat verantworten; hat er nicht mit Gott zu tun, so wird er überall nicht zur Verantwortung gezogen. *(2310)*

Der Zufall ist ein Rätsel, welches das Schicksal dem Menschen aufgibt. *(2313)*

Abrahams Opfer wäre ein sehr bedeutender Stoff für ein Drama. Die Idee des Opferns müßte aus ihm selbst kommen, und je schwerer ihm die Ausführung fiele, um so mehr müßte er an dem furchtbaren Pflichtgedanken festhalten[1]. Dann die Stimme des Herrn.
(2315)

Daß die Gottheit dem Menschen die formende Kraft verlieh, das ist ihre höchste Selbstentäußerung. *(2319)*

Große Menschen fühlen die Weltgesetze stärker als andere; daher kommt ihre Kraft und ihr Mut. *(2325)*

„Frohlockend drangen unsre Geister aufwärts und durchbrachen die Schranken, und wie sie sich umsahen, wehe, da war es eine unendliche Leere!" sagt Hölderlin. Jawohl, und eben darum ist gerade das des Men-

1. Vgl. dazu Herzog Ernst in *Agnes Bernauer.*

schen Glück, was er für sein Unglück hält: das enge
Einschließen. Je enger, je besser, denn um so sicherer
hat er sein bißchen Armut zusammen.   (2326)

Es ist mir auffallend, wie manche Gedanken und
Anschauungen im „Hyperion" den meinigen ähnlich, ja
gleich sind. Ich wollt' aus meinem Tagebuch zu Dutzen-
den die Beispiele herausfinden. Sogar aus „Judith". So
heißt es Seite 90: „Ich glaube, daß wir durch uns selber
sind, und nur aus freier Lust so innig mit dem All verbunden!" Und Holof[ernes] sagt: „Oft kommt's
mir vor, als hätt' ich einmal zu mir selbst gesagt: nun
will ich leben!" usw. Dennoch lese ich heute, den
29. April, das Buch zuerst.   (2327)

Sehr schön heißt es über die Natur: „Sie ist dein Herz
nicht wert, wenn sie erröten muß vor deinen Hoffnungen!"   (2328)

Das Urgefühl des Daseins, höher als die Spaltung: Lieb'
und Haß, ein solches, womit Gott die Welt umfaßt.
                                               (2329)
Durch den Todesgedanken hindurch den goldnen Faden des Lebens zu ziehen! Eine höchste Aufgabe der
Poesie!   (2330)

Die Ironie, womit der Mensch sich selbst verspottet, ist
das Wiederaufgehen in Gott.   (2331)

Wenn der Mensch überhaupt dauert, so dauert er als
Individuum. Denn er ist ein geborner Mittelpunkt.
                                               (2332)
Das höchste Lebensgesetz für Staaten und Individuen
ist das Gesetz, sich zu behaupten. Ist noch so viel Kraft
in der alten Form, daß sie der neuen Widerstand leisten
kann, so ist gewiß noch nicht so viel Kraft in der neuen
Form, daß sie nach dem Zerbrechen der alten alle Elemente, die zu umfassen sind, umfassen kann.   (2335)

d. 30. Mai. Pfingstsonntag. Pfingsten! Pfingsten! In Dithmarschen war das, was ich heute habe, immer schon Genuß, denn ich hatte Muße. Nun ist die Muße eben das Unerträgliche. Blumen würden mir Freude machen, ein Strauß! Ich habe keine und mag mir keine kaufen, denn gekaufte Blumen sind keine unschuldige mehr. Ich habe den Morgen über wieder eine Szene in „Genoveva" vorgenommen; Elise sitzt auf dem Sofa und ruht, die Türe und Fenster stehen auf, frische Luft zieht durch die Zimmer und macht die Hitze menschlich. Zwischendurch spreche ich über die Idee des Christentums. O Genoveva, du machst mir viel Kummer! Lieben darf ich dich nicht und vernichten darf ich dich auch nicht! *(2342)*

Es gibt auch Spiegel, in denen man sehen kann, was einem fehlt. *(2354)*

Gott: größtes Individuum, bisher den kleineren Individuen noch ein Gegengewicht entgegensetzend; aber mehr und mehr sich selbst in Individuen auflösend.
(2359)

Ich kann den Umgang aller Menschen entbehren, aber ich kann mich gegen keinen einzigen, mit dem ich umgehe, verschließen. *(2364)*

Es kann so wenig ein reines, sachliches, nicht individuell modifiziertes Denken geben, als es ein solches Dichten gibt. *(2374)*

d. 27. Septbr. 41. Heute habe ich das an Campe verkaufte Mskpt. meiner Gedichte geendigt und abgeschlossen. Das ist eine schwere Aufgabe gewesen, dies Tuschen und Retuschieren an den frühren Sachen, ich glaube aber, ich habe ihr genügt. *(2378)*

Gerade das kann die Welt entbehren, um dessen willen sie allein zu existieren verdient. *(2386)*

d. 29. Nov. Heute abend habe ich das Lustspiel „D e r
D i a m a n t" beendigt. *(2392)*

Menschen, die wenig Verstand haben, werden leicht
viel Phantasie zu besitzen scheinen. Das kommt aber
nicht daher, daß dies Vermögen bei ihnen wirklich in
einem höheren als dem gewöhnlichen Grade vorhanden
ist, es kommt nur daher, weil die Dinge auf sie verwor-
rene Eindrücke machen und eben, weil der Verstand,
der alles auf seine ursprünglichen Erscheinungsgründe
zurückzuführen sucht, bei ihnen nicht tätig ist, zu allerlei wunderlichen Kombinationen Gelegenheit geben.
Echte Phantasie geht immer mit der Vernunft und meistens auch mit dem Verstand Hand in Hand. *(2396)*

Was ist Leben? Du stehst i m Kreis, bist durch den
Kreis beschlossen, wie könnte der Kreis wieder, sei es
als Bild oder Begriff, in dir sein? Das Ganze vom Teil
umfaßt werden, in ihm aufgehen? *(2398)*

d. 20. Dezbr. Heute habe ich Schillers Aufsatz über An-
mut und Würde gelesen. Wie paßt alles, was er über
die schöne Seele, die im Zustand des Affekts ins Erha-
bene übergehe, so sehr auf Elise, als ob sie im Gemälde
kopiert wäre! Mir ist noch kein menschliches Wesen
von so wunderbarer, himmlischer Harmonie vorgekommen wie sie. Ich hätte ohne sie die „Genoveva"
nicht schreiben können. Ich bin ihr alles, meinen äußern
und meinen innern Menschen, meine Existenz in der
Welt und in der Kunst, schuldig geworden; möchte Gott
mich in den Stand setzen, ihr ein leidliches Dasein zu
verschaffen! Das ist das einzige, wovor sie bangt und
zittert, daß es ihr und dem Kinde noch einmal am Notwendigen fehlen möge. Gott verhüte es gnädig; will er
mich strafen, so gibt's andre Mittel als dies! *(2402)*

Heute den „Rasenden Ajax" von Sophokles wieder gelesen. An den „Ödipus" reicht er nicht, aber es ist groß

gedacht, daß der Wahnsinn, so wie er sich selbst erkennt, zu noch größerem Wahnsinn führt und daß noch der Tote zur Entfaltung aller Leidenschaften der Lebendigen Anlaß gibt. Die Veränderung der Szene im zweiten Teil zeigt, wie wenig dem Alten die sog. Einheit des Orts galt, wenn sie sich nicht von selbst darbot. Die moderne Kritik mit ihren albernen Natürlichkeitsforderungen möchte es als einen Hauptfehler rügen, daß Teukros nicht erst Wiederbelebungsversuche mit dem Bruder anstellt, sondern nur für seine Bestattung sorgt.

(2405)

Auch das tiefste, geistreichste Wort, was der Mensch spricht, verweht und verliert, nachdem es die fremde Seele befruchtet hat (oder auch, rückwirkend, die eigene), seine Bedeutung durch ein erzeugtes zweites oder drittes, nur er selbst dauert und bleibt. Ein gemeiner Gedanke, möchte man sagen. Allerdings, aber ich wollte, er würde noch etwas gemeiner, er fände auch im Gebiet der Kunst Anwendung, dann würde man erkennen, daß im Dramatischen selbst die schönsten und gewichtigsten Reden, wie man sie bei Schiller auf jeder Seite findet, niemals für Charaktere entschädigen können.

(2407)

d. 28. Dezbr. Nun stehen mir wieder abscheuliche Tage bevor. Das Lustspiel ist fertig, und ein neues Werk (obgleich sowohl „Moloch" wie das bürgerliche Trauerspiel „Klara" stark in mir rumoren) läßt sich wohl nicht sogleich wieder anfangen, da kehrt sich denn, wie gewöhnlich, das bißchen Kraft, das ich sonst auf künstlerische Objekte verwende, gegen mich selbst, wie die Zähne, die nichts zu beißen haben, sich in das eigene Fleisch hineingraben, das sie ernähren sollen. Dann geht auch, wie schon heute, das Pflügen im Tagebuch wieder los, allerlei Gedanken fliegen einem durch den Kopf, mit denen man nichts aufzustellen weiß, und man legt sich ein Herbarium von solchen zudringlichen

Schmeißfliegen an. Hätt' ich nur Bücher! In diesen Pausen, wo das Produktionsvermögen stockt und aus einer bestimmten einzelnen Richtung sich wieder ins Allgemeine verliert, würde ich wütend studieren und allerlei Wissenschaftliches bewältigen können. Aber Campe bietet mir keine Bücher an, und eben weil er das nicht tut, mag ich ihn nicht fragen, ebensowenig mag ich jemanden zumuten, auf der Stadtbibliothek für mich zu bürgen, und so muß ich die Zeit vorübergehen lassen, wie ein Huhn, das zur Brütezeit auf einem leeren Nest sitzt. Ach, der Mensch ist so wenig, so ganz ungeheuer wenig, selbst dann, wenn seine Kraft sich bis ans Äußerste ihrer Peripherie ausdehnt, daß er sich gar nichts zu sein deucht, wenn es an diesem inneren Aufpeitschen fehlt, daß es wenigstens mir scheint, als ob mit dem konzentrierenden Gedanken, der meinem Vermögen die Bahn der Wirkung anweist, ich selbst ins Nichts entweiche. *(2408)*

Alle menschliche Bildung geht den folgenden Gang. Der Mensch erwacht mit einem Gefühl des Allgemeinen, welches eben darum, weil er daraus hervorging, sein Erbteil sein mag. Dann hat er alles, weil er nichts hat, er glaubt die ganze Welt zu besitzen, weil sie ihm in allen ihren Realitäten gleich nah und gleich fern steht, weil keine einzige von allen ihn dadurch, daß sie ihm näher gerückt ist, belehrt, wie weit von ihm die übrigen entfernt sind. Hierauf folgt die Erkenntnis und das Ergreifen des Besonderen, wo der Mensch sich mit unendlicher Behaglichkeit in das, was er einmal erfaßt und durch Selbsttätigkeit zu sich herangebracht hat, versenket. Nun, wenn alles gut geht, entsteht der Trieb, das Besondere wieder ins Allgemeine aufzulösen, es darauf zurückzuführen. Die allermeisten bleiben im ersten Stadium stehen; dies sind die Leersten und Eitelsten, aber auch zugleich die Glücklichsten, weil sie sich durch keine individuelle Form gebunden fühlen und weil sie natürlich nicht erkennen, daß die Form ihnen nur darum fehlt, weil sie dem Nichts überhaupt fehlt. Sehr viele verharren im zweiten Stadium; die sind unglaublich z ä h und s i c h e r, ungefähr so, wie das, was am menschlichen Körper Knochen geblieben ist, auch zäh und gegen die meisten Krankheiten gesichert ist. Die wenigsten erreichen das dritte Stadium, aber nur in diesen setzen Gott und Natur ihr Geschäft fort. *(2409)*

d. 31. Dezbr. Als das erheblichste äußere Ereignis des verflossenen Jahres darf ich wohl das mit Campe angeknüpfte Verhältnis betrachten, welches sich anläßt, als ob es ein festes und dauerndes werden wolle. An dieses knüpft sich dann die Herausgabe der „Judith" und die bevorstehende der Gedichte. An Arbeiten sind entstanden: die beiden letzten Akte der „Genoveva"; das Lustspiel „Der Diamant" nebst Prolog; die Novelle „Matteo"; kritisch ein Aufsatz über Heines „Buch der Lieder" im Korrespondenten, und viele Gedichte, noch ungerechnet, daß ich einen großen Teil der älteren Gedichte, denen hie und da in einzelnen Ausdrücken nachzuhelfen war, überarbeitet und zu dem mir möglichen Grad der Vollendung erhoben, andere, bei denen dies nicht ging, vernichtet und so diese Silhouette meines Herzens nach Kräften von Leberflecken und Sommersprossen gereinigt habe. Mit bedeutenden Menschen bin ich nicht bekannt geworden; Franz Dingelstedt[1] hat mir geschrieben, doch der scheint, wie es mir nach seinen Nachtwächterliedern vorkommen will, die Hand nach allen Seiten zu bieten, um sich ein Heer von guten Freunden anzuwerben, ich habe ihm auch nur ein paar

---

1. Franz Dingelstedt (1814-81) hatte aus vormärzlicher Stimmung 1841 seine tendenziösen *Lieder eines Kosmopolitischen Nachtwächters* veröffentlicht. 1850 wurde er Hoftheaterintendant in München, später in Weimar und schließlich Direktor des Wiener Hofburgtheaters.

leichte Worte geantwortet. Auch das hab ich erlebt, daß sich jemand, ein Redakteur in Hannover, ein paar Zeilen von meiner Handschrift ausbat; wachse, Zelebrität! Dr. Schleiden hat meine „Genoveva" mit großer Liebe aufgenommen und mir einen Brief darüber geschrieben, der aus dem Tiefsten des Herzens kam; das hat mir von allem, was dem Dichter in mir widerfuhr, die meiste Freude gemacht, denn dies Zeichen der Anerkennung war ebenso frei als wahr. Bisher hat Gott mich vor Not geschützt; ich bitte um nichts weiter, als daß er es auch fernerhin tun möge, dann muß ich aber im nächsten Jahr etwas m e h r Geld erhalten, denn nun ist die arme Elise bis aufs letzte ausgesogen — Gott helf uns! (2415)

1842

Den 1. Jan. abends 10 Uhr. Da steht das Datum! Aber was ich hineinschreiben soll, weiß ich wirklich nicht. Statt alles übrigen steht hier am besten das Wort Vertrauen. Ja, Vertrauen! Mit Vertrauen will ich das Jahr anfangen, denn daran fehlt es mir oft gar sehr. Gott, du weißt es: ich bitte dich nicht um Tand, nicht um Ehre und Ruhm, so schmerzlich man den letzteren freilich in einer Welt voll bekränzter Lumpen entbehrt, nicht um Überfluß, nur um Fortdauer der inneren und äußeren Existenz, nur um das, was zu meiner und meiner Teuersten Erhaltung notwendig ist, und um deinen Segen für mein geistiges Leben. Darum will ich auch glauben, daß du mich erhören wirst! (2416)

d. 2. Jan. Du armer Seidenwurm! Du wirst spinnen, und wenn auch die ganze Welt aufhört, Seidenzeuge zu tragen! (2417)

Schäm dich! Es ist die billigste Art, sich zu schminken! (2434)

Der Jugend wird oft der Vorwurf gemacht, sie glaube immer, daß die Welt mit ihr erst anfange. Wahr. Aber das Alter glaubt noch öfterer, daß mit ihm die Welt aufhöre. Was ist schlimmer?   (2435)

d. 12. Jan. Heute hab ich die Sonette und die Erzählung „Die Nacht im Jägerhause" ans Morgenbl. gesandt.
(2436)

d. 14. Jan. Mein kleiner Max ist krank und nicht unbedeutend. Dies ist es, was ich schon so lange gefürchtet habe. Nichts schneidet tiefer in mein innerstes Wesen ein als Krankheiten meiner Lieben. Unendlichmal lieber will ich selbst krank sein.   (2439)

Was wir Leben nennen, das ist die Vermessenheit eines Teils dem Ganzen gegenüber. Wie stellen sich die allgemeinen Kräfte dem Besonderen in den Weg und suchen es noch vor der Entwickelung, im Werden selbst, zu zerstören! Wie stürzen sie über das Gewordene her!
(2440)

Alle Poesie, möchte ich sagen, ist dramatisch, das heißt lebendig zeugend und fortzeugend. Der Gedanke, der nichts bedeutet als sich selbst, der nicht auf einen zweiten, dritten und vierten usw. führt und so bis zur höchsten Spitze der Erkenntnis hinauf, der also nicht auf die gesamte Entwickelung, auf den ganzen Lebensprozeß Einfluß hat, ist so wenig poetisch als lebendig, er ist aber auch gar nicht möglich, denn das Leben zeigt sich nur in der Gestalt des Übergangs. Nun aber sind die Veränderungen, die der Gedanke im Inneren hervorbringt, völlig so gewichtig als diejenigen, die er, den ihm zunächstliegenden inneren Stoff mit dem äußeren vertauschend, in der Welt bewirkt.   (2449)

Für die wirkliche spezifische Verschiedenheit von Geist und Materie kann man den nächsten und besten Grund aus dem Verhältnis des menschlichen Geistes zum Körper hernehmen. Wenn der Geist nur das Sublimat des

Physischen wäre, so müßte dieses als sein Urelement ihm durchsichtig, durchschaubar und erkennbar sein, er müßte es im gesunden und mehr noch im kranken Zustande begreifen, dies ist aber keineswegs der Fall. Geradesowenig als der D a u m e n von dem Gedanken weiß, der den Geist in Freude oder Kummer versetzt, ebensowenig weiß der G e i s t , wenn er nicht auf dem Wege der Erfahrung, den die Wissenschaft ihm anweist, also durch Vergleichung eines faktischen Zustandes mit unzähligen anderen, die ihm beschrieben wurden, dazu gelangt, von der Ursache des Juckens oder des Schmerzes im Daumen. Eine Mauer steht zwischen beiden. — Dies dachte ich gestern abend im Bett, als ein dumpfes Zahnweh sich bei mir einstellte und ich mich vergebens bemühte, das Hauptquartier desselben ausfindig zu machen. *(2453)*

Ein Wesen, das sich selbst begriffe, würde sich dadurch über sich selbst erheben und augenblicklich ein anderes Wesen werden. Das wunderbarste Verhältnis ist das zwischen Zentrum und Peripherie. *(2454)*

d. 24. Jan. Heute habe ich meinem Bruder die „Judith", um die er bat, geschickt und ihm, soweit es, ohne mich geradezu zu blamieren, geschehen konnte, meine Verhältnisse auseinandergesetzt. Ich habe ihm gesagt, daß ich Schulden habe, die bezahlt werden müssen; und hab ich sie denn nicht? Hat nicht Elise all ihr Hab und Gut für mich aufgeopfert? Wäre ich nicht der Schurk' aller Schurken, wenn ich nicht den letzten Tropfen Blut einsetzte, um sie vor Not zu schützen? Ich habe ihm deutlich gemacht, daß er, der bloß für sich zu sorgen hat, mit seinen körperlichen Kräften das Wenige, dessen er in seinen Verhältnissen bedarf, leichter erwerben könne, als ich mit meinen geistigen das Viele, dessen ich bedürfe; genug, ich habe alles getan, um ihn zu überzeugen, daß ich nicht aus Hartherzigkeit, sondern nur, weil ich nicht kann, ihm keine Geldunterstützung zukommen lasse. *(2455)*

Der Ekel am Leben, den die ewige Wiederholung derselben Dinge, das Drehen im Kreis, hervorruft und hervorrufen muß! Aber der Tod schließt uns vielleicht nicht den Weg zur Steigerung auf, sondern er löscht nur das Bewußtsein aus und alles fängt von vorne an. So könnt' es von Ewigkeit zu Ewigkeit fortgehen. Und wenn der Mensch ehrlich sein will: kann er sich in Wahrheit berühmen, daß er einen Faden in sich hat, der nicht abgeschnitten werden kann? *(2463)*

d. 10. Februar. Wie mir jetzt die Tage verstreichen! Es ist schmählich. Ich könnte die Zeit so schön aufs Studieren verwenden, aber ich habe keine Bücher und weiß keine zu bekommen. Die elenden Subjekte, die sich Literaten nennen, haben sich durch Veruntreuung von Büchern so berüchtigt gemacht, daß man, wenn man nur irgend mit der Literatur zusammenhängt, keine zu fordern wagt. Arbeiten kann ich nicht, oder vielmehr, ich fürchte mich in den „Moloch" zu vertiefen, bevor ich weiß, wie es mit „Genoveva" und dem „Diamant"[1] wird. Der „Moloch"[2] muß mein Hauptwerk werden, ich will ihn in der Mitte zwischen antiker und moderner Dichtung halten und mich nicht zu tief ins Individuelle versenken, damit der Schicksalsfaden, der in der „Judith" zu wenig, in der „Genoveva" zu sehr mit Gemütsdarstellungen umsponnen ist, durchgehends erkennbar bleibe. Dies Werk muß entscheiden, ob ich eine große Tragödie dichten und der Zukunft einen Eckstein liefern kann; darum will es aber auch in ruhiger, ungestörter Gemütslage gedichtet sein! Ach mir

1. Hebbels *Genoveva* wurde erst 1854 in Wien in sehr veränderter Gestalt als *Magellona* uraufgeführt (vgl. 5220); sein *Diamant* erhielt in Berlin nicht den Lustspielpreis, den er dafür erhoffte.
2. Der *Moloch* blieb Fragment.

graut vor den Tagen, die kommen! Der Himmel ist so reich, die Erde so ergiebig, aber für mich —! Noch war ich nicht ein einziges Mal imstande, denen, die ich liebte, eine Freude zu machen, ein kleines Fest zu bereiten. Das ist doch gewiß schmerzlich. Oh, mir ist zuweilen fürchterlich zumute. Wem die reine Lebensluft versagt ist, der wird in Laster und Ausschweifungen hinabgedrückt. Warum sollte ein Mensch nicht einen Mord verüben können, bloß um der Langeweile zu entgehen! Ich blätterte eben ein wenig in Bettinas Briefwechsel mit Goethe, und ein Gefühl des Neides überkam mich. Auf den wurden alle Lebensblüten herabgeworfen, er konnte sich damit bekränzen oder darin begraben, ganz nach Belieben, und ein anderer, dem doch auch Keime in die Seele gelegt sind, muß die Existenz schleppen, wie eine blinde Spinnerin ihren Faden zieht! Die Mühle meines Geistes beginnt stillzustehen, und ich habe Pflichten, große, heilige Pflichten! Was könnt' ich nicht alles machen, wenn mich die Sonne auch nur s c h i e f bestrahlen wollte! Und eigentlich verlange ich nichts mehr als die Sicherheit, daß es mir in Zukunft nicht schlechter ergehen werde wie bisher. Damit bin ich zufrieden. (2464)

d. 12. Februar. Der Mensch ist der Stoff des Zufalls. Weiter nichts. Aus welchem Urelement er auch bestehe, es kommt ganz und gar auf den sich hinzugesellenden atmosphärischen Niederschlag an, ob er sich zu seiner innern Lust und Freude entwickeln oder ob er sich in seinem eignen Feuer verzehren soll. Man hört auf einem gewissen Punkt zu denken auf und schlägt sich nur noch mit Empfindungen herum; das ist sehr gut, man könnte zu schlimmen Resultaten gelangen. Was hilft mir alles, was ich habe, da mir die Fähigkeit fehlt, es zu gebrauchen und geltend zu machen, und daß mir diese fehlt, das liegt doch einzig und allein an meinen früheren gedrückten Verhältnissen, also an einem Zufall. Bei Gott, wie klein fühl ich mich immer vor Menschen, wie ängstlich und verlegen benehme ich mich den erbärmlichsten Gesellen gegenüber, wie hält mich dies aus allen geselligen Kreisen fern, und andere halten das für Schroffheit! Hätt' ich Geld, könnt' ich reisen, vielleicht wär' ich zu kurieren, aber ich habe nichts, und was vor mir steht, das ist Not, Mangel, genug, das Schrecklichste. *(2465)*

Nur so viel Leben, um den Tod zu fühlen! *(2471)*

Schlaf und Rausch im Gegensatz zueinander; im Resultat gleich, indem beide Bewußtsein und Willenskraft aufheben: der eine durch völliges Herunterspannen, der andere durch übermäßiges Anspannen. Aber wie verhält sich im Rausch das psychische Prinzip zum physischen? *(2479)*

d. 19. Febr. War bei Campe. „Genoveva" gefällt ihm, und er meint, sie werde Beifall finden, er treibt mich zur Herausgabe, was besser ist, als wenn ich ihn triebe. Er war sehr freundschaftlich, und ich glaube denn doch wirklich, daß er es recht gut mit mir meint. Seine Frau habe über Margrethe gesagt, ich müsse mehr vom Teufel wissen als andre Leute, seine Tochter habe hinzugefügt: „aber auch mehr von den Engeln!" Er riet zu einer Vorrede, erbot sich, das Stück nach dem Druck so lange liegenzulassen, bis ich es den Bühnen zugesandt habe, und stellte mir vor, daß ich jetzt Antworten auf meine Arbeiten vom Publikum haben und nicht zu lange stillschweigen müsse. Ganz recht. Er hat mich ermutigt und erfrischt. Meine arme Seele wird in der Einsamkeit gar zu dürr. *(2481)*

Die Kunst ist das Gewissen der Menschheit. *(2486)*

d. 23. Febr. Erhielt heute morgen einen Brief vom Dr. Töpfer, der ein Exemplar der „Judith", wie sie in

Hamburg gegeben worden, für das Hofburgtheater in
Wien verlangt, um das ihn ein Mitglied[1] dieses Theaters
ersucht habe. Heut abend ging ich zu Campe und gab
ihm wegen „Genoveva" die Erklärung. Er war heute
der reiche Mann.   (2487)

Das Leben ist ein Traum, der sich selbst bezweifelt.
                                                    (2490)

Mit Blitzen kann man die Welt erleuchten, aber keinen
Ofen heizen.   (2492)

Wär' ich Gott und jeder Menschenpflicht so treu, wie
ich der Kunst bin, dann könnt' ich jedem Richter stehen!
Die Religion wächst, wie der Mensch wächst, wer immer unten bleibt, kann sie gar nicht haben.   (2500)

Wenn irgend etwas in meiner Seele ewig ist und wenn
sie einen Mittelpunkt hat, so ist es mein Talent für Poesie, und daß ich bei Ausübung desselben keine Schlaffheit und Feilheit kenne, daß ich mir nie genug tun kann,
das gibt mir Bürgschaft für die Beschaffenheit meines
innersten Wesens.   (2503)

Der Mensch hat freien Willen — d. h., er kann einwilli-
gen ins Notwendige!   (2504)

B i l d : Man tritt durstig in ein Wirtshaus. Der Wirt
sitzt hinter seinen Gläsern und Flaschen, er ist tot.
                                                    (2507)

d. 19. März 42. Gestern war der 18. März, mein Geburtstag. Früher war mir kein Tag gleichgültiger als
dieser, arme Leute feiern die Geburtstage ihrer Kinder
nicht. Jetzt macht Elise mir ihn zum Festtag. Möge es
nie wieder anders werden, möge ich nie die treue vor-
sorgende Liebe, die, soweit sie kann, meine leisesten
Wünsche befriedigt, wieder vermissen müssen! Ich hätte

1. Christine Enghaus, Hebbels spätere Gemahlin.

149

Entschlüsse fassen mögen, Entschlüsse, mein Naturell zu bändigen, aber die Furcht, in den Augen Gottes lächerlich oder verächtlich zu werden, wenn die alten Fehler doch wieder zum Vorschein kommen, hielt mich ab, und ich flehte den Himmel nur um die Bedingungen einer leidlichen Existenz an, nur um die Dinge, die ein Mensch wie ich nun einmal nicht entbehren kann, wenn er nicht vernichtet werden soll. Ich bin jetzt 29 Jahre alt und trete das 30. Jahr an; seit meinem Weggang aus Dithmarschen bin ich aber erst in der Welt, also erst seit sieben Jahren. Mit dem, was ich in dieser Zeit in der Kunst geleistet habe, darf ich zufrieden sein, es übertrifft bei weitem alles, was ich jemals zu hoffen wagte, es reicht an das Maß meiner Erkenntnis, und weiter kann der Mensch nicht. Aber ich habe das Talent auf Kosten des Menschen genährt, und was in meinen Dramen als aufflammende Leidenschaft Leben und Gestalt erzeugt, das ist in meinem wirklichen Leben ein böses, unheilgebärendes Feuer, das mich selbst und meine Liebsten und Teuersten verzehrt.   (2509)

Karfreitag. Seit mehreren Tagen schon infolge starker Erkältung heftiges Zahnweh, jetzt Halsweh, ich kann kaum den Mund mehr öffnen und muß mich einige Tage einhalten. Gestern legte ich den ersten Grund zu einer kleinen Büchersammlung, indem ich vom Antiquar für Bücher, die mir völlig wertlos waren, zehn Bände Goethe und zwei Bände Bürger erhielt. Das macht mich recht glücklich. Hätt' ich nur 1000 Bücher, so würde ich mit Vergnügen monatelang im Hause sitzen.   (2512)

Goethe hat in seiner Biographie ein unerreichbares Meisterstück aufgestellt. Diese Fähigkeit, in die Wurzeln seines Daseins zurückzukriechen, sich auf jede Lebensstufe zurückzuversetzen und jede ganz rein, für sich, abgesondert von allem, was folgt, zu empfinden und beim Leser zur Empfindung zu bringen, nebenbei die ganze jedesmalige Atmosphäre, wie sie das Kindes-, Knaben- oder Jünglingsauge abgezirkelt haben muß, anschaulich zu machen, dies alles ist noch nicht dagewesen. Was ist Rousseau dagegen! Bei Goethe die Wahrheit in ihrer edelsten Naivität, ganz unbekümmert um Wirkung und Eindruck und eben deshalb die höchste Wirkung erreichend; bei Rousseau Lüge, die sich selbst nicht mehr erkennt, so daß selbst da, wo er Wahres gibt, die Wahrheit jenem neuen Lappen gleicht, womit ein alter zerrissener Schlauch geflickt wird!

(2515)

Wer sein Leben darstellt, der sollte, wie Goethe, nur das Liebliche, Schöne, das Beschwichtigende und Ausgleichende, das sich auch noch in den dunkelsten Verhältnissen auffinden läßt, hervorheben und das übrige auf sich beruhen lassen. (2516)

Mein Vater[1] war aus Meldorf gebürtig, und eine Reise nach Meldorf, um die alte Großmutter und die Onkel und Tanten, die dort als Bürger und Handwerker lebten, zu sehen, war der höchste Preis, der mir und meinem Bruder als Lohn für unsre Folgsamkeit und unsern Gehorsam versprochen wurde. Endlich, nachdem wir lange umsonst gehofft hatten, kam es so weit; noch am letzten Tage aber, wo die Reise schon angetreten werden sollte, hätte der Schuster, der mir ein Paar neue Schuhe machte, sie fast wieder hintertrieben, denn anfangs hatte es den Anschein, als ob er die Schuhe trotz seines feierlichen Versprechens gar nicht liefern würde, und als die sehnlichst erwarteten zuletzt gebracht wurden, waren sie zu klein. Ein anderer Schuster half mir jedoch aus der Not, indem er für die derben bestellten ein Paar leichte Marktschuhe hergab, und so machten wir uns denn, ich acht, mein Bruder sechs Jahre alt, mit

1. Später formte Hebbel aus einer Reihe von Skizzen aus dem Tagebuch seine Selbstbiographie *Aufzeichnungen aus meinem Leben. Meine Kindheit.*

dem Vater auf den Weg. Meldorf war ungefähr drei
Meilen von Wesselburen entfernt, für unser Alter eine
beträchtliche Strecke; anfangs freilich ging es rasch vorwärts, und der Vater suchte uns vergebens an Vergeu-
dung unsrer Kräfte zu hindern, indem wir lustig links
und rechts über die Gräben sprangen und bald eine
Blume herbeiholten, bald einen Schmetterling jagten;
dann schritten wir ganz ehrbar hinter ihm drein, machten aber doch wohl noch, wenn er uns fragte, ob wir
auch schon Müdigkeit fühlten, einen erzwungenen
Freudensprung, um ihm nicht für alle Zukunft das Reisen mit uns zu verleiden; endlich aber machte der Moment alle seine Rechte geltend, uns blieb zur Verstellung
nicht Mut noch Kraft mehr, und als wir mit Einbruch
der tiefen Dämmerung in Meldorf eintrafen, fielen wir
im wörtlichsten Verstande über jeden Stein. Nun führte
der Vater uns aber keineswegs sogleich zu den Verwandten, er begab sich vielmehr mit uns in eine abge-
legene Straße, wo er in einen Bäckerladen eintrat und
eine Masse Brot kaufte, das wir verzehren mußten, indem wir uns weiterschleppten. Als wir uns murrend
für satt erklärten, brachte er uns zur Großmutter, die
mit dem Onkel, einem Hutmacher, in einem und demselben Hause wohnte. Die Lichter waren schon angezündet, wir wurden freundlich empfangen, uns Kinder
reizten aber nur die Stühle; daß wir nach einem so an-
greifenden Marsch keinen oder doch nur einen sehr
geringen Appetit zeigten, erregte große Verwunderung.
Am nächsten Morgen hofften wir nach Lust und Laune
in Meldorf herumstreifen zu dürfen, aber darin hatten
wir uns verrechnet, denn der Vater erklärte, wir müßten zu Hause bleiben, um Kräfte für die Rückreise zu
sammeln, die noch denselben Nachmittag angetreten
werden sollte. Umsonst baten wir und machten, da dies
nicht half, finstre Gesichter, umsonst legte die Großmutter sich ins Mittel und suchte uns ein längeres Bleiben auszuwirken, der Vater war unerschütterlich, er

dachte viel zu ehrenhaft, um seinen Verwandten, die arm waren wie er, seine Kinder länger als einen Tag aufzubürden, die Großmutter konnte es kaum erlangen, daß sie mich zu dem eine Viertelstunde vom Ort liegenden Galgenberg, der mich am Abend zuvor, als ich ihn in der Dämmerung abseits liegen sah, schauerlich angezogen hatte, hinausführen durfte, und nachdem ich hier eine rote Mohnblume gepflückt, mußten ich und der Bruder uns bis zum Mittagsessen nicht allein streng im Zimmer, sondern sogar sitzend auf den Stühlen halten, bis dann gleich nach Tisch die Rückreise angetreten ward. Diese ging übrigens leichter vonstatten, denn wir trafen einen Bauerwagen und legten die größere Hälfte des Wegs fahrend zurück. Es wollte damals jedoch so wenig mir als meinem Bruder behagen, daß wir nur darum mit großer Anstrengung von Wesselburen nach Meldorf gewandert waren, um in Meldorf durch Sitzen auf dem Stuhl Kräfte für die Rückwanderung nach Wesselburen zu gewinnen. *(2523)*

d. 18. April. Der Druck meiner Gedichte[1], mit dem es jetzt ernst wird, preßt meinem Geist noch manches ab, soeben das Sonett „An den Äther", welches gut ist. Eigentlich kann ich schon längere Zeit, seit 1½ Jahren etwa, immer dichten. Schöne Zeit der entwickelten Kraft, wie bald gehst du vielleicht vorüber! Wie die Luft uns die physischen Lebensstoffe zuführt, so atmet und webt der Geist in Gott, jeder Gedanke, jedes Gefühl, das ihm kommt, ist ein Odemzug, es ist eine Torheit, daß man glaubt, man könne sich von ihm losmachen. Sündigen ist nichts weiter, als was das mutwillige Anhalten des Atmens physisch ist, die Luft bricht sich von selbst wieder Bahn. *(2531)*

d. 22. Ap. Heute für eine alte Uhr und drei nutzlose

1. Hebbels Gedichte erschienen gesammelt zum ersten Male 1842 bei Hoffmann und Campe, Hamburg.

Bücher vom Antiquar Äschylos' Werke und den Voßschen Homer, letzteren schön gebunden, eingetauscht. Bin sehr glücklich darüber. (2537)

Kann es Liebe geben, die sich abschließt, die nicht gegen das All gewendet ist? Wärme, die sich nach innen, auf sich selbst zurück, richtet? (2538)

Den Augenblick immer als den höchsten Brennpunkt der Existenz, auf den die ganze Vergangenheit nur vorbereitete, ansehen und genießen: das würde leben heißen! (2542)

d. 13. Mai. Eine Schreckenswoche[1]! Ein Fünftel von Hamburg liegt in Asche, die Campesche Buchhandlung dazu. Aber getrost! Campe hat sich menschlich gegen mich bewiesen, die 10 L, die er mir von Leipzig aus nicht schickte, hat er mir heute gegeben, ich habe wieder einige sorgenfreie Monate vor mir und will sie nutzen. Gott meinen innigsten Dank! (2548)

Den 1. Pfingsttag. Alle Angst und Not ist vorüber. Das Feuer, das auch unsre Wohnung bedrohte, ist gelöscht, das Verhältnis mit Campe ist neu angeknüpft, ich habe Geld für mich und Elise und sitze jetzt bei dem freundlichsten Sonnenschein in einem hellen, schönen Zimmer. Auch innerlich bin ich wieder in Tätigkeit, die Gedichte sind abgeschlossen, ich will keine mehr machen, dagegen steigt eine neue Tragödie aus meiner Seele empor, und zwar eine ganz gewaltige: „Achill"! Schreiben will ich sie erst nach dem „Moloch", aber nichts ist süßer, beruhigender, als wenn sich Aufgabe an Aufgabe reiht, dann schaut man, wenn man der Zukunft gedenkt, doch nicht mehr ins Leere hinein, sondern sie hat Farbe und Gestalt. Ganz glücklich würde ich bei diesem innern Quellen und Sprudeln sein, wenn sich äußerlich

1. Der Brand von Hamburg, 5. bis 8. Mai 1842.

die bescheidenste, aber sichere Existenz daran knüpfte, doch so viel Glück habe ich freilich nicht verdient. *(2551)*

Die Größe muß sich selbst damit bezahlen, daß sie keine Größe mehr kennt. *(2554)*

Die Wissenschaft kann n u r irren, indem sie, die nie fertig wird, dem Teil, mit dem sie sich eben beschäftigt, immer zu viel Bedeutung einräumt und, um ihn zu bewältigen, einräumen muß. Die Kunst ist dem Irrtum nicht ausgesetzt, denn wenn sie Leben gibt, so gibt sie immer Wahrheit; es handelt sich also immer nur darum, ob sie Leben gibt, d. h. ob sie Kunst ist. *(2560)*

Handeln ist höchster Egoismus. *(2564)*

Jeder Schmerz entsteht aus Aufhebung des Gleichgewichts und der Harmonie; er ist als das das Gemeingefühl überragende Einzelgefühl des Teils zu definieren. *(2566)*

Nicht das Welträtsel läßt sich entziffern, aber es läßt sich vielleicht noch beweisen, warum dies nicht möglich ist. *(2569)*

Meine Gedichte befinden sich jetzt in meinen Händen, die Ausstattung ist gut, der Totaleindruck kann kein schlechter sein, das übrige muß man abwarten. Ich habe jetzt nichts Angelegentlicheres zu tun, als die Handschriften zu vertilgen, da es mich physisch unangenehm berührt, wenn mir eine Produktion, der ich einen gewissen Grad von Vollkommenheit zu geben vermochte, wieder in unreifer Gestalt vor Augen kommt; ich will jedoch die Geburtstage dieser Gedichte, die ich sorgfältig unter der Reinschrift jedes Stücks verzeichnete, weil sie lange Zeit mein einziges Glück ausmachten, hier bemerken[1]. *(2573)*

---

1. Im Original folgt hier die Daten-Liste.

d. 29. Juli. Heute hatte ich einen Besuch von Uhland. Gestern mittag sah ich seinen Namen in der Fremdenliste mitten zwischen so viel anderen gleichgültigen Namen; es durchzuckte mich elektrisch, und ich machte mich auf der Stelle auf nach seinem Hotel, traf ihn aber nicht mehr zu Hause und ließ ihm einen schriftlichen Gruß nebst meinen Gedichten zurück. Heute morgen wiederholte ich meinen Besuch zur rechten Zeit und traf seine Frau, er war schon auf der Bibliothek. Heute nachmittag kam er zu mir, freilich nur auf einen Augenblick, da der Wagen mit seinen Damen vor dem Hause hielt. Er war sehr herzlich und liebevoll, als ob wir alte Freunde wären, nicht starr und kalt, wie die meisten ihn finden und wie ich ihn 1836 auch fand. Äußerst anspruchslos, schwer im Reden, aber auf eine naive, rührende Weise. Freue mich. (2575)

Bei der Frage über die Unsterblichkeit der Seele hängt alles davon ab, ob man behaupten darf, daß sie immer war, denn nur, wenn sie immer war, wird sie immer sein, hat sie aber einen Anfang genommen, so muß sie auch ein Ende nehmen. Darf man ja sagen? Entsteht sie nicht, entwickelt sie sich nicht wie der Körper, wächst in ihr das Bewußtsein nicht ebenso wie im Leibe das Gefühl der Kraft? Findet sie in sich einen Faden, der bis über die Geburt hinausgeht, eine geistige Nabelschnur, die sie auf eine ihr selbst erkennbare Weise mit Gott und Natur verbindet? Und wie ihre Wurzeln nicht über die Geburt, so reichen ihre Fühlfäden nicht über den Tod hinaus, und Geburt und Tod selbst entziehen sich ihr wie Zustände, die ihr nicht mehr allein angehören. War sie aber desungeachtet immer, wie fällt dann das christliche Dogma, als ob ihre ganze geistige Existenz in Ewigkeit von dem kleinen Erdendasein abhängig sei, in nichts zusammen. (2576)

Ich denke viel über das nach, was die Rezensenten das Versöhnende in der tragischen Kunst nennen. Es gibt keine Versöhnung. Die Helden stürzen, weil sie sich überheben. Das mag den, der das Überheben nicht leiden kann, weil es ihm vielleicht selbst Gefahr bringt oder weil er es nicht nachzumachen versteht, befriedigen. Ich frage: W o z u die Überhebung? wozu dieser Fluch der Kraft? Nur, wenn sie dadurch gesteigert, wahrhaft veredelt würde, würde ich mich damit ausgesöhnt fühlen. Und doch könnte man selbst dann noch fragen: Wozu ist die Gradation nötig? Warum diese aufsteigende Linie, die jeden höheren Grad mit so unsäglichen Schmerzen erkaufen muß? *(2578)*

d. 3. Sept. Ein großer, wichtiger Freudentag. Der alte Rousseau[1] schickt mir einen Wechsel auf 20 L als Darlehn. Nie zu vergessen: das wird, wenn ein Gott über mich waltet, das Fundament meiner Zukunft werden, denn es setzt mich in den Stand, die Reise nach Kopenhagen[2] durchzusetzen, und so wird sich an den Namen, der mir unter allen der teuerste ist, mein Glück anknüpfen! *(2585)*

d. 8. Sept. Alles, was mit der Reise nach Kopenhagen in Verbindung steht, glückt mir über die Maßen gut, so daß ich nicht fürchte, mich in der Hauptsache zu täuschen. So sehr bin ich noch bei keinem einzigen Unternehmen begünstigt worden, die Gnade Gottes waltet sichtbar über mich, nun will ich auch nicht wieder kleingläubig mäkeln und meistern, sondern mich dem Wellenschlag des Lebens mit freudigem Vertrauen überlassen. Die Empfehlungsbriefe von Moltke waren auf den ersten Wink da. Das Geld aus Ansbach desgleichen. Heute war ich bei Campe — auch er erklärte sich auf

1. Der Vater von Hebbels verstorbenem Freund Emil Rousseau.
2. Im November 1842 reiste Hebbel nach Kopenhagen, um von König Christian VIII., seinem Landesherrn (Dänemark und Schleswig-Holstein waren damals noch durch Personalunion miteinander verbunden), eine Professur in Kiel (für Ästhetik und Literaturgeschichte) oder ein Reisestipendium zu erbitten. (Vgl. S. 159 ff.)

der Stelle zu dem Vorschuß von 20 Louisd. bereit und auf eine so noble, seiner bisherigen so ganz entgegengesetzte Art, daß ich ihm dafür ebenso verpflichtet bin wie für die Anleihe selbst. Bedeutungsvoll in jeder Beziehung wird die Reise für mich werden. Ich hoffe, sie soll mir äußerlich zu einer Existenz verhelfen und auch innerlich die letzte Hand an mich legen. Ich bin gezwungen, mich zu benehmen, ein scharfes Auge auf meine Umgebung zu halten, ich kann mich nicht, wenn ich nicht alle meine Zwecke aufgeben will, wieder in einen hypochondrischen Winkel zurückziehen, ich muß mit Menschen verkehren, und es ist gewiß Zeit, daß ich dies endlich lerne. Der Dichter in mir hat seine Bildung erlangt, aber der Mensch ist noch weit zurück.   *(2586)*

Es gibt keinen Punkt auf der Erde, der nicht zugleich in den Himmel hinauf- und in den Abgrund hinunterführte. Die diametrale Linie nun, die beide Perspektiven verknüpft, ist die Form.   *(2587)*

Die Luft atmet das Licht.   *(2592)*

    „Was einer w e r d e n kann,
      Das i s t er schon, zum wenigsten vor Gott!"
Diese fürchterliche Wahrheit ist durch das Ausstreichen aus der „Genoveva" keineswegs abgetan. Derjenige, der einen Mord verübte, und derjenige, der ihn des Mordes wegen zum Tode verdammt, worin sind sie unterschieden, wenn Gott, der mit der wirklichen zugleich alle mögliche Welten überschaut, erkennt, daß jener bei einer anderen Verkettung der Umstände der Richter und dieser der Mörder hätte sein können. Wenn man die Gewalt der Äußerlichkeiten recht erwägt, so möchte man an aller Wesenheit der menschlichen Natur und jeder Natur verzweifeln.   *(2600)*

Dem S ü n d e n f a l l der Menschen muß selbst in der christlichen Lehre ein Sündenfall der Geister vorangehen.   *(2602)*

Eine Welt, worin ein Hund auch nur ein einziges Mal Prügel bekommen kann, ohne sie verdient zu haben, kann keine vollkommene Welt sein. *(2610)*

Was ist das Böse? Kann es gut werden, so wird und muß es gut werden, und zwischen Gut und Bös besteht kein anderer als ein zeitlicher, zufälliger Unterschied. Kann es aber nicht gut werden, hat es dann nicht Existenzberechtigung? Und da zwei Gegensätze nicht einen und denselben Grund haben können, ist nicht dann mit dem Bösen eine zwiefache Weltwurzel gesetzt? *(2616)*

Tagebuch in Kopenhagen

D. 12. Novbr. 1842 verließ ich abends um 10 Uhr Hamburg. Meine teure Elise begleitete mich zur Post und blieb, bis ich abfuhr. Morgens um 9 Uhr war ich in Kiel. Ich besuchte den Dr. Olshausen[1], an den mich Wienbarg[2] adressiert hatte, um mich bei ihm wegen der Professur der Ästhetik zu erkundigen, die in Kiel besetzt werden soll. Ein kleines blasses Männchen mit einer unangenehm eingedrückten Nase. Ich schien ihm ganz unbekannt zu sein, doch war er freundlich und gab mir Auskunft. Dann ging ich, um das Wirtshaus zu vermeiden, spazieren, nach Düsternbrook hinaus. Ich kam an einem kleinen weißen Häuschen vorbei und dachte: Wirst du jemals so glücklich sein, daß du deine Elise in einem solchen Häuschen wohnen lassen

1. Gustav Olshausen, Bruder von Theodor O., dem Mitglied der schleswig-holsteinischen Provisorischen Regierung 1848.
2. Ludolf Wienbarg (1802-72) gab durch seine *Ästhetischen Feldzüge*, die er dem „Jungen Deutschland" widmete, dieser literarischen Richtung den Namen.

kannst? Die Freudenlosigkeit, zu welcher die Ärmste durch ihre Liebe zu mir verdammt ist, die Sorge, die Not, der sie entgegengeht, wenn meine Reise fruchtlos bleibt, fielen mir schwer aufs Herz. Ein toter Fisch lag am Wege, das Wasser hatte ihn ausgestoßen, es kümmerte sich nicht darum, wie er verende. Das Wäldchen von Düsternbrook war vergilbt, Millionen von Blättern lagen am Boden. Ich ging und betete zu Gott. Inzwischen hatte es zu tröpfeln angefangen, nun kam ein starker Regenguß und ich mußte doch ins Wirtshaus, um nicht vor Besteigung des Dampfschiffs durchnäßt zu werden. Um 2 Uhr an Bord, montags um 12 Uhr mittags in Kopenhagen, bis Donnerstag im Hotel d'Angleterre, dann endlich ein Privatlogis aufgetrieben und sogleich bezogen. Eine ganz unbeschreibliche Melancholie drückt mich darnieder, alles, was ich in Hamburg viertehalb Jahre hindurch gegen die treuste Seele, das edelste Gemüt gesündigt habe, preßt mir das Herz. Sogar die alte Mutter, die es so gut meinte und gegen die ich oft so schnöde war, scheint mir jetzt gar keine Fehler mehr zu haben! (2617)

Ist das Leben vielleicht nur ein Verbrennen, ein Ausglühen, ein Wegzehren der Empfänglichkeit für Schmerz und Lust? Ist alles, was als ruhiges Element, als Erde und Stein, uns umgibt, schon lebendig gewesen? Werden auch wir Erde und Stein, und ist die Geschichte zu Ende, wenn alles ruht und schweigt? (2618)

Sonnabend, d. 3. Dezbr. Donnerstag wollte ich den Konferenzrat Dankwart besuchen — er nahm mich nicht an, weil er mit einem Bericht an den König beschäftigt sei. Ich hielt dies für ein schlechtes Zeichen. Heute ging ich zum Hofmarschall Levetzau — er sei nicht zu Hause, sagte mir der Bediente mit einem Spitzbubengesicht. Was soll ich nun tun? Hingehen und wieder hingehen? Höchstens bei beiden noch ein Versuch, dann — Es ist gewiß, mehr als gewiß, ich werde nicht das geringste ausrichten. Dabei bin ich geistig tot, mein Kopf ist so öde, so finster, als wenn Gottes Licht nie darin geschienen hätte. In dieser Woche habe ich mich denn auch, seit meiner Jugend zum erstenmal, einen ganzen Tag lang von trockenem Brot und Kaffee ohne Milch ernährt. Aus Not, aus Mangel an Geld noch nicht, aber doch auch nicht freiwillig. Im Wirtshaus wollte ich, der Kosten wegen, nicht essen, ich hab's die ganze Woche nicht getan, und meine Wirtin hatte vergessen, mir Butter holen zu lassen, fordern mochte ich diese aber nicht, weil es ihr dann ja klar geworden wäre, daß ich immer bei verschlossenen Türen auf meine eigene Hand diniere. Ich bin beständig in köstlicher Stimmung, doch will ich mich hüten, diese in meine Briefe an Elise einwirken zu lassen, die Arme hat Sorge und Kummer genug! *(2623)*

Die Krankheit selbst ist eine Erscheinung des Lebens, die Toten sind nicht mehr krank, nur die Lebendigen. *(2624)*

d. 22. Dezbr. Heute morgen bei Dankwart. Ich sagte ihm von dem Reisestipendium. Er ermunterte mich zu diesem Schritt, versprach mir seine Unterstützung und erbot sich, Erkundigungen einzuziehen, wie es mit dem Fonds stände. Als ich in sein Palais trat, begegnete mir ein Mädchen mit Kränzen, von denen sie mir einen anbot. Ich gab ihr ein kleines Almosen; möchte der Kranz mir etwas Gutes bedeuten! *(2626)*

d. 31. Dezbr. Ich sitze in Kopenhagen, mein Zimmer ist voll Rauch, draußen regnet's. Weil ich es jedes Jahr getan habe, will ich auch heute einen geistigen Abschluß machen, obgleich es nichts abzuschließen gibt. Gearbeitet hab ich das ganze Jahr nichts; ein paar Gedichte sind entstanden, ich schäme mich, die Lumperei aufzuführen. Als ein bedeutendes Ereignis kann der Hamburger Brand in alle Wege gelten, doch ist dies ein Ereignis, welches der Geschichte angehört, nicht meinem Privatleben. Außer Oehlenschläger[1] habe ich niemand kennengelernt. Großes Verdienst um mich hat sich der alte Rousseau erworben. Auch Campe, obgleich ich über seine eigentlichen Absichten mit mir nicht im klaren bin, hat sich human bezeigt. Für die „Genoveva" denkt er mich freilich mit einem Lumpenschilling abgefunden zu haben, doch hat er mir Vorschüsse gemacht, ohne die ich nicht hätte reisen können. Die Reise scheint, allen Ahnungen und Hoffnungen zum Trotz, zu nichts zu führen. Was weiter werden soll, weiß ich nicht. Die Audienz beim König[2] war erfolglos. Die Empfehlungen des Grafen Moltke haben keinen Eindruck gemacht. Der Brief von Schütze an Dankwart hat eine Art von Verhältnis angeknüpft, doch wer weiß, ob das Resultat nicht desungeachtet nichtig sein wird. Literarisch bin ich fast tot. Von jedem Reimschmied ist die Rede, über meine Gedichte wird kein Wort gesagt. Davon liegt die Schuld zum Teil am Verleger; ich zweifle, ob er Rezensionsexemplare abgesandt hat, denn da die Leute alles rezensieren, warum sollten sie mich ausschließen. Wie es mit der Aufführung „Genovevas" steht, weiß ich nicht. Wienbarg wollte mir darüber referieren — er schweigt. Gutzkow hat, wie mir Jahnens gestern schrieb, das Drama hart angegriffen. Ich werde abgemacht. Knüpften sich nicht die Schicksale zweier Menschen an das meinige, so wäre mir alles gleich. Mein Leben ist im Zuschnitt verdorben; das Glück verschmäht mich vielleicht nur deshalb, weil es einsieht, daß mit mir doch nichts mehr aufzustellen ist. Aber Elise, aber Max! Geistig bin ich verdummt und verdumpft. Die inneren Quellen springen nicht mehr; es sitzt jetzt mehr wie ein

1. Vgl. Anm. zu 1984.
2. Die Audienz Hebbels bei König Christian VIII. am 13. Dezember 1842 hat er in einem Brief an Elise (11.-13. Dezember 1842) genau beschrieben (R. M. Werner, Briefe II, 152-156).

Körper um meine Seele. Alles, was ich beginne, miß-
lingt. Wenn ich studiere, so füllt sich mein Hirn nicht
mit Ideen, sondern mit Dampf. Wozu weiterschreiben!
(2627)

1843

Nur solange wir nicht sind, was wir sein sollen, sind
wir etwas Besonderes, wie die Schneeflocke nur darum
Schneeflocke, weil sie noch nicht ganz Wasser ist.
(Bei fallendem Schnee.)   (2632)

> Wir Menschen sind gefrorne Gottgedanken,
> Die innre Glut, von Gott uns eingehaucht,
> Kämpft mit dem Frost, der uns als Leib umgibt,
> Sie schmilzt ihn oder wird von ihm erstickt —
> In beiden Fällen stirbt der Mensch!   (2633)

Brief an Schütze.
Oehlenschläger — In seiner Persönlichkeit liegt
etwas, was seine Poesie ergänzt; auch stellt sich über
ihn als Dichter das Resultat anders, wenn man ihn aus
dem dänischen Gesichtspunkt betrachtet, als wenn man
den deutschen festhält. Eine werdende und eine gewordene Literatur, welch ein Unterschied! Wir walten freilich in fast entgegengesetzten Sphären, aber ebendes-
wegen geraten wir einander nicht in die Haare, und
vielleicht hält er das völlige Auseinandergehen unsrer
Prinzipien, das nicht einmal eine Berührung wie zwischen Schwert und Schwert zuläßt, für Übereinstimmung. — Daß die Tragödie die Wunden auf eine
andere Weise heilt als die Chirurgie, wird und kann er
nicht zugeben, aber Shakesp. und Äschylos sagen ja. Er
will Versöhnung, die will ich auch; aber ich will nur
die Versöhnung der Idee, er will die Versöhnung des
Individuums, als ob das Tragische im Kreise der individuellen Ausgleichung möglich wäre!   (2634)

Brief an Dr. Rendtorf.

— „Diamant". Ich glaube darin die schwere und der Komödie allein würdige Aufgabe, daß für die dargestellten Personen alles bitterster Ernst ist, was sich für den Zuschauer, der von außen in die künstliche Welt hineinblickt, in Schein auflöst, auf eine Weise, wie es in Deutschland noch nicht geschah, erfüllt zu haben. — Meine eigene Komödie hat mich in der letzten Zeit zum Aristophanes geführt, von dem ich nur wenig kannte. Mich freut, daß er mir nicht früher in die Hände gefallen ist, denn er hätte mir gefährlich werden können, wenn auch nicht auf die Art wie dem Grafen Platen, der dadurch, daß er die abgestreifte bunte Schlangenhaut mit Luft aufblies, den Arist. wieder zu erwecken glaubte. Nach meiner Ansicht kommt eine solche Vollendung der Form selbst bei den Griechen nicht zum zweitenmal vor; bei den Neueren nun ja ohnehin nicht. Es ist strengste Geschlossenheit und freistes Darüberstehen zu gleicher Zeit. Die Philologen wundern sich, daß er den sog. Plan so oft fallen läßt. Die Narren! Ebendarum nannte ihn Plato den Liebling der Grazien, und er ist nicht bloß ihr Liebling, er ist ihr Mann, er hat ihnen zu gebieten. Wahrlich, die wahnsinnige Trunkenheit, womit er den Schlauch, worin er eben seinen Wein gefaßt hat, zerreißt und ihn gen Himmel, den Olympiern in die Augen spritzt, ist die höchste Höhe der Kunst; er verbrennt Opfer und Altar zugleich. — (Oehlenschl.) Er will Versöhnung im Drama — wer will sie nicht? Ich kann sie nur darin nicht finden, daß der Held, oder der Dichter für ihn, seine gefalteten Hände über die Wunde legt und sie dadurch verdeckt! —

(2635)

d. 20. Jan. Heute morgen war ich mit Oehlenschläger bei Thorwaldsen[1]. Er wohnt sehr schön in dem Schloß

1. Der dänische Bildhauer Bertel Thorwaldsen (1770-1844), neben

164

Charlottenburg, wo sich die Zeichenschule befindet, in der er selbst als kleiner Knabe das Zeichnen erlernt hat. Zwei ziemlich große Zimmer voll interessanter Gemälde, die er mir zuerst zeigte. Aus seinem Wohnzimmer führte eine kleine Treppe ins Atelier. Da sah ich denn so viel, daß ich eigentlich nichts gesehen habe. Bewunderungswürdig Ganymed und der Adler, dem er zu trinken gibt; der Vogel blickt gravitätisch, wie ein Großvater, der sich vom Enkel bedienen läßt, der Knabe ist von himmlischer Schönheit. Herrliche Basreliefs. Die drei Grazien. Ein wunderbar-lebendiger Löwe. Seine Venus. Ein Hirtenknabe mit einem Schäferhund. Zu viel! Zu viel! Der Alte war heute wie ein patriarchalischer Erzvater, er trug große wollene Strümpfe und eine Art Pudelmütze, die er abnahm und durchaus erst dann wieder aufsetzen wollte, wenn auch wir unsre Hüte aufsetzten. Ich werde, da er mich einlud, mir die Freiheit nehmen, öfter zu kommen. *(2638)*

d. 23. Jan. Heute ist der glücklichste Tag, den ich in Kopenhagen verlebte. Ich war mit meinem Gesuch um ein Reisestipendium beim König. Er war sehr freundlich und entließ mich mit den Worten: „Gern werde ich unterstützen!" Das ist denn doch wenigstens ein Grund zur Hoffnung. Nun stehen mir noch schwere Gänge bevor, Visiten und Aufwartungen, doch will ich nichts vernachlässigen, denn zu viel steht auf dem Spiel. Als ich zu Hause ging, wandelte mir vorauf der Postbote in mein Logis und brachte mir zwei Briefe, einen von Campe, einen von einem jungen Poeten Klein aus Straßburg. Ersterer war voll der erfreulichsten Nachrichten, Campe nimmt die „Dithmarschen" und, wenn ich sie wirklich ausarbeite, auch die Reisebeschreibung, er zahlt für den Roman das geforderte Honorar von

Canova der Hauptvertreter des Klassizismus in der Plastik des 19. Jahrhunderts.

40 L, ohne zu dingen, und ist sogar erbötig, es vorauszugeben. Das ist höchst ehrenhaft von ihm; 20 L hat er mir ohnehin schon zur Reise vorgeschossen, ich hätte ohne ihn die letztere nicht machen und ebensowenig in Hamburg existieren können. Nun bin ich aller Sorgen los und ledig, die Angst, die mich die Zeit über, daß ich hier bin, niedergedrückt und aller Arbeit unfähig gemacht hat, verläßt mich, ich sehe ohne Beben in die nächste und, wofern ich ein Reisestipendium erhalte, auch in die fernere Zukunft. Der Ewige sieht mein Herz, er weiß, daß ich für seine hohe Gnade um so dankbarer bin, je weniger ich mich ihrer würdig fühle; ich habe vor tiefster Rührung geweint, als ich den Brief las. (2640)

Wer sich die Gedankensünden nicht anrechnen lassen will, der muß auch nicht verlangen, daß Gott sich durch Reue und Buße versöhnen lasse; innere Schuld — innerer Abtrag. Oehlenschl. will's nicht zugeben, und es ist doch so klar. Die Sünde ist die Luftblase im Wasser: sie zerspringt und der Strom wallt wieder so eben wie zuvor. (2653)

Reisejournal von München nach Hamburg[1]

(wörtlich nach dem unterwegs mit Bleifeder geschr[iebenen] Original)

Bei sehr schönem Frostwetter, morgens um 6 Uhr, ging ich am 11. März aus München. Beppi trug mir mein Ränzchen bis ans Ende der Ludwigsstraße, dort nahm ich es selbst auf den Rücken. Einen Torzettel, den ich mir noch tags zuvor mit vieler Mühe besorgte, brauchte ich nicht. Dies erregte mir eigentlich ein un-

1. Hebbel hat dieses Journal der Fußreise vom März 1839 nachträglich hier im Tagebuch eingefügt.

angenehmes Gefühl, man mag nichts umsonst tun. Beppi begleitete mich über zwei Stunden, in einer Bauerschenke, die einsam im Walde stand, der sog. kalten Herberge, tranken wir das letzte Glas Bier zusammen, dann schieden wir unter unendlichen Tränen. In Unterbruck holte ich einen Forstkandidaten wieder ein, der mir schon bei der kalten Herberge vorübergekommen war; ein rüstiger junger Mann mit roten Stiefeln, bescheiden, von gutem Aussehen. Mit diesem ging ich nach Pfaffenhofen, wo wir in der Posthalterei einkehrten. Die Gegend bis dahin war ermüdend kahl, das Wirtshaus war nicht besonders, schlechte Aufwartung für teure Bezahlung. Des Morgens um halb 7 Uhr brachen wir wieder auf und gingen, ohne innezuhalten, bis Ingolstadt, wo wir nachmittags um 2 Uhr todmüde ankamen. Es ist nicht ratsam, eine so große Strecke ohne Unterbrechung zu machen, die Ermüdung wird zu groß. In Ingolstadt besahen wir miteinander die Festung, ein kostbares und kostspieliges Werk, das seinen Zweck noch von der Zukunft hofft. Dann kehrte ich ins Wirtshaus, den goldnen Adler, zurück, woselbst ich jetzt, nachdem ich zu Abend gegessen, aus bloßer Langeweile diese nutzlosen Notizen niederschreibe. Am anderen Morgen um halb 7 Uhr nach Eichstätt, wo ich um 12 anlangte. Mein Gefährte blieb in Ingolstadt, um Gustav Adolfs Schimmel zu sehen. Heller Sonnenschein, bald durch zusammenziehende Wolken erstickt. Dies war gut, denn es kam kein Regen und der Weg blieb bis Eichstätt fest. Jetzt, wo ich im Wirtshaus schreibe, wieder klare Sonne und blauer Himmel. Der Weg, zwei Stunden vor Eichstätt, sehr malerisch. Ein Tal zwischen zwei Bergketten; düstre Tannen; Schläge im innern Walde; blauer Himmel darüber. Nahe vor Eichstätt eine Inschrift im Felsen: „Dem unvergeßlichen Eugen die Bewohner Eichstätts!" Ein Pavillon, in der Luft schwebend, über der Inschrift. Eichstätt liegt schön in einem Bergkessel, ist freundlich. Dann nach We i ß e n b u r g. Anfangs Bergschlucht, sehr hoch hinauf. Schneefläche, von gelb-grünen Tannen eingefaßt. Unterwegs ein Brunnen, wo der heilige Willibald Heiden getauft haben soll. Abends im Löwen in Weißenburg, ein äußerst miserables Wirtshaus, wo man essen muß, was auf den Tisch gestellt wird, und nicht einmal das Recht hat, es seinem Hund zu überlassen. Ein Nürnberger Hausierer, Pflaster über einem Auge, wie in der Holbergschen Komödie, der einem hinkenden Handwerksburschen ein Rezept gegen Frostbeulen verkaufte. Wie ich höre, kann ich nach Nürnberg in einem Tage kommen, doch glaube ich dies nicht. Den folgenden Tag kam ich über Roth bis Schwabach. Roth liegt sehr freundlich und ist protestantisch; merkwürdig war es mir, daß die Kinder- und Mädchengesichter alle viel frischer und freier waren. In Roth ließ ich mich, hauptsächlich aus Rücksicht auf mein Hündchen, verführen, zu Mittag zu essen, und mußte für das nämliche Essen doppelt so viel zahlen als ein Handwerksbursch, der dort ebenfalls aß. In Schwabach hatte ich ein sehr gutes Logis um äußerst billigen Preis. Am anderen Morgen um halb 11 Uhr kam ich in Nürnberg an. Es war schönes Wetter; aber empfindlich kalt. Ich beschloß, mich einen Tag aufzuhalten, und bereue dies jetzt. Eines Rasttags bedurfte ich nicht, um aber eine solche Stadt kennenzulernen, ist ein Tag zu wenig. Mittags fuhr ich auf der Eisenbahn per Dampf nach Fürth, Hänschen auf dem Schoß. Die Bewegung ist von steigender Geschwindigkeit; wie schnell es geht, bemerkt man am besten, wenn man gerade an einem Gegenstand vorüberkommt, Meilensteine, Bäume, Häuser verschwinden, wie sie auftauchen. Das Albrecht-Dürer-Haus in Nürnberg wurde ebenfalls besehen und erregte Empfindungen in mir, die mich später verdrossen, als ich erfuhr, daß es eine moderne Antike, eine restaurierte Altertümlichkeit sei. Am andern Tag besuchte ich die Stadtbibliothek; gezwungen, weil ich wegen schlechten Wetters fahren mußte und weil der Kutscher erst um 2 Uhr abfuhr. Ein alter, sehr gefälliger Bibliothekar, der sein Leben auf Abfassung eines Katalogs verwendet, führte mich herum; die Bücher waren in unheizbarem Lokale schlecht aufgestellt und die Kälte so angreifend, daß ich nicht lange bleiben konnte; ich sah mancherlei Interessantes, viele Inkunabeln, ein Konzept-Mspt. von Luther, Handschriften von Frischlin, Regiomontanus und anderen. Um halb 2 fuhr ich nach Bamberg ab, mit mir im Wagen saß, die Kinder auf die Erwachsenen und die Hunde auf die Kinder gepreßt, eine reisende Künstlerfamilie. Der Vater war gemein in Manieren und Unterhaltung und freute sich über den vielen Tabak, den man bei Nürnberg angepflanzt sah. Die Söhne, von denen einer ein verquollenes Auge hatte, standen ein paar Stufen höher, die kleineren Knaben, die Wunderkinder der Konzerte, waren leidlich. Schlecht verhehlter Zwist unter allen, unterwegs wurde ein grobes Brot verzehrt und dabei gegen mich weidlich geprahlt; sie blieben in Erlangen. Dort setzte sich ein pensionierter Gendarm mit in den Wagen, der seinen Stand verfluchte, wahrscheinlich nur, weil er im Begriff war, in einen anderen einzutreten. Von dem Ludwigskanal und der Gegend sah ich nichts, das Wetter war mörderisch, und ich erbrach mich fortwährend, weil ich — was mir nie zuvor passierte — das Fahren nicht vertragen konnte. In Bamberg fuhren wir bei finstrer Nacht ein, ich ging des Morgens zeitig wieder heraus, die Stadt schien mir sehr ausgedehnt. Sie hatte ein festliches Ansehen, weil es eben Sonntag war. Von Bamberg bis Coburg sehr langer Weg; zwei Stunden vor Coburg traf ich einen leeren Postwagen, der mich um ein Billiges aufnahm. Der Wagenmeister sagte mir, ich könne um geringen Preis mit dem Brief-Felleisen von Coburg nach Gotha hinauffahren. Ich ließ mich darauf ein und fuhr nachts um 3 Uhr ab. Ein Wägelchen, auf dem man kaum sitzen konnte; schneidende Kälte; ohne Mantel, mit nassen Stiefeln; eine wahre Tortur. Mehr fast als ich selbst dauerte mich mein armes Hündchen, das ich vergebens auf meinem Schoß zu erwärmen suchte; vom Laufen waren ihm die kleinen Füße wund und blutig, es war so erkältet, daß es fast jede Minute sein Wasser lassen mußte; auf dem Wagen erfror es. In Hildburghausen verließ ich das Fuhrwerk und ging über Schleusingen nach Suhl. Nach Suhl führte außer der Chaussee noch ein sich über die verschneiten Berge durchs Gehölz windender Fußweg; kurz bevor ich zu diesem gelangte, gesellte sich ein rothaarigter, höchst widerwärtiger Kerl zu mir und trug sich zum Gesellschafter an. Ich erklärte ihm, ich wolle allein gehen, aber er wußte es so einzurichten, daß er immer in meiner Nähe blieb. Bald blieb er stehen und betrachtete einen der Berge, die er als Einheimischer schon tausendmal gesehen haben mußte; bald redete er einen Begegnenden an und fragte nach Weg und Steg, die er, da er sich mir als Wegweiser und Ränzchenträger angeboten hatte, ohne Zweifel kannte; bald machte er sich an seinen zerrissenen Schuhen etwas zu schaffen. Dann schwang er, indem er weiterschritt, seinen keulförmigen Knittel um den Kopf. Ich konnte mich zum Umweg über die Chaussee nicht entschließen und hütete mich nur, daß der unheimliche Gesell mir nicht in den Rücken kam, was bei dem schmalen, auf beiden Seiten von himmelhoch getürmten Schneelagen eingefaßten Paß, der nicht so viel Raum darbot, daß zwei Menschen nebeneinander hätten schreiten können, gefährlich gewesen wäre; in den Wipfeln der Bäume horsteten ganze Scharen von Raben. Von dem Kerl, der sich fleißig umwandte, fortwährend mit Freecheit beobachtet, machte ich den Weg durch den Wald; die Handschuh' hatte ich ausgezogen, um nötigenfalls meinen Stockdegen ziehen zu können, und eigentlich verdroß es mich, daß ich keine Gelegenheit fand, ihn zu gebrauchen. In Suhl fürchtete ich, mit einer Kneipe vorlieb nehmen zu müssen, und wurde mit dem besten Wirtshaus überrascht, das ich noch auf der ganzen Reise getroffen; der Kerl stellte sich mir noch einmal in den Weg, nun aber als Bettler und in höchster Demut, ich gab ihm aber nichts. Ein schon geheiztes Zimmer nahm mich auf; ein zuvorkommender Kellner bemühte sich aufs freundlichste um den äußerlich nichts weniger als glänzenden Gast; da es mein Geburtstag war und ich schon um 3 Uhr ankam, ließ ich mir Kaffee bringen, der, köstlich bereitet, mich an Leib und Seele erfrischte; dann schrieb ich ein Gedicht. Abends sehr schönes Essen, die ersten guten Kartoffeln seit langer Zeit, Hecht und Kalbsbraten; nur dazu die leider unausstehliche Gesellschaft großsprahlerischer Handlungsdiener. Abends Konzert und Ball, wozu ich von dem Wirt, der nebst dem Kellner im Kasino, jener dirigierend, dieser musizierend, am Konzert tätigen Anteil nahm, eingeladen wurde, was ich jedoch, da ich keinen Frack, ja nicht einmal ordentliche Stiefel bei mir führte, ablehnen mußte. Von Suhl über Zella und Ohrdruf nach Gotha; ich mußte die höchste Höhe des Thüringer Waldes (2500 Fuß) ersteigen und hätte bei heitrem Wetter die Schneekoppe erblicken müssen, doch es schneite und der Himmel war bedeckt. Eine alte Frau, mit der ich eine Zeitlang ging, belehrte mich, wie die Einwohner in Ermangelung der Wiesen und Äcker vom Walde leben könnten: Holzhauen; Bretterschneiden; ein paar Kühe, die Butter und Käse geben, welche sie dann wieder verkaufen. Viel Schnee oben, und ein Denkmal, das der Gründer der freilich vortrefflichen Straße, der Herzog von Sachsen-Coburg, sich anscheinend selbst gesetzt hatte; seltsam-ergreifend traten die schwarzen Wälder auf dem weißen Grunde hervor; trotz der Winterkälte ein göttlicher Eindruck. Von Gotha sah ich nichts als meinen Gasthof, ein gegenüberliegendes großes Palais und beim Herausgehen ein hübsches Bäckermädchen, von dem ich sehr gutes Brot einkaufte; im Gasthof ein possierlicher Doktor, der ein ungemeines Mitleid mit der Liederlichkeit der Hunde an den Tag legte. Nun kam ich ins preußische Gebiet und mußte über die Größe der Dörfer und Städte erstaunen. In Mühlhausen, der ehemaligen freien Reichsstadt, übernachtete ich; von da nach Heiligenstadt. Bei Regenwetter traf ich in Göttingen ein; ein Student, dem ich in München einmal aus einer Geldverlegenheit geholfen hatte, bot mir Logis bei sich an; während er ins Kollegium ging, schrieb ich einen Brief an Elise. Anfangs war mein Wirt die Zuvorkommenheit selbst; mittags fragte er mich, ob er seine Bekannten einladen und eine Spielpartie arrangieren solle; als ich ihm erwiderte, daß mir dies ganz recht sein würde, daß ich selbst jedoch nicht spiele und also an der Partie keinen Anteil nehmen könne, wurde er auffallend-verstimmt. Von Göttingen nach Einbeck, wo ich trotz des reichlichen Regens nachmittags um 3 Uhr ziemlich trocken ankam. Von Einbeck nach Elze; bis Alfeld in Gesellschaft eines aufschneiderischen hannöverschen Studenten, der mir sehr zuwider wurde; er hatte einen halb verhungerten Hund bei sich, dem er auch nicht das geringste zu fressen gab. Kurz vor Elze traf ich mit einem Kandidaten der Theologie zusammen, welcher den Namen Klingsohr führte; ein in Honig getauchtes Gesicht, lange Pfeife im Maul. Er blieb in Elze wie ich, es war mir angenehm, weil ich mir von seiner Unterhaltung für den langen Abend etwas versprach, er war aber unbedeutend bis zur Durchsichtigkeit und, wie ich mich den nächsten Morgen überzeugte, ebenso gemein. Die Wirtin kam nämlich des Morgens, als er hinuntergegangen war, zu mir aufs Zimmer und fragte, ob ich für ihn mit bezahle; als ich dies mit Verwunderung verneinte, versetzte sie, sie hätte es wohl gedacht, er habe es jedoch behauptet und gesagt, es sei nicht nötig, daß sie mir die Zeche spezifiziert angäbe, ich sei kein Freund von Umständen, sie brauche mir nur die ganze Summe zu nennen; dies sei ihr verdächtig vorgekommen. Als der geistliche Freund wieder herauf kam, hielt ich ihm seine Schmutzigkeit vor; nun hatte die Frau ihn natürlich mißverstanden, als er aber seine paar Groschen hergeben mußte, wurde er kreideweiß vor Ärger, schimpfte über die ungeheuer-teuren Preise und ergoß seine Galle ins Fremdenbuch. Ich dagegen fand die Zeche äußerst billig und sprach es ebenfalls im Fremdenbuch aus. Den Abend zuvor hatte er den Betrug schon einzufädeln gesucht, indem er, da wir das Zimmer miteinander teilten, mehrmals zu mir sagte: „Ich logiere also gewissermaßen bei Ihnen", worauf ich, ohne Arges zu denken, erwiderte: „Oder ich bei Ihnen!" Von Elze über Tiedemannswiese nach Hannover; des Morgens heftiges Schneegestöber, so daß mein armes Hündchen, welches bisher immer auf seinen wunden Füßen so treu hinter mir hergekommen war, endlich verzweifelte und sich, wie zum Sterben, mitten auf dem Wege in einer tiefen Wagenspur niederlegte; nachmittags wurde es besser. In Hannover ließ ich mir die Haare schneiden, die so lang waren, daß ich damit ein unangenehmes Aufsehen erregte. Von Hannover nach Celle; ein schöner Morgen, nachmittags starker Regen. An der einen Seite der Chaussee waren Steine aufgelagert; mein Hündchen lief hinter den Steinen, die es wie eine Mauer gegen den Regen schützten, jeden Augenblick aber erhob es das kleine gelbe Köpfchen über die Steine, um sich zu überzeugen, daß ich noch da sei, dann wedelte es und setzte den Weg fort. Selten hat mich etwas so gerührt. In Celle vortreffliches Wirtshaus und nicht übertrieben teuer; ich schrieb ein paar unterwegs entstandene Gedichte ins reine. Von Celle nach Soltau. In Soltau ließ ich dem Hündchen Milch geben, die mußte sauer gewesen sein, denn es fing an, sich aufs heftigste danach zu erbrechen, was die ganze Nacht fortdauerte. Von Soltau nach Welle. Das Hündchen war ganz jämmerlich; unterwegs kehrte ich bei einem Bauer ein und ließ dem Tierchen Bouillon geben;

es wollte sie nicht genießen, ich fragte den Bauer, ob er glaube, daß das Tier durchkäme. „Nein" — versetzte er paffend und die messingne Brille über die Nase schiebend — „das glaube ich nicht, Sie täten wohl, den Hund bei mir zurückzulassen, dann hätten Sie keine Mühe mehr von ihm; ich sähe die Sache heute an und schlüge ihn morgen, wenn's nicht besser wäre, tot." Ich gab ihm keine Antwort und verließ sein Haus; es war mir ein unsäglich peinlicher Gedanke, daß das treue Tierchen unterwegs sterben solle; ich konnte die Tränen nicht zurückhalten, nahm es, ungeachtet ich einen schweren Ranzen zu schleppen hatte, auf den Arm, bedeckte es, so gut es ging, mit meinem Rock und versprach ihm, als ob es mich verstehen könne, in Hamburg das schönste Leben. In Welle ließ ich mich verleiten, mich wieder auf ein Brief-Felleisen-Wägelchen zu setzen wie in Coburg, um noch in derselben Nacht nach Harburg zu kommen; es war eine Torheit, ich konnte es nicht aushalten; des Abends um 10 Uhr, auf einer Station, verließ ich das Fuhrwerk, nun war aber im Wirtshause kein Platz für mich vorhanden, ich irrte auf der Landstraße umher und fand zuletzt auf einem Bauernhofe Aufnahme. Eine unheimliche Nacht; schmutzige Betten; häßliche Menschen im Hause; mein Zimmer war nicht zu verriegeln, nicht einmal die Fenster hatten Läden; frech und kalt schien der Mond hinein. Am nächsten Morgen beizeiten nach Harburg, wo ich schon am Vormittag eintraf; beklemmendes Gefühl, als ich die Türme von Hamburg, die mir bei einer Biegung des Weges plötzlich in die Augen sprangen, wieder erblickte; lauter halbe, zerrissene, in sich nichtige und bestandlose Verhältnisse; ein Wolkenheer und nur ein einziger Stern: Elise; diese, von Göttingen aus über den Tag meiner Ankunft benachrichtigt, kam nachmittags mit dem Dampfschiff in Harburg an; schmerzlich-süßes Wiedersehen, denn auch wir standen nicht zueinander, wie wir sollten, und schlecht vergalt ich ihr ihre unendliche Liebe, ihre zahllosen Opfer durch ein dumpfes, lebefaules Wesen. – Die Reise hatte mich doch sehr mitgenommen, ein Glück war es, daß das Wetter mich, mit Ausnahme der letzten Tage, fortwährend begünstigte, sonst hätt' ich mich unterwegs in den Postwagen setzen oder liegenbleiben müssen. Des Morgens, wenn ich in die frische Kälte hinausschritt, Mut und Kraft in jeder Ader und jedem Nerv, wie ein Schwimmer, den die Wellen schaukeln und der das ganze große Meer unter sich zu haben und es ordentlich zu drücken meint, wie ein keuchendes Roß; dann wurden Lieder gesungen oder gedichtet; lustig bergauf, lustiger bergab; auf einem Meilenstein oder im Walde auf einem hohlen Stamm gefrühstückt und sogar hin und wieder von dem verachteten Branntewein, den ich nur der Füße wegen in der Korbflasche mitgenommen hatte, ein Schluck versucht; eine solche Waldszene schwebt mir noch jetzt (ich schreibe dies 1843 in Kopenhagen) deutlich vor: ein stiller abgeschlossener Platz, himmelhohe Bäume um mich herum, vor mir eine Niederung, jenseits derselben ein Berg und ein an denselben festgefrorner Wasserfall, ich auf einem morschen Stumpf, Hänschen, anmutig um sein Teil bittend und von Zeit zu Zeit einen seiner Füße aus dem Schnee erhebend, um ihn ein wenig zu erwärmen, vor mir. Mittags war ich kein Dichter mehr, aber immer noch ein rüstiger Wanderer, dann wurde im Wirtshaus ein Glas Bier oder, als ich Bayern hinter mir hatte, eine Tasse Kaffee getrunken und Brot dazu gegessen; Hänschen erhielt einen Teller Suppe oder was sonst Warmes zu haben war. Während ich mich eine halbe Stunde ausruhte, schrieb ich die Reisenotizen oder die unterwegs entstandenen Verse nieder; das reinliche Hänschen, statt es sich in der Wärme behaglich zu machen und unter den Ofen zu kriechen, leckte sich den Schmutz ab und war gewöhnlich fertig, wenn ich wieder aufbrach; auf eine fast unwiderstehliche Weise gab es mir, wenn ich zu Stock und

Ränzchen griff, durch die lieblichsten Gebärden und Bewegungen zu verstehen, daß es noch bleiben möchte, aber ich durfte mich nicht daran kehren, sondern es hieß vorwärts. Nun war das Marschieren eine Arbeit, die Sonne hatte die Wege aufgeweicht, man konnte keinen festen Fuß fassen; statt Gedanken nachzuhängen und Phantasien abzuspinnen — wurden die Meilensteine gezählt und die Begegnenden nach der Entfernung der Örter befragt; um 4 oder 5 Uhr noch einmal ein Glas Bier und dann kein weiterer Aufenthalt vor dem Nachtquartier. Abends wurde warm gegessen, Mut und Heiterkeit leuchteten ein wenig wieder auf, ein halbes Stündchen den Gästen in der Wirtsstube zugehört, dann ein Licht gefordert und zu Bett, Hänschen mir zu Füßen unter die Decke schlüpfend. Unterwegs einmal ein impertinentes Wirtsweib, die mich, auf meinen langen Bart anspielend, fragte: „Sie sind gewiß aus Polen." Ich antwortete: „Nein, aber Sie sind ohne Zweifel aus Ungarn." —   (2654)

Märchen: Ein Knabe, der einen schönen Garten malt, ein Mädchen darin; auf einmal tut sich die Pforte auf dem Papier (sowie er den Drücker hinzeichnet) auf, die Bäume rauschen, die Quellen springen, das Mädchen tritt auf ihn zu und sagt: „Du hast uns erlöst, dadurch, daß wir, ganz wie wir waren, in dir lebendig wurden, waren wir zu erlösen"; so wäre die ganze Vergangenheit zu erlösen und wieder ins Leben zu rufen.   (2660)

Die Welt: die große Wunde Gottes.   (2663)

Die Versöhnung im Tragischen geschieht im Interesse der G e s a m t h e i t, nicht in dem des E i n z e l n e n, des Helden, und es ist gar nicht nötig, obgleich besser, daß er sich selbst ihrer bewußt wird. Das Leben ist der große Strom, die Individualitäten sind Tropfen, die tragischen aber Eisstücke, die wieder zerschmolzen werden müssen und sich, damit dies möglich sei, aneinander abreißen und zerstoßen. *(2664)*

d. 2. April. Herrliches Intermezzo! Seit vier Wochen an Rheumatismus krank. Gestern das erste russische Bad! Schreckliche Geldausgaben. Ob dies der Ausgangspunkt der Reise ist? *(2670)*

d. 4. April. Vorgestern begann ich die obige Jeremiade — mich wundert, daß ich sie nicht einige Seiten fortgesetzt habe, denn in dem Punkt bin ich unerschöpflich. Heute ist ein großer, wichtiger Wendepunkt meines Lebens, denn ich weiß jetzt mit B e s t i m m t heit, wenn auch noch nicht offiziell, daß der König mir auf zwei Jahre ein Reisestipendium von 600 Rthl. jährlich ausgesetzt hat, und — sollte man's begreifen? — ich wäre fast zu Bett gegangen, ohne diesen großen, entscheidenden Tag auch nur mit einer Silbe in meinem Tagebuch anzuzeichnen. Nun, ewiger Vater über den Wolken, der du den ohnmächtigen Hader des blöden Kranken nicht angesehen, sondern mir in Gnaden die Brücke zur Zukunft gebaut und mir ein schönes Pfand des Gelingens gegeben hast, ich fühle die Größe deiner Gnade und die Schwere der Pflichten, die sie mir auflegt, und ich werde redlich ringen und streben. Der alte herrliche Oehlenschläger brachte mir mit Tränen in den Augen die Nachricht — ihm bin ich unter den Menschen den meisten Dank dafür schuldig! Könnt' ich es doch dir, teuerste Elise, aus meiner Krankenstube über den Ozean zurufen! Möchte ein Traum dir es ins Ohr flüstern und deiner Seele zugleich ein Zeichen der Beglaubigung geben, daß du ihn auch noch am Tage festhieltest! Ich bin doch so matt, daß das Schreiben mich angreift! *(2671)*

[HAMBURG]

Den 27. Ap. abends 6 Uhr reiste ich mit dem Dampfschiff Christian VIII. von Kopenhagen ab. Die Sonne
vergoldete die Stadt, die mir ewig teuer sein wird. Wir
hatten die herrlichste Reise von der Welt. Das Schiff
schwamm dahin wie auf einem Spiegel, auch keine Spur
von Seekrankheit. Am nächsten Morgen um halb 11 Uhr
schon in Kiel, wo mich die wärmste Luft begrüßte,
die ich wie Medizin einatmete; blühende Bäume. Abends
nach 9 Uhr in Hamburg, Elise auf der Post.   *(2676)*

d. 1. Mai. Heute morgen den ersten Akt vom „bürgerlichen Trauerspiel" geschlossen[1].   *(2677)*

Der Mensch ist eine Bestie, und er hat seine Kultur
vollendet, sobald er sich nur nichts mehr darauf ein-
bildet, daß er es ist.   *(2679)*

Der Wahnsinn, die Möglichkeit des aufgehobenen Bewußtseins, ist vielleicht der schärfste Grund gegen die
persönliche Fortdauer. Vielleicht tritt der Zustand, in
den der Wahnsinnige vor der Zeit hineingerät, für uns
alle nach dem Tode ein.   *(2681)*

Was Kern geworden ist, verdichtetes Resultat des Lebensprozesses, das ist so gut wie das Tote aus dem lebendigen Kreise ausgeschieden, es muß wieder in Fäulnis
zergehen, wenn es des Lebens, der allgemeinen Wech-
selwirkung der tätigen Kräfte wieder teilhaftig werden
soll. Die Pflanze genießt Luft und Licht, nicht der
Kern, in dem sie schlummerte.   *(2682)*

---

1. Hebbel hatte während seiner Krankheit in Kopenhagen an seinem bürgerlichen Trauerspiel *Klara* gearbeitet, dem er später (nach
der biblischen Sünderin) den Titel *Maria Magdalena* gab. (Die Form
Maria Magdalene geht auf einen Druckfehler der Erstausgabe zurück.)

d. 20. Mai. Der Mai vergeht in Nässe und Kälte. Die Blüten auf den Bäumen sehen aus wie frierende Kinder im Hemde. *(2684)*

Von großer Wirkung ist es im Drama, wenn die Motive auf ein ganz bestimmtes, dem Leser und Zuschauer deutliches Ziel hinzuwirken scheinen und dann plötzlich außer diesem noch ein ganz anderes, ungeahntes und unvorhergesehenes erreichen. Doch wird nur dem Genie ein solcher Doppelschlag oder zurückspringender Blitz gelingen, das Talent wird da Äußerlichkeiten zu verknüpfen suchen, wo eben ein tiefstes Innerliches zu entschleiern war. *(2688)*

Dasselbe Gesetz des Entstehens und Vergehens, was für das geringste Erzeugnis der Erde gilt, muß für die Erde selbst gelten. *(2691)*

Das Knirschen des Korns unterm Mühlstein und das Knirschen des Menschen unter den Rädern des Schicksalswagens: sollte ein Unterschied sein? *(2695)*

Wo es ein Volk gibt, da gibt es auch eine Bühne, und wenn das Volk in Deutschland ein Theater hätte anstatt der „gebildeten Leute", so würde der dramatische Dichter auf Dank rechnen können, denn das Volk hat immer Phantasie, die „Gebildeten" haben bloß Langeweile. *(2698)*

Der Mensch — Lebenstraum des Staubes; Gott — Lebenstraum des Menschen. Bunte Erde — das vergängliche Element des Menschen; der Mensch das vergängliche Element Gottes. *(2711)*

Im Tode ruht der Mensch so vom Leben selbst aus, wie im Schlaf von jeder einzelnen Mühe des Lebens. (Gedanke für eine dramat. Figur.) *(2715)*

— Das Leben ist eine furchtbare Notwendigkeit, die auf Treu und Glauben angenommen werden muß, die aber keiner begreift, und die tragische Kunst, die, indem sie das individuelle Leben der Idee gegenüber vernichtet, sich zugleich darüber erhebt, ist der leuchtendste Blitz des menschlichen Bewußtseins, der aber freilich nichts erhellen kann, was er nicht zugleich verzehrte. — Die tragische Kunst wächst allein aus solchen Anschauungen hervor, wie eine fremdartige, unheimliche Blume aus dem Nachtschatten, denn wenn die epische und die lyrische Poesie auch hin und wieder mit den bunten Blasen der Erscheinung spielen dürfen, so hat die dramatische durchaus die G r u n d v e r h ä l t n i s s e, innerhalb derer alles vereinzelte Dasein entsteht und vergeht, ins Auge zu fassen, und die sind bei dem beschränkten Gesichtskreis des Menschen grauenhaft. — Brief an Lotte Rousseau vom 7. Juli 43.   (2721)

Manches, was man ohne Grund verwirft, muß man studieren, um es — mit Grund verwerfen zu lernen.   (2727)

Alles Individuelle ist nur ein an dem Einen und Ewigen hervortretendes und von demselben unzertrennliches Farbenspiel.   (2731)

Wie kann das Blatt am Baum gefragt werden, ob es werden will, was es wird? Es muß sein, ehe es gefragt werden kann, und dann kommt die Frage zu spät.
                                                   (2732)

D. 31. Juli meine Erwiderung gegen Prof. Heiberg geschlossen[1].   (2737)

Bei meiner Erwiderung an Heiberg habe ich die Faktoren meines Geistes einmal in ihrem Geschäft belauscht. Es sind deren zwei wirksam: ich habe immer das größte Vertrauen, soweit es die Sache und ihre Richtigkeit im

1. Hebbel widerlegte die von Prof. Heiberg, Kopenhagen, gegen seine dramatischen Theorien gerichteten Angriffe in dem Aufsatz *Mein Wort über das Drama.* Hamburg: Hoffmann und Campe 1843.

allgemeinen betrifft, aber zugleich auch das größte Mißtrauen im einzelnen. Jenes gibt mir die Sicherheit, die mich nie verläßt; dieses die Vorsichtigkeit, die mich oft am Weitergehen hindert.   (2741)

Die Eigentumsfrage ist eine sehr schwer zu entscheidende. Auf der einen Seite hat jeder, den die Erde trägt, ein Recht darauf, daß sie ihn auch ernähre; auf der anderen würde eine allgemeine Gütergemeinschaft unendlich viele Motive aufheben, die der insolenten Menschennatur notwendig sind, wenn sie nicht erschlaffen soll. Aber, ob es nicht ein Maß des Besitzes geben könnte!   (2748)

d. 9. August. Noch drei Wochen, so bin ich in Paris. Heibergs Angriff ist zurückgeschlagen. Kümmerliche Anschauungen, denen ich nur mit Widerwillen meine eigenen entgegensetzen mochte. Nie habe ich so klar erkannt, daß auch im Wort die Unschuld zu respektieren ist und daß, wer es notzüchtigen mag, jeden beliebigen Bastard damit erzeugen kann. Jetzt treibe ich Französisch. Das geht furchtbar schlecht. Ich zweifle, ob mir selbst der Aufenthalt in Paris zu der Sprache verhelfen wird, ich bin über die Periode des Lernens hinaus. Der gegenwärtige Sommer ist so naß und regnerisch, wie der vorjährige trocken und heiß. Das ist fatal.   (2751)

Das Höchste, was Shakespeare geschaffen hat, ist der „Lear". Wie „Hamlet" diesem vorgezogen werden konnte, begreife ich nicht. „Hamlet" ist Shakespeares Testament, in Geheimschrift abgefaßt; es ist ein Stück wie im Grabe geschrieben; es ist, als ob der Tote sich noch einmal aufrichtet und in seine Eingeweide hineingreift und die Würmer, die alles das verzehren, was er fünfzig Jahre lang sorgfältig durch Essen und Trinken ernährt hat, herauswirft, uns, die wir ihm in Lebenslust und Lebenskraft neugierig zuschauen, geradezu ins Ge-

sicht hinein; durchaus verzweiflungsvoll, ein furcht-
bares Ade, das er der Welt zurief, als er ihr den Rücken
wandte und wieder ins Nichts verschwand. Aber „Lear"
ist der Triumph über alle diese Schmerzen, die den
Dichter später bewältigt zu haben scheinen, so daß er
es aufgab, mit ihnen zu kämpfen, und sich nur noch
durch einen Schrei, den er eben im „Hamlet" ausstieß,
Erleichterung zu verschaffen suchte; „Lear" ist das einzige Werk, das mit der „Antigone" verglichen werden
kann, indem es die sittlichen Wurzeln des Lebens durch
das Wegmähen des sie verdeckenden Unkrauts auf die
grandioseste Weise bloßlegt wie jene; auch der Form
nach einzig und unerreichbar, besonders auch darin,
was, wie ich glaube, noch von keinem bemerkt worden,
daß Goneril und Regan selbst, obgleich sie scheinbar als
böse Potenzen an sich hingestellt sind, doch eben in
Lear selbst nicht allein eine Art von Berechtigung finden, sondern auch ihre Erklärung; wir sehen ein, daß
ein so jähzorniger Vater eben solche heimtückische,
kalte, ihn nur f ü r c h t e n d e Kinder erzeugen
mußte, die, sobald sie der Furcht entbunden wurden,
gar kein Verhältnis mehr zu dem Erzeuger haben und
ihn eher als ein feindseliges Wesen betrachten, wie als
ein verwandtes, und die, da sie ihr Ich ihm gegenüber
früher immer verleugnen mußten, jetzt auch nichts
mehr kennen als ihr Ich, wenn er ihnen in den Weg
tritt; es ist ein Meisterstück der Form, daß der Dichter
uns den früheren Lear durch den jetzigen wahnsinnigen
zeichnet und dadurch zugleich die Töchter in Nerven
und Geäder hinstellt.   *(2755)*

Zweites Tagebuch

Angefangen August 1843

d. 19. August 1843. Ich werde meinen Gewohnheiten ungetreu. Ein gebundenes Tagebuch! Vierundzwanzig Bogen auf einmal! Ein starker Wechsel, auf die Zukunft gezogen! Sonst beschrieb ich Blatt nach Blatt und heftete nachher alles mühsam mit der Nadel zusammen. Doch, man reist nach Paris, und Italien steht in Aussicht. Da ist es vielleicht vernünftig, daß man sich durch eine solche Masse weißen Papiers die Pflicht, es zu beschreiben, immer gegenwärtig erhält. Im allgemeinen haben meine Tagebücher freilich sehr geringen Wert: Zustände und Dinge kommen kaum darin vor, nur Gedankengänge, und auch diese nur, soweit sie unreif sind. Es ist, als ob eine Schlange ihre Häute sammeln wollte, statt sie den Elementen zurückzugeben. Aber man sieht doch einigermaßen, wie man war, und das ist sehr notwendig, wenn man erfahren will, wie man ist. Das ganze Leben ist ein verunglückter Versuch des Individuums, Form zu erlangen; man springt beständig von der einen in die andere hinein und findet jede zu eng oder zu weit, bis man des Experimentierens müde wird und sich von der letzten ersticken oder auseinanderreißen läßt. Ein Tagebuch zeichnet den Weg. Also fortgefahren! *(2756)*

Gott: das Selbstbewußtsein der Welt, nach Analogie menschlichen Selbstbewußtseins gesetzt. Ob er ist, ob nicht? Wer will antworten! Aber so viel ist gewiß, daß mit ihm, wenn nicht der Grund, so doch der Zweck der Welt wegfällt. *(2759)*

Rasch und langsam leben. Das eine heißt, das Leben genießen, das zweite: sich die Gelegenheit zum Lebensgenuß erhalten, das Mittel mit dem Zweck erkaufen.

(2760)

Bildung ist ein durchaus relativer Begriff. Gebildet ist jeder, der das hat, was er für seinen Lebenskreis braucht. Was darüber, das ist vom Übel. (2770)

Wer an Glück glaubt, der hat Glück. (2775)

Es ist töricht, von dem Dichter das zu verlangen, was Gott selbst nicht darbietet, Versöhnung und Ausgleichung der Dissonanzen. Aber allerdings kann man fordern, daß er die Dissonanzen selbst gebe und nicht in der Mitte zwischen dem Zufälligen und dem Notwendigen stehenbleibe. So darf er jeden Charakter zugrunde gehen lassen, aber er muß uns zugleich zeigen, daß der Untergang unvermeidlich, daß er wie der Tod mit der Geburt selbst gesetzt ist. Dämmert noch die leiseste Möglichkeit einer Rettung auf, so ist der Poet ein Pfuscher. Von diesem Gesichtspunkt aus ergibt sich dann aber auch eine viel höhere Schönheit und ein ganz anderer, zum Teil umgekehrter Weg, ihr zu genügen, als diejenige war, die Goethe anbetete. (2776)

[PARIS]

d. 20. Sept., St. Germain-en-Laye. Am 8. d. M. reisete ich von Hamburg ab, am 12. abends spät kam ich in Paris an. Ich befinde mich hier im allerhöchsten Grade unbehaglich und glaube nicht, daß dies sich ändern wird. (2788)

Die Lilie tritt aus der Erde hervor, denn es war ihr in deren Schoß zu finster, aber sie möchte wieder in die Erde zurück, denn draußen ist's ihr zu hell. (2789)

Brief an Elise vom 3. Okt.

— Versailles. Es ist ein erdrückender Eindruck. Das Ganze läßt sich nicht bewältigen und vor dem einzelnen kann man nicht verweilen, man hat keine Ruhe einem solchen Reichtum gegenüber. Man würde sich nicht wundern, zur Abwechselung auch einmal einen der Säle mit Goldstücken gepflastert zu finden, man würde sich gewiß keinen Augenblick bedenken, darauf zu treten. Wer bleibt denn noch stehen vor einer Statue, wenn er die Statuen regimentsweise aufgestellt sieht. Wer betrachtet ein Gemälde, wo die Gemälde wie Kartenblätter umhergestreut sind. Das Höchste, das Schönste sinkt im Preis, wenn es nicht mehr das einzige ist. Aber ich wußte mich doch bald zu fassen, ich machte es, wie ich es schon öfter machte, wenn Sinne und Organe nicht mehr ausreichten, ich suchte das Verwandteste auf und klammerte mich an dieses an. Das Verwandteste auf diesem Boden ist mir aber das Historische. Mehr Porträts weltgeschichtlich bedeutender Personen wie hier findet man wohl nirgends beisammen, und für die Treue bürgt der Ort, wo sie hängen.

— wie dem Landjunker, der erschrocken aufsprang, als er sah, daß er mit dem König zu Tisch saß.

— Notre Dame de Paris. Ein wahrhaft mittelalterliches Gebäude, schwarz, finster, schnörkelhaft, das ungefähr wie eine Krähe aussieht, die sich verspätet hat und die mit blinden Augen in den ringsumher aufgeblühten Mai hineinstiert.

— Das Pantheon. Welch ein Gebäude! Einen solchen Eindruck hat noch kein Werk der Architektur auf mich gemacht. Von außen treten dem Auge die einfachsten, edelsten Formen entgegen; Säulen wie Eichen, Wände wie geglättete Felsen. Im Innern ein ungeheures, heiterstilles Oval; die Kämpfe sind abgetan, die Kraft ist erprobt, hier darf die Größe in ungestörtem Frieden sich selbst genießen. Die Gewölbe, nicht ganz finster und nicht ganz hell, vergegenwärtigen ergreifend jene Dämmerung, worin man sich die Schatten der Abgeschiedenen immer unwillkürlich denkt. *(2794)*

d. 14. Oktober. Heine[1] war bei mir und sprach mir über die „Judith". Er habe sie in einer Sitzung gelesen, und sie habe einen tiefen Eindruck auf ihn gemacht. Ein Urteil über das Werk als Werk habe er noch nicht, aber über einzelnes sei ihm schon manches klargeworden. Daß dies Werk in unsrer Zeit möglich gewesen, sei ihm wunderbar; ich gehöre mit meiner außerordentlichen Gestaltungskraft noch unserer großen Literaturepoche an, in die jetzige Epoche der Tendenzen passe ich nicht hinein. Das Schöne des Werks, und besonders das Große, sei ihm gleich entschieden entgegengetreten; vieles habe er bewundert und angestaunt. Es sei aber auch etwas Gespenstisches darin, und jedenfalls mehr W a h r h e i t als N a t u r, ...[2] Natur, wie man sie bei Shakespeare finde. Dies Gespenstische walte vorzüglich in der Schilderung der ersten Hochzeitsnacht, die sehr schön sei. Auch Holofernes in seiner Selbstvergötterung sei sehr tief angelegt, und ich hätte ihm, dem blassen jüdischen Spiritualismus gegenüber, gern noch mehr kecke Lebenslust geben können. Doch sei Holof. nicht ganz so wie das übrige zum Vorschein gekommen, sondern gebrochen, wenigstens die Masse werde ihn nie verstehen. Die Darstellung der Zeit und des Volks sei mir ebenfalls, ohne daß ich nach Art der Romantiker in weitläuftigen Einzelheiten luxuriiert hätte, außerordentlich geglückt; ein einziger Zug gebe oft das Bild. Ich ginge denselben Weg, den Shakespeare, Heinrich Kleist und Grabbe gegangen. — Einige Tage zuvor sagte mir Dr. Bamberg[3] schon, daß Heine mit größter

---

1. Hebbel hatte Heines Bekanntschaft durch ein Empfehlungsschreiben gemacht, das ihr gemeinsamer Verleger Campe ihm mitgegeben hatte.
2. Unleserliches Wort im Original.
3. Dr. Felix Bamberg (1820-93), Freund Hebbels seit der Pariser

Anerkennung zu ihm über die „Judith" gesprochen und geäußert habe, ich sei der Bedeutendste von allen.
(2799)

d. 17. Okt. Heute morgen den zweiten Akt am bürgerlichen Trauerspiel geschlossen. Pariser Regenwetter. Grauer Himmel — kalt. *(2801)*

Den Schmerz wie einen Mantel um sich schlagen. *(2804)*

d. 24. Oktober.
†

Mein Max, mein holdes, lächelndes Engelkind mit seinen tiefen blauen Augen, seinen süßen blonden Locken, ist tot. Sonntag, den 22., mittags um 1 Uhr erhielt ich die Nachricht. Da liegt seine kleine Locke vor mir, die ich schon nach Kopenhagen mitnahm und die ich seither — es stehe hier! — noch nie betrachtete; sie ist das einzige, was mir von ihm übrigblieb. Oh, wenn ich mir das denke, daß dies Kind, das keiner — mich selbst, den Vater, den großen Dichter ausgenommen, es stehe auch hier! — ohne Freude und Entzücken betrachten konnte, so schön, so anmutig war es, daß dies Kind nun verwesen und sich von Würmern fressen lassen muß, so möcht' ich selbst ein Wurm werden, um mitzuessen, um als scheuseliges Tier meinen Anteil dahinzunehmen, den ich als Mensch, als Vater verschmähte. Ich könnte diese Locke hinunterschlingen, ich könnte etwas noch Ärgeres tun, ich könnte sie verbrennen, weil ich sie nicht verdiene! O mein Max, umschwebe mich nicht, auch keine Minute, bleibe bei deiner Mutter, tröste sie, lindere ihren Schmerz durch deine geisterhafte Nähe, wenn du es vermagst, nur nicht meinen, nicht meinen! „Ich habe mich versteckt, sucht mich, der wird mich nie wiederfinden, der mich nicht genug geliebt hat!" Das ist der Trost, der aus der Ewigkeit zu mir

Zeit; erster Herausgeber der Tagebücher und des Briefwechsels Hebbels „mit Freunden und berühmten Zeitgenossen".

herüberklingt. Ich sehe dich, Kind, süßes aufquellendes Leben, wie du mittags an deinem kleinen Tisch saßest und mir zunicktest und sagtest: „Ich mag auch Wein!" und wartetest, ob ich einen Tropfen für dich übrig ließe. Und das Gesicht, das süße, süße Gesicht! O Gott, o Gott! Du stelltest den Engel vor meine Tür, und er lächelte mich an und sagte: „Willst du mich?" Ich nickte nicht ja, aber er kehrte doch bei mir ein, er dachte: „Sieh mich nur erst recht an, dann wirst du mich schon behalten, mich nicht wieder lassen wollen." Aber ich hatte selten einen anderen Gedanken als den: wie soll ich ihn ernähren, und in meiner unmännlichen Verzagtheit war ich stumpf und dumpf gegen das Glück, das sich um mich herum bewegte, das ich nur in die Arme zu schließen brauchte, um einen Schatz für alle Zeiten zu haben. Da rief Gott ihn wieder ab, und er ging doch nicht gern, denn er hatte eine Mutter, die ihm zum Ersatz für den Vater zweimal Mutter war. Nun helfen keine Klagen, keine Schmerzen, keine Tränen! Oh, es ist wahr, ich zittere vor der Zukunft, ich weiß nicht, woher ich den Bissen Brot nehmen soll, dessen ich bedarf, ich habe eine größere Angst als der Bettler am Wege, denn ich fürchte das zu werden, was er schon ist. Aber, ich hätte mich auf das Ärgste gefaßt machen, ich hätte den Entschluß fassen sollen, das Kind mit Betteln durchzubringen und ihm den Bettelstab als Erbteil zu hinterlassen, dann hätt' ich meine Pflicht getan, dann braucht' ich mich nicht vor jedem Arbeitsmann, der mir im Schweiß seines Angesichts begegnet, zu schämen, dann könnt' ich jetzt ruhig sein und sprechen: „Der Herr hat ihn gegeben, der Herr hat ihn genommen, der Name des Herrn sei gepriesen!" Und wie oft war ich hart, grausam gegen das Kind, wenn es mir in meinen finstern Stimmungen in seiner rührenden unschuldigen Lebenslust entgegentrat! Oh, daß ich nie geboren wäre! Der Seufzer kommt mir aus tiefster Brust! Und nicht einmal den kleinen Trost hab ich, daß es leicht gestorben ist, daß es seine Seele spielend ausgehaucht hat! Es hat furchtbar gelitten, acht Tage lang, an der Gehirnentzündung, gequält von zwei privilegierten Mördern, deren einer, Dr. K r ä m e r, die Mutter sogar einmal, als sie in Person zu ihm eilt und er noch nicht mit der Toilette fertig ist, in ihrer Todesangst empörend angefahren hat! Und nun, in meinem tiefen Weh, in meiner durch kein Bewußtsein erfüllter Pflicht und bewiesener reiner Menschlichkeit gelinderten Verzweiflung muß ich einen noch härteren Schlag fürchten! Was hat Elise ausgehalten! Welch einen Brief hat sie mir geschrieben! So schreibt kein Held! Diese Fassung flößt mir Entsetzen ein! Gott, Gott! Du hättest ihr das Kind lassen sollen, als du sahst, was sie litt, was sie tat, was sie ertrug! Hätte sie's durchgebracht, so wollt' ich hoffen; kann und wird sie's jetzt verwinden? Wenn ein Funke Erbarmens für mich übrig ist, wenn alle Geschöpfe versorgt sind und es blieb noch ein Rest, so muß ich mich täuschen! Ich bin so lange, bis ich wieder einen Brief aus Hamburg erhalte, wie einer, der mit dem Kopf auf dem Block liegt — fünf Tage läuft mein eigner Brief, fünf Tage die Antwort, also zehn solcher Tage stehen mir bevor, und dann werd ich ersehen, ob das Haupt mir abgeschlagen wird oder ob ich es wieder aufrichten darf. Am 2. Oktober starb mein Max, vor vier Jahren starb an demselben Tage mein Freund Rousseau. Du hast recht, Elise, September, Oktober, das sind für mich verhängnisvolle Monate! Erst am 22. Oktober, nachdem er längst zur Erde bestattet war, erfuhr ich's. Ich hatte nicht die geringste Ahnung gehabt, und weil ich erst von St. Germain nach Paris hineinziehen mußte und also die Adresse veränderte, konnte Elise mir nicht eher schreiben. O Gott, fröhlich war ich in der Zeit nicht, aber ich arbeitete doch, ich dichtete an meinem Trauerspiel, ich tat mir vielleicht in demselben Augenblick auf eine gelungene Szene etwas zugute und freute mich, als das Kind mit dem Tode kämpfte. Schrecklich! Ja, ich erinnere mich, den Abend des 1. Oktobers war ich auf einem Ball und sah den Cancan tanzen! Freilich gefiel mir nicht der Tanz, aber doch die Musik! Einmal haben sie dem Kind mein Bild gereicht, da hat das Süße es mit Lebhaftigkeit erfaßt und es an seine heißen Lippen gedrückt und geküßt und wieder geküßt. Ach, alle Liebe der Mutter wohnte in ihm, ich hab es wohl gemerkt. Und auch das hat nicht in die Ferne auf mich gewirkt. Nein, Elise, es gibt keine Ahnung. Darf das ein Trost, ein kleiner Trost in meiner Angst um dich sein? O du teures, liebevolles Kind! Könnte ich wenigstens dein Bild in mir hervorrufen. Ich kann's nicht, ich hab's nie gekonnt. Allmächtiger Gott, sie! Sie! Ginge sie auch dahin, und ich könnte nicht wieder gutmachen, was ich an ihr verbrochen habe, könnte ihr nicht wenigstens meinen Namen geben, wenn ich denn nichts anderes zu geben habe, dann wollt' ich, der Schmerz um sie sengte mir den Geist bis auf den letzten Gedanken aus dem Gehirn und ich müßte Gras fressen wie ein Tier. Die Donner rollen über mir — mir ist, als ob ich schon getroffen bin, indem ich erst getroffen zu werden zittere. Und da geht der Bamberg an mir hin und her und spricht: „Fassen Sie sich, bedenken Sie, was Sie sich und der Welt schuldig sind!" Mir! Mich in allen Tiefen aufzuwühlen und mich zu zernagen, solange der letzte Zahn noch nicht verstumpft ist. Der Welt! Ein Mensch zu sein, nicht ein solcher, der sich durch das, was man Kraft und Talent nennt, über die einfach-ewigen sittlichen Gesetze hinauszuschrauben sucht, sondern ein solcher, der sich dahin stellt, wo ihm alle Messer mitten durch die Brust schneiden. Oh, ich bilde mir nicht ein, daß ich durch meinen Schmerz etwas abbüßen kann. Aber ich werde mir auch nie einreden lassen, daß Gefühllosigkeit Kraft ist und daß man Fassung hat, wenn man seine Tränen im Glase auffängt und nachzählt und spricht: Es ist genug, nun schone die Augen, denke daran, daß du blind

werden kannst und dann eines Führers bedarfst, der
Welt also eine Last aufbürdest, indem sie den Führer
hergeben muß. Hör auf. (2805)

Es gibt nur eine Notwendigkeit, die, daß die Welt besteht; wie es den Individuen aber in der Welt ergeht,
ist gleichgültig. Das Böse, das sie verüben, muß, indem
es die Existenz der Welt gefährdet, bestraft werden;
aber zu ihrer Entschädigung für das Unglück, das sie
erleiden, ist kein Grund vorhanden. (2828)

Es ist so kalt, die Füße frieren mir, ich will mich anziehen und ausgehen, um zu sehen, ob es nicht auf der
Straße wärmer ist wie in meinem Zimmer. Gestern aß
ich nur darum zu Mittag, um von innen heraus auf-
zutauen. (2838)

Versöhnung im Drama: Heilung der Wunde durch den
Nachweis, daß sie für die erhöhte Gesundheit notwendig war. (2845)

Die höchste Form ist der Tod, denn eben indem sie die
Elemente zur Gestalt kristallisiert, hebt sie das Durch-
einanderfluten, worin das Leben besteht, auf. (2846)

Man will einen im Walde nach dem Weg fragen, der
hat blutige Händ, denn er hat eben gemordet. (2850)

d. 16. Novbr. Das Pariser Klima ist rauher als das
Hamburger. Nun ist es schon seit acht Tagen rasend
kalt, seit zwei Tagen hat es Eis gefroren und heute, wo
man in Norddeutschland noch die schönsten Herbst-
tage erwarten kann, schneit es wie in Grönland. Die
Feurung soll hier der kostbarste Artikel sein; ich denke,
den billigsten daraus zu machen und gar nicht ein-
legen zu lassen. Des Morgens gehe ich auf die Königl.
Bibliothek, des Nachmittags ins Louvre, und dann
zum Essen, denn beides zugleich, der warme Kamin
und das Mittagessen, läßt sich nicht ersparen. (2860)

Genügsamkeit der Franzosen. Wie genügsam dies Volk ist, sieht man, wo man geht und steht. Wenn man die Arbeiter, die Bauleute, die Maurer pp. betrachtet, wie sauer sie es sich werden lassen und wie leicht sie mittags abgefunden sind, indem sie mit heiterem Gesicht ein Stück Brot und einige Weintrauben oder etwas Käse im Stehen verzehren und dann gleich wieder ans Geschäft gehen! In Deutschland würden solche Menschen umzukommen glauben, wenn sie sich nicht zwei- oder dreimal des Tags mit Speck und Würsten ausstopfen dürften! Welche Schlüsse ergeben sich aus dieser einfachen Beobachtung über die G r ö ß e des Drucks vor der Revolution! Was haben die alles ertragen und mit Ruhe hingenommen, ehe sie zum Äußersten gebracht wurden!   *(2861)*

Das neue Drama, wenn ein solches zustande kommt, wird sich vom Shakespeareschen, über das durchaus hinausgegangen werden muß, dadurch unterscheiden, daß die dramatische Dialektik nicht bloß in die Charaktere, sondern unmittelbar in die Idee selbst hineingelegt, daß also nicht bloß das Verhältnis des Menschen zu der Idee, sondern die Berechtigung der Idee selbst debattiert werden wird.   *(2864)*

Die Goetheschen Charaktere, namentlich Faust, unterscheiden sich dadurch von den Shakespeareschen, daß in jenen die Extreme n e b e n einander, in diesen a u s einander hervortreten. Ich glaube, dies ist es überhaupt, was epische und dramatische Naturen, bei übrigens gleicher Begabung, unterscheidet.   *(2865)*

Heine meint, es sei mit der Nationalität der Völker vorbei. Unstreitig, aber darum noch nicht mit ihrer Poesie. Im Gegenteil bin ich überzeugt, daß sie alle noch Werke produzieren werden, die, indem sie nicht mehr die strengnationale Physiognomie tragen, die Welt-

literatur zugleich begründen und die Nationalliteratur
abschließen. *(2873)*

In Paris kostet die größte Scheibe, türhoch und breit,
wie sie in den meisten Läden im Palais Royal und den
Passagen sind, nicht mehr als die kleinste, wenn jemand,
der vorübergeht, sie ausgleitend eindrückt. *(2875)*

— mein Max! Entweder bist du noch, und dann haben
wir wie du die Qual hinter uns und die Freude vor uns.
Oder — und dann muß ich Gott und alle Vernunft der
Welt aufgeben, dann ist das All ein Wahnsinnstraum
und das Beste darin das Verkehrteste, dann bin ich selbst
auf ein Nichts reduziert und also auch mein Schmerz!
„Vive la bagatelle!" sagte Swift, als ihm der Hirn-
schädel barst. *(2879)*

Das ist der Fluch der Armut, man darf keiner menschlichen Empfindung folgen, man muß resignieren und
immer wieder resignieren, bis man zuletzt das erhält,
was auch dem Bettler nicht versagt wird, weil die christliche Barmherzigkeit, wenn sie ihn wie Katz' und Hund
unverscharrt an der Straßenecke liegenließe, sich die
Nase zuhalten müßte: ein Grab! *(2880)*

Es gibt nur eine Notwendigkeit, die, daß die Welt besteht, wie es aber den Individuen darin ergeht, ist gleichgültig, ein Mensch, der sich in Leid verzehrt, und ein
Blatt, das vor der Zeit verwelkt, sind vor der höchsten
Macht gleichviel, und sowenig dies Blatt als Blatt für
sein Welken eine Entschädigung erhält oder auch erhalten kann, sowenig der Mensch für sein Leiden, der
Baum hat der Blätter im Überfluß und die Welt der
Menschen. *(2881)*

d. 22. Nov. Das erste Deutsch, was ich hier auf der
Straße hörte, war, daß ein Commis zum andern sagte:
„Wenn Sie Philosoph wären wie ich, so pp." Das zweite
hörte ich soeben von zwei sich raufenden Gassenjungen,

wahrscheinlich aus dem Elsaß: „Nun, du Lumpenhund, kratz mir nur nicht das Nas entzwei!" Bezeichnend genug: raufen und philosophieren! (2882)

Möglich ist es, daß wir eben dadurch, und n u r dadurch, daß wir die Signatur höherer Wesen erkennen, höhere Wesen werden. (2888)

Im Jardin des Plantes: jedes Tier hat eine Umgebung wie in dem Lande, woher es kommt. Dem Rentier fehlt die Lappenhütte nicht usw. (2892)

Lebt der Blutstropfe in uns? Nein, wir durch ihn. So der Mensch in der Welt. (2894)

d. 25. Novbr. Erhielt einen Brief von meinem alten Freund Kisting mit der Nachricht, daß die Madame Crelinger meinem neuen Trauerspiel mit Verlangen entgegensehe; nun muß es denn fertig werden! (2896)

Was Stil in der Kunst ist, das begreifen die Leute am wenigsten. So in der Tragödie, daß die Idee im ersten Akt als zuckendes Licht, im zweiten als Stern, der mit Nebeln kämpft, im dritten als dämmernder Mond, im vierten als strahlende Sonne, die keiner mehr verleugnen kann, und im fünften als verzehrender und zerstörender Komet hervortreten muß — das werden sie nie fassen. Sentenzen werden ihnen immer besser zum Verständnis helfen. (2897)

Man sollte im Dramatischen noch einen Unterschied zwischen S c h u l d und N a t u r machen. Das Böse einer ursprünglich edlen, aber verwilderten Natur gibt die S c h u l d , das ursprünglich in den Charakteren bedingte Böse die N a t u r . (2901)

d. 4. Dezbr. Heute habe ich mein viertes Drama: „Ein bürgerliches Trauerspiel!"[1] geschlossen. Bei dieser Dich-

1. *Maria Magdalena.*

tung ging es eigen in mir zu. Es kam darauf an, durch das einfache Lebensbild selbst zu wirken und alle Seitenblicke des Gedankens und der Reflexion zu vermeiden, da sie mit den dargestellten Charakteren sich nicht vertragen. Das ist aber schwerer, als man denkt, wenn man es gewohnt ist, die Erscheinungen und Gestalten, die man erschafft, immer auf die Ideen, die sie repräsentieren, überhaupt auf das Ganze und Tiefe des Lebens und der Welt zurückzubeziehen. Ich hatte mich also sorgfältig zu hüten, mich bei der Arbeit zu erhitzen, um nicht über den beschränkten Rahmen des Gemäldes hinwegzusehen und Dinge hineinzubringen, die nicht hineingehören, obgleich es eben diese Dinge sind, die mich am meisten reizen, denn das Hauptvergnügen des Dichtens besteht für mich darin, einen Charakter bis zu seinem im Anfang von mir selbst durchaus nicht zu berechnenden Höhepunkt zu führen und von da aus die Welt zu überschauen. Ich glaube, daß mir diese Selbstaufopferung, diese Resignation auf die Befriedigung meines individuellen Bedürfnisses geglückt ist, eben darum aber rückte das Werk langsam vor, und als ich so recht im Mittelpunkt angelangt war, schleuderte mich der Tod meines Sohnes wieder heraus. Es war meine Absicht, das bürgerliche Trauerspiel zu regenerieren und zu zeigen, daß auch im eingeschränktesten Kreis eine zerschmetternde Tragik möglich ist, wenn man sie nur aus den rechten Elementen, aus den diesem Kreise selbst angehörigen, abzuleiten versteht. Gewöhnlich haben die Poeten, wenn sie bürgerliche Trauerspiele zu schreiben sich herabließen, es darin versehen, daß sie den derben, gründlichen Menschen, mit denen sie es zu tun hatten, allerlei übertriebene Empfindeleien oder eine stöckige Borniertheit andichteten, die sie als amphibienhafte Zwitterwesen, die eben nirgends zu Hause waren, erscheinen ließen. (2910)

Wie die Vernunft, das Ich, oder wie man's nennen will,

S p r a c h e werden muß, also in Worten auseinanderfallen, so die Gottheit W e l t, individuelle Mannigfaltigkeit.   *(2911)*

Wenn man etwas recht gründlich haßt, ohne zu wissen, warum, so kann man überzeugt sein, daß man davon einen Zug in seiner eigenen Natur hat.   *(2917)*

Ein vollkommener Nihilist, der in sich alle Unterschiede zwischen Gut und Bös aufgehoben hat, kann alles werden, auch — Polizeispion! Moderner Charakter.
                                                     (2919)

d. 8. Dezbr. Heute morgen habe ich die Reinschrift des bürgerlichen Trauerspiels geendigt, und ein schönes Mspt. liegt vor mir. Nun will es mir doch vorkommen, daß ich auch diesmal etwas Gutes gemacht habe. Bei Dramen wie „Judith" und „Genoveva" zog ich gewissermaßen auf jeder Seite das Resultat des Dichtungsprozesses, bei diesem letzten ist es anders, der Gehalt kann nur im Ganzen, nur in der vollendeten Geschlossenheit der Form gesucht werden, und deshalb kann man auch vor dem völligen Abschluß nicht wissen, wie man mit sich selbst daran ist. Jetzt sind alle Mauslöcher ausgestopft, und ich bin zufrieden, besonders damit, daß sie eigentlich alle recht haben, sogar Leonhard, wenn man nur nicht aus den Augen läßt, daß er von Haus aus eine gemeine Natur ist, die sich in höhere nicht finden und an sie nicht glauben kann, und daß also die Gebundenheit des Lebens in der Einseitigkeit, aus der von vornherein alles Unheil der Welt entspringt, so recht schneidend hervortritt, weshalb ich mich denn auch wohl gehütet habe, den Hauptcharakter, den eisernen Alten, am Ende in dem Scheidewasser, das der Sekretär, den der Tod einen Blick in die Verwirrung tun läßt und auf den Punkt, von wo aus die Übersicht möglich wird, erhebt, sterbend gegen ihn ausspritzt, aufgelöst erscheinen zu lassen, er darf nicht

weiter kommen als zu einer A h n u n g seines Mißver-
hältnisses zur Welt, zum Nachdenken über sich selbst.
Leonhard ist ein Lump, aber eben deswegen — ein Lump
kann nichts Böses tun! *(2926)*

Kleist schoß sich weg aus der erbärmlichen Welt, als
ob er der allein überflüssige Sperling darin wäre. Er
und Körner, der weggeschossen wurde und in dem Jan-
hagel einen zweiten Schiller beklagte, während sich um
Kleist keiner bekümmerte! *(2934)*

d. 10. Dez. Ich schickte Elise einen großen Trost- und Er-
munterungsbrief, weil ich glaube, daß ich alle Macht, die
ich über sie besitze, anwenden muß, um sie ihrem Gemütszustand zu entreißen. Abends ging ich über die Boule-
vards St. Martin und sah ein Kind in der Größe von
Max mit einem Fallhut. Die Tränen kamen mir wieder
um mein herrliches Kind ins Auge, hätte er einen solchen Fallhut getragen, er würde noch unter den Lebendigen sein! Man muß sich ja mit aller Gewalt abhalten,
unter sich hinabzublicken, um nicht schwindlig zu werden, aber wenn man sich so etwas denkt — und es ist
ausgemacht, vom Fallen kam seine Krankheit —, so erkennt man mit Schaudern, auf welcher Nadelspitze sich
Welt und Leben dreht. *(2935)*

Ein Lump, der es recht von innen heraus ist, kann mit
größtem Recht zu Sokrates und Plato sagen: „Nehmt
mich, wie ich bin, ich muß euch ja auch nehmen, wie ihr
seid!" *(2938)*

Brief an Elise vom 15. Dez.
— Wenn der Mensch sich so recht in die Unermeßlich-
keit des Weltganzen verliert, so wird nicht bloß er selbst
klein, sondern auch sein Schmerz! *(2942)*

Es ist sehr richtig, daß wir Deutsche nicht im Zusammenhang mit der Geschichte unsres Volks stehen, wie
der Rez[ensent] meiner „Genoveva" in den Bl[ättern]

für lit[erarische] Unterhaltung sagt. Aber worin liegt der Grund? Weil diese Geschichte r e s u l t a t l o s war, weil wir uns nicht als Produkte ihres organischen Verlaufs betrachten können, wie z. B. Engländer und Franzosen, sondern weil das, was wir freilich unsre Geschichte nennen müssen, nicht unsere L e b e n s - , sondern unsere K r a n k h e i t s -Geschichte ist, die noch bis heute nicht zur Krisis geführt hat. Ich erschrecke, wenn ich die dramatischen Dichter sich mit den Hohenstaufen abplagen sehe, die, so groß Friedrich Barbarossa und Friedrich der Zweite als Individualitäten waren, doch zu Deutschland, das sie zerrissen und zersplitterten statt es zusammenzuhalten und abzurunden, kein anderes Verhältnis hatten als das des B a n d w u r m s zum M a g e n . Ja, wenn ihnen Kaiser gefolgt wären, die alles wieder ausgeglichen, die den schrecklichen Riß wieder geschlossen hätten! Dann hätte man sich für das Auseinandergehen schon des Zusammenschließens wegen interessieren müssen, aber jetzt? Doch der Grund liegt darin, daß diese Poeten das eigentliche Lebenselement des Dramas gar nicht kennen! Sie malen Bilder und wieder Bilder, daß die Bilder etwas bedeuten müssen, davon ahnen sie nichts.   (2946)

Ob man, wenn man zu Napoleons Zeit gelebt hätte, ihn richtig gewürdigt haben würde? Ich zweifle. Großen Erscheinungen gegenüber regt sich zunächst immer der Selbsterhaltungstrieb, die kleine, die von ihr verschlungen zu werden in Gefahr steht, muß ihr widerstreben, wenn sie auch, sobald sie wirklich verschlungen ist, die Notwendigkeit und den Nutzen davon erkennt. Der Apfel, der Blut werden und so im Menschen zu Ehren gelangen soll, trotzt noch zwischen den Zähnen.
                    (2965)

Monologe im Drama sind nur dann statthaft, wenn im Individuum der Dualismus hervortritt, so daß die z w e i

Personen, die sonst immer zugleich auf der Bühne sein sollen, in seiner Brust ihr Wesen zu treiben scheinen.

(2971)

Versöhnung in der Tragödie — darunter verstehen die meisten, daß die kämpfenden Potenzen sich erst miteinander schlagen, dann aber miteinander tanzen sollen.

(2972)

d. 31. Dezbr. Es ist Neujahrsabend, d. h. Silvestertag, denn die Uhr ist erst 11 und ich liege, da ich seit mehreren Tagen unwohl bin, noch im Bett. Ich will den Jahresschluß machen, so gut es mir mein dumpfer, verschnupfter Kopf erlaubt. Dies Jahr ist sehr verhängnisvoll gewesen. Des Glücks werde zuerst gedacht. Mit den finstersten Gedanken, völlig aussichts- und vertrauenslos, trat ich es an. Aber es kam besser, als ich gedacht hatte, ich erhielt das Reisestipendium und konnte, obwohl krank, von Kopenhagen mit gutem Mut abreisen. In Hamburg, zum Teil durch den nur langsam weichenden Rheumatismus gefesselt, zum Teil durch Elisens Wünsche und meine eigenen zurückgehalten, verblieb ich bis September. Ich konnte nichts arbeiten, es entstanden kaum ein paar Gedichte und außerdem nur noch die mir abgedrungene Schrift wider den Professor Heiberg, die geschrieben zu haben mir jetzt doch lieb ist. Eine tolle Leidenschaft hatte sich meiner bemächtigt; sie gewährte mir selbst keinen Genuß, verfinsterte aber ein Dasein, das ich billig aus allen Kräften zu erhalten und zu erheitern bestrebt sein sollte. Anfang September reiste ich nach Paris ab. Ich verließ mein so hold und lieb aufblühendes Kind im besten Wohlsein; Elisens zweiter Brief, lange durch meine Schuld verzögert, meldete mir seinen Tod. Es stehe hier wie eine Kalendernotiz; wie es im Moment auf mich gewirkt, wie es mich zur Selbstzerstörung herausgefordert und mich dann wieder auf die Frage: verwindet man seine Schmerzen aus Kraft des Geistes oder aus Schwäche des

Herzens? zurückgedrängt hat, davon geben meine Briefe und dies Tagebuch Zeugnis. Ich denke, der Egoismus, d. h. der Selbsterhaltungstrieb des Universums und des Individuums, wirken in solchen Fällen ineinander, und die aus jenem hergenommenen allgemeinen Anschauungen und Ideen, an denen dieses sich allmählich wieder aufrichtet, werden uns nur deshalb zuteil, weil wir als Teile sonst früher zusammenbrechen würden, als es das Interesse des Ganzen gestattet. Der höchste Stachel im Schmerz war für mich das Bewußtsein, die Vaterfreuden an dem holden Geschöpf nicht genossen zu haben. Aber ich hadre darüber jetzt nicht mehr mit mir, denn nur meine Situation, nur die Angst vor der Zukunft war schuld daran, und die ist sehr begründet. — Paris hat sich von seiner lebendigen und belebenden Seite bald bei mir geltend gemacht, ich glaube auch fast, diese gewaltige Stadt hätte von Anfang an den rechten Eindruck auf mich hervorgebracht, wenn ich mich nicht in Hamburg von einem Menschen, in den ich Vertrauen setzte, weil er Jahre in Frankreich verlebt hatte, hätte verleiten lassen, meinen Aufenthalt zuerst in St. Germain en Laye zu nehmen und mich so zu einer Zeit, wo ich, losgerissen aus den Armen der Liebe und der Freundschaft, eben der Aufregung und Zerstreuung bedurfte, in die Einsamkeit zu verbannen. Ich wußte nicht, wo St. Germain lag, ich glaubte, es sei eine Vorstadt, und war sehr unangenehm überrascht, als ich fand, daß es mich über 6 Meilen von Paris entfernt hielt, aber das Logis war im voraus gemietet, und ich glaubte, es, um den Zins nicht nutzlos zu entrichten, beziehen zu müssen, obgleich ich viel besser getan haben würde, wenn ich das Geldopfer gebracht hätte und sogleich in die Stadt zurückgekehrt wäre. Was ich von diesem Herrn G. S.[1] eigentlich denken, ob ich ihn für einen Einfaltspinsel oder für etwas

1. Georg Schirges, Redakteur des *Telegraph* in Hamburg.

Schlimmeres halten soll, weiß ich noch zur Stunde nicht; er drängte sich mir, früher von mir auf eine etwas harte und, da es aus Mißverständnis entsprang, später von mir selbst gemißbilligte Weise zurückgewiesen, bei Campe wieder auf und erbot sich in bezug auf meine Reise zu allen möglichen Gefälligkeiten; und die von ihm mir mitgegebenen Briefe haben mich mit Menschen zusammengeführt, denen ich, wenn ich sie auch nur im geringsten gekannt hätte, um hundert Meilen aus dem Wege gegangen sein würde. Einer dieser Briefe, an einen Dr. Schuster aus Hannover gerichtet, der, wie ich erst hier von dem Dr. Bamberg erfuhr, als Demagoge kompromittiert sein soll, liegt noch in meinem Sekretär; Herr G. S., als er mir den Brief gab, sagte: „Nicht wahr, Sie tun mir den Gefallen und geben den Brief ab?", worauf ich erwiderte: „Mein Gott, Sie erzeigen mir ja einen Gefallen!"; und was ist der Inhalt des Briefs? „Überbringer ist der Dr. H., der Ihre Bekanntschaft zu machen wünscht!" Das ist der Wahrheit entgegen, es verschiebt das ganze Verhältnis, und es ist die Manier, in der man Hinz und Kunz, die um Briefe betteln, empfehlen, nicht aber der Ton, in dem man von einem Mann, dem man seine Briefe fast aufdringt, dem man sie wenigstens dringend anbietet, sprechen darf. Bamberg sah den uneröffneten Brief bei mir liegen, er las ihn und teilte mir, obgleich ich ihn nicht hören wollte, den Inhalt mit. Eine neue Lehre! Von Campe hatte ich zwei Briefe, an Heine und an Herrn August Gathy[1]. Mit Heine bin ich in ein Mißverhältnis geraten, nicht ganz ohne meine Schuld; Herr Gathy scheint ein mißliches Subjekt zu sein, das zwar sehr gutmütig aus matten Augen blickt, das aber trotzdem pfiffig, boshaft ist und in seinem Buckel freilich Entschuldigung findet. Meinen eigentlichen Umgang bildet Dr. Bam-

1. August Gathy (1800-58), Musiker und Schriftsteller, lebte in Paris.

berg. Dr. E. Duller[1] und Wil. Alexis[2] haben sich durch gründliche und wohlwollende Rezensionen um mich verdient gemacht; mit ersterem habe ich ein persönliches Verhältnis angeknüpft. Gearbeitet habe ich in diesem Jahr: „Maria Magdalena", ein bürgerliches Trauerspiel; die Schrift gegen Heiberg; 14 Gedichte; außerdem sind mehrere Pläne zu neuen dramatischen Werken in mir ausgebildet worden.   *(2975)*

1844

Was wir im Drama bös w e r d e n sehen, das müssen wir auch wieder g u t werden sehen.   *(2996)*

Antwort an die Crelinger vom 23. Jan.
—— Ich weiß recht gut, daß Sie mein Werk nicht mit Ihnen, sondern mit den Augen des Publ[ikums] betrachtet haben, meine Einwendungen gelten also auch nicht Ihnen, sondern dem Publ., das wir allerdings nicht verändern können. Aber dem Publ. ist diese Situation, ohne die mein Stück unmöglich ist, an die es geknüpft ist wie die Blume an die schwarze Erde, aus der sie hervorwächst, ja nicht fremd. G r e t c h e n im „Faust" ist auch eine schwangere Heldin, und dies Gretchen gehört nicht bloß zu den höchsten und reinsten Gestalten aller Poesie, sondern es wird gespielt, eben aber auf den Zustand des Mädchens wird die ganze Katastrophe gebaut, mit jenem fällt sie weg und mit ihr der ganze „Faust". K l ä r c h e n im „Egmont" ist noch etwas viel Schlimmeres, sie ist eine Dirne, die

1. Eduard Duller (1809-53), Schriftsteller, Zeitschriftenherausgeber und deutschkatholischer Prediger, hatte *Genoveva* rezensiert.
2. Willibald Alexis (Pseudonym für G. W. H. Haering; 1798-1871), bekannt durch seine Romane und Novellen aus der brandenburgisch-preußischen Geschichte, als Kritiker und Buchhändler vor allem in Berlin tätig, besprach Hebbels Gedichte.

Dirne eines Grafen, den sie nie besitzen kann, aber weil der Dichter sie mit einem über alle bloße Sitte weit hinausgehenden und sie vergessen machenden sittlichen Adel zu umkleiden wußte, fällt das keinem ein oder doch nur demjenigen, dem auch bei Raffaels Madonna allerlei einfällt. Das Problematische ist der Lebensodem der Poesie und ihre einzige Quelle, denn alles Abgemachte, Fertige, still in sich Ruhende ist für sie nicht vorhanden, sowenig wie die G e s u n d e n für den A r z t. Nur, wo das L e b e n sich b r i c h t, wo die i n n e r e n Verhältnisse — die ä u ß e r e n sind für den Handwerker da, der sie durcheinanderschiebt und dadurch denn freilich auch die müßige Neugier befriedigt, ja, wenn er sie wieder zurechtrückt, eine so vollständige Versöhnung zustande bringt, daß der wahre Dichter, der sich eben mit dem Unauflöslichen beschäftigt und der das Böse sowenig aus dem Ring seines Dramas verweisen kann, als Gott es aus der Welt verweisen konnte, weit hinter dem Mann zurückbleibt — nur wo die inneren Verhältnisse sich verwirren, hat die Poesie eine Aufgabe, und wenn es ihr verwehrt wird, sie hier zu suchen, wenn man sie, statt sie zu fragen: „Bringst du die G e s u n d h e i t, nämlich den geläuterten sittlichen Zustand, wieder hervor", fragt, warum sie sich mit einem so häßlichen F i e b e r, worin die Helden nur noch Unterjacken, aber nicht die Toga tragen, befaßt, so ist kein dramatischer Messias möglich, oder vielmehr, da das Drama sich auch im Notfall selbständig entfalten kann, er wird für das Theater seiner Zeit nicht vorhanden sein. Nur auf die Behandlung des Prozesses und auf das Resultat, das aus ihm hervorgeht, kommt es an, und was die Behandlung des hier in Frage stehenden Verhältnisses betrifft, so weiß ich, daß sie nicht zarter sein kann, und bilde mir auf diesen Mädchencharakter, besonders aber auf die Spitze desselben in der Schlußszene des zweiten Aktes — wenn ich es anders sagen darf — etwas ein. Das Resultat aber ist ein so vollständiges, wie nur irgend möglich, denn ein Fehltritt, der eigentlich gar keiner ist, weil das unglückliche Wesen ja nicht sowohl vom geraden Wege abweicht als aus diesem Wege herausgedrängt und gestoßen wird, kann nicht entsetzlicher gebüßt werden, und ich dächte, das Tragische der ganzen Situation, das sich mit dem Bedenklichen z u g l e i c h, nicht erst h i n t e r h e r, entfaltet, sollte jeden Gedanken an dieses entfernt halten. Ja, ich bin überzeugt, daß eine Schauspielerin, die auf die tragischen Motive das gehörige Gewicht legt, die übrigen ebensogut vergessen macht, als uns im „Faust" Gretchens: „O neige, neige, du Schmerzenreiche" pp. über das Anstößige ihres Zustandes weit hinausführt. Es ist gewiß nicht die Sucht nach dem Ungewöhnlichen und hoffentlich auch keine Lücke in meinem geistigen Organismus, was mich veranlaßt, meine Gebilde so und nicht anders hinzustellen; ich befolge nur das einfache Gesetz, das zu allen Zeiten von den Meistern der tragischen Kunst befolgt wurde: das minder Wesentliche dem Wesentlichen zu opfern. Jeder wird mir zugeben müssen, daß mein Stück ohne den Punkt, der eingeräumt werden muß, nicht möglich ist; mancher wird aber doch Anstand nehmen zu sagen, daß es auch besser sei, wenn es wirklich nicht existierte.————— (Früher.) Wenn Sie meinem Stück anzumerken glaubten, daß ich nun schon vieles gesehen habe, so muß das in der unbewußten Entwickelung meines Geistes liegen, denn nicht fünfmal war ich seit meiner „Judith" im Theater. Ihre Bemerkung bestätigt also nur, was ich leider selbst fühle, daß die dramatische Form mir angeboren ist. Ich sage: leider, denn als Dramendichter will man mich nicht, und in eine andere Façon kann ich mich nicht gießen. (Später, über den „Diamant".) Er ist in Berlin nicht gekrönt, nicht dem Siebengestirn, worin Herz und Industrie und andere gestalten- und ideenlose Possen, die die Preisrichter gewiß nur aus Verzweiflung aus der Spreu hervorhoben, glänzten, einverleibt worden. Ich denke, man hat ihn nicht gelesen, und das entschuldigt niemand leichter als ich; wenn ich hundert Msp. zu lesen hätte, würde ich gewiß auch die Hälfte beiseite schieben und denken: Es ist eben nur beschriebenes Papier! — *(3003)*

Die Sonne ist nicht bloß für die Erde und noch weniger für die Krautgärten auf der Erde da, sie ist auch für sich, auch als Glied in der großen Sonnenkette da; wer auf Erden sollte aber wohl daran denken? Wenn sie anders beschäftigt ist, so daß uns die Ernten nicht geraten oder wir nicht spazierengehen können, so heißt es: sie erfüllt ihre Pflichten schlecht. *(3004)*

Gestern war ich in den naturhistorischen Museen im Jardin des Plantes. Ich sah eine aus Algier herübergebrachte versteinerte Erdschichte, worin Knochen und Gewächse, mehr oder minder vermürbt und zerfallen, saßen, unter anderem Ochsenknochen. Gefühl, wie in der Kindheit, wo ich das Wort Rippe in meinem kleinen lutherischen Katechismus (Stelle: Und Er machte ihm ein Weib aus seiner Rippe) auskratzte und wo mir, wenn ich einen alten Knochen erblickte, zumute war, als sähe ich den Tod selbst. Ja, wenn man so sieht, wie das sich durcheinander verschlingt, das Leben und der Tod, wenn man bedenkt, daß auf der ganzen Erde vielleicht kein Stäubchen ist, das nicht schon gelacht und geweint, geblüht und geduftet hätte, so wird einem trostlos zumute und alle Philosophie schlägt nicht dagegen an, denn leider, was hat der Geist, wenn er nichts als sich selbst hat? Er muß immer aufs neue die Mesalliance eingehen, wenn er es einmal mußte, und bei der Unsterblichkeit kommt nichts heraus als das Wieder- und Wiederkäuen. *(3012)*

In allem Denken sucht Gott sich selbst, und er würde sich schneller wiederfinden, wenn er nicht auch darüber mitdächte, wie er sich verlieren konnte. *(3028)*

Unser Hauptfehler ist, daß wir unser bißchen Bewußtsein über den Moment zu einem Bewußtsein über alle Zukunft ausdehnen möchten. Keine schönere Naturen als diejenigen, die sich ohne Dumpfheit und Frechheit in gläubigem Vertrauen ans Leben hingeben.   (3030)

„Die Welt ist Gottes Sündenfall."   (3031)

Die Kantsche Philosophie hat ihre Eigentümlichkeit darin, daß sie die Werkzeuge, mit denen der Mensch, dem Universum gegenüber, ausgerüstet ist, b e s i e h t, statt sie zu g e b r a u c h e n. Eigentlich ein sehr unglücklicher Gedanke, denn da es keinen Weg gibt, uns ein anderes Maß und Gewicht zu verschaffen, so ist unser E r k e n n e n unsere W a h r h e i t, und wir dringen auch unstreitig in alles so weit, freilich auch nicht weiter, wenn es noch ein Weiteres gibt, ein, bis wir uns darin w i e d e r f i n d e n. Ein blinder Ochse, der mit dem Kopf gegen den Felsen rennt, hat in der Härte des Felsens, von der ihn der Stoß überzeugt, die Wahrheit desselben und in der Wunde das Resultat dieser Wahrheit.   (3037)

In jedem Menschen ist etwas, was aus ihm ins Universum zurückgreift. Diese Räder, die erst im Tode laufen dürfen, soll er zum Stehen bringen, sonst wird er zu früh zermalmt.   (3041)

Der Traum ist der beste Beweis dafür, daß wir nicht so fest in unsere Haut eingeschlossen sind, als es scheint.
    (3045)

Die Geschichte mündet doch eigentlich nur in die Individuen, wie sie von ihnen ausgeht. Die Masse zieht davon, ob ein Stadium zurückgelegt ist oder nicht, keinen oder doch nicht den rechten Vorteil, aber ein großes Ich, obgleich es alle früheren Stadien durchlaufen muß, denn was auf der allgemeinen Mühle vermahlen ist, wird dem einzelnen immer wieder aufgeschüttet, kommt schneller hindurch.   (3048)

Leute, denen damit gedient gewesen wäre, wenn Kant statt seiner philosophischen Werke die Anekdoten, an denen er bei Tisch so reich gewesen sein soll, herausgegeben hätte. (3050)

d. 8. Febr. Gestern abend fand ich einen Brief aus Berlin vor, wonach es doch noch möglich ist, daß „Maria Magdalena" zur Aufführung gelangt. (3053)

— Die negative Tugend: der Gefrierpunkt des Ich.
(3056)

d. 11. März. Armes Tagebuch! So frisch im Wachsen und doch ins Stocken geraten! Aber heute abend können wir glänzend kontinuieren! Auch in Deutschland fängt man an einzusehen, daß es gut ist, die dramatischen Dichter nicht verhungern zu lassen. Die Allg. Zeitung brachte einen Artikel aus Wien, des Inhalts, daß das Kaiserlich Königliche Hof-Burgtheater den Dichtern von dem Tage der Bekanntmachung dieser Bestimmung an für jede Darstellung ihrer zur Aufführung kommenden Werke 10 p. ct. von der Bruttoeinnahme bewillige, falls das Werk den Abend fülle, 6 p. ct. dagegen, falls es noch eines einaktigen Vor- oder Nachspiels bedürfe, und 3 p. ct., falls Vor- oder Nachspiel mehraktig sein müßten. Dies alles solle bis zehn Jahre nach dem Tode des Dichters gezahlt werden, dabei sei es einem jeden freigestellt, die bisherige Honorarzahlung zu bedingen. — Ich weiß, daß ich nie davon profitieren werde, dennoch schreib ich's ins Tagebuch. Aber eigentlich nur, weil ich zu warm bin, um mich bei meinem Schnupfen gleich entkleiden zu dürfen, und weil die Minuten getötet sein wollen. (3058)

Sittlich ist jede Tat, die den Menschen über sich selbst erhebt. Darum ist eine und dieselbe Tat nie z w e i - mal sittlich in dem Leben eines und desselben Menschen, denn die erste stellte ihn schon so hoch, daß die Wiederholung ihn nicht mehr höher stellen konnte. (3063)

d. 18. März. Es ist heute der 18. März, also mein Geburtstag. Ich würde es nicht gewußt haben, wenn Herr Dr. Bamberg mir nicht heute morgen eine Gratulationskarte geschickt hätte. Ich feire ihn diesmal aber doch besser wie das letztemal in Kopenhagen, wo ich krank und auch noch wegen des Reisestipendiums nicht außer Zweifel war. Heute geht das Vorwort[1] und der entscheidende Brief, der unser Verhältnis aufheben oder ganz anders stellen wird, an Campe ab! (3064)

Alles ist vergänglich. Jawohl, jeder Ring, in dem wir uns dehnen, muß endlich zerspringen, aber an den Ring scheint alles Bewußtsein geknüpft zu sein, sowie wir an ihn anstoßen, haben wir im Zentrum unseres Ichs einen Widerklang. (3071)

Wer sich für überflüssig in der Welt hält, der kann nicht überflüssig sein. (3084)

Die höchsten Wesen wissen nicht von sich, nur von Gott. Daß wir von uns wissen, darin liegt eben der Grund, daß wir nicht alles von Gott wissen; wo das Wissen von uns anfängt, da hört das Wissen von Gott auf, es ist der Flecken im Spiegel. (3086)

Hegel, Schuldbegriff, Rechtsphilosophie § 140, g a n z d e r m e i n i g e . Hätt' ich's gewußt, als ich gegen Herrn Heiberg schrieb! (3088)

Man sieht einen Menschen im Begriff, einen Mord zu begehen, und kann ihn nur dadurch hindern, daß man ihn selbst tötet; man hat etwa eine Flinte in der Hand und jener auch, und sieht, daß er abdrücken will; aber man weiß nicht, a u s w e l c h e m G r u n d e jener morden will; was ist zu tun? (3089)

---

1. Vorwort zur *Maria Magdalena*.

Einer, der in höchster Wut sich selbst ermordet und schreit, ein anderer, der eben bei ihm ist und mit dem er sich entzweit hat, habe es getan. *(3090)*

Ich war wieder auf dem Père-Lachaise. Visiten in der Kutsche bei den Gräbern. Man könnte es sich noch bequemer machen und den Bedienten mit dem Immortellenkranz hinschicken. Das Grabmal von Héloise und Abälard war verändert: man konnte nicht mehr übersteigen, denn statt des hölzernen war ein hohes eisernes Gitter gesetzt, desungeachtet war der alle Poesie vernichtende Pfahl, der das polizeiliche Verbot trug, stehengeblieben. *(3091)*

Nie kann ein Frosch erröten! *(3092)*

d. 31. März. Sonntag. Göttlicher Frühlingstag. Ganzen Morgen heiter gestimmt. Nachmittags um 2 die Mendelssohnsche Musik zur „Antigone" im Odeontheater gehört. Paßt zum Sophokles wie ein Walzer zur Predigt. Nachher ging ich in den Garten des Luxembourg und fand zu meiner großen Freude das Museum offen; es war der erste Tag. Flog nur durch, sah aber doch die Judith von Horace Vernet und ein göttliches Stück, Raffael und Michelangelo, überhaupt römisches Leben darstellend. *(3093)*

d. 9. April. Soeben habe ich Schillers „Braut von Messina" einmal wieder gelesen. Das ist denn doch das sinnloseste aller seiner Produkte. In der „Jungfrau von Orleans" sieht man doch, was er will, wenn er auch bei dem gänzlichen Mangel aller Naivität, die die Darstellung dieses Charakters erforderte, das Ziel nicht erreichen konnte. Aber hier weiß ich wirklich nicht, was er beabsichtigt hat, ich sehe auch keine Spur von Idee. Warum geschieht dies alles? Was wird mit diesem Blut abgewaschen? Man frägt sich umsonst. Denn das Stück ist ein modernes, die christliche Weltanschauung, wenn

auch wunderlich genug mit antiken Arabesken um-
 rändert und ausgeziert, liegt ihm zugrunde, ja, sie muß
ihm zugrunde gelegt sein, da der Dichter aus der antiken nur diejenigen Momente, die nicht aufgelöst und
vernichtet, wenn auch mit der neueren verschmolzen
und dadurch verändert sind, herausnehmen darf, nicht
aber diejenigen, die, als in sich nichtige und darum
überwundene und beseitigte, hinter uns liegen, und sich
nur durch einen willkürlichen Verengerungsprozeß des
Bewußtseins notdürftig reproduzieren lassen. Wir sind
darüber hinaus, dem Fluch, den ein Individuum gegen
das andere ausstößt, und wäre es auch im Verhältnis
von Vater und Sohn, eine magische, die höchste Macht
zwingende und ihr die Exekution abdringende Kraft
beizulegen, wir sehen in einem solchen Fluch nur noch
den leidenschaftlichen Ausdruck eines gerechten oder
ungerechten Zorns, der realisiert werden mag, wenn
der Verfluchte es an und für sich verdient, wenn es also
auch ohne den Fluch geschähe, der aber mit Vernunft
und Gefühl in Widerspruch tritt, wenn er an und für
sich, und abgesehen davon, daß er wohl in den meisten
Fällen nur durch eine wirkliche Schuld ausgepreßt wird,
etwas bedeuten und für das sittliche Gesetz, dem er, wie
es z. B. in der Racineschen „Phädra" offenbar der Fall
ist, geradezu entgegengesetzt sein kann, in die Stelle
treten will. Das Individuum ist emanzipiert, daraus
folgt unter anderem auch, daß mit jedem eine neue
Welt, ein unendlicher Lebens- und Tatenkreis beginnt,
der nicht willkürlich, um den Rachedurst eines anderen
Individuums zu befriedigen, abgeschlossen und unter-
brochen werden darf, sondern sich durch sich selbst vernichten muß; darum tut, um auch hierin an die Weisheit Shakespeares zu erinnern, sich die Erde nicht auf,
als Lear seine Töchter verflucht, um sie zu verschlingen,
sondern es wird uns veranschaulicht, wie sich in ihnen,
infolge der ersten und größten, Sünde nach Sünde ent-
bindet und wie sie dadurch ihren Untergang finden. In

der „Braut von Messina" ist alles edel und gut und bleibt es bis zum Ende; die Mutter ist ohne Schuld, denn[1]

> – den Rachegeistern überlaß ich
> Dies Haus, ein Frevel führte mich herein,
> Ein Frevel treibt mich aus. – Mit W i d e r w i l l e n
> Hab ich's betreten und mit Furcht bewohnt,
> Und in Verzweiflung räum ich's –

dennoch wird ihr das Schrecklichste auferlegt; die Söhne sind es auch, wenn anders ihr heißes Blut nicht ihre Schuld sein soll, dennoch müssen sie das Schrecklichste aneinander vollziehen; Beatrice ist ein Engel und mehr, dennoch muß sie das Schrecklichste hervorrufen; und dies alles, weil –

> Auch ein Raub war's, wie wir alle wissen,
> Der des alten Fürsten eh'liches Gemahl
> In ein frevelnd Eh'bett gerissen,
> Denn sie war des Vaters Wahl.
> Und der Ahnherr schüttete im Zorne
> Grauenvoller Flüche schrecklichen Samen
> Über das sündige Eh'bett aus.
> Greueltaten ohne Namen,
> Schwarze Verbrechen verbirgt dies Haus;

und weil –

> Es ist kein Zufall und blindes Los,
> Daß die Brüder wütend sich selbst zerstören,
> Denn verflucht ward der Mutterschoß,
> Sie sollte den Haß und den Streit gebären;

also, weil sie verflucht sind. Wir haben hier daher wirklich den nackten, rohen Fluch an sich, den ein Ahnherr, über dessen Wert und Würdigkeit wir, wie über die Größe des an ihm verübten Frevels, durchaus im ungewissen gelassen werden, ausstößt, und der ein ganzes, herrliches Geschlecht, das in Kraft, Jugend und Schön-

---

1. Die Zitate entsprechen nicht ganz dem Schillerschen Original. Hebbel zitierte wohl aus dem Gedächtnis.

heit dasteht, austilgt, und dies geschieht, um die Verwirrung vollkommen zu machen, sogar erst nach dem Tode dessen, der dadurch eigentlich gestraft werden sollte, nach dem Tode des Fürsten, denn —

> Er hemmte zwar mit strengem Machtgebot
> Den rohen Ausbruch eures wilden Triebs,
> Doch ungebessert in der tiefen Brust
> Ließ er den H a ß — der Starke achtet es
> Gering, die leise Quelle zu verstopfen,
> Weil er dem Strome mächtig wehren kann!

Es geschieht demnach ohne Zweck wie ohne Motiv, und es bleibt nichts übrig, als eine häßliche, schaudererregende Anekdote, die, weit entfernt, uns die ewigen Gesetze der sittlichen Welt zu vergegenwärtigen, uns vielmehr bange machen könnte, daß sie nicht immer wirksam sind. Eine unbegreifliche Verirrung! Von den Einzelheiten will ich schweigen; gar zu unnatürlich ist es aber doch, wenn Don Cesar, um dem Chor für seine Sentenzen Platz zu machen, gleich nach Ermordung des Bruders ausruft:

> Ich kann nicht länger weilen, denn mich ruft
> Die Sorge fort um die geraubte Schwester!

und abgeht. *(3099)*

d. 13. April. Ich wurde im Traum mit Gewalt durchs Meer gezogen, furchtbare Abgründe, hie und da ein Fels, sich daran zu halten. *(3100)*

„Es ist doch eine Versöhnung, wenn im Drama die Bösen zugrunde gehen." Nun ja, in dem Sinn, worin der Galgen ein Versöhnungspfahl ist. *(3105)*

Das Allervernünftigste für das Individuum kann das Allerunvernünftigste für das Universum sein. Was wäre z. B. vernünftiger, als daß das Individuum sich die ewige Jugend, in der sich alle seine Kräfte auf dem Höhepunkt der Entwicklung und der Wirkung befinden, wünscht? Und doch, was ist unvernünftiger für das Universum? Das Individuum, das diesen Wunsch zurücknimmt, ist kein Individuum mehr. *(3108)*

Der Geist scheint eine sonderbare Freude daran zu haben, sich selbst zu binden und dann wieder zu lösen, denn läuft nicht alles Leben darauf hinaus? *(3109)*

Eine Blume, so dunkelrot, daß man denkt, sie müsse von einem Nadelstich bluten. *(3118)*

d. 16. Mai. Heute, am Himmelfahrtstag, erhalte ich zwei Briefe, einen aus Berlin und einen aus Hamburg von Elise. Jener benachrichtigt mich, daß mein neues Stück von der Intendanz abgelehnt worden ist; das Schreiben der Intendantur, lithographiert, also so gut an die Herren Töpfer, Friedrich usw. als an mich gerichtet, belehrt mich, daß die Vorzüge meiner Arbeit nicht verkannt worden sind; ein Brief der Crelinger gibt mir die Versicherung, daß sie mich in allen und jeden Fällen mit der ganzen Energie ihres Willens unterstützen will, diejenigen natürlich ausgenommen, wo mir ihre Unterstützung von Nutzen sein könnte. Elise, in Erwartung ihrer nahen Krisis[1], schreibt mir Dinge, die mir das Herz zerreißen und umkehren; wie es nach ihrem Tode verhalten werden soll, wohin sie meine Bücher, meine Papiere getan hat, usw. Edelste Seele, hast du nicht gefühlt, daß deine Liebe, die noch über ein Extrem hinaus, das, wenn es einträte, mir alles gleichgültig machte, für mich sorgen wollte, dies nicht aussprechen konnte, ohne mir bis ins Innerste wehe zu tun? Nein, nein, dies wird nicht geschehen, oder wenn — mein Gott, wie erbärmlich ist der Mensch, daß er noch eine Wahl hat! *(3123)*

Naivität in der Kunst, unstreitig das Höchste. Aber es gibt auch eine Naivität in der Kunst, die darin besteht,

---

1. Elise erwartete die Geburt ihres zweiten Kindes.

daß der sog. Künstler mit der Behaglichkeit des größten Genies seine Trivialitäten aus sich heraus produziert, weil er von der Idee, die sein Stroh in seinem eignen Kopf verzehren würde, wenn auch nur einer ihrer Strahlen hineinfiele, nicht das geringste ahnt und weiß, und diese Naivität findet auch ihre Verehrer!   *(3125)*

Die Dummheiten platter Köpfe sind immer unfreiwillige Parodien von der Weisheit der Gescheiten; denn nicht einmal darin sind sie originell.   *(3130)*

d. 22. Mai. Gestern bei Regenwetter bis 4 Uhr nachmittags zu Hause. Als ich ausging, fand ich unten bei der Concierge zwei Briefe vor, die vielleicht schon lange dagelegen hatten. Sie waren von der Madame Ruschke und meinem alten vortrefflichen Schütze und brachten mir die Nachricht, die ich noch nicht erwarten durfte, der ich aber mit der höchsten Angst entgegenharrte. Elise ist glücklich und leicht von einem kleinen Sohn[1] mit großen Augen und schwarzen Haaren entbunden, sie befindet sich wohl und kann selbst stillen! Da mir das Leben ein so großes Geschenk gemacht hat, so will ich dem Tod denn nun auch entschieden den Rücken wenden. Dem Himmel sei Dank! Noch hatte ich nur im allgemeinen, nicht im besonderen gefürchtet, und die Marterzeit der Erwartung ist vorüber, bevor sie noch recht anfing! Nun will ich ausgehen und den Montmartre, den ich so deutlich von meinem Zimmer aus sehe, ohne ihn noch bestiegen zu haben, aufsuchen und besteigen.   *(3134)*

Durch den ganzen Hegel geht ein Zug grandioser Ignobilität hindurch, der darin besteht, daß er keine Waffe verschmäht, die irgend dienen kann.   *(3137)*

„Verschluck die Welt, dann verschluckst du all die Kuchen mit, die darin gebacken werden!"   *(3139)*

1. Hebbels Sohn Ernst, den er nie gesehen hat.

Brief an Elise vom 26. Mai.

— Ahnung und alles, was damit zusammenhängt, existiert nur in der Poesie, deren eigentliche Aufgabe darin besteht, das verknöcherte All wieder flüssig zu machen und die vereinzelten Wesen, die in sich selbst erfrieren, durch geheime Fäden wieder zusammenzuknüpfen, um so die Wärme von dem einen zum andern hinüberzuleiten. Der Mensch ist unendlich beschränkt; ich bin überzeugt, er kann sanft und ruhig schlafen, während dicht neben ihm im anstoßenden Zimmer sein liebster Freund ermordet wird. Dies ist auf der einen Seite schlimm, auf der anderen aber auch wieder gut. Mein Gott, wenn alles das, was wir sein, was wir tun und leisten, was wir genießen und aufnehmen könnten, wenn das Element sich etwas anders um uns zusammengesetzt hätte, auch nur von fern in den Kreis unseres Bewußtseins fiele, so würde unser Leben in Zeit und Ewigkeit nur ein ununterbrochen fortgesetzter Selbstmord sein, denn die Natur, oder wie man es nennen will, kann von zwei Gegensätzen immer nur einen verleihen, der eine in die Existenz getretene sehnt sich aber beständig nach dem anderen in den Kern zurückgesenkten hinüber, und wenn er diesen im Geist wirklich e r f a s s e n und sich mit ihm i d e n t i f i z i e r e n , wenn die Blume z. B. sich den Vogel wirklich d e n k e n könnte, so würde er sich augenblicklich in ihn auflösen, die Blume würde Vogel werden, nun aber würde der Vogel in die Blume zurück wollen, es würde also kein Leben mehr, nur noch ein stetes Um- und Wiedergebären vorhanden sein, eine andere Art von Chaos. Zum Teil hat eine solche Stellung zum Weltall der Künstler, daher die ewige Unruhe in einem Dichter, alle Möglichkeiten treten so nah an ihn heran, daß sie ihm alle Wirklichkeit verleiden würden, wenn die Kraft, die sie heranbeschwört, ihn nicht auch wieder von ihnen befreite, indem er ihnen dadurch, daß er ihnen Gestalt und Form gibt, selbst auf gewisse Weise zur Wirklichkeit verhilft und so ihren Zauber bricht; es gehört aber ungeheuer viel und mehr, als irgendein Mensch, der es nicht in sich selbst erlebt, ahnen kann, dazu, um mit dem Gleichgewicht zu verlieren, und Naturen, denen das wahre Formtalent abgeht, müssen durchaus in sich gebrochen werden, woraus denn auch so viel Schmerz und Verrücktheit entspringt. (3140)

Daß man die Zeit nicht zurücklegen kann wie ein Kapital! Die einzige Ausgabe, die man immer macht, man mag etwas dafür haben oder nicht. (3142)

Jemand überbringt dem Scharfrichter ein Papier, sein Todesurteil. Der Scharfrichter kann nicht lesen, er selbst nur buchstabieren — er buchstabiert es heraus, und wie er vor Schreck das Papier fallen läßt, wird ihm der Kopf abgeschlagen. (3147)

Sich etwas borgen wollen auf den Anteil, den man an dem großen Diamanten im Innern der Erde hat. (3149)

Zerstoß dir im Finstern an einem Pfahl den Kopf und sieh zu, ob das Feuer, das dir aus den Augen fährt, hinreicht, ihn zu beleuchten. (3150)

Der wahre und tiefe Humor spielt so mit der Unzulänglichkeit der höchsten menschlichen Dinge wie der falsche mit der einzelner, herausgerissener Individuen. (3151)

Die Rose weiß nur von der Sonne, die sie küßt, aber nicht von der Wurzel, aus der sie hervorging. (3152)

— Es hängt nicht weniger als alles davon ab, daß der Begriff der Schuld richtig gefaßt und nicht, wäre es auch nur nach irgendeiner Seite hin, mit dem untergeordneten der Sünde, der selbst im modernen Drama, wo er freilich aus naheliegenden Gründen größeren Spielraum findet als im antiken, immer wieder in jenen aufgelöst werden muß, wenn das Drama sich über das

Anekdotische hinaus zum Symbolischen erheben soll, verwechselt werde, denn wie der Begriff der tragischen S c h u l d nur aus dem Leben selbst, aus der ursprünglichen Inkongruenz zwischen Idee und Erscheinung, die sich in der letzteren eben als Maßlosigkeit, der natürlichen Folge des Selbsterhaltungs- und Behauptungstriebes, des ersten und berechtigtsten von allen, äußert, entwickelt werden darf, nicht aber erst aus einer von den vielen Konsequenzen dieser ursprünglichen Inkongruenz, die viel zu tief in die individuellen Verirrungen und Verwirrungen hinabführen, um die Herausarbeitung des höchsten dramatischen Gehalts noch zuzulassen, so ist auch der Begriff der tragischen Versöhnung nur aus der Maßlosigkeit, die, da sie sich in der Erscheinung nicht aufheben kann, diese selbst aufhebt, indem sie sie zerstört und so die Idee wieder von ihrer mangelhaften Form befreit, zu entwickeln. Allerdings bleibt die ursprüngliche Inkongruenz zwischen Idee und Erscheinung unbeseitigt und unerledigt, aber es ist einleuchtend, daß im Kreise des Lebens, den die Kunst, solange sie sich selbst versteht, nie überschreiten wird, nichts abgetan werden kann, was außerhalb dieses Kreises liegt, und daß sie ihr höchstes Ziel erreicht, wenn sie gleich die n ä c h s t e Konsequenz dieser Inkongruenz, die Maßlosigkeit, ergreift und in ihr das Sich-selbst-Aufhebungs-Moment aufzeigt, die Inkongruenz selbst aber, die sich in die Nacht der Kreation verliert, als unmittelbar gegebenes Faktum auf sich beruhen läßt. (Aus der Abhandlung[1].) *(3158)*

Kinder sind Scharaden, die den Eltern aufgegeben werden. *(3159)*

Die Natur scheint sich in allen Möglichkeiten erschöpfen und alle erschaffen zu müssen. Es mag ein reizendes

1. Hebbels für die Universität Erlangen verfaßte Dissertation, die nicht erhalten ist.

Spiel für sie sein, vielleicht am pikantesten, wenn sie das hervorruft, was ihre ewigen Zwecke stört oder doch durchkreuzt, denn für sie bleibt jede trotzende Erscheinung ja nur ein Kind, dem der Vater Waffen zum Zeitvertreib gegeben hat und das ihn damit bedroht. *(3167)*

Daß in der dramatischen Kunst die Versöhnung immer über den Kreis des speziellen Dramas hinausfällt, werden wenige begreifen. *(3168)*

Daß Shakespeare Mörder schuf, war seine Rettung, daß er nicht selbst Mörder zu werden brauchte. Und wenn dies, einer solchen Kraft gegenüber, zuviel gesagt sein könnte, so ist doch sehr gut eine gebrochene Dichternatur denkbar, bei der das in anderen Menschen gebundene und von vornherein ins Gleichgewicht gebrachte, im Künstler aber entfesselte und auf ein zu erringendes Gleichgewicht angewiesene elementarische Leben unmittelbar in Taten hervorbräche, weil die künstlerischen Produktionen in sich ersticken oder in der Geburt verunglücken. *(3174)*

— Wenn man sich den Weltgeist ungefähr auf dieselbe Weise in die Welt, wie den Menschengeist in den Leib versenkt vorstellen darf, so ist die Poesie für ihn, was das Gewissen für den Menschen: das Organ der inneren Freiheit in der äußeren Gebundenheit, und ebendeshalb unzerbrechliches und sich von selbst allem ins Dasein Hervortretenden anlegendes Maß. Das Gewissen wird unstreitig nur dann aufgefaßt, wie es aufgefaßt werden soll, wenn man darin nicht mehr die bloße Negation des menschlichen Tuns von einem sog. höheren Standpunkt herab erblickt, sondern das Allerpositivste im Menschen, ja das allein wahrhaft Menschliche; der Mensch hat seine sittliche Bildung erst dann vollendet, wenn er, natürlich im umgekehrten Sinn als dem gewöhnlichen, worin dieser Höhepunkt der Sittlichkeit freilich ebenso leicht zu erreichen ist als der sokratische des Wissens unseres Nichtswissens in der Weisheit, kein Gewissen mehr hat, wenn er den Zwiespalt zwischen Sollen und Wollen in sich gelöst und sich nur noch im Gesetz als seiend fühlt. Ebenso ist auch die Poesie das Positivste des Weltgeistes, und auch von ihm kann man sagen, daß er sein Ziel erst dann erreicht hat, wenn es keine Poesie mehr geben, d. h. wenn der Widerspruch zwischen Idee und Erscheinung aufgehoben und alles poetisch sein wird. Es ist hiemit nicht etwa auf ein bloßes Bild abgesehen, sondern die T a t s a c h e der P o e s i e im M a k r o kosmus entspricht durchaus der T a t s a c h e des G e w i s s e n s im M i k r o kosmus, sie deutet auf dasselbe B e d ü r f n i s und hat denselben Z w e c k .

(Aus der Beantwortung der mir vorgelegten Fakultäts-Fragen[1].) *(3191)*

Die Natur hat nur einen höchsten Prozeß, im Geistigen wie im Physischen, den der Verdichtung. Wunderbar ist es, daß sie bei ihrem unbegrenzten, immer auf das höchste Mögliche gerichteten Streben doch auf jeder Stufe verweilen muß, und auf eine Art, als ob es für immer wäre. Es scheint, als ob alle untergeordneten Bildungen auf nichts weiter als auf Läuterung des Elements abzielten. So kommt sie vom Stein zur Pflanze, von der Pflanze zum Tier, vom Tier zum Menschen; so im Menschen zum Genie. *(3192)*

Es gibt Menschen, vor denen man nur den Kaiser von China loben darf. *(3193)*

Wir sind Spiegel mit Gefühl und Bewußtsein für die Bilder, die wir in uns aufnehmen. *(3199)*

Eine Rose, so reif, daß ein Schmetterling, der seine Flügel regt, sie entblättert[2]. *(3200)*

1. Diese Fragen sind nicht erhalten.
2. Vgl. Hebbels Gedicht *Sommerbild*.

Sollte ein Mensch ohne Sehnsucht nach einem höheren Zustand in einen höheren Zustand übergehen können? Ich halte es für unmöglich. *(3215)*

Wie sich einst die Stände in den einzelnen Staaten, so stehen sich jetzt die Staaten im großen Staatenverbande gegenüber; es ist aber auch sehr die Frage, ob sie sich anders gegenüberstehen können und ob der Kommunismus nicht ebenso unausführbar im Völkerhaushalt ist wie im Haushalt der Familien, wo er auf unbesiegbare Schwierigkeiten stößt. *(3220)*

Die Schwäche kommt am leichtesten zur Menschenverachtung, denn sie ist unzufrieden, im großen Haufen nur so mitzuzählen, und kann sich doch nicht über ihn erheben, da glaubt sie sich denn durchs Naserümpfen zu unterscheiden. *(3221)*

Das Strafrecht ist durchaus nur aus dem Selbsterhaltungstrieb der Gesellschaft abzuleiten. Die Gesellschaft tötet den Verbrecher, um ihn zu verhindern, das Böse, was er möglicherweise noch verüben könne, wirklich zu verüben, und frägt nicht danach, daß sie so auf jeden Fall das Gute, das sich auch doch möglicherweise aus ihm noch entwickeln könnte, erstickt. Freilich kann sie nicht anders. *(3222)*

Ein großer Dichter ist noch nicht derjenige, der große Kräfte besitzt und Großes damit erschafft; es muß durchaus noch hinzukommen, daß dies Große auch eine Notwendigkeit für die Welt habe. Kleist z. B. ist ein Maler, der e r f u n d e n e Schlachten malt; Shakespeare einer, der solche darstellt, die wirklich vorgefallen und der Menschheit deshalb ewig teuer sind. *(3225)*

Wer da fühlt, daß er etwas Höheres sein könne, als er ist, der hat darin den Beweis, daß er schon etwas Höheres gewesen ist. *(3226)*

Brief an Duller vom 13. Sept.

— Man kann sich nicht im Atemholen gegenseitig unterstützen, aber man kann gegenseitig für reine Luft sorgen, man kann Kanonen gegen die faulen Dunstwolken, die den Horizont verfinstern, auffahren, und da ein solches Bestreben kein egoistisches ist, sondern allem und jedem, der sich gesunder Lungen erfreut, auf gleiche Weise zustatten kommt, so dürfen sich Männer dafür wohl die Hand reichen. — Es ist sehr leicht, Anekdoten zu sog. Dramen zurechtzustutzen und dem Theater dadurch einen neuen Glanz zu geben, daß man es vollends in B r a n d steckt, aber es ist schwerer, aus dem großen Fortbildungsprozeß der Menschheit heraus eine neue sittliche Welt zu gestalten, denn das setzt voraus, daß man innerlich dabei beteiligt sein, daß man den Bruch nicht bloß erkennen, sondern auch fühlen, ja, daß man für die Geisterschlacht, die G r o ß v a t e r und K i n d e s k i n d in unserer eigenen Brust, in der sich beide begegnen, schlagen, ein Auge und eine darstellende Hand haben muß. — (3231)

Die Schreckenscharaktere der Revolution: wenn das rote Meer nur einmal wieder da wäre, die Ungeheuer würden nicht ausbleiben, sie sind immer vorhanden, aber sie halten sich in der Tiefe. (3240)

d. 26. Sept. morgens früh vorm Einpacken. 22 Jahre auf einem Fleck in Dithmarschen und jetzt doch im Begriff nach Rom zu gehen! Es ist wie ein Traum! Ich fuhr mit diesem Gedanken aus dem Schlaf auf, sprang aus dem Bett und kleidete mich an. Heute nachmittag um 5 reise ich. Es war ein paar Tage Regenwetter, aber jetzt scheint die Sonne wieder so freundlich, als wollte sie mir die Stadt, die ich verlassen muß, noch einmal im glänzendsten Licht zeigen, damit ich sie nicht vergesse. Das ist unnötig, Paris wird immer der Mittelpunkt aller meiner Wünsche bleiben. Lebe wohl, du schöne, herrliche Stadt, die mich so gastfreundlich aufnahm! Empfange meinen wärmsten Segen! Blühe länger als alle Städte der Welt zusammengenommen! (3241)

[ROM]

d. 10. Oktober. Meine Reise ist so begünstigt gewesen, als sie nur irgend sein konnte; Donnerstag, den 26. Septbr., abends um 5 Uhr, fuhr ich von Paris ab, und Donnerstag, den 3. Oktober, abends zwischen 8 und 9 Uhr, fuhr ich in Rom hinein. Erst gestern abend habe ich mir Tinte gekauft, darum wird diese Notiz erst heute ins Tagebuch eingetragen. (3242)

Im Kolosseum das Kreuz: es ist, als ob man es einem erschlagenen Titanen auf die Stirn gebrannt und ihn dadurch noch im Grabe zum Kreuzritter umgeschaffen zu haben geglaubt hätte. (3243)

Wenn ein Mensch eine neue Sprache erfinden wollte, so wäre das nicht ein so ganz unsinniges Unternehmen, als es unstreitig auf den ersten Anblick scheint. Welch eine innere Notwendigkeit ist zum Beispiel vorhanden, die Empfindung der Liebe, der Achtung, des Hasses usw. gerade mit den Worten zu bezeichnen, welche die deutsche, französische, italienische Sprache dafür darbietet? Gar keine, wir sind durchaus im Gebiet der Willkür. (3244)

Ja, es ist alles belebt in deinen heiligen Mauern,
  Ewige Roma, nur mir schweiget noch alles so still!
                    Goethe. (3245)

Der Tod! Das ewige Sichablösen der Geschlechter, ohne daß sie sich steigern, ohne daß die letzten mehr sind als die ersten! (3248)

Sah gestern in der Academie Sct. Luca den heiligen

222

Lucas von Raffael, dem die Madonna mit dem Kind erscheint, damit er sie malen könne. Raffael selbst steht im Hintergrunde und sieht zu. Lucas etwas affektiert, das übrige wunderbar schön. *(3253)*

In der bildenden Kunst ist die Schönheit dasselbe, was in der Tragödie die Versöhnung ist, Resultat des Kampfes (dort der physischen Elemente, wie hier der geistigen), nicht breites Fundament eines ungestörten Daseins. *(3257)*

Wenn ein Stein einen Menschen erschlagen, wenn der physischen Schwere also das Amt des Todesengels übertragen sein kann, so wäre es doch seltsam, wenn nicht auch auf den Willen des Menschen und auf seine eigne Hand zu gleichem Zweck gerechnet sein könnte! *(3258)*

Maler Rahl[1] aus Wien brauchte heute den guten Ausdruck: Menschen das Blut abzapfen, um sie am Sündigen zu verhindern. Und: daß das Christentum vom Judentum herstammt, sieht man schon daraus, daß alles auf Gewinn und Verlust: Himmel und Hölle, berechnet ist. *(3261)*

Das Geheimnis der Geheimnisse ist und bleibt doch die Sprache: sie ist das im Individuum, was der Individualisierungs-Trieb und die Individualisierungs-Notwendigkeit im Universum ist! *(3266)*

„Dieser Mensch ist ein Gewinde von Schlangen, die auseinanderfliehen möchten, aber mit den Schwänzen ineinander verwickelt sind. Wenn sie sich beißen, glaubt er, daß in ihm das Gewissen sich regt." *(3269)*

In Dantes „Divina commedia" ist das Weltrichteramt, das der Dichter sich anmaßen mußte, um den Zustand

---

1. Karl Rahl (1812-65), später auch in Wien mit Hebbel befreundet, Maler eines der bekanntesten Porträts Hebbels.

der Menschen in Himmel und Hölle schildern zu können, außerordentlich schön durch den Ausspruch der Beatrice, daß gerade er es nötig gehabt habe, die Schrekken der Hölle zu erblicken, um auf dem Wege zum Himmel zu verharren, motiviert, denn nun kehrt alles sich um, aus einem Stolzen, wenigstens vorzüglich Begünstigten wird ein Schwacher, wenig Begnadigter, nur durch die Fürbitte einer engelreinen Liebe über sein eigenes Verdienst Erhobener, und das ist die Fo r m, die dann natürlich auch dem objektiven Teil des Gedichts zugute kommt, indem die Bedeutung der Darstellung mit ihrer Unabhängigkeit vom darstellenden Subjekt nur wächst. *(3270)*

d. 31. Dezbr. 1844. Ein Jahresschluß in Rom! Aber er ist schnell gemacht. Gearbeitet habe ich außer 16 Gedichten, von denen „Liebeszauber" allerdings nicht zu verachten, sondern unter meinen lyrischen Sachen obenan zu stellen ist, und dem ideenreichen, aber zum Nachteil der Form zu sehr ins Enge gezogenen Vorwort zur „Maria Magdalena", nicht das geringste; ich habe also im rechten Verstande, da diese Dinge wenig bedeuten wollen, nichts gearbeitet. Gelebt habe ich, wie man leben kann, wenn man jeden Sous dreimal umkehren muß, ehe man ihn auszugeben wagt; ich bin nicht verhungert, habe mich zuweilen gefreut, besonders in Paris, und noch öfterer gesehen, wie andere sich freuten. In Rom habe ich seit meiner Ankunft nur Krankheiten abzuwarten gehabt; acht Tage nach meiner Ankunft befiel mich die erste, jetzt leide ich an den Drüsen. Der fröhlichste Tag für mich in Rom war der Weihnachtsabend, den ich bei meinen Landsleuten, den Dänen und Holsteinern, zubrachte; ein himmlisches Wetter, wovon man im Norden keine Vorstellung hat, ein Himmel über mir, als ich die Spanische Treppe hinanstieg, wie eine blaue Kristallglocke, in den Gärten blühende Rosen. Wir genossen, mit Weinlaub bekränzt, ein einfaches Mahl, Toaste wurden ausgebracht, sogar einer auf mich, und alles war glücklich. Ich hätte weinen können, denn ich empfand es einmal wieder recht lebhaft, daß ich gar nichts Besonderes für mich will, sondern daß all mein Mißmut daher rührt, mich mein ganzes Leben hindurch von jedem Kreis, worin man bescheiden das Leben genießt, wie einen Hund ausgesperrt zu sehen, denn das war immer der Fall mit mir, von Jugend auf. Bekanntschaften: Gurlitt[1], Landschaftsmaler, trefflicher Künstler und Mensch, der sich meiner in kranken und gesunden Tagen wacker angenommen und mir auch zu jener Weihnachtsfeier den Zutritt verschafft hat. Hier ist der Inhalt des Jahres. Was wird das neue mir bringen? Eine Frau zu dem Kinde, das schon wieder da ist? Kann ich, muß ich heiraten? Kann ich, muß ich einen Schritt tun, der mich auf jeden Fall unglücklich und dich! nicht glücklich machen wird? O meine Lebensverhältnisse! Wie doch immer das, was mich dem einen Abgrund entriß, mich dem anderen wieder nah führte! Was ist darüber zu sagen! Elise ist das beste Weib der Erde, das edelste Herz, die reinste Seele, aber sie liebt, was sie nicht wiederlieben kann, die Liebe will besitzen, und wer nicht liebt, kann sich nicht hingeben, sondern sich höchstens opfern!   *(3277)*

1845

Ein echtes Drama ist einem jener großen Gebäude zu vergleichen, die fast ebensoviel Gänge und Zimmer unter als über der Erde haben. Gewöhnliche Menschen kennen nur diese, der Baumeister auch jene.   *(3278)*

1. Hebbels Freundschaft mit Louis Gurlitt, dem gebürtigen Altonaer (1812-97), dauerte fürs Leben.

Idee zu einer Tragödie[1]. Ein wunderschönes Mädchen, noch unbekannt mit der Gewalt ihrer Reize, tritt ins Leben ein aus klösterlicher Abgeschiedenheit. Alles schart sich um sie zusammen, Brüder entzweien sich auf Tod und Leben, Freundschaftsbande zerreißen, ihre eignen Freundinnen, neidisch oder durch Untreue ihrer Anbeter verletzt, verlassen sie. Sie liebt einen, dessen Bruder seinem Leben nachzustellen anfängt, da schaudert sie vor sich selbst und tritt ins Kloster zurück. *(3286)*

Es ist ein ungeheurer Irrtum von Hegel, daß die Kunst überwunden werden könne. Aber ein höchstes und letztes Stadium der Kunst kann es allerdings geben[2]. *(3290)*

Woher kommt unsre tiefste Verzweiflung? Weil wir die Ohnmacht, die wir in gewissen Momenten empfinden, immer auf unser ganzes Dasein übertragen und dem gar nicht entgehen können. *(3299)*

Alles Sprechen und Schreiben heißt würfeln um den Gedanken. Wie oft fällt nur ein Auge, wenn alle sechs fallen sollten. *(3306)*

Ein genesender Greis: es wird dir vergönnt, dich auf dem Wege aus der Welt noch einmal umzusehen. *(3310)*

Es wird, wenn man beweisen will, daß diese Welt von allen möglichen trotz Not und Elend, Krankheit und Tod die beste sei, gewöhnlich der Fehler begangen, daß man, während man dartut, wie gewisse Eigenschaften der menschlichen Natur nur durch die ihr in dieser Welt entgegentretenden Hindernisse entwickelt werden können, übersieht, daß alle diese Eigenschaften dem Menschen eben nur notwendig sind, weil die Welt ist, wie sie ist, und daß er ein ganz anderer sein dürfte und sein

---

1. Vgl. *Agnes Bernauer.*
2. Vgl. Hebbels *Vorwort zur Maria Magdalena.*

würde, wenn sie eine andere wäre. Überhaupt würde, selbst wenn sich beweisen ließe, was sich nicht beweisen läßt, daß diese Welt die beste sei, immer nur bewiesen sein, daß k e i n e Welt besser sei als e i n e!   (3312)

d. 16. Februar. Ich glaube, aus der Unsterblichkeit hat sich noch keiner etwas gemacht, der sie wirklich verdiente, oder doch wenigstens nur so lange, als er sie noch nicht verdiente. Auf der Höhe der Bildung erkennt der Mensch, daß er das für einen Lohn gehalten hat, was ein bloßes Reizmittel war, das ihn ermuntern sollte, emporzuklimmen. Der Mann erlebt, was der Knabe mit den Rosinen erlebte; ihretwegen lernte er die Buchstaben, aber als er lesen konnte, überließ er sie seinem jüngeren Bruder. Bildung hat nur der erlangt, der sein Verhältnis zum Ganzen und zu jedem der unendlichen Kreise, aus denen es besteht, abzumessen weiß, und daraus ergibt sich unmittelbar die richtige Würdigung unseres individuellen Leistens und zugleich auch aller und jeder Belohnungen, die das Geschlecht, das aus lauter solchen Punkten, wie wir selbst sind, zusammengesetzt ist, gewähren kann. Etwas anderes ist es jedoch noch mit dem zeitlichen als mit dem ewigen Ruhm, der aus jenem hervorwächst; die Wurzel ist der Frucht unbedingt vorzuziehen, denn sie kann genossen werden und nützt schon dadurch, daß sie den Wirkungskreis erweitert und die Tätigkeit erleichtert, während die Frucht erst über dem Grabe blüht, wo keine Hand sich mehr ausstreckt, um sie zu pflücken, kein Mund sich mehr öffnet, um sie zu verzehren, und doch hoffentlich auch kein Auge mehr auf sie herabsieht, um sich an ihr zu weiden. Über den letzten Punkt freilich gibt es verschiedene Meinungen, ich erinnere, daß Doktor Wihl, der Lyriker, einmal in Hamburg, als von Buchdruckern und Literaten dem Gutenberg zu Ehren ein Fest gefeiert wurde, mit feierlicher Miene im Festsaal zu mir sagte: „Wie muß es den großen Geist erfreuen, uns hier alle seinetwegen versammelt zu sehen!" Ich gab damals eine dumme, nämlich eine ernsthafte Antwort, wie es mir leider noch immer so oft passiert. *(3317)*

d. 20. Februar. Ich bin nun so lange in Italien, daß ich schwerlich eine noch ebenso lange Zeit werde verweilen können, und dennoch steht in diesem Tagebuch fast nichts über Land und Volk, wie sie mir vorgekommen sind. Dies würde durch mein immerwährendes Unwohlsein, das mich alles nur wie mit Fischaugen betrachten ließ, nur halb gerechtfertigt sein, wenn ich nicht einen genügenderen Grund anzuführen hätte. Ich kann nichts tun, wozu mich nicht die Begeisterung oder, um für das Narrenwort einen bis jetzt annoch unbefleckten Ausdruck zu brauchen, ein volles und bewegtes Herz treibt. Nun ist die bildende Kunst mir das nicht, was sie anderen, was sie z. B. Goethe war; die Momente, wo ich mich mit Gewalt zu ihr hinzugezogen und mich im Anschauen der Meisterwerke selig fühle, sind sehr selten bei mir, und den Drang, mich über die allmähliche Entwicklung der Schulen aufzuklären und zu dem Ende mit allem und jedem, was im Lauf der unendlichen Zeit gemalt und gemeißelt worden ist, bekannt zu machen, empfinde ich gar nicht, ich kann mich sowenig mit einem unbedeutenden Maler beschäftigen wie mit einem unbedeutenden Schriftsteller. Ebensowenig hat die antiquarische Seite der Stadt Rom einen Reiz für mich; ich kann mir den Göttertempel aus dem Steinhaufen, der noch von ihm übrigblieb, nicht wieder zusammensetzen, und es ist mir völlig gleichgültig, ob er so hoch war, wie man sagt, oder nicht, da ich ja doch nicht mehr hinaufsteigen und mich umsehen kann. Rom ist nur als Ganzes etwas für mich, und die höchste Poesie, die ich daraus mit wegnehmen werde, ist der Gedanke, dagewesen zu sein. Was aber gewaltig auf mich wirkt und ewig auf mich wirken wird, das ist die göttliche Natur, die dies Grab der Vergangenheit, in dem wir wie Würmer herumkriechen, um uns einen Maßstab für unsere Kleinheit daraus hervorzuscharren, umgibt. Vor allem das Blau dieses Himmels an einem schönen Tag! Ich kann nicht zu ihm emporschauen, ohne daß er, um ein Kindergefühl, wie ich es jedesmal habe, auch in einen Kinderausdruck zu kleiden, augenblicklich ein Stück Taft fallen läßt, in das meine Seele sich hüllt, und nun seine Farbe trägt. *(3318)*

d. 21. Februar. Oh, wie mich das schmerzt! Käthchen, du mein liebes Käthchen von Heilbronn, dich muß ich verstoßen, dir darf ich nicht mehr so gut bleiben, als ich dir wurde, da ich dir, noch Jüngling, zum erstenmal in die süßen blauen Augen schaute und mir dein rührendes Bild alles aufopfernder und darum vom Himmel nach langer schmerzlicher Probe gekrönter Liebe, ich glaubte für ewig, in die Seele drückte! Wie ein Stern bist du in einer trüben Zeit über meinem Haupt aufgegangen und hast jene Seligkeit, die mir das Leben noch verweigerte und nach der mein Herz doch schon ungeduldig schmachtete, in meine Brust hineingelächelt; deine Schmerzen habe ich geteilt, denn mir war, als ob ich ebenso hinter dem Glück herzöge wie du hinter deinem spröden Grafen, und auf deiner Hochzeit war ich der fröhlichste, wenn auch zugleich der stillste Gast, denn ich glaubte fest, wie du, wenn ich mich auch nicht so klar auf den prophetischen Traum, der meinen Wünschen die Erfüllung verhieß, besinnen konnte, an endliche Erhörung. Sie ziehen alle wieder an mir vorbei, die linden Frühlings- und Sommertage, die oft so schön waren und die mir doch nichts brachten als erhöhte Sehnsucht und zuweilen auch erhöhtes Vertrauen; wie goldene Rahmen kommen sie mir jetzt vor, die sich nicht um ein Bild, sondern um die leere Luft zusammenschlossen. Aber damals empfand ich das nicht so, ich schaute durch diese Rahmen hindurch in den Duft der Abendröte hinein, wo die Zaubergestalten tanzen und schweben, die der Dichter schafft, weil die Natur sie nicht unmittelbar schaffen kann, und von diesen Gestalten warst du lange der Mittelpunkt. Jahre sind inzwischen vergangen, sie haben mir ernste Geschenke gebracht und mir andere Gesichter gezeigt, als ich erwartete, sie waren grau und düster, und die Vergangenheit, die auf ihre Rechnung zu leben, sich im voraus mit ihrem Glanz zu schmücken glaubte, könnte ihnen noch borgen. Sie tut es auch oft, ich wende mich oft nach jener Zeit des unbegrenzten Verlangens und unbestimmten Vermögens zurück, aber nicht immer duften die Blumen mir, die ich auf den Gräbern meiner jugendlichen Freuden pflücke, nicht selten zerfallen sie vor meinem Finger, ja vor meinem Auge in Staub, und dann ist es mir, als ob sie nie gewesen sind, und ich verarme, wo man es für unmöglich halten sollte, noch verarmen zu können. So, nein, nicht gerade so, aber doch anders, als ich gewünscht hätte, ging es mir auch heute morgen mit dir, mein Käthchen, als ich dich nach so langer Zeit zum erstenmal wieder ans Kinn faßte und dein Köpfchen mit den blonden Locken in die Höhe hob! Nicht du hast dich verändert, du bist und bleibst eine rührende, mit dem Liebreiz himmlischer Unschuld ausgestattete Gestalt, eine eingeborene Tochter der Poesie, der die Mutter ihre eigenen Züge geborgt hat, aber die Welt, in der du dich bewegst und die dich hebt und trägt, will mir nicht mehr wie früher gefallen, ja nicht einmal ganz mehr, dies wirst du am schwersten verzeihen, dein Wetter von Strahl, der dich erst zu heiraten wagt, nun du eine Kaisertochter bist. Ja, Kind, hiemit ist alles gesagt, gerade dies behagt mir nicht in deiner Welt, daß es darin hergeht, als ob der liebe Gott selbst, der doch bekanntlich ganz ohne Ahnen ist, ein Ritter wäre und seine Garde von Cherubimen und Seraphinen hauptsächlich dazu hielte, die Sündenfrüchte großer Herren zu überwachen, damit das erlauchte Blut, das in ihnen fließt, nicht zuschanden werde, sondern, wenn auch erst nach einer wegen ihres verdammlichen Ursprungs aus einem Fehltritt nicht zu umgehenden sorgfältigen Gradierung, zu den verdienten Ehren gelange. Ich gönne es dir, Kind, daß du eine Kaisertochter bist, denn ich weiß von dir ganz gewiß, daß du darüber so wenig deinen andern Pflegevater als jenen höheren, der die Kaiser macht wie die Bettler, und vielleicht nur, weil er diese einmal gemacht hat, vergessen wirst; ich fechte es auch nicht an, weil ich antiaristokratisch gesinnt bin, denn ich bin, wie du weißt, kein politischer Poet, der von der Höhe der Gesinnung herunter es den Malern bei Strafe des Hochverrats verbieten könnte, Adler oder Geier zu malen, weil diese Vögel auf Wappenschildern vorkommen; aber warum mußt du es gerade sein? Mir deucht, du kamst in die Welt, um zu zeigen, daß die Liebe eben darum, weil sie alles hingibt, alles gewinnt, und vielleicht auch, um zu beweisen, daß Plato, als er, über dem Geheimnis der Neigung brütend, sich zu der Idee der Reminiszenz verstieg, wenn auch ein halber, so doch kein ganzer Narr gewesen ist. Aber so viel du auch tust, so rührend du dich auch opferst, du hast so wenig den einen als den anderen Beweis geliefert; denn du siegst nicht durch dich selbst, nicht durch die Magie der Schönheit, nicht durch die höhere des Edelmuts, nicht einmal durch das Cherubim-Geleite von oben, du siegst durch eine Pergamentrolle, durch den kaiserlichen Brief, der dich zur Prinzessin von Schwaben erhebt, und daß kaiserliche Briefe dieser Art und Prinzessinnentitel unwiderstehlich sind, hat die Welt nie bezweifelt. Du beweisest also das Gegenteil von dem, was du beweisen sollst, und deshalb wünschte ich, du wärst die simple Waffenschmiedstochter geblieben; wenigstens hättest du als solche den Grafen Strahl zu deinen Füßen sehen, und erst, nachdem er dich geheiratet hatte, zu dem dir angestammten Rang erhoben werden müssen, wenn anders deine vielleicht nur so zu erlangende Sicherheit gegen das Naserümpfen deiner hochadligen Verwandtschaft nicht durch die Schande deiner Mutter zu teuer erkauft worden wäre. Dies alles, ich sagte es schon, ist nicht deine Schuld, es ist die Schuld dessen, der dich in eine Welt hineinstellte, die freilich nicht dich, aber doch dein Tun aufhob, und dieser ist nicht gerechtfertigt, wenn er etwa für sich anführte, daß er ja eben ein Bild aus der Ritterzeit hätte geben wollen, denn er durfte den Lebenskeim, aus dem du hervorwuchsest, nicht in eine Sphäre versetzen, in der er ersticken oder in der doch die Blume, deretwegen allein er sich entwickeln sollte, verschrumpfen mußte; es ist lächerlich, eine in sich abgerundete und auf sich selbst beruhende Schöpfung zu verurteilen, weil sie feindlich mit Ideen zusammenstößt, die außerhalb ihres Kreises liegen, aber es würde nicht minder töricht sein, sie gegen einen inneren Widerspruch, wie den nachgewiesenen, verteidigen zu wollen, da sie ihre unbeschränkte Freiheit und Unabhängigkeit nach außen mit der größten Gebundenheit nach innen, d. h. mit der vollkommensten und unbedingtesten Harmonie der Elemente, woraus sie besteht, zu bezahlen hat. Aus diesem Hauptfehler der Idee geht nun noch ein anderer der Form hervor, den ich nur kurz berühren will. Es ist der, daß die so herrlich und tief gedachten und ausgeführten allgemein-menschlichen Motive, die in den beiden Hauptcharakteren, in dem Grafen Friedrich sowohl, bei dem sie negativ und, was innerhalb des nun einmal so und nicht anders abgesteckten Kreises außerordentlich schön ist, bis zur rohen Mißhandlung der mit Zähneknirschen Geliebten wirksam sind, wie in dem dem Zug ihres Herzens in kindlichem Vertrauen folgenden Käthchen agieren, von einem in sich überflüssigen und auch nichtigen, weil nur in einem schon jetzt zum Teil verschwundenen Aberglauben begründeten, sonst aber freilich mit großer Kraft und Lebensfrische in die Handlung verflochtenen Traumvisionen- und Zauberwesen begleitet und fast überwuchert werden. Das wäre, wenn das Mädchen durch ihren Liebreiz bloß einen Mann zu besiegen, nicht einen Ritter zu entwaffnen und einen Reichs- und Standesherrn bis zum Verfechten ihrer durch die Aussage eines Cherubims bewahrheiteten Ansprüche vor dem Thron des Kaisers zu ermutigen gehabt hätte, nicht nötig gewesen; es ist daher ein Fehler, aber allerdings ein solcher, der mit Notwendigkeit aus jenem ersten und größeren entspringt. Vielleicht sollte ich diesem nicht ganz beistimmenden Urteil über das „Käthchen von Heilbronn" einen Panegyrikus auf den Verfasser, ein: „Damit ist nicht gesagt, daß pp." oder ein: „Übrigens hat pp." zu meiner Verwahrung hinzusetzen. Aber es gibt Geister von solcher Bedeutung, daß nur die Unverschämtheit oder die Dummheit sie zu loben wagt, Namen, die jedes ganz gehorsamste Adjektiv, das sich ihnen mit einem Räucherfaß und einem Fliegenwedel zur Seite stellen wollte, verzehren würden, wie das Feuer den Kranz, wenn jemand die Abgeschmacktheit beginge, ihm einen aufzusetzen. Zu diesen rechne ich Heinrich von Kleist. Ich werde nie zum Frühling sagen: „Verzeihen Sie, Sie haben dort ein welkes Blatt", oder zum Herbst: „Nehmen Sie es ja nicht übel, dieser Apfel ist nur zur Hälfte rot!" *(3323)*

Uhren sind keine Welten; darum Stücke à la Lessing keine Dramen. *(3330)*

Das Glück ist blind, heißt es. Aber diejenigen, die hinter ihm herlaufen, sind auch blind. So ist Fortuna denn die Blinde unter Blinden. *(3339)*

Nemesis

Und hab ich gestern was gesagt,
   Das irrig war und dumm und schwach,
So bin ich schon darum geplagt,
   Ihr sprecht mir's heute nach.

Ja, meinen eignen Irrtum stellt
Ihr mir als Feind vors Angesicht,
Doch wie der alte Hund auch bellt,
Er beißt die Wahrheit nicht.   *(3356)*

Man sollte so wenig von dem Engländer Shakespeare
sprechen, als man von dem Juden Christus spricht.
(3361)

Der Esel, wenn er von einem Raubtier angefallen wird,
verteidigt sich nicht; entweder weil er sich einen ruhi-
gen Tod wünscht oder weil er niemanden im Genuß
stören mag, nicht einmal den, der ihn frißt.   *(3362)*

Freunde hast du so viel, wie Tage im Jahre, nur leider
Schließt der Plural hier immer den Singular aus.
(3363)

Das Rührendste: die Schönheit, die an ihre Vergäng-
lichkeit denkt; der Gedanke an den Tod ist der Schatten des Todes und legt sich wie Reif auf das frische
Leben.   *(3377)*

Nur nicht lange leben und nicht lange sterben, das
übrige ist gleich! Das Leben ist ein Verbrennungspro-
zeß: ein trübes Dasein ist wie ein Scheiterhaufen, der
angezündet wird, während es regnet!   *(3379)*

Ein naives Mädchengesicht: Fragezeichen an die Welt.
(3386)

Einer, der bald stirbt, ist schon immer von einem Kreis
von Toten umgeben.   *(3387)*

Es kann kein Mensch geboren werden, wenn nicht eben
vorher einer stirbt.   *(3403)*

Die Kunst ist eine zusammengepreßte Natur und die
Natur eine auseinandergelaufene Kunst.   *(3406)*

Das Leben ist ein beschneites Feuerwerk.   *(3423)*

Schüttle alles ab, was dich in deiner Entwicklung hemmt, und wenn's auch ein Mensch wäre, der dich liebt, denn was dich vernichtet, kann keinen anderen fördern[1].

(3425)

Die Welt mit ihren starren Erscheinungen, die alle zueinander passen, aber doch nicht recht zusammenkommen können, hat wirklich etwas von einem erfrorenen Gehirn; die Gedanken sind lebendig geblieben, aber das Element, das sie vereinigen sollte, ist nicht mehr flüssig.

(3438)

„Du nährst den Schmerz, als wäre er die Freude; und die Freude, als wäre sie der Schmerz!"   *(3445)*

Wie um unser Ich die tausend Gedankenfunken, so tanzen um Gott die Millionen Gestalten herum.   *(3446)*

d. 19. April. So wie hier habe ich es noch nie erlebt, daß ich ganz wie der Tag bin, heiter und hell, oder düster und umwölkt wie er. Wörtlich. Gestern in der Villa Malta bei Gurlitt. Göttlicher Sonnenuntergang. Champagner.

(3447)

Was heißt loben? Einem anderen sein Dasein bestätigen. Welche Anmaßung!   *(3452)*

Wenn in uns das Einzelgefühl des Teils das Gemeingefühl des Organismus überragt, entsteht Schmerz. Könnten wir nicht in diesem Sinne Schmerzen Gottes sein?   *(3457)*

Dem All scheint nur ein einziger Prozeß zugrunde zu liegen: der einer völligen Entfremdung bis zum Haß und des Zurückkehrens zu sich selbst durch die Liebe, denn das ist der einzige Weg zum Selbstgenuß. Welten sind immer nötig.   *(3466)*

---

1. Offenbar auf das Verhältnis zu Elise Lensing bezogen.

[NEAPEL]

d. 3. Juli. Jetzt bin ich schon 14 Tage in Neapel. Die
Hitze ist hier nicht so drückend wie in Rom, aber ich
kann hier dennoch nichts arbeiten.   *(3472)*

Die Farben auf dem Golf: zerpflückte Regenbogen.
                                             (3473)

Das Weib und der Mann in ihrem reinen Verhältnis
zueinander; jenes diesen vernichtend.   *(3475)*

d. 13. Juli. In Neapel, wie in Rom, die durch die Stadt
getriebenen Ziegenherden mit vollen Eutern; der Hirte
pfeift, dann kommt, wer frische Milch will. In Neapel
auch Kühe, z. B. gestern auf dem Toledo. Gestern
wurde ein Trupp Ziegen durch die Strada chiaja getrieben; ein Mann bot Aprikosen feil und hatte
seine Körbe auf die Erde gestellt; mit unendlicher
Zierlichkeit naschte eine junge Ziege aus dem Korb.
                                             (3480)

Heiraten sollen, ohne zu lieben: Dummheiten auf vernünftige Weise begehen sollen[1]!   *(3482)*

Man straft keinen Menschen dafür, daß er häßlich ist;
warum dafür, daß er nicht gut ist? Ich bin weit entfernt, diese Frage als eine absolut begründete aufzu-
werfen, aber ich glaube, daß sie auch nicht unbedingt
abzulehnen ist. Es scheint doch ganz der nämliche Prozeß in der physischen und in der moralischen Welt zu
walten, das Streben nämlich, die ewigen, in sich selbst
beruhenden Gesetze der Harmonie, des Übereinstim-
mens der Dinge mit sich selbst, einem widerspenstigen
Stoff gegenüber geltend zu machen, und ich glaube, dieses Streben findet in der häßlichen Seele ganz denselben

---

1. Auch diese Eintragung spiegelt wider, wie sich Hebbel in Italien
mehr und mehr von Elise Lensing abwandte.

und keinen anderen Widerstand als in dem häßlichen Körper. *(3483)*

Ich hörte gestern abend zwei schreckliche Geschichten, die sich hier in Neapel, d. h. im Königreich zugetragen haben. Ein deutscher Kaufmann erzählte sie mir. Ein kleiner Knabe von etwa sechs Jahren verschwindet. Seine Eltern suchen ihn allenthalben. Umsonst. Ein Kuchenverkäufer, der die Straßen auf und ab durchzieht und bei dem das Kind immer gern gewesen ist, wird befragt, aber er weiß nichts von ihm. Da kommt ein Bedienter zu seinem Herrn und erzählt, er habe in einem fast verschütteten Brunnen Jammertöne, wie eines menschlichen Wesens, gehört; man untersucht den Brunnen, und der verlorene Knabe wird in einem schrecklichen Zustande hervorgezogen. Die Untersuchung stellt heraus, daß er auf schändliche Weise gemißbraucht und dann in den Brunnen geschafft worden ist; der Kopf ist mittelst von oben auf ihn herabgeworfener Steine zerschmettert, aber es sind noch einige schwache Spuren von Leben in ihm übrig. Als der nächste, den man des Verbrechens schuldig halten muß, wird der Kuchenverkäufer ergriffen und zu dem Sterbenden geführt; man legt dem Kinde die Frage vor, ob dieser der Schuldige sei, man glaubt ein bejahendes Kopfnicken oder ein anderes ähnliches Zeichen zu bemerken, führt den Menschen trotz der Beteuerungen seiner Unschuld ins Gefängnis, preßt ihm auf der Folter ein halbes Geständnis ab und erhängt ihn, obgleich er das letztere noch am Fuß des Galgens widerruft. Vierzehn Tage darauf stirbt jener Bediente, der das Kind entdeckt hatte, und bekennt seinem Beichtvater, daß er die Greueltat selbst begangen hat! Noch entsetzlicher fast ist die zweite[1]. Ein Mädchen hat sich mit ihrem Geliebten verabredet, aus dem elterlichen Hause zu entfliehen, um den Eltern dadurch die hartnäckig versagte Ein-

---

1. Vgl. Hebbels *Ein Trauerspiel in Sizilien.*

willigung zu ihrer Heirat abzunötigen. Sie tut es eines Abends und trifft vor den Toren der Stadt zwei Gendarmen, die sie befragen, wohin sie will. Sie nennt den Ort und eilt weiter, aber in den Kerlen steigt ein böses Gelüste auf, sie verfolgen die Unglückliche, tun ihr Gewalt an und töten sie zuletzt, da sie wissen, daß der Bräutigam bald folgen wird, und da sie ohnedies durch den Anblick von allerlei Schmuck und Kostbarkeiten, die das Mädchen bei sich führt, gereizt werden. Nun harren sie, bis der Bräutigam kommt, ergreifen ihn, beflecken ihn mit Blut, führen ihn zum Richter und klagen ihn des Mordes an. Aber der Zufall will, daß ein Obstdieb in der Nähe war, der von einem Baum aus das Ganze angesehen hat. Dieser begibt sich ebenfalls zum Richter, erzählt, daß die Elenden die Säbel in ihren Hemden abgewischt und den Schmuck in ihren Stiefeln verborgen haben, und deckt so den Frevel auf eine Weise, die den Beweis unmittelbar mit sich führte, auf.

(3491)

d. 30. Sept. Um gegen den großen Schillerschen Geist nicht ungerecht zu werden und den Eindruck der Übersättigung nicht mit dem des Ekels zu verwechseln, ist es für einen Deutschen, der an und durch Schiller aufwächst, notwendig, seine Werke jahrelang liegenzulassen und sie dann wieder vorzunehmen. Das letztere tue ich jetzt und tat es gestern abend mit dem „Geisterseher". Dieser Roman ist eine gewaltige Komposition und, obgleich nicht vollständig ausgeführt im Detail, doch im großen und ganzen vollständig beisammen, wie mancher andere Torso, der eben nur für das ungeweihte Auge Torso ist.   (3500)

In Pompeji: Die aus dem großen Grabe wieder hervorgescharrten kleinen Gräber.   (3502)

[ROM]

Gott schuf die Welt, weil er sie schaffen konnte. *(3510)*

„Es gab noch keinen König, denn nur der ist's, der seinesgleichen nicht kennt." *(3518)*

Wollust — Wohl-Lust — w o h l Lust! Tiefsinnige Wortbildung. *(3519)*

[WIEN]

d. 15. Dez. Abreise von Rom. Ankunft in Wien. Nichts über alles. — Sah heute eine vortreffliche Darstellung der „Emilia Galotti"[1]. An dieses Stück könnte ich jenes, daß ein Fürst seiner Würde entsagt, weil er sieht, daß ein Stand wie der seinige die Ungeheuer mit Notwendigkeit erzeugt, anknüpfen. Der Prinz, erschüttert durch Emilias Tod, gibt seinem Lande eine Verfassung. *(3522)*

Aristoteles hat auf die dramatische Kunst vielleicht noch schlimmer eingewirkt durch seine Bestimmung, daß die Tragödie Furcht und Mitleid erwecken solle, als durch seine Einheiten. Und doch ist jene richtig, wenn man nur eine Beschreibung des Gemütszustands, den die Tragödie hervorbringen muß, falls sie echt ist, nicht für die Definition ihres Zwecks hält. Allerdings muß die Tragödie Furcht erregen, denn wenn sie es nicht tut, so ist dies ein Beweis, daß sie aus nichtigen Elementen aufgebaut ist, und wenn sich zu dieser Furcht nicht Mitleid gesellt, so zeigt es an, daß die dargestellten Charaktere oder die Situationen, in die sie hineingeraten, sich vom Menschlichen und vom Möglichen oder doch Wahrscheinlichen zu weit entfernen. — *(3525)*

1. Bei dieser Aufführung spielte Christine Enghaus, Hebbels spätere Frau, die Claudia Galotti.

Es ist die charakterisierendste Eigenschaft des Enthusiasmus, daß er, wie die Liebe, gar nicht begreifen
kann, wie es Menschen geben könne, die ihn nicht teil-
ten.   *(3526)*

Christine, der zwei Knospen auf dem Kopf auf-
blühten.   *(3553)*

    Dichte, Dichter, nur halte dich in den Grenzen der
Bühne!
    Wachse, Knabe, nur nie über den Maßstab hinaus!
                                                                 (3562)

d. 26. Mai 1846. Es ist zehn Uhr morgens, ich
bin angekleidet, um zu Mittag in die Kirche zu fahren
und mich mit Christine Enghaus aus Braunschweig zu
verheiraten.   *(3565)*

    Willst du den Frauen gefallen, so übe ein kleines
Geheimnis,
    Wenn du mit ihnen verkehrst: binde und löse
zugleich.   *(3574)*

Ein Mädchen will wissen, was sie ihrem Geliebten gilt,
und überredet eine Freundin, sie für tot auszugeben,
während sie verreist. Die Freundin tut es, sie liebt den
jungen Mann aber auch, sie lernen sich gegenseitig lieben, indem sie sich gegenseitig trösten, und als die andre
zurückkehrt, bleibt ihr nichts als wirklich zu sterben[1].
                                                                 (3582)

Nur für einen Moment bestimmt zu sein und diesen
Moment zu verfehlen: welch ein Totengefühl in dem
Gedanken.   *(3589)*

Der Kot ist fast so allgegenwärtig wie Gott.   *(3590)*

1. Anmerkung Hebbels: Dramen-Zug.

— Das brennende Hamburg war ein schrecklicher, aber zugleich ein gewaltiger Anblick. Das Überwältigende, was die Sinne nicht bloß erfüllte, sondern sie zerriß, schien neue Organe im menschlichen Geist zu erschließen, er fühlte sich über den Moment, über seine Drangsale und sein gemeines Leid, hinausgehoben und überschaute die Gegenwart, wie von der Höhe der Geschichte herab. Mir wenigstens war es, als ob ich nichts Gegenwärtiges sähe, aber die ungeheuersten Bilder der Vergangenheit standen vor meinem Blick, ich sah Karthago mit dem zerschmelzenden Moloch, ich sah Persepolis und die tanzende Thais, ich sah Moskau und den Imperator, wie er unwillig und finster den Kremlin verließ. Ja sogar in den Momenten, wo ich selbst mit Hand anlegte, war mir zumute, wie bei einer Tätigkeit im Traum. Aber das brennende Hamburg verwandelte sich in ein niedergebranntes, der Feuerdrache zog sich wieder zusammen in den Funken, aus dem er hervorgekrochen war, und der flammenrote Himmel wurde wieder trübselig und grau. Nun ward auch mir alles zur Gegenwart und anfangs zur Gegenwart ohne Zukunft, das stolze Element, das nichts verzehren kann, ohne es zugleich zu verklären, hatte sich zurückgezogen, und bei dem nüchternen Tagslicht besah man sich mit Schauder und Entsetzen den Leichnam einer Stadt. —

(In Kopenhagen niedergeschrieben.) *(3595)*

Drittes Tagebuch

Angefangen d. 30. Juni 1846
in Wien

Morgen in der Früh reise ich mit meiner Frau nach Ofen in Ungarn, wo sie gastieren wird. Eine Reise mit einer Schauspielerin zu ihrem Gastspiel, und mit einer Schauspielerin, die meine Frau ist! Wer mir davon im vorigen Jahr in Neapel gesprochen hätte, den hätte ich ins Irrenhaus verwiesen! (3599)

Auch die Bösen haben ihre Schutzengel. Es sind die Geister derer, die im Leben schlecht waren wie sie und die erst dann Begnadigung finden, wenn sie jemand auf den rechten Weg zurückgeleitet haben. (3606)

Wird dir das Leben schwer, so wird der Tod dir leicht. (3607)

Daß ihr euch selbst nicht erkennt, das scheint euch
so sehr zu bekümmern;
Menschen, ihr lebt nur dadurch, daß ihr nicht wißt,
was ihr seid! (3608)

Die Entfernung verkleinert alles Physische und vergrößert alles Moralische. (3625)

Noch nie hat mir ein Weib durch Tiefe des Geistes imponiert, aber wohl durch Tiefe des Gemüts. Im Gemüt wurzelt die Kraft des Geschlechts, mag die Kraft einzelner Individuen auch allerdings im Geist wurzeln. Reizenderes gibt es nicht, als das weibliche Gemüt durch den weiblichen Geist beleuchtet zu sehen. (3635)

Der Traum ist ganz entschieden für den Geist, was der Schlaf für den Leib. (3641)

Die Sprachen nach dem Wohlklang zu beurteilen, ist eine Unangemessenheit, die darum nicht aufhört, eine zu sein, weil sich ganze Nationen statt einzelner Individuen sie zuschulden kommen lassen. Die Sprache ist allerdings die sinnliche Erscheinung des Geistes, aber das Sinnliche dieser Erscheinung liegt in der Gedankenabbildung durch das Spiel mannigfaltiger Laute an sich, in der Fixierung des geistigen Sich-selbst-Entbindens durch ein körperliches Medium, und es ließe sich sogar von dieser Seite aus gegen die differentia specifica zwischen Geist und Körper ein nicht unerheblicher Einwand aufstellen. Man muß sich nicht einbilden, wie Franzosen und Italiener doch unstreitig tun, daß eine Sprache erst dann sinnlich werde, wenn sie angenehm in das so oder anders gewohnte Ohr fällt, sondern zugeben, daß sie sinnlich ist, sobald sie unterscheidende Zeichen für die innere Welt wie für die äußere hat, ohne sich zu oft zu wiederholen oder zu verwirren, und das ist vorzugsweise bei der deutschen der Fall. Könnte selbst eine Sprache mit der Musik ringen, was keine kann, so würde es noch kein Grund sein, ihr deswegen einen besonderen Vorzug zuzusprechen, denn eben weil der Geist wie das Herz seinen eigentümlichen, nur ihm gehörigen Ausdruck haben sollte, entwickelten sich aus dem Element des Tons zwiefache Media, und eine musikalische Sprache wie eine geistreiche Musik würden, wenn sie nämlich nur das und nicht zugleich noch etwas anderes wären, beide ihren Zweck verfehlen.   *(3665)*

Es ist der Vorzug höherer Naturen, daß sie die Welt mit allen ihren Einzelheiten immer symbolisch sehen.
(3666)

Alle Regierungen fordern blinden Glauben, sogar die göttliche.   *(3667)*

Die Wahrheit hat keine Zeit, nur die Lüge. Trost. *(3670)*

Es gibt Zeiten, in denen der Mensch durchaus nur seiner eigenen Bildung nachgehen kann; je höher er diese aber steigert, je unfähiger wird er für den Verkehr mit der Welt. (3671)

Die allgemeinen Schmerzen als persönliche fühlen: großes Unglück! (3672)

Jede Flamme stirbt den Aschentod, aber der Verstand beurteilt gern das Feuer selbst, worin ein Mensch glühte, nach der Asche, worin er zuletzt erstickt. (3681)

d. 21. Sept. Pausen sind dem Geist zu gönnen, aber wenn das ganze Leben Pause wird, ist es doch schlimm. In meinem alten Tagebuch blätternd, sehe ich, daß ich den „Diamant" schon am 10. Dezbr. 1841, also vor bald fünf Jahren, und die „Maria Magdalena" am 4. Dezbr. 1843, also vor bald drei Jahren, geendigt habe. Seitdem ist nichts mehr entstanden. (3684)

Im Menschen begegnen sich alle Elemente, und sein Leben besteht darin, daß sie sich abwechselnd rezensieren. (3694)

Der Mensch ist Frost in Gott. (3696)

d. 26. Sept. Ein tolles Ding: Ein Trauerspiel in Sizilien! habe ich vor vierzehn Tagen angefangen, wobei mir etwas Seltsames vorschwebte, aber es konnte nur in einem Zug und ohne daß der Geist gezwungen war, sich Rechenschaft über sein Vorhaben zu geben, gelingen, und es ist mir wie dem Nachtwandler gegangen, ich bin angerufen worden. Ich bekam die Grippe, konnte nicht fortschreiten, wie ich anfing, geriet also ins Reflektieren hinein und werde nun schwerlich fortfahren können. (3705)

Es liegt in der Natur des Menschen, manches Übel, von dem er sich befreien könnte, zu ertragen, weil er sich dadurch gegen größere zu schützen glaubt. (3709)

Man nennt das irdische Leben die Vorschule des Himmels. Es ist merkwürdig, daß sie so gute Teufel zieht. *(3710)*

d. 3. Oktober. Die einzige Wahrheit, die das Leben mich gelehrt hat, ist die, daß der Mensch über nichts zu einer unveränderlichen Überzeugung kommt und daß alle seine Urteile nichts als Entschlüsse sind, Entschlüsse, die Sache so oder so anzusehen. *(3713)*

„Der Mensch muß sterben, darum darf er töten!" *(3717)*

Der Tod stellt dem Menschen das Bild seiner selbst vor Augen. *(3721)*

Schlaf ist genossener Tod. *(3723)*

Dem Echo das letzte Wort abgewinnen. *(3729)*

Wo alle Grenzen sich durchschneiden, alle Widersprüche sich berühren, da ist der Punkt, wo das Leben entspringt. *(3732)*

Die Sehnsucht nach Unsterblichkeit ist der fortbrennende Schmerz der Wunde, die entstand, als wir vom All losgerissen wurden, um als Polypenglieder ein Einzeldasein zu führen. *(3736)*

Wenn nicht Gottschöpfer, warum nicht Gottgeschöpf? Wenn nicht ein ungeheures Individuum am Anfang, warum nicht am Ende? *(3739)*

Sich große Menschen, die es in allem waren, denken, heißt sich selbst auf noble Weise töten; es ist die subtilste Art des Selbstmords. *(3750)*

Ich bin fest überzeugt, daß die Welt einmal eine Form erlangen wird, die dem entspricht, was die Edelsten des Geschlechts denken und fühlen. Aber auch dann werden Bestien und Teufel nicht verschwinden, sie werden nur gebunden werden. *(3751)*

d. 10. Oktober. Gestern habe ich mit meiner Frau eine Wohnung am Josephstädter Glacis bezogen, die so schön ist, daß ich mir für meine ganze Lebenszeit keine schönere wünsche. Es ist ein äußerst angenehmes Gefühl, in irgendeinem Punkt den Gipfel der Wünsche, der bei mir immer weit über den Gipfel der Hoffnungen hinausgeht, erreicht zu haben, und das ist diesmal der Fall. Was aber diesem Gefühl noch einen ganz besonderen Reiz verleiht, ist der Umstand, daß diese Wohnung über einem Café liegt, in welchem ich während der ersten Zeit meines Aufenthalts in Wien zu frühstücken pflegte und von welchem ich, wie ich genau erinnere, auch an dem Morgen ausging, als ich mir für die Eisenbahn nach Prag ein Billett lösen wollte, was nur deshalb unterblieb, weil ich das Bureau vergebens suchte.   (3753)

„Wie mag ein Mensch gerechter sein wie Gott!" Hiob. Grenzenlos tiefsinnig.   (3756)

Eine Welt, die so im Feuer lebte, wie unsre in der Luft.
(3761)

Ein Fürst fordert einem General wegen einer Infamie den Orden ab. Als der General ihn gibt, hängt er ihm denselben zum Lohn für den Gehorsam wieder um.
(3762)

Der Dichter, der den Weltzustand, wie er ist, aufdeckt, muß nicht Liebe von seinen Zeitgenossen fordern. Wann hätten die Leute denn ihren Henker geküßt!   (3777)

Ein Lustspiel, worin alle Personen des Trauerspiels auftreten und sich selbst parodieren. Allegorisch, im höchsten Sinn. Ein Dichter tritt auf, der bei seinem Stück die Idee hatte, einmal eins zu schreiben, das gerade $2^1/_2$ Stunden spiele. Nun unterbrechen ihn immer seine Personen, ob's auch zu lange daure pp. pp.   (3785)

Es gibt im Ästhetischen gar keine reine oder unreine

Stoffe. Wird der höchste nicht befleckt durch niedrige Form und umgekehrt? *(3793)*

Der Dialog ist leicht! Der Dialog ist schwerfällig! Das ist das einzige, was die Rezensenten und selbst die besseren über den dramatischen Stil zu bemerken pflegen. Diese Bemerkungen zeigen schon durch ihre Allgemeinheit, daß diejenigen, die sie machen, nur halb wissen, wovon sie sprechen. Denn sonst müßten sie sie auf einzelne Szenen, ja auf einzelne Reden beschränken, da die Leichtigkeit oder Schwerfälligkeit des Dialogs gar kein charakteristisches Kennzeichen eines ganzen Dramas sein kann, wenn es anders ein Dichterwerk ist. Unstreitig ist die Sprache das allerwichtigste Element, wie der Poesie überhaupt, so speziell auch des Dramas, und jede Kritik täte wohl, bei ihr zu beginnen. In der Fabel, selbst in den Konturen der Charaktere versteckt sich das Abstrakte zuweilen sehr tief, in der Sprache offenbart es sich dem ästhetischen Sinn sogleich. Aber freilich muß man, ehe man sich an die Analyse der Sprache wagt, den Unterschied zwischen einer Darstellung, einer unmittelbaren Abspiegelung des Lebensprozesses, und einer Relation, einem verständigen Aufzählen seiner verschiedenen Momente und seines endlichen Resultats erkannt haben. Dann wird man ganz andere Seiten ins Auge fassen als die äußerliche Beschaffenheit des Satz- und Periodenbaus, und Lessing, auf den man gern verweist, nur in sehr bedingtem Sinn als Muster aufstellen. Lessing, der eben nur Relationen gab, der nie zwischen tausend Zügen das Gleichgewicht herzustellen, sondern immer nur die zwei oder drei, die er seiner Belesenheit und seiner Menschenkenntnis abgewann, unterzubringen hatte, Lessing konnte diesen leicht ihr Recht antun, er konnte sie leicht bis ins einzelste ausmalen und doch ein schnell durchwandertes etymologisches Gebäude zustande bringen. Ein anderes ist es bei dem wahren Dichter, dem mit jedem Schritt, den er tut, eine Welt von Anschauungen und Beziehungen, die zugleich rückwärts und vorwärts deuten, aufgeht und der nur dann den Eindruck macht, den er machen will und soll, wenn er uns diesen schwellenden Reichtum, diese unendliche Lebensfülle mit genießen läßt. Dort, wo nie ein Gedanke dem andern auf die Fersen tritt, nie eine Farbe in die andere hineinspielt, war der Häckerling kleiner Sätze am Platz; hier würde er es sehr wenig sein. Es ist nicht wahr, daß der Mensch alles, was er denkt, ganz zu Ende denkt, was er empfindet, ganz ausempfindet; die Lebensäußerungen kreuzen sich, sie heben sich auf, und dies vor allem soll der dramatische Stil veranschaulichen, den jedesmaligen ganzen Zustand, das Sich-ineinander-Verlaufen seiner einzelnen Momente und die Verwirrung selbst, die dies mit sich bringt. Daraus folgt denn, daß die beliebte Leichtigkeit des Dialogs sehr oft ein Fehler sein kann und die Schwerfälligkeit eine Tugend. Übrigens kennt man den Strom, der die wenigsten Blasen aufwirft: es ist derjenige, in dem die wenigsten Fische schwimmen. *(3830)*

Es ist eine alte Bemerkung, daß die Dezenz steigt, wie die Moralität fällt. Auch hat die Sache ihre positive Seite, denn offenbar wird ein unreines Gemüt durch Worte und Dinge in Aufruhr gebracht, die auf ein reines eine solche Wirkung nicht gehabt hätten, ich sehe aber nicht ein, warum, wenn der Unreinen mehr sind als der Reinen, nicht auch bei Feststellung der Konvenienzen auf jene mehr Rücksicht genommen werden sollte als auf diese. So sind denn auch die Dezenzforderungen, die man an den Künstler und vorzüglich an den dramatischen Dichter macht, nicht eigentlich anzufechten, sondern es ist höchstens darzutun, daß sie den Begriff seiner Kunst aufheben und ihm das Recht auf die Existenz absprechen. Mit der Sittlichkeit kann er sich niemals im Widerspruch befinden, mit der Moralität nur selten, mit der Konvenienz sehr oft. Die Sittlichkeit ist das Weltgesetz selbst, wie es sich im Grenzensetzen zwischen dem Ganzen und der Einzelerscheinung äußert; was tut der Künstler, was tut vor allem der dramatische Dichter anderes, als daß er diese Harmonie aufzeigt und sie an jedem Punkt, wo er sie gestört sieht, wiederherstellt. Die Moralität ist die angewandte, die auf den nächsten Lebenskreis bezogene Sittlichkeit; mit ihr kann der Dichter bei gebrochenen Erscheinungen, in denen die Natur und selbst die Gesellschaft experimentiert oder vorbereitet, in Zwiespalt geraten, doch wird es nur in extremen Fällen geschehen. Die Konvenienz ist, wie schon ihr Name beweist, nichts Ursprüngliches, sondern eine Übereinkunft, die sehr viel Sittlichkeit und Moralität, ganz soviel, als davon naiv und instinktiv ist, in sich aufnehmen kann und meistens sehr viel Unsittlichkeit und Unmoralität in sich aufnimmt.

(Fortzusetzen.) *(3833)*

Eine Menge Lichter sind angezündet und ein Windhauch zieht hindurch, nun erlischt manches und manche brennen fort. Das ist die Erde mit ihren Menschen und dem Tod. *(3836)*

Herodes und Mariamne. Tragödie, aber natürlich das ganze Leben des Herodes umfassend[1]. *(3837)*

„Gott biß eine Nuß auf, die eine Schale wölbt sich über uns, die andre unter uns, da fuhr allerlei heraus, nun sucht er sie umsonst wieder zusammenzubringen — das ist die Weltgeschichte!" *(3842)*

Das größte Individuum, das sich eben, weil es ist, was es ist, aus dem allgemeinen Nexus, worin die Mittelmäßigkeit wurzelt, herausgerissen fühlt, kann nie eine

---

1. Erste Notiz zu Hebbels Tragödie *Herodes und Mariamne*.

solche Sicherheit des Bewußtseins und der Situation in sich tragen wie jene. (3853)

Der Genius der Dichtkunst ergreift einen Menschen beim Schopf, wie der Engel den Habakuk, dreht ihn gegen Morgen und sagt: „Male mir, was du siehst." Dieser tut's, zitternd und mit Angst, inzwischen kommen aber seine lieben Brüder und zünden ein Feuer unter seinen Füßen an. (3854)

Wie jede Kristallisation von gewissen physikalischen Bedingungen abhängt, so jede Individualisierung des menschlichen Wesens von der Beschaffenheit der Geschichtsepoche, in die es fällt. Diese Modifikationen der Menschennatur in ihrer relativen Notwendigkeit zur Anschauung zu bringen, ist die Hauptaufgabe, die die Poesie der Geschichte gegenüber hat, und hier kann sie, wenn die reine Darstellung ihr gelingt, ein Höchstes leisten. Aber es ist so schwer, das Zufällige von der Aufgabe selbst abzuscheiden und dann noch die subjektive Beliebigkeit zu vermeiden, daß wir zu Dichtungen, wie sie mir hiebei vorschweben, kaum noch die Anfänge haben. (3865)

d. 27. Dezbr. Heute, den 27. Dezbr. 1846, den Sonntag nach Weihnachten, nachmittags, zehn Minuten vor zwei Uhr, gebar meine teure Frau mir einen gesunden Knaben, den wir, da es ja auch ein Mädchen hätte sein können, lange vorher scherzend schon immer Ariel genannt hatten. Die ersten Wehen stellten sich um halb zwölf Uhr ein, die Geburt war also eine schnelle und glückliche, obgleich so schwer, daß ich mich am Ende der bittersten Tränen nicht enthalten konnte. Jetzt ist es sieben Uhr abends, und die Wöchnerin befindet sich so wohl, wie sie nur kann, ebenso das kleine Kind; möge es so fortgehen. (3872)

d. 29. Dezbr. Bis jetzt geht alles gut. Das Kind ist wieder mein treues Abbild, und ich mache jetzt eine Erfahrung, an die ich nie geglaubt habe, daß man nämlich die Mutter lieben muß, um ein Kind lieben zu können. Der kleine Max war gewiß liebenswürdig, das erkannte ich, das sagte mir mein Verstand, aber erst mit seinem Tode erwachte mein Gefühl für ihn und auch da nur in der Form der Reue; bis dahin war sein Dasein für mich nichts als eine Fessel des meinigen. Darum sündigt ein Weib, das Liebe gibt, ohne Liebe zu empfangen; die Strafe trifft nicht sie allein. Wie ganz anders ist es jetzt! *(3873)*

d. 30. und 31. Dezbr. Die alte, gute Gewohnheit, die ich im vorigen Jahr versäumen mußte, weil mein Tagebuch im unausgepackten Reisekoffer lag, soll wieder in ihr Recht eingesetzt werden; ich will am Jahresschluß das Jahr rekapitulieren. Es hat alle meine Verhältnisse umgestaltet; ich bin verheiratet und nicht mit Elise Lensing in Hamburg; damit ist alles gesagt. Ich verließ Italien, weil ich dort nicht länger verweilen konnte, wenn ich nicht meine Schulden bis zu einem untragbaren Grade erhöhen wollte; ich kam nach Deutschland zurück, ohne die geringste Aussicht zu haben. Mein Buchhändler würdigte mich auf zwei Briefe aus Rom, worin ich ihm Manuskripte[1] antrug, nicht einmal einer Antwort; an eine andere Einnahme war nicht zu denken. Von dem Reisestipendium war nicht allein nicht das Doktordiplom bezahlt worden, ich hatte davon nicht einmal meine Schuld an Rousseau abtragen können und noch überdies von meinem Freund Gurlitt in Rom 200 Speziestaler angeliehen. In Hamburg erwarteten mich Elisens Gläubiger, leben sollte man auch, es war eine verzweifelte Situation, in der bei mir kein Entschluß feststand als der eine, nach Hamburg nicht zurückzukehren. Ich kam nach Wien und wurde die

---

1. Es handelte sich um das Lustspiel *Der Diamant* und um eine große Zahl der in Italien entstandenen Epigramme.

ersten vierzehn Tage völlig ignoriert; dann brachte ein Blatt eine Notiz über meine Anwesenheit, und gleich darauf erschien ein Aufsatz von Engländer[1] über mich, der so viel Selbstgedachtes und Eigentümliches enthielt, daß ich den Verfasser aufzusuchen beschloß. Inzwischen die Bekanntschaft mit Deinhardstein[2]. Nun die Einführung in den Leseverein, dann in die Concordia, das Zusammentreffen mit Otto Prechtler[3] in der Concordia, sein Erbieten, mich mit dem Fräulein Enghaus bekannt zu machen; auf der anderen Seite die Bekanntschaft mit Zerboni[4], zu der der erste Faden in dem Augenblick, wo ich in Ancona das Dampfschiff betrat und ein Gespräch mit meinen polnischen Reisegefährten anknüpfte, geschlungen ward, der Weihnachtsabend im Erzherzog Carl, das Weihnachtsgeschenk. Auch Deinhardsteins lügnerische Vorspiegelungen hatten wohltätige Folgen; er sprach mit solcher Sicherheit von der Leichtigkeit, meine Stücke auf dem Hofburgtheater zur Aufführung zu bringen, daß ich meinen Aufenthalt in Wien bis auf unbestimmte Zeit verlängerte, was ich doch wegen Zerboni allein kaum gewagt haben würde. Nun ich blieb, wurde mein Verhältnis zu Zerboni immer inniger, und mit Fräulein Enghaus knüpfte sich eins an; das erstemal besuchte ich sie mit Armesünderempfindungen, die mein schlechter Reisehabit mir einflößte, aber mit einem anderen Rock wurde ich ein anderer Mensch. Ich bemerke dies ausdrücklich; es mag kleinlich

1. Siegmund Engländer, ein Schriftsteller, den Hebbel bald seinen „geistvollen jungen Freund" nannte. In den Wirren der Revolution mußte er 1848 fliehen (vgl. auch 4339). Die Freunde sahen sich erst 1862 in London wieder, wo Engländer inzwischen Direktor des Reuterschen Telegraphenbüros geworden war.
2. Joh. Ludwig Deinhardstein (1794-1859), Wiener Dichter, zeitweise Vizedirektor, d. h. künstlerischer Leiter, des Burgtheaters.
3. Von Grillparzer geförderter österreichischer Dichter (1813-81), mit Hebbel befreundet.
4. Die beiden Barone Zerboni di Sposetti hatten Hebbel durch ihre Unterstützung zum Bleiben in Wien bewogen.

scheinen, ist es aber keineswegs; ich antwortete schon in Heidelberg einmal auf die Frage, wie ich mich befände: „Wie meine Hose!" und wollte nicht witzig sein; das Kleid weist dem Menschen überall seine Stelle an, und bei denen oft am ersten, die es am schärfsten bestreiten. Das Einfache, Seelenvolle dieses schwergeprüften Mädchens machte einen mächtigen Eindruck auf mich; kaum aber nannte ich ihren Namen in einem Brief nach Hamburg, als Elise, die sich schon über mein bloßes Verweilen in Wien auf die rücksichtsloseste Weise geäußert hatte, mir die ärgsten Schmählichkeiten über sie schrieb, und in einem Ton gemachter Naivität, der mich noch mehr verdroß als die Sache selbst. Die Absicht, mich abzuschrecken, ohne daß ich es merken sollte, lag zutage, und wenn es mich schon an und für sich empören mußte, daß gerade sie, die selbst ein Opfer der Verleumdung gewesen war, der Verleumdung das Sprachrohr lieh, so erbitterte mich noch mehr das falsche Spiel, das sie dabei trieb, denn statt mir zuzurufen: „Nimm dich in acht!", plauderte sie ihre boshaften Neuigkeiten aus, als ob sie gar nicht ahnte, daß sie verletzen könnten. Dieser Zug trat früher schon zuweilen hervor, aber noch nie mit solcher Deutlichkeit; sie hatte mir immer gesagt und geschrieben, daß ich frei sei, daß sie keinen Anspruch auf mich mache, sondern unbedingt zurücktreten werde, sobald sie meinem Glück im Wege stehe; ich hatte hierin stets einen Beweis hoher Sittlichkeit erblickt und oft davon gegen meine Freunde, z. B. gegen Bamberg und Gurlitt, gesprochen, ich war also auf ein ganz andres Benehmen gefaßt gewesen, und zum allerwenigsten auf ein offnes und ehrliches, nicht auf diese kleinliche List. Ich verlobte mich mit Fräulein Enghaus; ich tat es sicher aus Liebe, aber ich hätte dieser Liebe Herr zu werden gesucht und meine Reise fortgesetzt, wenn nicht der Druck des Lebens so schwer über mir geworden wäre, daß ich in der Neigung, die dies edle Mädchen mir zuwendete, meine einzige Rettung sehen mußte.

Ich zögere nicht, dieses Bekenntnis unumwunden abzulegen, soviel ich auch dabei verlieren würde, wenn ich einen deutschen Jüngling zum Richter hätte; auf eine unbesiegbare Leidenschaft darf man sich nach dem dreißigsten Jahre nach meinem Gefühl nicht mehr berufen, wenn man nicht ein völlig inhaltloses Leben führt, wohl aber auf eine Situation, die, ein Resultat aller vorhergegangenen, das Dasein selbst mit seinem ganzen Gehalt ins Gedränge bringt, wie es in jedem Sinn mein Fall war. Es ist meine Überzeugung und wird es in alle Ewigkeit bleiben, daß der ganze Mensch derjenigen Kraft in ihm angehört, die die bedeutendste ist, denn aus ihr allein entspringt sein eigenes Glück und zugleich aller Nutzen, den die Welt von ihm ziehen kann; diese Kraft ist in mir die poetische: wie hätte ich sie in dem miserablen Kampf um die Existenz lebendig erhalten und wie hätte ich diesen Kampf ohne sie auch nur notdürftig in die Länge ziehen sollen, da bei meiner unablenkbaren Richtung auf das Wahre und Echte, bei meiner völligen Unfähigkeit zu handwerkern, an einen Sieg gar nicht zu denken war. Wenn die Ruhe des Gewissens die Probe des Handelns ist, so habe ich nie besser gehandelt, als indem ich den Schritt tat, aus dem Elise mir eine Todsünde macht; ich will aber, so sehr sie sich auch in Sophistereien verstrickt, um den ungeheuren Abstand zwischen ihren Resignationsversicherungen und ihrem Betragen zu verkleistern, nicht den Stab über sie brechen, sondern darin nichts als den Beweis erblicken, daß der Mensch auf alles, nur nicht auf die Grundbedingung seiner Existenz Verzicht zu leisten vermag, und mich der Hoffnung ergeben, daß sie einmal, früher oder später, zu einer klareren Einsicht in das Sachverhältnis gelangen wird. Ich verheiratete mich, wie mir mein Trauring sagt, den ich in diesem Augenblick abziehe, am 26. Mai mit meiner Braut; ich geriet dadurch in eine singuläre Stellung zur Gesellschaft, ich werde es aber nie bereuen, mir um diesen Preis das edelste Herz erkauft zu haben, denn nie schlug ein besseres in einer weiblichen Brust, davon hab ich die vollgültigste Probe. Indem ich dies schreibe, liegt sie mit meinem kleinen Sohn, den sie mir vor vier Tagen gebracht hat, in ihrem Bett und gibt ihm die zärtlichsten Namen; ich kann mir nicht helfen, aber ich empfinde für dieses Kind ganz anders wie für die beiden früheren, die Natur macht mehr von der Liebe, von dem unwillkürlichen Zug zweier Menschen zueinander abhängig, als man denkt, doch soll mich dies nie abhalten, meine Pflichten gegen mein Kind von Elise zu erfüllen. „Wie er mich immer ansieht, der kleine Schuncksel! Bist du zufrieden mit deinem Plätzchen? Du wirst kein beßres finden!" sagt meine Frau zu ihrem Ariel und hätschelt ihn; kann ich dafür, bin ich ein schlechter Kerl deswegen, daß mir das Herz dabei überläuft, während es mir sonst gefror, wenn — Weiter. Die Wiener Literaten machten mir am Anfang förmlich den Hof, als sie aber merkten, daß ich meinen Aufenthalt bleibend unter ihnen aufschlagen würde, verwandelten sich die glatten Aale in Schlangen. Gearbeitet habe ich: noch in Italien das Buch Epigramme, das nicht sowohl augenblickliche Einfälle enthält als prägnant ausgedrückte Lebensresultate, die vielleicht zu tiefsinnig sind, um in einem weiteren Kreise zu zünden; das Trauerspiel „Julia", das bis auf einige Szenen vollendet ist und einen zweiten Teil zur „Maria Magdalena" bildet, und die Hälfte eines seltsamen Stücks „Ein Trauerspiel in Sizilien", das liegengeblieben ist und wahrscheinlich auch ferner liegenbleiben wird; endlich noch habe ich sehr viele Ideen zu dramatischen Werken, die vielleicht einen ganz anderen Charakter tragen werden als meine bisherigen, weiter vorwärts gebracht. Aufgeführt wurde von mir auf verschiedenen Theatern, in Leipzig mit großem Beifall, die „Maria Magdalena", doch ist kein Gedanke an weitere Konsequenzen und also die ganze Sache gleichgültig. Bekanntschaften: Engländer, Fritsch, Grillparzer, Halm,

Fürst Schwarzenberg[1], Hammer-Purgstall[2]. Über mich geschrieben: Bamberg eine Broschüre und einen mir bis jetzt unbekannten Aufsatz in einer französischen Zeitung. Als feste Überzeugung nehme ich es ins neue Jahr hinüber, daß aller Kampf gegen die in der Literatur eingetretene Barbarei ein vergeblicher ist und daß dem Mann, der das Echte will, nichts übrig bleibt als die Aussicht auf eine Statue im Winkel.   *(3874)*

1847

d. 4. Jan. Das Universum wie einen Mantel um sich herumziehen und sich so darin einwickeln, daß das Fernste und das Nächste uns gleichmäßig erwärmt: das heißt Dichten, Formen überhaupt. Dies Gedankengefühl kam mir heute, als ich auf der Straße mein Gedicht „Das Opfer des Frühlings" für mich hin rezitierte.   *(3882)*

d. 5. Jan. Einen hübschen Posten haben die Deutschen wieder in ihr Schuldbuch bekommen. Dr. Friedrich List, der berühmte Nationalökonom, hat sich erschossen, aus Lebensüberdruß und wegen Nahrungssorgen. Seinen Tod las ich schon vor einiger Zeit, die Art seines Todes und die Motive erfuhr ich erst heute. Das war nun ein Mann, der nicht, wie Dichter und Künstler, idealistischen Bestrebungen lebte, sondern sein ganzes Dasein einer praktischen Idee opferte und, da er diese wirklich durchsetzte, da er den Zollverein, den er an-

---

1. Fürst Friedrich von Schwarzenberg (1800-1870), Verfasser von Reiseschilderungen, Memoiren und Erzählungen, verdankte seinen Beinamen „der Landsknecht" seiner Sammlung *Aus dem Wanderbuche eines verabschiedeten Landsknechts* (1844-48) und Eichendorffs Aufsatz *Landsknecht und Schreiber* (1846).
2. Freiherr J. v. Hammer-Purgstall (1774-1856), Diplomat, Hofrat und Wissenschaftler, der u. a. die Dichtungen des Hafis aus dem Persischen übersetzte.

riet, wirklich ins Leben treten sah, die Realität seiner Idee doch gewiß genügend dartat. Dennoch traf ihn ein Los, wie es ihn nicht härter hätte treffen können, wenn er sich mit Alchimie beschäftigt hätte. Nun jammert und lamentiert alles. Oh, dieser deutsche Pöbel! *(3884)*

d. 8. Jan. Bis auf einen kleinen Spaziergang, den ich kurz vor Tisch machte, war ich den ganzen Tag zu Hause und schrieb fort an dem „Trauerspiel in Sizilien". Abends kam Prechtler, mit dem ich viel über meine Ansicht der dramatischen Kunst und über Schiller sprach. Ich entwickelte ihm oder eigentlich mir selbst, denn zu meinen Gedanken komme ich am bequemsten durchs Sprechen, die völlige Ideenlosigkeit des „Wallenstein", indem ich ihm auseinandersetzte, daß das zur Anschauung gebrachte Problem, welches in dem Mißverhältnis zwischen der bestehenden Staatsform und dem darüber hinausgewachsenen großen Individuum zu suchen sei, nur durch eine in eben diesem Individuum aufdämmernde höhere Staatsform zu lösen gewesen wäre, daß Schiller es aber nicht allein nicht gelöst, sondern es nicht einmal rein ausgesprochen habe. Das ist auch unbestreitbar. *(3889)*

Ein Sohn, der seinen Vater nur dadurch, daß er ihn tötet, von einem furchtbaren Verbrechen abhalten kann. *(3906)*

Die Sprache ist, wie Raum und Zeit, eine dem menschlichen Geist notwendige Anschauungsform, die uns die unsrer Fassungskraft fort und fort sich entziehenden Objekte dadurch näher bringt, daß sie sie bricht und zerbricht. *(3915)*

Reiche Leute pränumerieren sich bei armen auf ihr erstes Kind, suchen gesunde Personen aus, lassen sie sich bloß zu jenem Zweck heiraten, versetzen sie in sorgenlose Verhältnisse, versprechen ihnen für den

Säugling eine bedeutende Summe; sowie aber das Kind da ist, will die Mutter nicht auf die Abtretung mehr eingehen und nun kehren sich alle Verhältnisse um, denn die Armen würden sich nicht geheiratet haben, wenn sie nicht auf das Geld gerechnet hätten; sie versittlichen sich durch den Entschluß der angestrengtesten Arbeit, wodurch sie sich aus der Verlegenheit ziehen und den in Gedanken begangenen Frevel abbüßen[1].

(3923)

Was ist das Leben denn anders als eine Ideenprobe, als ein sich selbst darstellender Beweis, daß man sich ihnen nur entfremden kann und darf, um mit größerer Überzeugung zu ihnen zurückzukehren! Darum ist ein Leben ohne Zweifel ein Leben ohne Inhalt, ein Prozeß, der gar nicht in den Gang kommt. (3924)

d. 25. Jan. Nicht durch Verwirrung der sittlichen Verhältnisse wird der Humanitätsgedanke verwirklicht; auch nicht durch Abschwächung der Leidenschaften, deren edles Feuer uns nur im unglücklichen Fall verbrennt, im glücklichen aber erwärmt; noch weniger durch abgeschmackte Erwartungen von der letzten Generation, denen die bisher gemachten Erfahrungen durchaus widersprechen; einzig und allein dadurch, daß wir das Bewußtsein unserer individuellen Schwäche in uns lebendig zu erhalten suchen, unserer Unfähigkeit, dem sittlichen Gesetz anders als mit Beihilfe des Zufalls, der uns in der Geburt ausstattet, wie er uns später die Lebenssituation anweist, zu genügen. (3931)

Heute hat sich meine liebe Frau zum erstenmal wieder ins Freie gewagt und ihrem Chef, dem Grafen Dietrichstein[2], Visite gemacht. Ich begleitete sie und besorgte dann Briefe und Pakete auf die Post. Abends im

1. Erste Aufzeichnung zu dem späteren Epos *Mutter und Kind*.
2. Graf Moritz Dietrichstein (1775-1864), Intendant am Hofburgtheater.

Verein las ich Schlesiers Biographie Wilh. von Humboldts und erfreute mich des energischen Auftretens dieses bedeutenden Mannes gegen die Karlsbader Beschlüsse. Eine unendliche Freude macht mir mein Kind. Es ist gesund und gedeiht sichtlich; die größte Wohltat der Natur. Das Leben legt so viele Lasten auf; wenn es auch noch an sich eine Last ist, muß es nicht zu ertragen sein, oder nur deshalb, weil Menschen, denen dies fürchterlichste Schicksal auferlegt wird, keinen besseren Zustand kennen. Mit hellen, stahlblauen Weltspiegeln in dem regelmäßigen, schon völlig entwickelten Gesicht schaut es mich an; sein kurzes Atmen rührt mich, es ist, als hätte es schon Mühe um sein Dasein. *(3937)*

Für jeden denkenden Menschen ist die Zeit, in der er lebt, schon dadurch wichtig genug, d a ß e r in ihr lebt; es bedarf gar keines weiteren Grunds, um ihr seine rege Teilnahme zu sichern. *(3939)*

Weil einer gegen alle nicht ausreicht, so verbanden sich alle gegen den einen, den Verbrecher. So entstand der Staat. *(3947)*

Ein kleines Kind und eine Mutter zusammen: ob noch gleiche Extreme von unbegrenztem Egoismus und ebenso unbegrenzter Aufopferung zu finden sind? *(3952)*

Nur in der Jugend stirbt der Mensch schön; wenn alle Kräfte in ihm entwickelt sind und alle Blumen aufbrechen wollen, so daß es nur eines einzigen Frühlingshauches bedarf, um sie hervorzulocken. Aber das gilt nur für einen Moment, nur in dem des Übergangs, bei dem es gleichgültig ist, wie weit er führt, gleich nachher schon nicht mehr. *(3956)*

Gleich heute morgen erhielt ich von Rousseaus Schwester einen Brief, worin sie mir den Tod ihres Vaters anzeigte. Was ein solcher Schlag Tröstliches mit sich führen kann, hat er diesmal mit sich geführt: Der alte Mann ist schnell und schmerzlos gestorben. Dennoch hat mich die Nachricht tief erschüttert: Ich sehe die Familie vor mir! *(3957)*

d. 4. Febr. Ich war den ganzen Tag zu Hause und beschäftigte mich mit Feuerbachs „Geschichte der Philosophie". In der Darstellung der Jacob Böhmeschen Ideen fand ich Gedanken über die Sprache, die den von mir in dem Sonett[1] ausgesprochenen nicht zu fern stehen; so hat man in allem Vorgänger, und es ist vielleicht nicht so unsinnig, wie ich ehemals glaubte, das ganze Leben zu verstudieren. Abends ging ich in den Verein. *(3960)*

d. 5. Februar. Ich habe den „Diamant" heute an Campe abgesandt. Es ist doch in Form und Gehalt mein bedeutendstes Werk, und man muß die Pfeile nicht im Köcher rosten lassen. *(3961)*

d. 9. Februar. Tinens Geburtstag. Ich machte eine Hyazinthe zum Herold meiner Wünsche. Wir brachten den ganzen Tag in völliger Einsamkeit zu, aber darum nicht minder vergnügt. Abends tranken wir ein Glas Punsch, und ich suchte meine Tanzkünste wieder hervor. *(3969)*

Alles Handeln ist der Idee gegenüber auch ein Handeln im kaufmännischen Sinn. *(3977)*

d. 18. Febr.

†

Auf dem 2. Kirchhof zur Schmelz, N. 1776, oberhalb des Grabes von einem zehnjährigen Knaben, so daß man, wenn man sich mit dem Rücken gegen den Grabstein des letzteren stellt und mit dem rechten Fuß einen Schritt tut, auf das Grab tritt, ruht mein Ariel, mein teures, heißgeliebtes Kind. Diese Adresse glaubte ich in diesem Tagebuch nicht so bald einzutragen. Sonntag,

---

1. Sonett *Die Sprache*.

den 14. Februar, abends 9 Uhr, ist der Engel gestorben, ohne vorher krank gewesen zu sein, an den Fraisen oder am Herzkrampf, wie der Arzt sagte. Den ganzen Tag hielt ich mich, meines Schnupfens wegen, zu Hause, ab und zu besuchte ich, von meiner Arbeit an dem Rötscherschen Aufsatz[1] aufstehend, das Kind, zuweilen brachte seine arme Mutter es mir herein. Nachmittags nach dem Kaffee hatte ich es bei mir auf dem Sofa, es schlief ein, wachte aber noch einmal wieder auf und lächelte mich himmlisch-süß an, dann ward es fortgetragen. Abends nach 7 Uhr ging ich in die Kinderstube, wo Tine sich befand, eben hatte das Kind mit Appetit gegessen, ich nahm es auf den Arm, scherzte, sagte: „So lange, als deine Mutter dich getragen hat, wird dich keiner wieder unausgesetzt tragen", gab es an das Mädchen zurück und ging in unser Wohnzimmer, um meinen Kaffee zu trinken. Eine Viertelstunde später, ehe ich noch mit dem Kaffeetrinken fertig war, ging ich wieder hin und traf meine Frau in der größten Aufregung, das Kind schrie heftig, es hatte die Augen im Kopf verdreht, wie ich hörte, und um sich geschlagen, ich ahnte nicht, daß der Zufall etwas Schlimmes bedeuten könne, aber es ward zum Arzt geschickt. Der Arzt erschien in wenigen Minuten, ich kannte ihn nicht, er war aus der Nachbarschaft, wir hatten sonst einen anderen, er sprach von der größten Gefahr, ich hielt ihn für einen rohen Scharlatan und sagte das zu meiner Frau, als sie zusammensank. Es wurden dem Kinde kalte Umschläge auf den Kopf und ein Senfpflaster auf den Rücken gelegt, nach und nach hörte es zu schreien auf, ich sah darin einen Beweis, daß ich den Arzt richtig beurteilt habe, und fragte ihn: „Nicht wahr, es geht besser?", er antwortete: „Ich fürchte, daß alles zu spät

1. Heinrich Theodor Rötscher (1803-71) hatte Hebbel zur Mitarbeit an seinen in Berlin erscheinenden *Jahrbüchern für dramatische Kunst und Literatur* aufgefordert. Hebbel verfaßte dafür *Über den Stil des Dramas.* (Vgl. 4286, 4921 und 4930.)

ist, ja, es ist zu spät, sehen Sie, es ist aus!" Das Kind hatte zu atmen aufgehört. Den ganzen Tag hatte ich mich meines Schnupfens wegen enthalten, es zu küssen, nun —. Ich will nicht mit meiner Lebensphilosophie in Widerspruch treten, ich habe einen raschen Tod immer für den besten erklärt, und er ist es. Aber nur für den Sterbenden selbst, auf den man freilich auch allein sehen soll, nicht für die Hinterbliebenen, diese werden sich unendlich viel eher mit ihm versöhnen, wenn er als Wohltat erscheint, als das Ende schwerer Leiden und bittrer Kämpfe. Was man leidet, wenn man sich so plötzlich ohne Vorbereitung und Übergang an die äußerste Grenze der Menschheit gedrängt sieht, ist nicht auszusprechen; aber ich halte es für Pflicht, die Lebenskräfte zu sparen und zusammenzuhalten, darum gestatte ich es der Erinnerung nicht, in der Wunde zu wühlen, obgleich die Wollust, die darin liegt, der Wonne des Besitzes fast gleich ist. Das einzige Mittel, dieser Pflicht genugzutun, ist dasjenige, das der Instinkt von selbst ergreift, sich mit Gewalt zu zerstreuen, wie es die Sprache so außerordentlich tiefsinnig nennt, d. h. sich nicht in den Schmerz zu vertiefen, ihn in seine Einzelheiten aufzulösen; den Gedanken: Dein Liebling ist tot! konnte ich in seiner nackten Allgemeinheit schon während der letzten drei Tage ertragen, aber stromweis rannen meine Tränen, wenn mir irgendein konkreter Zug, das Lächeln des Kindes, sein Auge, vor die Seele trat, ja, wenn ich nur etwas, das ihm angehört hatte, erblickte, sein Mützchen oder was es war. Unendlich haben wir gelitten, die arme Mutter und ich, denn wir haben das kleine Wesen geliebt, als ob es statt sieben Wochen sieben Monate, ja Jahre alt gewesen wäre; ich habe es nie geahnt, wie fest die Natur bindet, wenn menschliche Verhältnisse nicht durch den Zwang der Umstände herbeigeführt, sondern auf die rechte Basis gegründet sind, und den Trost entbehre ich jetzt nicht wie einst, die schuldige Vaterempfindung aus vollstem Herzen gezahlt und mein Kind für ewig, mag es mir nun wieder begegnen, in welcher Gestalt es will, an mich gefesselt zu haben. — Gestern, um 4 Uhr nachmittags, wurde es beerdigt, bei Regen und Wind, in seinem eignen Grabe, das ich für 35 Gulden kaufte, so daß ich jetzt Landbesitzer geworden bin. Ach, all dies Drum und Dran, dies Füllen gieriger Fäuste, dies Abfinden der durch Kirche und Staat privilegierten Bettler! Getauft war der Engel nicht, an seinem Todestag setzte seine liebe Mutter ihm das für die Taufe bestimmte Mützchen auf und sagte: „Mach, Vater, daß dein Söhnchen getauft wird, sonst wird das Köpfchen für das Mützchen zu groß", nun trägt er dies Mützchen im Sarg! Der protestantische Pfarrer, der übrigens mit der Beisetzung protestantischer Leichen nichts zu schaffen hat, riet meinem Schwager, dem katholischen zu sagen, das Kind habe die Nottaufe empfangen, um großen Unannehmlichkeiten zu entgehen; dies ist denn geschehen, sonst wäre die Erde vielleicht noch nicht zu dem Ihrigen gekommen. — Nun ruhe sanft, du holdes Wesen, Freude hast du deinen Eltern gemacht, Freude hast du, soweit dein Traumleben dafür erschlossen war, selbst genossen, gelitten hast du nicht viel und wiederbegegnen werden wir dir, so oder so, gewiß!   *(3980)*

d. 23. Febr. Heute den Aufsatz nach Berlin abgesandt und die „Mariamne" begonnen. Nicht ohne die Gunst der Musen, nach dem Anfang zu urteilen.   *(3984)*

d. 26. Febr. Campe geantwortet. Der „Diamant" wird also gedruckt werden. Nach fünf Jahren ist es Zeit. An der „Mariamne" wird fortgefahren. Arbeit ist alles. Morgen tritt Christine wieder auf. Es ist gut für sie.
(3985)

Die Natur hat den Pflanzen- und Tierschmerz unmittelbar; sie gab dem Menschen Bewußtsein, um Schmerz in ihm abzulagern.   *(3990)*

Die Erde ist vielleicht der Mittelplanet, auf dem das Bewußtsein erst dämmert, und darum der relativ schlechteste; auf dem niedrigeren existiert nur Tierleben, auf dem höheren reines Geistesleben. *(3991)*

d. 27. Febr. An der „Mariamne" gearbeitet. Abends im Theater. „Maria Stuart". Tine vortrefflich. Aber, daß selbst ein Mann wie Schiller auf feuchte Schnupftücher spekulierte, ist entsetzlich. Und was tut er anders im fünften Akt! *(3994)*

Die Menschen fragen sich wohl zuweilen: Was bedeutet mein Ich in meinem Kreise, aber selten: Was bedeutet mein Kreis im größeren und dieser im größten? Daher ihre Zuversicht, ihr Stolz, ihr Hochmut, zugleich aber auch die unschätzbare Fähigkeit, alle ihre Nerven für das nächste Ziel anstrengen zu können. Wüßte ich nicht so schrecklich genau, was die Dichtkunst an sich ist, ich würde als Dichter viel weiter kommen! Unstreitig aber gibt es Geister, die die Erkenntnis mit mir und die Spannkraft mit jenen Geringeren teilen. Diese sind die vornehmsten und leisten das Höchste. *(3997)*

Jede geringere Potenz hat das Recht, sich eine Zeitlang gegen die höhere aufzulehnen, ohne daß diese darum gleich befugt wäre, jene zu vernichten, denn jene ist zur Probe berechtigt und diese verpflichtet. Dies hat jedoch seine Grenze. *(4001)*

d. 4. März. Seit dem Tode des Kindes ist dies Tagebuch auf ein Nichts reduziert. Schöner Tag, der ganze Frühling auf Besuch. Wenig gearbeitet, aber doch etwas. Dies Königsbild kann etwas werden, in den Charakter des Herodes hinein ist aber auch die ganze Bedeutung des Dramas zu legen. *(4004)*

Die Geschichte, das Gedächtnis der Menschheit. *(4005)*

d. 10. März. Heute morgen eine Szene an der „Mariamne" geschrieben. Es ist doch Täuschung, wenn man glaubt, daß ein Stoff an sich schon etwas sei und dem gestaltenden Geist einen reinen Gehalt entgegenbringe; ich überzeuge mich bei dieser Arbeit zu meiner großen Satisfaktion vom Gegenteil. Ich konnte mich lange nicht überwinden, die Geschichte des Herodes und der Mariamne zu behandeln, weil es mir schien, daß ich dabei zu wenig zu tun vorfände; aber die wirkliche Arbeit belehrt mich eines anderen. Mit um so größerem Eifer werde ich fortfahren. Nachmittags ging ich in den Verein und blieb bis sieben Uhr aus. Es war seit dem Tode des Kindes das erstemal; als ich wieder zu Hause kam, fand ich Tine wieder in Tränen schwimmend, sie kann in den Dämmerungs- und Abendstunden nicht allein sein. Seltsam, diese Abhängigkeit weiblicher Naturen von Ort und Stunde in der Wiederkehr ihrer Empfindungen, die ich schon so oft Gelegenheit hatte, zu bemerken!   *(4018)*

Bleistiftbemerkungen, aus der Schreibtafel[1] *(4019)*

Es wäre so unmöglich nicht, daß unser ganzes individuelles Lebensgefühl, unser Bewußtsein, in demselben Sinn ein Schmerzgefühl ist, wie z. B. das individuelle Lebensgefühl des Fingers oder eines sonstigen Gliedes am Körper, der erst dann für sich zu leben und sich individuell zu empfinden anfängt, wenn er nicht mehr das richtige Verhältnis zum Ganzen hat, zum Organismus, dem er als Teil angehört.   *(4019 a)*

Schönes Mädchen in Rom: die Rose auf dem Scherbenberg der Welt.   *(4022)*

Auf ein ewiges Ab- und Widerspiegeln läuft alles Leben hinaus. Gott spiegelt sich in der Welt, die Welt sich im Menschen, der Mensch sich in der Kunst.   *(4024)*

1. Diese Notizen sind z. T. schon in Italien gemacht.

Es gibt nur eine einzige Kritik, die zu respektieren ist. Diese entwickelt aus dem Innersten der Sache heraus. Sie sagt zum Dichter: Dies hast du gewollt, denn dies hast du wollen müssen, und untersucht nun, in welchem Verhältnis sein Vollbringen zu seinem Wollen steht. Jede andere ist vom Übel. *(4029)*

Wer Böses fürchtet, dem trifft Böses ein. Die Dämonen züchtigen ihn für seinen Verdacht. *(4033)*

Die Welt, wenn sie nicht mehr durch den Flor der Jugend und der Poesie betrachtet wird, macht keinen besseren Eindruck wie der menschliche Körper, wenn man ihm die Epidermis abgestreift hat; es bleibt noch immer ein höchst vernünftig eingerichteter Organismus übrig, aber die Schönheit ist dahin. *(4038)*

Das Universum kommt nur durch Individualisierung zum Selbstgenuß, darum ist diese ohne Ende. *(4039)*

Eitelkeit wird verziehen, nicht Stolz. Durch jene macht man sich abhängig von anderen, durch diesen erhebt man sich über sie. *(4052)*

Die Freude verallgemeinert, der Schmerz individualisiert den Menschen. *(4083)*

Wie weit gehört das Wunderbare, Mystische, in die moderne Dichtkunst hinein? Nur so weit es elementarisch bleibt. D. h. die dumpfen, ahnungsvollen Gefühle und Phantasien, auf denen es beruht und die vor etwas Verstecktem, Heimlichen in der Natur zittern, vor einem ihr innewohnenden Vermögen, von sich selbst abzuweichen, dürfen angeregt, sie dürfen aber nicht zu konkreten Gestalten, etwa Gespenster- und Geistererscheinungen verarbeitet werden, denn dem Glauben an diese ist das Weltbewußtsein entwachsen, während jene Gefühle selbst ewiger Art sind. *(4101)*

d. 15. März. Wunderschöner Tag. Meine Frau deklamierte in einer Akademie mein Gedicht „Liebeszauber"! Sie wurde zum Deklamieren, ich zur Hergabe des Gedichts von einem Komitee aufgefordert, das zum Besten der Pester Schauspieler zusammengetreten war; ungern willigten wir beide ein, ich nur, weil ich durchaus nicht umhin konnte, wenn ich nicht für allzu bescheiden gehalten werden sollte. Ich ging nicht hin, obgleich meine Frau in ihrem weißatlaßnen Kleide, mit der Blumenkrone im Haar, erhaben-schön war, wie die Muse selbst; statt dessen begab ich mich in den Prater und dichtete mit Glück an der „Mariamne" fort. Als ich zurückkam, stand sie, noch in ihrem Kostüm, am Fenster; ich flog die Treppen hinauf und umarmte sie, und sie rezitierte nun auch mir das Gedicht, das erstemal, daß es überhaupt geschah, denn sie tut es nie. Warum, dachte ich, wird das Schöne in einer Seele, die es so ganz empfindet, nicht auch geboren, wozu der Umweg durch mich in sie!   (4107)

d. 17. März. Vormittags bei dem herrlichsten Wetter im Prater spaziert und eine Szene an der „Mar[iamne]" im Kopf hin und her gewälzt. Darauf eine Rezension meiner „M. M." in einer Leipziger Revue gelesen, die günstig genug und vermutlich von Ruge[1] war. Abends abermals spaziert und um 7 Uhr zu Hause gegangen, wo ich unser Wohnzimmer festlich geschmückt, meine Büste bekränzt und meine liebe Frau im Hochzeitskleide fand, wie ich es mir zu meinem Geburtstag ausgebeten hatte. Da sie heute spielen muß, so hatte sie den gestrigen Tag gewählt und überraschte mich um so sicherer.   (4109)

d. 18. März. 34 Jahre! Sicher werden keine 68 daraus.

---

1. Arnold Ruge (1803-80) hatte Hebbel in Paris kennengelernt, wo der radikale Demokrat damals mit Karl Marx zusammenarbeitete.

Gearbeitet, spaziert, abends die Ponsardsche „Lukretia" gesehen und Tine in der Titelrolle. Ein im allgemeinen doch recht wackres Stück; Tinens Darstellung einzig. (4110)

Die Charaktere im Drama werden nur dann mit der höchsten Meisterschaft behandelt, wenn der Dichter, um in der Ökonomie seines Stücks den nötigen Gewinn von ihnen zu ziehen, ihnen gar nicht erst besondere Entschlüsse, d. h. Anläufe zu bestimmten Taten unterzulegen braucht, sondern wenn diese unmittelbar aus ihrer Natur hervorgehen und die gegenseitigen Täuschungen nur aus den gegenseitigen Irrtümern über deren Beschaffenheit und Wesenheit entspringen. So ein Charakter wird mein Joseph in der „Mar." (4119)

Ein Mensch, der das Menschenschicksal an sich, daß man Schmerzen leiden, daß man alt werden und sterben muß, als ein persönliches empfindet. Neuer Charakter und sicher möglich. (4137)

Die Idee des echten Kommunismus schließt allen Besitz, also auch den geistigen aus. Wenn er ausgeführt wird, so wird nur die Menschheit noch malen, dichten, komponieren; Dichter, Maler, Komponisten wird es aber nicht mehr geben, denn keiner darf sich nennen und jeder ist ein Verbrecher, der es tut. (Zu meinem Lustspiel[1].) (4138)

d. 11. April. Sonntagmorgen. Dies werd ich wohl nie los! Nach jeder schöpferischen Periode, wie ich sie diesen Winter gehabt habe, stellt sich eine erbärmliche Pause elendester Ohnmacht ein, die aber nur in bezug auf das Ausführen eine ist, nicht in bezug auf das Erfinden und innerliche Fortbilden. Die Gedanken kommen in Masse, aber sie sind alle wie Tannzapfen, die

1. Hebbels Lustspielplan *Zu irgendeiner Zeit* wurde nie verwirklicht.

sich im Gehirn festhäkeln; wenn ich übrigens keinen höheren Zustand kennte, so würde ich auch in einem solchen schreiben können, eben darum aber, weil die Untätigkeit, zu der ich mich verdammt sehe, keine absolute, sondern nur eine relative ist, erträgt sie sich um so schwerer. *(4141)*

d. 16. Mai. Gestern morgen erhielt ich ein Druckexemplar meines „Diamant". Ich kann auch jetzt noch nicht umhin, dies Stück für mein bestes zu halten. *(4168)*

†

Auch mein kleiner Ernst in Hamburg! Den 12. Mai! Ich sah ihn nie! † *(4169)*

Was war das erste, das meine Frau sagte, als sie die Todesbotschaft wegen meines Kindes erfuhr? „Laß sie – die Mutter – zu uns kommen, laß sie gleich kommen!" Und aufs tödlichste war sie von der gekränkt und beleidigt. Lebt noch eine zweite auf Erden, die so spräche und gleich ein Zimmer einrichtete, Betten besorgte usw.? Ich zweifle! *(4170)*

Das Notwendige bringen, aber in der Form des Zufälligen: das ist das ganze Geheimnis des dramatischen Stils. *(4175)*

d. 28. Mai. Ein ganz verlorner Tag für meine gute Tine wie für mich. Elise schrieb uns, daß sie am 26. aus Hamburg abreisen und in 42 Stunden bei uns eintreffen würde. Das hätte denn heute morgen um 6 Uhr geschehen müssen, wie uns denn auch im Bureau auf unsre Erkundigung bestätigt wurde. Wir standen also um 4 Uhr auf, machten uns um $^3/_4$ 5 Uhr zu Fuß auf den Weg und waren vor 6 Uhr im Bahnhof. Dort warteten wir bis halb 10 Uhr und litten Unsägliches von der Hitze. Endlich kam der so sehr verspätete Train aus Olmütz an und ohne die Erwartete! *(4180)*

d. 30. Mai. Gestern morgen um 8 Uhr kam Elise[1]! Gewiß ist sie edel und gut, nie habe ich das bezweifelt! Möge sie sich in unserem Hause wohl fühlen, möge sie sich die Lebensaufgabe nicht zu schwer gestellt haben! (4181)

Sei etwas! Wolle etwas! Sei mein Feind, wolle mich ermorden, gut, du existierst für mich, du bist mir etwas, aber was soll ich mit dem Nichts machen! (4183)

d. 3. Juni. Einen himmelschönen und doch grauenvollen Traum hat Tine gestern nacht gehabt. Ihr wird von einer ihrer Kolleginnen am Hofburgtheater in einem hohen gewölbten Zimmer ein Spiegel gezeigt, in welchem sie ihr ganzes Leben sehen könne. Sie schaut hinein und erblickt ihr eignes Gesicht, erst tief-jugendlich, von Rosenlicht umflossen, so jugendlich-unbestimmt, daß sie es erst bei der dritten oder vierten Verwandlung erkennt, dann ohne Rosenlicht, nun bleicher und immer bleicher, bis sie zuletzt mit Entsetzen ausruft: „Nun kommt mein Geripp', das will ich nicht sehen!" und sich abwendet. Der Spiegel selbst war anfangs trübe, wie angelaufen, und wurde nach und nach heller, wie die Gesichter deutlicher wurden. — Mein Gedanke, daß Traum und Poesie identisch sind, bestätigt sich mir mehr und mehr[2]. (4188)

Einer stößt dem andern den Dolch in die Brust. „So weißt du, daß ich dich vergiftet habe?" stöhnt dieser und stirbt. (4207)

Die Nov[elle] „ M a t t e o " geschrieben d. 1. Febr. 1841. (4211)

Im Leben geraten die menschlichen Charaktere freilich

---

1. Elise Lensing blieb als Gast bis August 1848 bei Hebbels. Die beiden Frauen wurden aufrichtige Freundinnen.
2. Von Hebbel in den IV. Akt von *Herodes und Mariamne* aufgenommen.

oft genug in Situationen hinein, die ihnen nicht entsprechen, in der Kunst darf dies aber nicht vorkommen, im Drama wenigstens müssen die Verhältnisse aus der Natur der Menschen mit Notwendigkeit hervorgehen. *(4218)*

d. 29. Aug. Tine als Chriemhild[1]: eine schwarze Flamme! Groß! Übergewaltig! *(4244)*

Schwarze Flamme, Weltgerichtsflamme! Die rote Flamme verzehrt zwar auch, aber sie hat doch die Farbe des Lebens, denn rot ist das Blut, und aus dem Blut kommt alles Leben. *(4245)*

„Mit der rechten Hand malen, mit der linken Annoncen über das Bild schreiben!" *(4250)*

Woher entspringt das Lebendige der echten Charaktere im Drama und in der Kunst überhaupt? Daher, daß der Dichter in jeder ihrer Äußerungen ihre Atmosphäre widerzuspiegeln weiß, die geistige wie die leibliche, den Ideenkreis, wie Volk und Land, Stand und Rang, dem sie angehören. Daraus geht die wunderbare Farbenbrechung hervor, die jedes Allgemeine als ein Besonderes, jedes Bekannte als ein Unbekanntes erscheinen läßt und eben den Reiz erzeugt. *(4271)*

Worin besteht die Naivität der Kunst? Ist es wirklich ein Zustand vollkommener Dumpfheit, in dem der Künstler nichts von sich selbst weiß, nichts von seiner eigenen Tätigkeit? Das ist unmöglich, denn wenn er nicht erkennt oder fühlt: dieser Zug ist tief, dieser Gedanke ist schön, warum zeichnet er den einen hin, warum hält er den andern fest? Die Frage wird wohl am einfachsten so beantwortet. Unbewußterweise erzeugt sich im Künstler alles Stoffliche, beim dramatischen Dichter z. B. die Gestalten, die Situationen, zuweilen

1. In Ernst Raupachs *Der Nibelungenhort*. (Vgl. Anm. zu 1865.)

sogar die ganze Handlung, ihrer anekdotischen Seite nach, denn das tritt plötzlich und ohne Ankündigung aus der Phantasie hervor. Alles übrige aber fällt notwendig in den Kreis des Bewußtseins. *(4272)*

d. 18. Sept. Wenn der Mensch sein individuelles Verhältnis zum Universum in seiner Notwendigkeit begreift, so hat er seine Bildung vollendet und eigentlich auch schon aufgehört, ein Individuum zu sein, denn der Begriff dieser Notwendigkeit, die Fähigkeit, sich bis zu ihm durchzuarbeiten, und die Kraft, ihn festzuhalten, ist eben das Universelle im Individuellen, löscht allen unberechtigten Egoismus aus und befreit den Geist vom Tode, indem er diesen im wesentlichen antizipiert.

(4274)

Aus dem Begriff der Individualität, auf dem jede vernünftige Weltanschauung beruht, folgt mit Notwendigkeit der Begriff der qualitativen und quantitativen Unterschiede in den Mischungsverhältnissen und also auch in den Resultaten derselben, den Begabungen, ja er schließt sich erst in diesem ab. *(4285)*

d. 24. Sept. Heute an Rötscher einen Aufsatz „über das Verhältnis von Kraft und Erkenntnis im Dichter" gesandt. *(4286)*

Der Tod ist der einzige Gott, der die Opfer verschmäht, sagen die Alten. Wahr. Dafür ist er aber auch der einzige, der kommen muß, sobald man ihn ruft. *(4311)*

d. 24. Okt. Gestern, Sonnabend, habe ich mein Trauerspiel „Julia", das schon in Rom angefangen wurde, endlich vollendet. Engländer, dem ich in seiner Krankheit das Fertige mitteilte, trieb mich zum Abschließen des Ganzen, und ich bin ihm dankbar dafür, denn nun bin ich die Last vom Halse los. Das Werk hat die Vorzüge und die Fehler eines Stücks, in dem die Situation stärker akzentuiert ist wie die Charakterentwicklung;

da das aber meine Intention war, so bin ich nicht deshalb zu schelten, auch hoffe ich, im dritten Akt alles, was die neueren Franzosen z. B. nur äußerlich zu einem scheinbaren Abschluß zu führen pflegen, innerlich aufgelöst zu haben. (4312)

Ein Wohltäter hat immer etwas von einem Gläubiger. (4316)

Der Verstand frage im Kunstwerk, aber er antworte nicht. (4320)

Der Tod ist ein Opfer, das jeder Mensch der Idee bringt. (4324)

d. 22. Dez. Eben die Reinschrift vom 2. Akt der „Mariamne" geschlossen. Ich glaube, zufrieden sein zu dürfen; ich habe es mir aber auch Schweiß kosten lassen, denn dies verrückte Motiv, daß Joseph der Mar. den erhaltenen Auftrag, sie zu töten, verrät, um ihr zu zeigen, wie Herodes sie liebe, war fast nicht in Vernunft umzusetzen. Nun ist's gelungen, und ich habe mich dem mir gesteckten Ziel, einmal eine Tragödie unbedingtester Notwendigkeit zu schreiben, um einen starken Schritt genähert. Was es übrigens heißt, einen fast phantastischen Stoff auf die derbste Realität zurückzuführen, ahnt man nicht, wenn man's nicht selbst versucht hat. (4334)

d. 25. Dezbr. Mit einem Herzen voll Dank und Freude schreibe ich es nieder, daß meine teure Christine mir heute, am 1. Weihnachtstag, nachmittags, eine Viertelstunde vor fünf Uhr ein kleines Mädchen geboren hat. Möge alles fortgehen, wie es anfing! (4336)

d. 31. Dez. Silvesterabend. Ich bin jetzt Tag und Nacht auf den Füßen, denn Elise, auf deren Hilfe wir stark gerechnet hatten, ist selbst erkrankt, weil sie sich zu unvorsichtig der Erkältung ausgesetzt hat. Meine arme Frau muß sich nun grausam anstrengen und alles selbst besorgen; für die Verwandten, die sie ernähren muß, existiert sie nicht; ihre Mutter hat noch nicht ein einziges Mal nach ihrem Befinden fragen lassen, geschweige, daß sie selbst gekommen wäre. Möge der Himmel schlechte Folgen verhüten! Ich übe mich in den Pflichten eines Johanniters, bis zu den niedrigsten herab, deren Schiller in seinen Distichen erwähnt, und gehe von Krankenbett zu Krankenbett. Da bleibt mir denn zu dem gewöhnlichen Rückblick auf das verflossene Jahr wenig Zeit; er wäre auch ganz überflüssig, wenn ich mein Gelübde, regelmäßig Tagebuch zu führen, gehalten hätte, aber ich dispensierte mich davon, nachdem mich der monatelang durchgesetzte Versuch von der Nutzlosigkeit und Trivialität des Unternehmens überzeugt hatte. Im allgemeinen darf ich sagen: ich bin vorwärts gekommen, äußerlich und innerlich, mein Leben hat also noch immer einen Zweck. Harte Schicksalsschläge haben mich getroffen, zwei Kinder sind mir gestorben, was ich doppelt schwer empfinden mußte, da mich jetzt die Sorge um mein Auskommen nicht mehr so quält wie früher. Ein Ersatz ist in einem freundlichen kleinen Mädchen wieder da; möge das kleine Wesen so gesund sein, als es aussieht! Bekanntschaften von Bedeutung: Kühne[1], Rötscher; aufgefrischte alte: Ruge, Cornelius; neue, noch ungewisse: Dingelstedt, Laube, Lewald pp. pp. Gearbeitet: „Julia"; zwar nur vollendet, aber so gut wie neu angefangen; zwei Akte der „Mariamne"; die Novelle „Herr Haidvogel"; die Aufsätze über den Stil des Dramas und über das Verhältnis von Kraft und Erkenntnis im Dichter. Druckfertig gemacht meine sämtlichen Novellen; am „Schnock" noch Unendliches getan. Herausgegeben: „Der Diamant"; „Ein Tr. in Siz." in der Novellenzeitung; ein Band neuer Gedichte. Erstere beide Werke

1. Gustav Kühne (1806-88), Schriftsteller und Herausgeber der *Europa* in Leipzig.

wurden höchst mißfällig aufgenommen, aber nur, weil keiner sich die Mühe gab, sie verstehen zu wollen; den Gedichten steht ein besseres Schicksal bevor, wenn der Schein nicht täuscht. „Maria Magdalena" hat sich noch wacker gezeigt; eben jetzt wird sie in Berlin aufgeführt, und selbst dem spröden Vischer[1] hat sie Anerkennung abgedrungen. Im ganzen sind meine lit. Hoffnungen um etwas gestiegen, und zwar mit Recht; ich sehe, auf wie schwachen Füßen die Armseligkeit steht.   *(4338)*

1848

d. 3. Jan. Alles geht besser. Die Patientin ist auf dem Wege, wieder gesund zu werden. Das Kind ist freilich sehr unruhig und läßt uns so wenig bei Nacht als am Tage schlafen, dennoch befindet meine Frau sich leidlich wohl. Von Engl[änder] hatte ich heute schon einen eigenhändigen Brief. Seit sechs Tagen kam ich nicht mehr in die Luft, heute hoffe ich so weit zu kommen. Ich habe so manches zu besorgen.   *(4339)*

Es gibt keinen Menschen ohne Sünde, denn es darf keinen geben, er dürfte wenigstens nicht auf die Erde gesetzt werden, denn er würde für die übrigen keine Duldung haben, er würde ein Schwert sein, auf dem sie sich spießten. Dramat. Charakter der Art, der mehr Unheil anrichtete als der größte Sünder.   *(4340)*

Mittwochs, den 12. Jan., ist mein kleines Töchterlein auf die Namen Christine Elisabeth Adolphine durch den Pfarrer der hiesigen protestantischen Gemeinde getauft worden. Paten waren Herr Adolph v. Kolaczek aus Teschen und Elise.   *(4345)*

1. Friedrich Theodor Vischer (1807-87) besprach Hebbels Werk im *Jahrbuch der Gegenwart*, Tübingen.

d. 14. Jan. Heute habe ich meinem Bruder 10 r. Pr. Cour. geschickt und das Versprechen hinzugefügt, diese Sendung jährlich zu wiederholen. Vor drei Wochen ungefähr schrieb ich ihm seit Jahren zum erstenmal wieder und erhielt vor einigen Tagen seine Antwort. Mein langes Stillschweigen war mir durch sein Benehmen abgedrungen; er wollte haben, immer haben, und ich konnte nichts geben, da ich nichts hatte. Sein Brief gefiel mir. Wenn er ist wie der, hat er sich geändert und alles ist gut. (4348)

d. 18. Jan. Welch ein ängstlicher Besitz ist der eines geliebten Kindes! Bis jetzt ist mein kleines Mädchen nicht krank, aber auch nicht gesund. Mich erschreckt jedes Geschrei, das es von sich gibt, und ich komme weder bei Tage noch bei Nacht zur Ruhe. Diesen Zoll will ich gern bezahlen, wenn es mir nur erhalten bleibt. Ist das Schicksal aber noch einmal grausam gegen mich, so steht mein Entschluß fest. Ein fünftes Kind will ich nicht haben. (4352)

Ich weiß nicht, ob ich die nachstehende Bemerkung schon einmal niederschrieb, aber sie ist wichtig genug, noch einmal niedergeschrieben zu werden. Es gibt ein ganz untrügliches Kriterium für Genie und Talent, und dies besteht darin, daß man sich frägt, wenn man sich einer imponierenden Leistung gegenüber befindet, ob man bei einer hinreichenden Potenzierung des eigenen Vermögens ihrer selbst fähig gewesen wäre oder nicht. Darf man die Frage bejahen, findet man in sich einen Faden, der, gehörig ausgesponnen, sich an den fremden anknüpfen ließe, so hat man es immer mit einem Talent zu tun und nur im entgegengesetzten Fall mit dem Genie. Im Genie liegt immer etwas durchaus Neues, streng an ein bestimmtes Individuum Geknüpftes. Der mittelmäßigste Poet, der die Abendröte besingt oder ein Sonett auf einen Maikäfer macht, würde es zu einem Gedicht wie Schillers „Spaziergang" oder seine „Glocke" bringen, wenn seine Kraft millionenfach verstärkt würde; Schiller selbst aber würde nie einen „Fischer" oder einen „Erlkönig" erzeugen.   *(4353)*

Auch eine Krankheit hat ihren Lohn: die reine Freude am Dasein, am Dasein selbst, nicht an einer Einzelheit desselben.   *(4354)*

In Goethes „Wahlverwandtschaften" ist doch eine Seite abstrakt geblieben, es ist nämlich die unermeßliche Bedeutung der Ehe für Staat und Menschheit wohl räsonierend angedeutet, aber nicht im Ring der Darstellung zur Anschauung gebracht worden, was gleichwohl möglich gewesen wäre und den Eindruck des ganzen Werkes noch sehr verstärkt hätte.   *(4357)*

d. 29. Jan. Heute nachmittag las ich im Verein, ganz unvorbereitet, den Tod Christians des Achten, Königs von Dänemark. Ich fühlte mich tief erschüttert und bedurfte eines einsamen Spaziergangs, um meiner Bewegung Meister zu werden. Mich selbst knüpfte das Band der Dankbarkeit an ihn, denn wenn er nicht bei der Verteilung der Reisestipendien, die nur denjenigen zuteil werden sollen, die auf einer der Landesuniversitäten studiert haben, meinetwegen eine Ausnahme von der Regel gemacht hätte, so würde ich schwerlich nach Frankreich und Italien gekommen sein. Das fühlt man denn in einem solchen Moment doppelt und dreifach. Aber auch abgesehen von diesem persönlichen Bezug, hatten seine mir in Kopenhagen bekannt gewordenen Jugendschicksale, namentlich in der ersten Ehe[1], sowie seine ganze historische Stellung, inmitten so scharfer, unlösbarer Konflikte mit einem so weichen Gemüt, etwas Tragisches, das mir ein allgemein-menschliches In-

---

1. Christians VIII. erste Ehe mit Charlotte, Prinzessin von Mecklenburg-Schwerin, wurde wegen Ehebruchs geschieden.

teresse einflößte. Der Zufall wollte nun noch obendrein, daß ich gar nichts über seine Krankheit gelesen und gehört hatte. *(4359)*

d. 9. Febr. Tines Geburtstag. Elise hatte den guten Einfall gehabt, das kleine Kind sehr früh anzukleiden, wie es bei der Taufe gekleidet war, ihm einen Blumenstrauß in die Hand zu geben und es der Mutter beim Erwachen zu bringen. Es war allerliebst. *(4363)*

d. 1. März. Die dritte französische Revolution ist da, Louis Philipp entthront, die Republik deklariert! Welch ein folgenschweres Ereignis! *(4369)*

d. 15. März. Ich lebe jetzt in einem anderen Östreich, in einem Östreich, worin ich sicher bin wie Fürst Metternich, wo Preßfreiheit proklamiert, Nationalbewaffnung eingeführt, eine Konstitution versprochen ist! Wer hat Zeit, das Nähere niederzuschreiben, aber so viel muß hier stehen! Ein ganz neues Stück[1] habe ich, gleich nachdem ich das letzte Plakat des Kaisers vernahm, erfunden. Wenn nur ein andrer die Ideen für mich niederschriebe! *(4371)*

d. 25. März. Auch in Preußen ist alles durchgesetzt, jedoch nur nach einem furchtbaren Blutvergießen in Berlin! Der König von Preußen wußte nichts davon, daß Blut ein ganz besondrer Saft ist und Blut der Untertanen noch mehr wie jedes andere Blut. Gleichviel, man ist am Ziel. Was aber weiter werden wird, ist schwer zu sagen, und jubeln kann ich nur, wenn ich an eine spätere Generation denke, die jetzige ist wohl zu schweren Dingen bestimmt! *(4372)*

d. 28. März. Die großen Weltereignisse greifen auch in meinen kleinen Privatkreis hinein. Das Hofburgtheater

---

1. *Das erste Todesurteil,* ein politisches Drama, das Hebbel nie vollendete.

wird meine Stücke spielen[1], „Julia" ist angenommen, Holbein zeigte es mir heute morgen persönlich an. Wer Kind genug wäre, sich darüber freuen zu können! Mir schmeckt das Ei nicht, das der Weltbrand geröstet hat.

(4380)

d. 29. März. Gestern abend befand ich mich in dem Verein der Volksfreunde, wie sie sich nennen. Zerboni lud mich dazu ein und führte mich hin; ich hatte ihn lange nicht gesehen und konnte es ihm nicht abschlagen. Wenn alle Vereine dieser Art so sind, so gibt es nichts Harmloseres. Reden, anderthalb Stunden lang, wurden gehalten, aus lauter trivialen Phrasen bestehend, Debatten über kümmerliche Abstraktheiten wurden geführt und Beschlüsse der lächerlichsten Art gefaßt. Dabei ward denn gegessen und getrunken, und alles duzte sich. Hätte ich nicht gefürchtet, zu beleidigen, ich wäre nach einer halben Stunde wieder fortgegangen. Nein, meine Herren, nein! So langweilte ich mich noch nie! Sich die Nägel beschneiden ist Amüsement dagegen.

(4382)

Der Krieg ist die Freiheit gewisser Barbaren, darum ist es kein Wunder, daß sie ihn lieben. (4390)

Der Kommunismus kann momentan siegen, d. h., er kann sich so lange behaupten, bis er alle seine Schrecknisse entfaltet und die Menschheit mit einem für alle Zeiten ausreichenden Abscheu getränkt hat. (4393)

d. 1. Mai. Es ist seltsam, daß der Frühling mir so feind-

1. Wirklich wurden jetzt auch Hebbels Werke auf der Hofburgbühne aufgeführt: am 8. Mai 1848 *Maria Magdalena* mit Christine als Klara, am 1. Februar 1849 *Judith* mit Christine in der Titelrolle, schon am 19. April 1849 dann *Herodes und Mariamne* mit Christine als Mariamne. Hebbels *Julia* wurde nicht gegeben; nachdem im Spätherbst 1849 Franz Ignaz von Holbein (1779-1855; seit 1841 Burgtheaterdirektor) durch Heinrich Laube, Hebbels Gegner, als künstlerischer Direktor des Hofburgtheaters abgelöst wurde, blieb diese Bühne Hebbel wieder so gut wie verschlossen.

lich ist. Das wiederholt sich nun schon seit so vielen Jahren. Immer eine Dumpfheit im Kopf, eine Abgespanntheit in allen Gliedern, als ob ich auseinanderfallen sollte! *(4394)*

d. 9. Mai. Gestern abend brachte das K. K. Hofburgtheater meine „Maria Magdalena", unverkürzt und unverändert. Das Stück war eine Bildungsprobe für das Wiener Publikum, es fand aber den ungeteiltesten Beifall und machte auch nicht in dem bedenklichsten seiner Momente die Prüderie rege. Der Grund ist einfach darin zu suchen, daß das Stück ein darstellendes ist, daß es nicht, wie dies z. B. in Laubes sonst sehr verdienstlichen „Karlsschülern" geschieht, ein durch den Witz zusammengesetztes Mosaikbild gibt, daß es zeigt, was aus- und durcheinander folgt, nicht, was sich nach- und nebeneinander ereignet. Denn kein Mensch ist so blöde, daß er sich gegen die Notwendigkeit auflehnte; da das Wesen der Darstellung nun aber eben in der Veranschaulichung der Notwendigkeit besteht, so ist sie des Erfolgs sicher, was den Hauptpunkt betrifft, und es handelt sich nur noch darum, ob die Anerkennung, die ihr nicht versagt werden kann, in der Form der Liebe oder des bloßen Respekts hervortritt. In meinem Fall waren Respekt und Liebe gemischt. Freilich war die Darstellung auch eine unvergleichliche; Anschütz als Meister Anton stellte ein ehernes Bild hin, und Tine legte ein zerfleischtes Herz auf eine mich so erschütternde Weise bloß, daß ich für sie zitterte und bebte. Ich hatte mich auf eine Galerie begeben und war fest entschlossen, für den Fall des Gerufenwerdens nicht zu erscheinen, blieb auch, wo ich war, trotzdem daß dieser Fall gleich nach Schluß des ersten Akts schon eintrat und sich beim Schluß des zweiten wiederholte. Dann aber ließ Tine mich herunterholen, und ich mußte mich ungeachtet meines Ekels gegen dieses Hervortreten mit der eigenen überflüssigen Person entschließen, das nachzumachen, was ein Schock Narren vorgemacht hat. Ich fühlte, daß die Schauspieler in ihrer Behauptung, alles stehe für mich und meine künftigen Stücke auf dem Spiel, nicht unrecht hatten, und beugte mich der Notwendigkeit. *(4396)*

Ein halber Sieg der Idee ist schlimmer als eine völlige Niederlage. *(4399)*

Es kommt zuweilen wie für den einzelnen Menschen, so für ein ganzes Volk ein Moment, wo es über sich selbst Gericht hält. Es wird ihm nämlich Gelegenheit gegeben, die Vergangenheit zu reparieren und sich der alten Sünden abzutun. Dann steht aber die Nemesis ihm zur linken Seite und wehe ihm, wenn es nun noch nicht den rechten Weg einschlägt. So steht es jetzt mit Deutschland. *(4403)*

Die ganze dramatische Kunst hat es mit dem Unverstand und der Unsittlichkeit zu tun, denn was ist unverständiger und unsittlicher als die Leidenschaft? *(4414)*

Der Bilderreichtum mittelmäßiger Poeten geht immer aus ihrem Denkunvermögen, aus ihrer Unfähigkeit, den Gedanken aus seiner rohen Vorstellungsschale herauszulösen, hervor. Mittelmäßige Kritiker halten aber das, was nur Vorstellung, d. h. n o c h n i c h t e i n m a l Gedanke ist, für Anschauung. Die Anschauung umfaßt immer den Gedanken und die Vorstellung zugleich. *(4417)*

Ob ein Auge braun oder blau, die Sehkraft ist dieselbe. Form. *(4419)*

Die Ehrfurcht, die jedem Menschen vor jedem anderen Menschen innewohnt und ihn ein größeres oder kleineres Gewicht auf jedes Urteil eines solchen legen läßt, ist ein Ausfluß der reinsten Pietät und der beste Beweis dafür, daß es ein Gemeingefühl gibt, vermöge dessen wir uns eben alle als Glieder eines zusammenhängenden großen Organismus fühlen, des Organismus der Menschheit nämlich. *(4420)*

d. 9. August. Die letzten vierzehn Tage, vorzüglich aber die allerletzten drei bis vier, habe ich mich einmal wieder so recht Poet gefühlt. Der 4. Akt der „Mar[iamne]" ist entstanden bis auf weniges. So strömte es in mir zur Zeit der „Genoveva". *(4431)*

Der Verstand macht sowenig die Poesie wie das Salz die Speise, aber er gehört zur Poesie wie das Salz zur Speise. *(4433)*

d. 22. Aug. Mit meiner poetischen Stimmung ist es wieder vorüber, hauptsächlich durch kleine äußerliche Verdrießlichkeiten, namentlich auch dadurch, daß ich Holbein die ersten vier Akte mitgeteilt habe, der mir zwar allerlei Verbindliches darüber schreibt, das er auch ehrlich meinen mag, die sofortige Aufführung aber ablehnt. Man sollte vorsichtig werden; die Stimmung des Dichters hat zu viel vom Nachtwandeln, sie wird ebenso leicht gestört wie der Traumzustand, worin dies geschieht. Sonderbar ist es, daß ich in einer solchen Stimmung immer Melodien höre und das, was ich schreibe, danach absinge; so diesmal vorzüglich die Stelle:

„Titus, du siehst, wie meine Tochter trauert!"[1]

Akt vier ist fertig. *(4435)*

d. 27. Aug. Heute abend reiste Elise wieder nach Hamburg zurück und nimmt den Knaben[2] mit. — Eine Periode, von der ich nicht weiß, ob sie segenbringend war oder nicht. Der erste Zweck wurde freilich erreicht: sie wurde ihrer Selbstquälerei entzogen. *(4439)*

„Ich wollte, du arme Seele, es gäbe einen Himmel, da-

1. *Herodes und Mariamne* IV, 7.
2. Christines Sohn Carl, den Hebbel adoptiert hatte.

mit du für alle deine Leiden Vergeltung erhieltest, ich wollte es, obgleich es für mich dann auch eine Hölle gäbe!" *(4441)*

d. 22. Septber. Ich habe einiges von den Feuerbachschen Sachen gelesen und finde Kolaczeks Wort bestätigt, daß ich in unendlich vielem mit ihm übereinstimme. Manches habe ich gefunden, was ich schon 1835 dachte und in einem alten Tagebuch (N. 1) aussprach, so z. B. über Zeit und Raum. In Hamburg hatte ich sein „Wesen des Christentums" in Händen, blätterte aber nur darin. Die Gründe, worauf der Glaube an Gott und Unsterblichkeit sich bis jetzt stützte, widerlegt er vollkommen, das ist wahr. Ob es aber, was wenigstens die Unsterblichkeit betrifft, nicht noch andere gibt? Ich denke manches, was ich nicht aufschreiben mag. In den Lebensgesetzen gibt es etwas Mystisches; in den Denkgesetzen nicht auch? — *(4453)*

Es ist ein anderes, ob der Weltapfel dein Apfel ist oder der Apfel des Apfelbaums. *(4454)*

Man entwickelt sich durchs Leben fürs Leben: die Momente fallen zusammen. *(4456)*

Wenn man in ein Zimmer eintritt, worin Reseda steht, so spürt man den Duft; ist man fünf Minuten darin, so ist's vorbei. So ist's mit allem in der Welt. *(4458)*

d. 14. Nov. 1848. Heute mittag um halb 12 Uhr habe ich endlich die „Mariamne" geschlossen. Die Hauptszene des 5. Akts, die sechste, zwischen Mariamne und Titus, wurde während der Wiener Schreckenszeit geschrieben. Ja, das Werk war mir im Element des nach jeder Seite hin Widerwärtigen die einzige Rettung, und es stand mir auch mit Frau und Kind, für die ich zitterte, in gleicher Linie. Ich glaube einen Fortschritt gemacht zu haben. Angefangen wurde sie den 23. Februar 1847. *(4461)*

d. 16. Dez. Heute erhalte ich einen Brief von meinem Bruder Johann aus Holstein, worin er mir meldet, daß er, der Kriegsläufte wegen, weil er „kein Held und kein Krieger" sei, sich verheiratet habe, indem die Unverheirateten beim bevorstehenden Dänenkampf zuerst ins Feuer müßten. *(4478)*

d. 25. Dez. Der gestrige Weihnachtsabend wurde auf eine fast vornehme Weise bei uns gefeiert. Ein Tannenbaum für das kleine Titele, an dem mehr hing, als ich mein ganzes Lebelang beschert erhalten habe; freilich alles von außen her ins Haus geschenkt, sonst wär' es sündlich gewesen. Gesellschaft; Fasanen, Karpfen, Champagner, unerhört, wie weit man es auf Erden bringen kann. Meine liebe Frau schenkte mir Walter Scotts Romane, die ich längst gern besessen hätte; Frau von la Roche überraschte mich mit einem Autograph von Goethe! *(4480)*

d. 31. Dezbr. Das Jahr ist wieder herum. Es hat Deutschland eine Revolution gebracht; ob mehr, soll sich erst zeigen. Alle Erbfehler unserer Nation stehen wieder in voller Blüte; hie Gelf, hie Ghibelline! Mich wundert nur, daß in dem Körper eines Deutschen Einigkeit herrscht, daß sich nicht das Herz gegen den Kopf, der Arm gegen das Bein empört. Zu einem imponierenden, wohlgegründeten Staatsbau werden wir es wohl nicht bringen, das ist unmöglich, wo jeder Stein Schlußstein werden will. Aber der Absolutismus ist doch, wie es scheint, beseitigt, und daß der nicht wiederkehren kann, möchte ich hoffen. Das ist denn freilich schon ein unendlicher Gewinn. Hier in Wien machte ich den Oktober mit durch; ich schloß meine „Mariamne" in dieser Zeit, sonst hätte mich das Element des Widerwärtigen vielleicht erstickt. Furchtbare, ekelhafte Tage; man erfuhr, was das Chaos eigentlich für ein Ding ist, und lernte das P f l a s t e r der Sozietät, von dem niemand mehr weiß, wie schwer es zu legen war, gründlich schätzen. Ich sah in die Vergangenheit bis in den mit Bären bevölkerten deutschen Urwald hinein. Ein Tagebuch hätte ich führen sollen; doch durch zu ängstliche Bemühungen, außerordentliche Eindrücke festzuhalten, stumpft man sich selbst ab und raubt ihnen ihr Frisches. — Mein kleines Mädchen gedeiht und macht mir große Freude; an meiner lieben Frau ängstigt mich ein hartnäckiger Husten, den die Ärzte freilich für die Folge eines Schleimhautkitzels erklären, der nichts bedeutet. Mögen sie recht haben! Als Deputierter des Schriftstellervereins machte ich im Mai eine Reise nach Tirol zum Kaiser und war Sprecher bei der Majestät; über diese verfaßte ich einen in der Donauzeitung veröffentlichten Bericht. Gearbeitet: die letzten drei Akte der „Mariamne"; den ersten Akt eines Schauspiels „Die Schauspielerin"; zwei Kritiken in den Wiener Jahrbüchern über Schillers Briefwechsel mit Körner und über Holtzmanns Übertragung indischer Gedichte; eine gründliche Besprechung der hiesigen Aufführung von Schillers „Wallenstein" und eine Rezension von Massingers „Ludovico"; drei Gedichte, worunter „Mensch und Erde"; und seit März zirka 30 Artikel für die Augsburger Allgemeine Zeitung. Drucken ließ ich nichts Größeres, nur unnützerweise als Mspt. die „Julia"; an Kleinigkeiten, außer den angeführten, noch zwei Fragmente über Paris und Lord Byron in Kühnes „Europa" und etwas über Kleists „Käthchen" in Rötschers Jahrbüchern. Da ist alles. In Wien wurde neunmal gegeben die „Maria Magdalena"; sie hätte achtzehnmal gegeben werden können, wenn der Direktor, als Verfasser von „Fridolin", nicht gegen alles, was Poesie enthält, eine Antipathie hätte. Bekanntschaften: Prof. Seligmann, Auerbach, Frau von Goethe[1] usw. — So steht's! Möge mir nur bleiben, was ich habe, mehr will ich vom neuen Jahr gar nicht fordern.   (4481)

1. Ottilie von Goethe, Goethes Schwiegertochter.

„Und glaube mir, daß es Naturen gibt,
Die jeden täuschen müssen, welcher ihnen
Nicht ganz vertraut, und die nicht in der Probe,
Nein, durch die Probe selbst zugrunde gehn,
Weil sie zu zart, zu edel für sie sind."   *(4483)*

d. 10. Jan. Wie vieles bleibt dem Menschen doch, trotz
der redlichsten Bemühungen, allgemein, d. h. tot, obgleich es ihn in nächster Nähe umgibt, ja zu ihm selbst
gehört! Davon mache ich eben heute eine Erfahrung. Sechsunddreißig Jahre spreche ich nun schon;
heute zum erstenmal erstaune ich über das physische
Wunder, das dem Sprechenkönnen zugrunde liegt, über
den Ursprung der Tonbildung aus Zungenschlägen und
Lippenbewegungen, die so wenig ins Bewußtsein fallen wie die Entstehung des Gedankens. — Dann im
Auge die b r e n n e n d e Materie, die der Sprache zu
Hilfe kommt und sie oft ersetzt!   *(4485)*

d. 2. Febr. Es wird manches reif vor Abend. Gestern
ging meine „Judith", in der Hamburger Umarbeitung,
über das Hofburgtheater. Vor Jahren sandte ich sie
naiverweise hieher und erhielt natürlich nicht einmal
eine Antwort. Ihrer Natur nach flößte sie dem Publikum Respekt ein, gewann ihm aber keine Liebe ab.
Das Haus war gesteckt voll, und eine Aufmerksamkeit
herrschte wie im Tempel. Gespielt wurde im allgemeinen gut; die Judith meiner Frau war eine vollendete
Leistung. Jede Stellung ein antikes Bild!   *(4526)*

„Ich besehe mich nach innen, wenn ich nachmittags so
dämmre." Außerordentlich schönes Wort von Tine.

                                                (4527)

d. 7. Febr. Der Maler Ammerling, durch Tines Judith
so hingerissen, daß er die ganze Nacht geweint, bat sich

von uns aus, daß wir eine vor vier Wochen von ihm vollendete Judith ansehen möchten. Das taten wir heute abend, auf seinen Wunsch bei Beleuchtung. Sein Bild war schön, und kindisch freute er sich, daß es meiner Frau nicht bloß gefiel, sondern auch glich. Maler Schilcher, Herle, alle sind gleich entzückt; Hammer-Purgstall, Bauernfeldt, das ganze Publikum. Und doch gab es zwei Kritikaster, die tadeln wollten. Freilich sind sie bezahlt, d. h. bestochen. (4528)

d. 8. Febr. Mit „Judith" mache ich in Wien Glück. Heute ist die vierte Vorstellung, und wieder war der Zulauf so groß, daß viele Menschen keinen Platz bekommen konnten. (4529)

d. 10. Febr. Gestern abend an Tines Geburtstag die „Mariamne" vor 16 Personen, worunter Hammer-Purgstall und La Roche[1] sich befanden, vorgelesen. Wie? und mit welchem Erfolg? blieb mir zweifelhaft. Heute mittag wurde mir ein alter Herr gemeldet, der sich mir näherte, wie dem Holofernes sich die Gesandten aus Mesopotamien nähern. Es war ein alter, 66jähriger Pfarrer aus Mühlbach in Siebenbürgen, Filtsch mit Namen, den die Begeisterung für „Judith", das Werk und die Darstellung durch meine Frau, zu mir trieb. Dergleichen tut mir wohler als alle Kritiken der Welt. (4531)

Es ist ein tiefer Zug in der Menschennatur, daß einer für den anderen errötet, er deutet wie kein anderer auf den geheimnisvollen Nexus, der alle miteinander verknüpft. Der Mann errötet aber nur für den Mann, das Weib nur für das Weib. (4547)

Ein Prinz, der nicht weiß, daß er es ist, der in der Verborgenheit erzogen wird, in der Wut einen Mord begeht und nun, da das Gesetz ihn packen will, da er

1. Karl La Roche, Wiener Schauspieler, mit Hebbels befreundet.

selbst auch damit übereinstimmt, daß es geschehe, plötzlich erfährt, daß er über dem Gesetz steht; so wie auch diejenigen es erfahren, die ihn packen wollen[1].   *(4566)*

d. 5. April. Heute morgen habe ich den ersten Akt eines phantastischen Lustspiels „D e r   R u b i n“ geschlossen, welches ich am 1. April anfing.   *(4578)*

d. 7. April. Heute mußte ich mich vom „Rubin“ unterbrechen, um einen merkwürdigen Gang zu tun. Vor einiger Zeit überbrachte mir Herr Wilhelm Gärtner, ein Weltgeistlicher, einige Schriften, unter anderem ein Mspt. „S i m s o n“, über welche ich mich mündlich und schriftlich sehr günstig aussprach, weil ich — fast zum erstenmal in solchem Fall — ein echtes, schönes Talent darin fand. Gestern schickte er mir ein Schächtelchen mit einer goldenen Kette und einem Brief, der keine Mißdeutung aufkommen ließ und mich tief rührte. Nichtsdestoweniger widerstrebte es meinem Gefühl, das Geschenk zu behalten, um aber den Geber nicht zu verletzen, beschloß ich, es ihm persönlich zurückzubringen. Dies tat ich denn, und er benahm sich außerordentlich zart. Ich versprach ihm, zu jeder Zeit, wo er mir einen Dienst leisten könne, den Dienst von ihm zu fordern, und er schlug mir vor, die Kette anonym irgendeinem strebsamen und talentvollen jungen Literaten, den ich ihm nennen möchte, zu übersenden. Einen solchen werde ich ihm auch nennen, sobald ich einen kennenlerne, und wir schieden auf eine schöne Weise voneinander.   *(4579)*

d. 15. Apr. Heute den 2. Akt vom „Rubin“ geschlossen.   *(4580)*

d. 19. April. „Herodes und Mariamne“ wurde gegeben. Das Spiel war vortrefflich, die Inszenierung glänzend,

---

1. Vgl. das „Vorspiel“ zu Hebbels *Demetrius*.

die Aufnahme im höchsten Grade kühl. Das Publikum war sichtlich nicht imstande, der Komposition zu folgen. Auch spielte das Stück zu lange, bis ³/₄ auf 11 Uhr. Das Verwirrende lag für die Masse der Zuschauer in dem zweiten Moment des Dramas, in dem historischen, dessen Notwendigkeit bei der großen Gleichgültigkeit der meisten gegen alle und jede tiefere Motivierung sie nicht begriffen. — Zu Hause lag mein Töchterlein an den Blattern, den natürlichen, darnieder, dabei mußte meine arme Frau spielen und erhielt für ihre wunderbare Leistung nicht den geringsten Dank. Ein schmerzenreicher, qualvoller Abend für mich als Mensch.

(4581)

Wie, wenn die Menschheit nichts als ein auseinandergelegter Organismus wäre, eine Vereinzelung der Glieder und Wiederzusammenknüpfung derselben durch Instinkt und Sympathie? *(4591)*

d. 19. Mai habe ich den dritten Akt des „Rubin" geschlossen, und zwar in Penzing, und dem Stück den Titel: Märchenlustspiel gegeben. Auch dieser Akt hat mir höchstens acht Tage gekostet; nie arbeitete ich so rasch.

(4592)

Auch das ist eine wichtige Seite an der Liebe, daß der Liebende durch die Liebende eine Versicherung des persönlichen Wertes erhält, daß er sich sagen darf: Ich bin zu etwas da, ich bin kein leeres Nichts. *(4609)*

d. 12. Juni. Heute habe ich den ersten Akt des „Moloch" geschlossen. Die Idee zu dem Stück kam mir schon in Hamburg während der Ausarbeitung der „Judith". Ausgeführt wurde die erste Hälfte des ersten Akts in Neapel in der Locanda la bella Venezia. Die Schwierigkeit liegt darin, daß das Werk durchaus im Basreliefstil gehalten werden muß und doch nicht kalt werden darf, was schwer zu vermeiden ist, wenn man Herz und Nieren nicht bloßlegen soll. Übrigens belehrt

mich mein Aufenthalt auf dem Lande, daß mein Nicht-
arbeitenkönnen im Sommer einzig und allein in der
fürchterlichen Stadthitze seinen Grund gehabt hat.

(4611)

Das Sein ist eine aus lauter Knoten bestehende Linie.

(4640)

Eine Armee ist doch nur für den Feldherrn, was ein
Lexikon für den Dichter, die Siege stecken darin, wie
die Tragödien in diesem. (4649)

Häßlichkeit zur Schönheit:

Wärst du nicht, so wär' ich auch nicht, ich bin dein Niederschlag. (4650)

d. 20. Nov. Morgen, d. 21., kommt mein „Rubin" zur
Aufführung. Bei der Fremdartigkeit des Gegenstandes
und der sich immer mehr vergrößernden Zahl meiner
Feinde, die schon jetzt in öffentlichen Blättern gegen
das ihnen noch unbekannte Stück zu Felde ziehen, be-
fürchte ich einen schlimmen Ausfall. (4655)

d. 25. Dez. Gestern wurde ich am Weihnachtsabend
durch ein allerliebstes Bild überrascht. Wie ich in das
erleuchtete Zimmer zu dem prachtvollen Tannenbaum
hineingerufen wurde, trappte mir mein Töchterlein in
der Gestalt eines Braunschweiger Bauermädchens, wie
sie dort auf den Markt gehen, entgegen. Schwarzes
Hütchen, nur den Hinterkopf deckend, mit langen roten Bändern; rotes Kleid, kurz geschürzt; Zwickel-
strümpfe nebst Lederschuhen; eine geflochtene Kiepe
auf dem Rücken, angefüllt mit Nüssen und Kuchen für
mich. Das alles hatte meine liebe Frau an den Abenden
gemacht, wenn ich nicht zu Hause und sie nicht auf der
Bühne beschäftigt war; ich hatte nicht das geringste davon gemerkt. Das närrische kleine Ding wollte die
Kiepe den ganzen Abend nicht wieder ablegen, es saß
damit auf dem Stuhl und aß und trank. Des Morgens

holt sie immer meine Tasse, wenn ich, noch im Bett liegend, ausgetrunken habe; heute morgen kam sie ebenfalls im Häubchen der Mutter, blieb aber vor dem Baum bewundernd stehen, den ich durch die Glastüre erblickte, küßte das darin hängende Konfekt, rief einmal über das andere: „Schön! schön!"   (4657)

d. 31. Dez. 1849. Wieder ein Jahr zu Ende. Im allgemeinen dieselbe Unsicherheit der Zustände wie im vorigen Jahr; nirgends eine Hoffnung auf endliche Lösung des ungeheuren gesellschaftlichen Rätsels; nirgends auch nur ein ernstlicher Versuch; dagegen wieder überall die Furcht, die Krankheit beim rechten Namen zu nennen und die Wunden zu sondieren; überall der alte Haß gegen die Männer, die als redliche Ärzte das tun. Man lebt so hin und genießt, wie am Abend vor einer Schlacht, was sich eben bietet; selbst dem Künstler wird es schwer, sich in seiner Montgolfiere über den Dunstwolken zu halten. Gearbeitet: den „Rubin" und den ersten Akt des „Moloch". Viele Aufsätze, die teils in der Presse, teils in der Ostdeutschen Post, teils in Rötschers Jahrbüchern, teils in den Wiener Jahrbüchern, teils in der Reichszeitung stehen. Eine Erzählung: „Die Kuh"! Einen Prolog zu Goethes Jubiläum. Ein paar Gedichte. Aufgeführt wurden am Burgtheater von mir: „Mariamne" und der „Rubin". Beide sprachen wenig an, aber größtenteils aus äußeren Gründen; jedoch ist es wohl ratsam, wenn ich alle meine Dramen vorher drucken lasse, Gewissenhaftigkeit in der Motivierung und Tiefe im Bau sind dem Publikum zu fremd geworden, als daß es den Blick in die Totalität eines Werks, wenn es ihn nicht ins Theater schon mitbringt, im Theater erlangen sollte. Drucken ließ ich den „Schnock" bei Weber, der in seiner äußerst eleganten Ausstattung Beifall zu finden scheint; es ist auch ein ganz drolliger Menschenkäfer, mehr aber freilich auch nicht, was mir jedoch die Kritik nicht glauben will. Auch der Druck der „Mariamne" ist angefangen. Unter den neu gemachten zahlreichen Bekanntschaften will ich nur Cotta[1] nennen, der mich besuchte; gegen die Hamburger Zeit ein merkwürdiger Kontrast. Nähere Verhältnisse angeknüpft mit Raab und Dittenberger. Redakteur geworden und zwar des Feuilletons an der Österreichischen Reichszeitung, ob das Verhältnis jedoch Bestand haben wird, ist die Frage. Das kleine Mädchen gedeiht, es hat seine Blattern glücklich überwunden, zu dem Zweck brachten wir den Sommer auf dem Lande zu. Es ist unsere größte Freude und steht jetzt in der Periode, wo man die Fortschritte der Kinder nach den Worten mißt, die sie aussprechen können. Mit der Gesundheit meiner lieben Frau geht es besser, wie es im vorigen Jahre ging, obgleich sie jetzt überbeschäftigt ist. In mir selbst regt sich das Leben noch immer mächtig, so viele Steine man mir auch auf den Kopf wirft. Voilà tout!

(4659)

1850

d. 6. Febr. Eben erfahre ich aus der Reichszeitung, daß Oehlenschläger tot ist. Er hat sich in Kopenhagen edelmenschlich große Verdienste um mich erworben. In dem Sinne, worin er es wohl gewünscht haben mag, konnte ich ihm nicht dankbar sein, denn als Dichter konnte ich ihn nicht so hoch stellen, wie er sich selbst stellte. Aber gern werde ich's zu seiner Zeit offen bekennen, was ich ihm schuldig ward.

(4665)

Wohl redet sich die Liebe ein, der Eindruck, den ein Abgeschiedener hinterließ, könne nie erbleichen. Aber sie irrt. Die Zeit mildert den Schmerz nur durch das Verdunkeln dieses Eindrucks.

(4681)

---

1. Georg Freiherr von Cotta (1796–1863), Verleger.

Schauspielen heißt doch am Ende nur: rasch leben, unendlich rasch! Einen Schauspieler rezensieren heißt also, den Lebensprozeß eines Menschen rezensieren. *(4689)*

Brief an Prof. Zimmermann ad „Mariamne"[1].
— Später kann sie ihr Schweigen noch weniger brechen, denn sie vermag so wenig mehr mit, als ohne Herodes zu leben, sie vermag ihre Liebe zu ihm aber nur mit dem Dasein selbst zu ersticken, und daß diese ihre Liebe in den letzten Momenten die Gestalt des Hasses borgt, dürfte tief in der weiblichen Natur begründet sein und am Ende gar nur geschehen, weil auch sie wünscht, was er wünscht, nämlich daß er sie nicht überleben möge.

22. Mai 50. *(4701)*

1. Professor Robert Zimmermann hatte in der Wiener Zeitung (11. und 14. Mai 1850) Hebbels *Herodes und Mariamne* ausführlich besprochen.

Tagebuch N. 4

1850

Agram in Kroatien, den 2. Juli. Nur um anzufangen!
(4704)

Der Hutmacher aus den Bergen: „Unsre buckligte Welt!"
(4705)

Es ist ganz natürlich, daß jedes Geschlecht das Ideal der Menschheit in dem anderen erblickt, der Mann im Weibe und das Weib im Mann. *(4706)*

Warum gehen die sinnlichen Triebe des höheren Menschen nie auf die reine Schönheit? Weil in der Wollust eine gewisse Zerstörungssucht liegt, deren sie sich wohl bewußt ist, und weil der Mensch das Vollkommene, wie es sich in der Schönheit spiegelt, nicht zerstören kann! *(4707)*

Wenn ein universeller, alles umfassender und beherrschender Mensch geboren wird, so geht ein Wollustgefühl durchs Weltall; es ist ein Anderes, ein höher Gesteigertes, solange er lebt. *(4719)*

Wenn man an Äschylos, Sophokles usw. denkt, ist es nicht, als ob man Adler sähe, welche die Krallen ins Felsengeripp' der Erde geschlagen hätten und so dem Orkan Trotz bieten? *(4735)*

Ein Mörder, der sich von seinem Opfer zu dem Mordgeschäft selbst wecken läßt. „Um 6 wollt' ichs tun, der stand gewöhnlich um 6 auf, ich noch nicht, also bat ich ihn, mich zu wecken." *(4738)*

Ein Aderlaß ist nötig, und von einem Floh läßt er sich beißen. (4742)

Worin besteht die sog. Anmaßung des höheren Individuums gegen das geringere? In seinem Gefühl des natürlichen Verhältnisses! Warum verlangt das geringere Anerkennung der Parität? Weil natürlich der Korporal gewinnt, was der General verliert. Warum kann das höhere darauf nicht eingehen? Weil es lügen und heucheln müßte! (4757)

d. 18. Dez. Eben, abends um 8 Uhr, habe ich das Drama „Michel Angelo" vollendet, das ich vor etwa vier Wochen anfing. (4758)

Aufenthalt in Hamburg, Sommer 1850[1]
(4761)

Gravenhorst: Säufer, von seinen Eltern getrennt, in Altona lebend. Elende Kneipe; elendestes Zimmer darin das seine. Er nicht zu Hause, auf der Kegelbahn. Ich hinüber: „Sind Sie nicht der Neffe von Campe?" Dann mich erkennend; große Freude. „Das ist schön von dir, du bist ein berühmter Mann geworden, ich —" Übrigens noch immer ein wackrer Knabe. Sein Bruder: Werner aus „Wilh. Meister". Die Eltern steinalt, gerunzelte Gesichter, ein Zug leidenden Unwillens über den Sohn. Er sollte schon Bürgermeister sein und ist kaum Doktor. (Rückblick, wie er mein Lateinlehrer war. Ernst Albrecht: „Sie fürchten Gravenhorst? Ei, Sie sind ja stärker wie er." Sein erster Besuch bei mir, als rescher Gymnasiast. Kaffeetrinken bei ihm. Hochzeitsgedicht. Wissensch. Verein. Die Mitglieder.) (4762)

Rendtorf. Philister. Dokt. der Medizin, im Stadium der Armenpraxis. Gang mit ihm zum Cholera-

1. Im Sommer 1850 besuchte Hebbel zum ersten Male seit sieben Jahren wieder Hamburg, trug aber diese Eindrücke erst um die Jahreswende nach.

kranken. Er sicher; ich wußte schon, wie wir in die Straße kamen, daß der Pat[ient] tot sei, weil die alten Weiber die Hände zum Himmel erhoben, als sie den Arzt sahen. Kam, obgleich ich ihn augenblicklich aufsuchte, kaum auf fünf Minuten zu uns in den Gasthof. Ganz dazu gemacht, Kinder zu wiegen. Abgetan für immer. *(4763)*

W i l h . H o c k e r . Tot. Im Hospital verschieden.

P . . . . . . Letztes Etablissement: Weinkeller, in dem sich jeder für 4 Schilling betrinken konnte, während der Wirt ihn mit Witzen à la Saphir[1] unterhielt. An dies Individuum habe ich aus Dithmarschen freundschaftliche Briefe geschrieben, weil die Schoppe es zum „reinen und begabten" Jüngling gestempelt hatte. Erster Eindruck schon widerwärtig. „Wenn sie reif werden, fallen sie ab."[2] *(4764)*

D o k t o r V u c k s . Im stillen Wahnsinn, berechnend (nach Gravenhorst), wie hoch der zum Himmel gefahrene Christus jetzt schon sein muß, wenn er auch nur $2^{1/2}$ Fuß in der Sekunde geflogen ist. Ehemals Hegelianer, aber ohne allen Gehalt, Erbsenschote ohne Erbsen, die der Herr Wihl protegierte, weil ihm das Protegieren so lange wohltat, als der Protegé nicht zu hoch wuchs. Jetzt ausgehalten von Freunden, die das Essen für ihn bezahlten[3]. *(4765)*

J u l i u s C a m p e . Wie immer, aber mit Schnee bedeckt; sein Laden das Lager des Radikalismus; doch ist sein Anteil nicht g a n z der des Geschäftsmannes, obgleich großenteils. *(4766)*

---

1. Moritz Gottlieb Saphir (1795-1858), humoristischer Wiener Schriftsteller.
2. Wilhelm Hocker war von Amalie Schoppe protegiert worden. Hebbel spielt hier auf sein Epigramm *Prophezeiung* an, welches lautet:
   „Deine Freunde sind jung, es wird dir mit ihnen ergehen,
     Wie mit den Früchten dem Baum: reifen sie, fallen sie ab!"
3. Dr. Vucks hatte 1839 zu dem Kreise um die *Telegraph*-Redakteure Karl Gutzkow und Dr. Wihl gehört.

Amalie Schoppe. Auch wie immer. Zur Miete wohnend auf dem Stadtdeich. (4767)

In Altona. Nach der Schlacht bei Idstedt, der Balkon im Eisenbahnhof, von wo immer die Heerberichte mit einer Stentorstimme verkündigt wurden[1]. (4768)

d. 29. Dez. Am ersten Weihnachtstage trank ich mit meinem alten Freunde Fritsch auf Du und Du. Heute morgen sagt mir meine Frau: „Im ersten Moment war mir das nicht recht, mir war" — dabei traten ihr die Tränen in die Augen — „als ob's ein Raub an mir wäre!" Ein allerschönster Zug des tiefsten Gemüts, wert, an einer Julia, einer Desdemona zu leuchten! Und vollkommen berechtigt! (4769)

d. 31. Dez. Abermals der Jahresabschluß da! Im allgemeinen ist nichts geschehen: Deutschland liegt zerrissen und zerschlissen da, wie immer, und auch die europäischen Zustände sind ganz die alten geblieben. Aber der Strom, der im vorigen Jahre doch noch Wellen schlug, ist jetzt völlig wieder eingefroren, und die Diplomatie kann Schlittschuh laufen, wie sie will. Was daraus werden soll, weiß ich nicht, aber ich fürchte früher oder später böse Folgen, denn ich sehe nicht, daß die Regierungen sich irgendwo ernstlich bestreben, die unabweisbaren Nationalbedürfnisse, deren brennendes Gefühl die Revolution allein hervorrief, auch nur annähernd zu befriedigen, und wahrlich, sie lassen sich auf die Länge nicht mit Gewalt ersticken! Ich selbst bin jetzt ruhiger wie in den letzten zwei Jahren; ich weiß, daß es wieder Winter ist, aber auch, daß der einzelne den Frühling nicht zurückrufen kann, darum lasse ich meinen Pflug im Stall stehen und tue, was sich hinterm Ofen tun läßt. Meine Privatverhältnisse haben sich

1. Durch die Niederlage bei Idstedt verloren die Schleswig-Holsteiner endgültig den Krieg, der mit ihrer Erhebung gegen Dänemark 1848 begonnen hatte.

verschlechtert, seit der Doktor Laube das Burgtheater dirigiert; der Mann ist vom ersten Augenblick an aufs gehässigste gegen mich und meine Frau aufgetreten und sucht uns bis zur Stunde den Boden unter den Füßen wegzuziehen. Was mich betrifft, so begann er damit, daß er meine Bearbeitung des „Julius Cäsar" ohne alle Umstände beiseite warf und seine eigene spielen ließ, ja meiner Frau sogar die bereits studierte Rolle der Portia wieder nahm und ihr die erst zu studierende der Calpurnia zuteilte. Später entschuldigte er sich, er habe von meiner Bearbeitung gar nichts gewußt, was ich freilich gelten lassen mußte, was aber, da die Rollen schon ausgeteilt waren, gar nicht denkbar ist. Weiter lehnte er die Darstellung der von Holbein unbedingt angenommenen „Julia", ja sogar die Wiederholung des „Herodes" unter den nichtigsten Vorwänden ab, während er die miserabelsten Machwerke dutzendweise zur Aufführung bringt und Birch-Pfeiffereien neu einstudieren läßt. Damit verletzte er sogar den Rechtspunkt, da jedes angenommene Stück wenigstens honoriert und selbst ein durchgefallenes dreimal wiederholt wird. Was meine Frau anlangt, so nahm er ihr ihre besten Rollen und gab ihr auch nicht eine einzige neue, ja er zwang sie, auf einen alten, von Holbein selbst für ungültig erklärten und nur aus Versehen, wie ein unzerrissen gebliebener, aber bezahlter Wechsel, noch unter den Akten befindlichen Revers gestützt, Großmütter und Ammen zu spielen. Das ist denn ein Versuch zum moralischen Mord, da eine Künstlerin, die ihre Kräfte ungebraucht ruhen lassen muß, sich bewußt oder unbewußt selbst verzehrt, und natürlich auch verliert. Bezeichnend für den Mann ist es, daß er a u f d e n T a g , wo wir von unserer Hamburger Reise zurückkommen sollten, weil der Urlaub abgelaufen war, den „Uriel Acosta"[1], worin meine Frau die Judith spielt,

---

1. Tragödie von Karl Gutzkow.

angesetzt hatte; morgens traf sie ein, abends mußte sie auftreten, und wenn wir unterwegs ein Unglück gehabt hätten, also ein paar Stunden länger ausgeblieben wären, würde sie das Repertoire gestört, also Gott weiß, was, zu erwarten gehabt haben. Wahrlich, bei solchen Erfahrungen ist das Wort des Pharisäers: Herr, ich danke dir, daß ich nicht bin wie dieser da! am Ort; Individuen, die dieser Kleinlichkeit fähig sind, wollen Dichter sein! Genug davon. — Im Sommer machten wir eine Reise, erst nach Agram, dann nach Hamburg. Über Kroatien legte ich meine Eindrücke in einigen Reisebriefen im „Wanderer" nieder, die freilich nicht viel sagen wollen; in Hamburg kamen wir ein paar Tage vor der Schlacht bei Idstedt an. Alles baute fest auf den Sieg der Schleswig-Holsteiner, dennoch verloren sie, und im Grunde war beides einerlei, denn über das Stadium, wo der Sieg noch etwas entschieden hätte, war die Frage ja schon längst hinaus. Im Altonaer Bahnhofe wurden nachmittags immer die neusten Nachrichten über den Stand der Dinge von einem Balkon herunter durch einen Mann mit einer Stentorstimme verkündet. Tausende versammelten sich dort, unter denen auch ich selten fehlte. Es war meine Absicht, meine Frau allein nach Wien zurückreisen zu lassen, aber die Laubeschen Manöver zwangen mich, meinen Plan zu ändern, ich mußte also darauf verzichten, auf vierzehn Tage nach Kiel zu gehen, obgleich ich meinen Paß schon hatte. Drucken ließ ich: „Herodes und Mariamne"; „Rubin"; „Trauerspiel in Sizilien" und „Julia"; deren letzten Bogen ich vor vier Tagen korrigierte. Gearbeitet: viele Aufsätze; den zweiten Akt des „Moloch"; das satirische Drama „Michel Angelo" und ganz zuletzt noch die Abfertigung eines ästhetischen Kannegießers[1], die mir abgedrungen wurde und ihre Dienste

1. Hebbel setzte sich darin mit dem Kritiker Julian Schmidt auseinander.

schon tun wird, wenn auch nicht im Augenblick. Auch die „Schauspielerin" wurde wieder aufgenommen, und ich hoffe noch auf gute Stimmung für allerlei. Das lyrische Vermögen beginnt zu stocken; die entstandenen Gedichte wollen nichts mehr heißen. Im Frühling hatte ich eine schlimme Krankheitsperiode durchzumachen; ein rheumatisch-hämorrhoidalisches Leiden ergriff mich und verursachte mir große Schmerzen, doch taten Schröpfköpfe und dann die Kaltwasserkur gute Dienste, und jetzt bin ich, wenn ich das Übel auch noch fühle, doch schon längst so gut als hergestellt. Mein Titele gedeiht, ist dick und fett, an meiner lieben Frau ängstigt mich noch immer das Hüsteln, sonst geht es auch ihr wohl. Bekanntschaften: Prof. F i c h t e [1] in Tübingen, mit dem ich genußreiche Stunden hatte; H o l t e y [2], dessen Shakespeare-Vorlesungen ich die mächtigsten Anregungen verdanke, wenn ich ihm auch nicht darin beistimmen kann, daß Shakespeare ein Jean Paul im Drama sei; Baronin F e u c h t e r s l e b e n [3], zu der das schon im vorigen Jahr angeknüpfte Verhältnis weit inniger geworden ist, was ich von manchem anderen nicht sagen kann. Wenn ich nur behalte, was ich habe, so will ich unendlich zufrieden sein!   (4774)

1851

Zur Natur des Lebens gehört vor allem die unendliche Reihe von Eindrücken, die allem Existierenden, allen Wesensformen zuteil werden und sie augenblicklich verändern, so daß eben dadurch auch von ihnen gleich

1. Johann Gottlieb Fichtes Sohn Immanuel Hermann.
2. Carl von Holtey, Rezitator.
3. Die Witwe des Arztes und Ministers Ernst Freiherrn von Feuchtersleben (1806-49), dessen Werke Hebbel herauszugeben sich verpflichtet hatte.

wieder ein neuer Eindruck ausgeht, der abermals neue weckt, die auf sie zurückwirken und so in Ewigkeit fort.
(4781)

Die Pietät ist mit dem Schlaf zu vergleichen[1]. Nichts Positives, aber doch unendlich mehr, wie alle zugespitzte Einzelheit! *(4799)*

Alles Vortreffliche bereichert die Zukunft, ist aber auch ein Raub an ihr, denn nie ist ein gleiches möglich.
(4800)

Es ist schlimm, wenn der gute Mensch zu viel spezielle Erfahrungen über die schlechten macht; er lernt sich dann zu hoch schätzen. *(4802)*

Man kann ein Drama durch Kürzen verlängern. *(4803)*

Es gibt Verbrechen, die von selbst straflos werden, wenn Tausende sie begehen. *(4804)*

Der Maler, der dir selbst dein Bild malt, kommt erst zuletzt: es ist der Tod. *(4805)*

Ein Zeuge, der gegen einen Mörder zeugt, weil er es wohl mit ihm meint, nicht seinen Leib, sondern seine Seele retten will. *(4813)*

Der Eroberer mit seinem Schwerte steht auf der Erdkugel unter all den Linien, die Rechte und Verträge auf ihr gezogen haben, ungefähr so da, wie in einem ungeheuren Spinnennetz. *(4815)*

Man kann so wenig einen Brief für jemand schreiben, als man für ihn in den Spiegel gucken kann. *(4816)*

Ich kann mich nicht fünf Minuten verleugnen, ich will es aber auch nicht, denn wenn ich mich nur um diesen

1. Vgl. *Gyges und sein Ring*, Vers 1810ff.

Preis behaupten könnte, so will ich mich lieber gar nicht behaupten, ich lebte dann ja nicht selbst, sondern ein anderer lebte für mich, ein Wesen, das ich nicht bin. *(4819)*

Wenn das Volk keine Leidenschaften mehr anschauen will, so hat es keine mehr. *(4820)*

Es gibt Sprachen, in denen die poetischen Gedanken erfrieren. *(4821)*

Dittenberger[1] sprach einen sehr schönen Gedanken aus. Man solle die Leichen mit Gips übergießen. Dann wäre jedes Wiedererwachen unmöglich und noch nach hundert Jahren würde die Form des Menschen erhalten, vom Körper aber, ohne daß er die ekelhafte Verwesungsprozedur auf die gewöhnliche Weise durchzumachen brauchte, die letzte Spur bis auf die Handvoll Staub verschwunden sein. *(4827)*

Den Tod nicht bloß erleiden, sondern ihn genießen: Abschluß der Welt. *(4828)*

An die Deutschen
Eins, hofft' ich, sollt' euch einig machen:
Der offen aufgesperrte Rachen
　　Des Ungeheuers, das euch droht,
Doch nein, ihr wollt euch erst vertragen,
Wenn ihr schon steckt in seinem Magen,
　　Doch seid ihr dann erquetscht und tot. *(4833)*

Von der Luft leben! Sollte es ganz unmöglich sein? Sollte der Mensch nicht dereinst reine Gase zu sich nehmen können? Wird er dann nicht vielleicht unsterblich sein und mit dem Tode die Zeugung, die ja gewiß einander gegenseitig bedingen, aufhören? *(4837)*

1. Wiener Maler.

d. 1. März. Ich war mit meiner lieben Frau zwei Tage in Preßburg, wo die „Judith" zum Besten der protestantischen Krankenanstalt gegeben wurde. Wir waren sehr vergnügt. Lustiger Abend mit Löwe, Pastor Raabe (der akademische Lieder sang), Schreiber, Rotter, dem alten Arzt usw. Das ausgebrannte Schloß mit seinen Fensteraugenhöhlen und dem hineinschauenden blauen Himmel, das mich ans Kolosseum erinnerte. Der Kellner im Gasthof hieß R o c h u s . Brechendvolles Haus; Gedichte, Kränze. Meine Empfindung: mit welchem Leichtsinn, wie ein Kinderspiel, wurde diese „Judith" geschrieben, die jetzt so ernsthafte Menschen in Bewegung setzt. *(4840)*

Welch ein ungeheurer Irrtum, zu glauben, daß die Welt auf den eingebüßten alten Schwerpunkt wieder zurückgeführt werden könne! Als ob sie ihn jemals verloren hätte, wenn noch Anziehungskraft genug in ihm vorhanden wäre, um die vorwärtsstrebenden Elemente zu paralysieren! *(4841)*

Die Menschheit hat immer ein höchstes Haupt, aber wie selten kennt sie ihren König! *(4842)*

Schieße nicht mit Kanonen nach mir. Ob du mich tötest, ist ungewiß, gewiß aber, daß du alle Welt wieder an mein Dasein erinnerst. *(4847)*

Die ganze Natur arbeitet für den Menschen, aber der Mensch arbeitet nur für sich: dadurch schließt sich der Kreis, ob sich aber die Unsterblichkeit daraus folgern läßt, weiß ich nicht: auf der höchsten Stufe mußte diese Selbstverzehrung und daran geknüpfte Neigung sich notwendig ergeben. *(4850)*

Die Erde treibt ihre Blumen, wenn das Erdbeben auch schon vor der Tür ist. *(4853)*

Der Dichter, der selbst im Zentrum seiner Schöpfung

steht, erfährt erst durch fremde Urteile, wie viele Standpunkte von der Peripherie aus möglich sind, und das gereicht ihm sowohl zum Genuß als zur Belehrung.
(4859)

Brief an Hofr. Teichmann[1] vom 16. Mai.
Sie haben gewiß auch für bestimmte Bücher bestimmte Jahrszeiten; ich fasse es gar nicht, wie man gewisse W[er]ke im Winter lesen kann. — Und so soll's sein, ein Gedicht soll dem Leser ein Individuum, ein moralisches Wesen werden, an dem und durch das er etwas erlebt. — Dies hängt nun einzig und allein davon ab, ob wahres Leben darin sprudelt oder nicht, und das zu ermitteln, zeigt alle Kritik sich unzulänglich. Es ist ein Unterschied wie zwischen einem wirklichen Mineralwasser und einem nachgemachten; die Chemie findet in beiden die gleichen Salze, aber die Wirkung fehlt!
(4860)

Man sagt, die Wahrheit trage einen Schleier,
  Sie ändert aber bloß das Angesicht
Und zeigt allein dem tapfersten der Freier
  Das echte, jedem andern nicht.   *(4863)*

Im sittlichen Staat ist der Empörungsversuch immer zugleich auch ein Selbstmordversuch, denn da das Individuum nur durch den Staat existiert, so würde es sich in ihm vernichten.   *(4882)*

Als die Alten die Erfahrung machten, daß der Kreis der Sittlichkeit nicht rein im positiven Gesetz aufgehe, sondern ein dunkler Fleck übrigbleibe, da erfanden sie das Wort Pietät. Die Pietät ist, wie der Schlaf, die Hauptwurzel des sittlichen Menschen und so wenig durch Gesetze zu ersetzen, wie jener durch Essen und Trinken.   *(4888)*

1. Hofrat Valentin Teichmann gehörte zur Berliner Theaterintendantur. (Vgl. auch 4926.)

Der Schlaf ist die Nabelschnur, durch die das Individuum mit dem Weltall zusammenhängt.   *(4889)*

Nimm Kunst und Wissenschaft in dich auf, und was je auf Erden atmete, das zieht als Hauch durch deine Brust!   *(4891)*

Ein Urteil von Gervinus[1] über mich
(Aus einem an Emil Kuh[2] gerichteten Brief
vom 16. April 1851)

Sie fragen mich, es scheint mit einiger Besorgnis, um meine Meinung über Hebbel. Ich müßte wohl keine Sinne zum Vergleichen haben, wenn ich nicht anerkennen sollte, daß er wie ein Baum unter dem vielen Gestrüpp unserer Dramatiker hervorragt.   *(4893)*

Vom Blut des Menschen hängt der Eindruck, den er macht, nicht ab, sondern vom Gesicht; von den Ideen des Kunstwerks nicht die nächste Wirkung.   *(4894)*

d. 27. Juni. Heute abend in Schönbrunn sah ich das Naturbild, das unstreitig die Monstranz hervorgerufen hat: die untergehende, rotgolden glühende Sonne, wie sie, ein aus Strahlen gewobenes Spinnennetz, durch die Bäume äugelte.   *(4898)*

Wäre es den Menschen doch endlich beizubringen, daß der dramatische Dichter sich in demselben Sinn auf jede Spezies menschlicher Charaktere einlassen muß, wie der Naturforscher auf jede Tier- und Pflanzengattung, gleichviel, ob sie schön oder häßlich, giftig oder heilsam ist, indem er die Totalität darzustellen hat!   *(4908)*

(Abends, beim Lichtanzünden-Sehen.) Wenn die er-

---

1. G. G. Gervinus (1805-71), Literarhistoriker.
2. Emil Kuh (1828-76), Hebbels junger Bewunderer und Freund, gab nach Hebbels Tod die Werke heraus (zusammen mit Julius Glaser) und verfaßte die erste Hebbel-Biographie (1877 erschienen).

barmungsvolle Nacht den Jammer der Welt in ihren Mantel hüllt, beleuchten die Menschen ihn selbst. *(4911)*

„In der demokratischen Republik soll sich keiner vor dem andern hervortun!" Dann hat Shakespeare die Aufgabe, ewig stumm zu sein, Raffael muß sich die Hände abhauen, Mozart sich die Ohren verstopfen. *(4912)*

In die Kindheit sich zurückwünschen? Nein! Das hieße, das Bewußtsein: dies und das ist dir gelungen! mit der Qual: wird dir irgend etwas gelingen? vertauschen. Wehe dem, der es kann; es ist der größte Beweis der Nullität in Existenz und Wesen! *(4915)*

Rückblick auf Berlin und Hamburg,
wo wir den Juli zubrachten.

Wohnung bei der Majorin Czarnowska, Leipziger Straße N. 22. (Das täppisch-verliebt-zudringliche Mädchen von dreizehn Jahren.) *(4920)*

Mundt und Frau[1]: Anfangs comme il faut, aber außerstande, unsern Umgang mit Rötscher zu ertragen, den sie hassen, weil er die Stücke der Frau nicht als Mitglied des Lese-Komitees goutiert hat. S i e : eine potenzierte Schoppe, als Schriftstellerin, nur unendlich viel voller von Selbstbewußtsein; die größten Hände, die ich jemals an einer Dame sah. E r : ganz und gar Diplomat in eigenem Interesse. Mir sagte er über die „Judith" die außerordentlichsten Dinge und fand den Erfolg so durchgreifend, daß die Berliner nach seinem eigenen Ausdruck sich durch die an den Tag gelegte Rezeptivität förmlich wieder rehabilitiert hätten; an den Dr. Landsteiner[2], der Kuh es wieder mitteilte, weil

1. Als Schriftstellerin Louise Mühlbach.
2. Redakteur der Wiener *Presse,* in der Emil Kuh einen Bericht über das erfolgreiche Gastspiel Christines mit Hebbels *Judith* veröffentlichen wollte.

dieser ihn wegen Nichtaufnahme eines Berichts über die Darstellung zur Rede setzte, schrieb er das direkte Gegenteil, wahrscheinlich um dem jungen Mann das Feuilleton zu versperren. Den „Michel Angelo", den ich bei ihnen vorlas, nannte er „einen Kristall, den die Sonne selbst erzeugt hätte", und meinte, es sei die Pflicht eines jeden, auf das W[er]k aufmerksam zu machen, es fiel ihm aber nicht ein, das zu tun. Doch, wie gesagt, an alledem war der Umstand schuld, daß ich Rötscher nicht fallen ließ. *(4921)*

R o t t . (Holofernes) Vollkommner Komödiant. Heute Orest und Pylades; morgen —! Gang unter den Linden in der Nacht, wo er den Holofernes rezitierte und wir fast von den Konstablern arretiert worden wären. Gute Anekdote: In Wien fragt ihn auf der Probe ein ungarischer Soldat, der im Stück auf ihn zu schießen hat: „Ew. Gnaden, soll ich wirklich laden?" Lächerliche Korrespondenz mit ihm wegen des Wohlaufschen Briefs, durch die freilich unbegreifliche Indiskretion der Mundt herbeigeführt, die, als ich ihr die Geschichte zum Spaß erzähle, mir sagte: „Der gute Rott ist auch nicht frei davon, er läßt sich's oft an einem Abend 5 Taler kosten!", und als ich darauf lächelnd antwortete: „Nun ja, auch er wurde genannt!" unmittelbar von mir zu ihm lief und es ihm hinterbrachte. Ich strafte beide dadurch, daß ich nie eine Silbe mit ihnen darüber sprach. Als Holof. war Rott ein guter Bürger, der, als assyrischer Tyrann verkleidet, auf eine Maskerade ging, aber ein viel zu gutes Herz hatte, um irgend jemand wirklich zu erschrecken. Eine Strohwelle gegen Ludwig Löwe. Wie er auf'm Posten steht, als Schildwache, und Handschuh käuft, die ihm das Ladenmädchen bringen muß und die er dann, das Gewehr zwischen den Knien, anzieht. (Birch-Pfeiffer.) Wie er, von der Begräbnisfeier im Friedrichshain zurückkehrend, in einen Wagen genötigt wird, zu einer Gräfin einzusteigen glaubt und mit der „Schwefelhölzer-Marie" (einer

berüchtigten Dirne) durch Berlin fährt, die sich vor
Prügeln fürchtet. (Dieselbe.) *(4922)*
Ch[arlotte] Birch-Pfeiffer[1]. Äußerst verständig,
im Äußern unglaublich gemein, aber eine Frau, mit der
man umgehen könnte, weil sie nie ihre Schranken überschreiten wird, während die Mundt alles Ernstes den
„Michel Angelo“ als eine Defension ihrer selbst betrachtet. Ihre Tochter, häßlich, aber rotlippig, wie sie
die Rachel, die Crelinger usw. nachahmte. Sie selbst:
Scheerenbergs Gedichte vortragend. Hübsches Land-
haus. Ihre Verteidigung Küstners[2], die ihr zur Ehre ge-
reichte und wirklich aus dem Herzen kam. *(4923)*
Claque. Der Wohlaufsche Brief. „Es ist Sitte, daß
das Publikum durch Claqueurs zum Beifallklatschen
angeregt wird, und ich fungiere seit Jahren als Cla-
queur.“ Wie er dann des Morgens kam, in Kuhs Zimmer von mir empfangen ward, mir alle mögliche Auskunft erteilte, alle mögliche Menschen blamierte und
endlich, als ich ihm höflich dankte, seine Dienste aber
ablehnte, Rache schnaubend davonging. Übrigens war
viel damit gewagt, der Erfolg hätte nur etwas weniger
durchgreifend sein dürfen, so würde der Bube sich mit
seinem Anhang schon Luft zu schaffen gewußt haben,
nun wurde er freilich erstickt. *(4924)*
Varnhagen von Ense[3]. Doch weit mehr Ent-
schiedenheit in Gesicht und Wesen, als ich erwartet
hätte. Anekdote aus der Franzosenzeit: „Was“, sagen
die Paßvigilanten, „ihr habt keine Legitimation und
bedient euch der ordentlichen Landstraße? Marsch, auf
die Schleichwege!“ Konnte wegen Schwindel nicht mehr
allein über die Straße gehen, rief mich, echt diploma-

---

1. Schriftstellerin (1800-1868), deren mittelmäßige Dramen damals
viel gespielt wurden.
2. Dr. von Küstner, Berliner Theaterintendant.
3. Karl August Varnhagen von Ense (1785-1858), Schriftsteller und
preußischer Diplomat, verheiratet mit Rahel, geb. Levin (1771 bis
1833).

tisch, bei der Gegenvisite, die er mir machte, noch einmal um, wie wir uns schon gegenseitig beabschiedet hatten, und sagte: „Wie schön ist Ihre Frau, was verlier ich, sie nicht auf der Bühne zu sehen." *(4925)*

H o f r a t T e i c h m a n n u n d F r a u. Durchaus edel und gebildet. Sie: lang, aber von interessantem, leidendem Gesichtsausdruck; Seydelmanns Schwester, die wir bei ihr trafen, unzufrieden mit Rötschers Werk über ihren Bruder. Beide, er und sie, rechneten die Darstellungen meiner Frau zum Höchsten, was sie jemals gesehen, und sie sahen viel! *(4926)*

I m E i s e n b a h n w a g e n: M u t t e r: „Was macht der Papa?" K l e i n e s M ä d c h e n: „Putzt Stiefel!" M u t t e r: „Aber, Ostchen!" *(4927)*

T h e a t e r: Die Perspektive, die meiner armen Frau in der „Judith"-Probe auf den Kopf fiel. *(4928)*

K l e i n [1], J. C. Ein Holofernes-Kopf, ganz ein Wüstensohn. „Stawinsky läßt sich bei Luther und Wegener sogar das Beefsteak durch den Kellner zerschneiden, aber er wird doch verhungern, er wird es bald zu anstrengend finden, zu kauen." *(4929)*

R ö t s c h e r. Innerlichst gebildet, durch und durch liebenswürdig. Ich hätte den Artikel in der Reichszeitung über das Schmidtsche W[er]k doch nicht geben sollen; die Mundt hatte einfach verleumdet, wie ich mich, ohne daß e r auch nur ein Wort darüber verlor, überzeugte, aber wie konnte ich denn wissen, daß die Frau auch Stücke schreibe! Die Abende bei uns, wo wir Beefsteaks aßen, dann bei Fuchs, der im Cap-Keller, Tiger- und Löwenfelle ringsum, die Studenten und Kuh. Reise mit seinem Vater nach Paris, wo er einen viel geringeren Kostenüberschlag macht, als richtig ist, um nur fortzukommen; wie dem Alten der Lohnbediente nur in der Bluse, nicht in der Livree gefällt: „Das müssen wir ja alles bezahlen, gib ihm doch den Regenschirm

---

1. Junger Berliner Schriftsteller, Freund Emil Kuhs.

nicht"; wie er sich bei der Crelinger anmeldet: „Sie
haben den Zweig so gut aufgenommen, hier ist der
Stamm!" *(4930)*
Tieck. Morgen im Lehnstuhl. „Die Rettich[1] ist meine
Schülerin, ja, aber eine ungeratene, ich konnte sie nicht
mehr sehen, als sie wieder nach Dresden kam, sie ist
das Gegenteil von dem geworden, was ich aus ihr
machen wollte!" Der Morgen, wie meine Frau bei ihm
war; gekämmt, ein Gesicht wie ein Kind; das Gedicht,
was er ihr mit gelähmten Händen schrieb. Das Diner
in Potsdam, sein Fall. „Oehlenschläger sah ich, gleich
nachdem er bei Goethe gewesen und so unendlich liebevoll von ihm aufgenommen worden war; er sprach aber
kein Wort über Goethe." Sein Wort über Iffland. *(4931)*
Gubitz[2]. Seine Ermahnung, mein Versprechen, mich
zu bessern. „Stoffbuch; Sie kennen das!" Ich: „Wie
sollt' ich nicht, Herr Kollege!" *(4932)*
Rau. (Lizentiat der Theologie) Mit seinem wilden
Gesicht und langen, schwarzen Locken mir schon im
Theater (bei der dritten Vorstellung der „Judith") auf-
gefallen, weil er auf die Bühne springen zu wollen
schien. Im Zwischenakt vorgestellt durch Teichmann.
„Ich muß Sie sprechen!" „Vielleicht auf eine Viertelstunde im Cap-Keller." Wie ich dann durch Kuh ab-
bestellte: „Ich warte die ganze Nacht vor dem Hause."
Wie er darauf heraufgerufen wurde und ich ihn bei
Kuh sprach, er mich fragte, ob ich ihm in Hamburg Zeit
gönnen würde, und er nachreiste, am Sonntag wieder
nach Berlin ging, um zu predigen, und am Montag abermals nach Hamburg kam. Sein Gedicht und Brief.
Halb Begeisterung für die Kunst, halb aber auch reli-
giöser Eifer; Renegat, jüdischer. *(4933)*
Hamburg: Die Szene, wo ich vor Elisens Schreib-

---

1. Julie Rettich, Wiener Schauspielerin.
2. Friedrich Wilhelm Gubitz (1786-1870), vor allem in Berlin wir-
kender Komödiendichter und humoristischer Erzähler.

pult saß und dachte: darin liegen die Mspte. von „Judith", „Genoveva", „Diamant", dann danach fragte und erfuhr, daß sie alle verbrannt habe. — Sonnenfinsternis, im Jungfernstieg beobachtet. (4934)

Was man auch über das Verhältnis der neuen Zeit zur alten denken, wie man es auch beurteilen möge, so viel steht fest, daß die neue Zeit bis jetzt von bloßen Gedanken lebt, während die alte einen unermeßlichen, freilich mystischen Ideenhintergrund hatte. Man halte im religiösen Gebiet einmal den Katholizismus gegen den Protestantismus und im politischen den Absolutismus gegen den Konstitutionalismus, und man wird dies unbedingt bestätigt finden. (4938)

d. 30. Sept. Eben, abends um 8 Uhr, schließe ich den ersten Akt der „A g n e s B e r n a u e r", den ich vor acht Tagen begann. Längst hatte ich die Idee, auch die Schönheit einmal von der tragischen, den Untergang durch sich selbst bedingenden Seite darzustellen, und die Agnes Bernauerin ist dazu wie gefunden. (4941)

d. 1. Nov. Den 4. Akt der „Agn. B." begonnen. Das Stück steigert sich sehr und durch die einfachsten Motive. (4963)

d. 17. Dezbr. Den 5. Akt der „Agn. B." geschlossen. Zufrieden. (4966)

Noch immer sind die lieben Deutschen nicht einig. Nun will Preußen wieder nicht, was Österreich will. Dennoch bin ich überzeugt, daß sie augenblicklich Hand in Hand gehen würden, wenn's einen Krieg gäbe! Unglückliches Volk, das die Arbeit gemeinschaftlich verrichtet, aber nicht in Frieden miteinander essen und trinken kann, sondern sich, anstatt brüderlich die guten Tage zu genießen, Messer und Gabel an den Kopf wirft!

(d. 21. Dez., als ich ausnahmsweise einmal wieder Zeitungen gelesen hatte.) *(4967)*

Ein Kluger und ein Edler. Der Edle will etwas Großes erreichen, aber nicht durch die Mittel des Klugen. Dieser will ihn belehren, läßt ihn scheinbar gewähren, handelt aber im stillen für ihn. Der Edle kommt wirklich zum Zweck, triumphiert darüber, daß es auch auf geradem Wege möglich gewesen ist, und will den Klugen beschämen. Da tritt dieser hervor und enttäuscht ihn. Nun leistet der Edle aber Verzicht!
Obiges ist ein sehr guter Gedanke für ein Drama. Freilich würde jeder lächeln, der dies läse und sich den Gedanken selbst ausführen sollte. Nun, ein Tagebuch ist nur für den, der's schreibt, und braucht nichts als Winke und Bleifederstriche zu enthalten. Ich versteh noch nach zehn Jahren, was ich meinte. Hätt' ich doch so viel altes Zeug nicht verbrannt. Aber der Mensch von 20 Jahren sitzt immer über den von 18 zu Gericht, der von 30 über den von 20 usf., während sie doch entweder alle nichts sind oder jeder etwas. Freilich, wenn man sieht, wie mit dem Goetheschen Nachlaß umgegangen, wie der ganze Papierkorb verhandelt und das Unbedeutendste, das eben nur als Merkzeichen für den Dichter Wert haben konnte, zu Markt getragen wird, so erscheint die Strenge notwendig. Ist man auch kein Goethe, so steht man doch nicht so ganz tief unten, daß man ganz gegen Ähnliches gesichert wäre! *(4968)*

Die sogenannte Freiheit des Menschen läuft darauf hinaus, daß er seine Abhängigkeit von den allgemeinen Gesetzen nicht kennt. *(4969)*

Ein großer Dichter ist vorherzusagen wie ein großer Komet. Held und Dichter können nie zusammenfallen, denn sie befruchten sich gegenseitig wie Mann und Weib. *(4975)*

Sowenig die ganze Erde auf die Leinwand gebracht

werden kann, ebensowenig geht die Totalität aller Erscheinungen, mit einem Wort: das Detail der Welt, ins Drama; wohl aber geht das Weltgesetz hinein. *(4978)*

d. 24. Dez. Erst jetzt, am Weihnachtsabend, kann ich sagen: „Agnes Bernauer" ist fertig, so lange habe ich doch noch Ratten- und Mäuselöcher zu verstopfen gehabt. Nun, das ist bei alledem doch rasch genug gegangen: in drei Monaten ein solches Stück zustande zu bringen, will etwas heißen. Mir ist bei der Arbeit unendlich wohl zumute gewesen, und abermals hat sich's mir bestätigt, was ich freilich schon oft an mir selbst erfuhr, daß in der Kunst das Kind den Vater, das Werk den Meister belehrt. Nie habe ich das Verhältnis, worin das Individuum zum Staat steht, so deutlich erkannt wie jetzt, und das ist doch ein großer Gewinn. Nun bin ich auf die Theaterdirektionen und die Kritiker begierig. Hier kann man mir doch gewiß nicht vorwerfen, daß ich irgend gegen die gesellschaftlichen Konventionen verstoßen hätte, im Gegenteil. Jetzt werde ich also sehen, ob persönliche Feindschaft oder wirkliche Meinungsverschiedenheit das bisherige Benehmen gegen mich motiviert hat. Die Ultrademokraten werden mich freilich steinigen, doch mit Leuten, die Eigentum und Familie nicht respektieren, die also gar keine Gesellschaft wollen, ja, die konsequenterweise auch nicht den Menschen, das Tier, den Baum usw. wollen können, weil das doch auch Kerker freier Kräfte, nämlich der Elemente, sind, habe ich nichts zu schaffen. *(4982)*

Nicht alles ist möglich, aber der Schein von allem.
(5007)

Warum verzehrt ein Gedanke den anderen, so daß auf den tiefen immer ein tieferer, auf den weiten immer ein weiterer, noch mehr umfassender folgt? Weil der Gedanke es immer mit dem Ewigen zu tun hat und alles ihm anhängende Individuelle, das er doch, weil im Individuum erzeugt, nie völlig los wird, seiner Natur nach abstreifen muß. Warum schlägt eine Gestalt nicht auch die andere tot, warum ist jede wirklich lebendige bleibend und ewig? Weil das Individuelle ihre Basis ist und notwendig zu ihnen gehört. (5008)

Sowenig die Erde, als Erde, die Äpfel und Trauben erzeugen kann, sondern erst Bäume usw. treiben muß, ebensowenig die Völker, als Völker, große Leistungen, sondern nur große Individuen. Darum, ihr Herren Nivellisten, Respekt für Könige, Propheten, Dichter! (5013)

„Sechstausend Jahre wandern und dann zum Lohn einen neuen Mantel für die nächsten sechstausend Jahre erhalten!" (5014)

Wieviel rohe Materie läuft einem durch den Kopf, wenn man nicht an einem Werk arbeitet: das ist die Zeit des Tagebuchführens. (5016)

Wer verstand noch ein Kind? So ward schon oft gefragt. Aber wer einen Greis? Kann dem eine höhere Welt nicht in demselben Maß nahtreten, wie ihm die gegenwärtige entschwindet? Und kann das erste Geheimnis, was diese ihm mitteilt, nicht eben das sein, daß er ihre Geheimnisse nicht mitteilen darf? (5017)

d. 31. Dezbr. Die Weltlage hat eine feste Gestalt wiedergewonnen, die letzten Ereignisse in Frankreich sind entscheidend gewesen, es tritt eine Periode ein, wo die Gegensätze sich ins Auge fassen und unter Benutzung der auf beiden Seiten gemachten Erfahrungen auf dauernde Vermittlung ausgehen können. Dazu gebe Gott seinen Segen. Meine persönlichen Verhältnisse haben sich womöglich noch mehr verschlechtert, und es ist wahrlich keine Kleinigkeit, seine Frau zum moralischen Tode in ihrer künstlerischen Blüte verurteilt zu sehen, weil man von Deutschland für einen besseren

Dichter gehalten wird wie der neue Theaterdirektor. Über die Berliner Reise habe ich Briefe im „Wanderer" geschrieben, daher hier nichts darüber. Bekanntschaften: die mit dem jungen Kuh ist inniger geworden, dafür hat manche andere den letzten Rest von Bedeutung verloren. Gearbeitet: Epilog zur „Genoveva"; „Agnes Bernauer"; viele Epigramme; ein paar Aufsätze. Mein Kind gedeiht, ich studiere die menschliche Natur in ihm; meine liebe Frau ist ihren Husten los, der mich früher so ängstigte. Möchte in meinem Hause alles bleiben, wie es ist! *(5036)*

1852

In der Natur ist immer alles beisammen, nichts kommt hinzu, nichts fällt weg in einem Organismus, alles entwickelt sich nur. Im Mechanismus folgt immer eins auf das andre. *(5037)*

d. 31. Dezbr. Wenn aus dem Inhalt dieses Tagebuchs auf mein geistiges Leben geschlossen werden dürfte, so wäre ich dem Erlöschen nah. Das ist glücklicherweise nicht der Fall, ich habe nur deshalb diese Blätter nicht beschrieben, weil ich das Buch fast das ganze Jahr lang im Koffer verschlossen hielt. Man hörte so viel von Haussuchungen, selbst bei den unverdächtigsten Personen, daß es niemand gab, der sich für vollkommen gesichert gegen eine Papierdurchstöberung halten konnte, und lieber wollte ich meine Gedanken einbüßen, als mich in meiner aphoristischen Unterhaltung mit mir selbst belauschen lassen. — Die Weltlage hat sich wieder verändert, und ich fürchte, weit mehr, als die meisten Menschen sich gestehen wollen: ein Bonaparte trägt die französische Kaiserkrone und nennt sich Napoleon den Dritten. Ich zweifle stark, daß er ein Großsiegelbewahrer des Weltfriedens sein wird, ich glaube sogar, daß er es nicht werden kann, wenn er es auch werden will. In Deutschland ist alles beim alten, doch wird mir versichert, daß wenigstens die Zollvereinigung zustande komme. Gott geb's, es wäre ein Anfang! Im Frühling war ich in München: Dingelstedt nahm mich sehr herzlich auf und tat alles mögliche für mich. „Agnes Bernauer" wurde dort mit mäßigem, dann in Weimar mit entschiedenem und kürzlich in Stuttgart mit stürmischem Beifall aufgeführt; sie findet überhaupt viel Freunde. König Max, die schöne Königin, der Abend bei ihr. König Ludwig; Disput mit ihm über Herzog Ernst; was er von seiner Zusammenkunft mit Goethe erzählte. Wiedersehen alter Bekannten. Im Sommer war ich mit meiner lieben Frau in Venedig und Mailand; General Marsano, Auditeur Schreiber, Platzmajor Prüsker und, der Abschreckung wegen, Maler Nerly, der Zögling Rumohrs. Über Venedig: die Stadt scheint bizarr, ist es aber nicht, denn sie ist das Resultat notwendiger Bedingungen. Gearbeitet: Skizze zu Feuchterslebens Schriften, mit deren Herausgabe ich mich unvorsichtig genug bepackte; Ballade: „Die heiligen Drei"; Gedicht: „Auf der Reise"! Schöne Frucht eines ganzen Jahrs! Dagegen haben sich die Theaterverhältnisse für meine Frau ein wenig verbessert, auch sind wir, bis auf eine fatale Zahnwehperiode, in der die Ärmste heftig litt, gottlob alle gesund geblieben. Freude machte mir eine sehr anerkennende Abhandlung über mich von Saint René Taillandier in Montpellier, die ich mir um so eher aneignen durfte, als ich mit dem Verfasser nie in der geringsten Berührung stand. Auch ein Wort von dem spröden Rückert, das ich erst gestern durch Hofrat Teichmann in Berlin erfuhr. „Wenn Gervinus H[ebbel] den einzigen Baum unter vielem Gestrüpp nennt, so stimme ich ganz bei. Er ist ein ursprünglicher Dichter, wie Goethe. Er macht die Poesie nicht wie die andern, er hat sie!" Bleibe es im nächsten Jahre, wie es ist!   (5047)

Welch ein Geschlecht! Die eigenen Großväter scheinen den Enkeln Dämonen zu sein, so riesenhaft, daß sie ihre Existenz bezweifeln und ins mythische Gebiet verweisen. (5060)

Sich weiter entwickeln heißt für die meisten, von sich selbst abfallen. (5065)

Die Spaltung Deutschlands und Östreichs: die beiden Herzkammern trennen und doch den Blutumlauf erhalten wollen! (5082)

―――Brief an W. Gärtner vom 15. März 53.
Ich hatte im Jahre 1839 nach meiner Zurückkunft von der Universität eine ähnliche Probe zu bestehen, und machte damals Erfahrungen, die ich, so teuer ich sie auch erkaufen mußte, doch um keinen Preis im Komplex meines Lebens entbehren möchte. Eine Lungenentzündung, der nicht rasch genug durch Blutentziehungen begegnet wurde, brachte mich dem Tode so nah, als der Mensch ihm kommen kann, ohne ihm wirklich zu verfallen. Da war es mir nun höchst merkwürdig, daß mein Zustand, obgleich ich mich über die Gefahr durchaus nicht täuschte, innerlich gar nichts Ängstigendes und Beklemmendes für mich hatte, sondern daß ich dem Fortschritt der Selbstauflösung, soweit das allerdings große und mit jedem Moment steigende physische Leiden es gestattete, mit Freiheit, ja mit einer gewissen kalten Ruhe zusah. Mich hob und trug ein unbegrenztes, zuversichtliches Vertrauen, das ich jedoch, wenn da überhaupt noch zu scheiden ist, lieber ein allgemeinpoetisches als ein spezifisch-religiöses nennen möchte, und damit war ein unwiderstehlicher Drang verbunden, alle Spuren meines irdischen Daseins, namentlich meine Gedichte, zu vertilgen, nicht weil sie mich sittlich beunruhigten, sondern weil sie mir bis auf weniges,

meinem Wollen und Sollen gegenüber, gar zu unzulänglich vorkamen. Dabei war es eigen, daß gerade dies wenige, was sich mir gegenüber behauptete, mich am meisten quälte und peinigte; ich wandte es unablässig hin und her, um es auch verurteilen zu können, aber ich hätte es ohne hinreichenden Grund verdammen müssen, denn es entsprach meinen Forderungen noch jetzt, und so stand ich denn von seiner Vernichtung ab wie von einer Art Mord. Unmittelbar auf diese Krankheitsperiode folgte meine „Judith". —   (5086)

d. 18. März. Mit dem heutigen Tage bin ich vierzig Jahre geworden. Mein Vater wurde nur achtunddreißig, ich habe also schon zwei mehr wie er. In Wahrheit kann ich sagen, daß ich mich leiblich und geistig nicht geschwächt fühle; da ist die Zeit denn gleichgültig. — Der Abend wurde in meinem Hause von einigen Freunden festlich begangen; zu festlich nach meinem Gefühl, aber ich wollte nicht stören, was anderen Freude machte. Kuh trug mir einen Prolog vor, nach dem ich „mit Stolz" auf meine vierzig Jahre zurückschauen darf; Debrois[1] hat eine Ouvertüre zur „Agnes Bernauer" gesetzt, die er sehr gut spielte, und Angelo Kuh las einen dramatischen Scherz, das Publikum des Burgtheaters im vierten Stock bei der ersten Vorstellung der „Agnes" behandelnd, der mich wirklich ergötzte. Den ganzen Tag hatte ich in Walter Scotts Denkwürdigkeiten gelesen, die meine liebe Frau mir schenkte; welch ungeheure Tätigkeit war die dieses Mannes! Davon habe ich keinen Begriff und am wenigsten von seinem ewigen Am-Pult-Sitzen; ich kann nie arbeiten als unter Gottes freiem Himmel!   (5090)

Wie die Natur zwischen dem großen und dem kleinen Menschen das Gleichgewicht herstellt? Jenem gibt sie

1. Carl Debrois van Bruyck, ein junger Musiker, gehörte zu Hebbels Freundeskreis.

das Bewußtsein dessen, was ihm mangelt, diesem versagt sie's! *(5096)*

Der Tod begeht keinen Fehler, wenigstens macht er keinen wieder gut. *(5097)*

d. 14. April. Mein alter Jugendlehrer F. C. Dethlefsen schrieb aus Dithmarschen um Unterstützung an mich. Ich schickte ihm zehn Taler und schämte mich innerlich, daß es nicht mehr war, denn großen Dank bin ich diesem braven Manne schuldig. Er antwortete mir, und sein Brief rührte mich tief, denn er wußte seiner Erkenntlichkeit für die kleine Summe gar keine Grenze zu finden, versicherte, nun könne er seine Schulden (!) bezahlen usw. Daraus sehe ich, daß er ein edler Mensch ist, und das will um so mehr heißen, als er, wie ich leider nur zu gut weiß, sich schon seit zwanzig Jahren aus Mißmut usw. dem Trunk ergeben hat. *(5100)*

d. 2. Mai 1853. T i e c k ist hinüber! Gestern abend wurde es bei uns en passant von Frau von R. erzählt, ungefähr so, wie man von Wind und Wetter spricht. Ich hoffte, ihn diesen Sommer wiederzusehen, und freue mich jetzt, ihn doch überhaupt im Leben noch gesehen zu haben! *(5107)*

Die Menschheit ist ein Kapital, das nie zu heben ist. Von Zeit zu Zeit fallen in einem bedeutenden Individuum die Zinsen. *(5114)*

Sich begreiflich machen wollen, daß und warum man geliebt werden kann: unlösbarstes aller Rätsel. *(5115)*

D e r a l t e T i e c k : blauäugiger Adler mit zerschossenen Flügeln. *(5124)*

Raffael wäre auch ohne Hände der größte Maler, sagt Lessing. Er konnte aber ohne Hände gar nicht geboren werden. *(5132)*

Altes Taschenbuch[1]

Warum wirken gute weiße Zähne so ästhetisch? Weil in ihnen das Knochengebäude sichtbar zu werden scheint und man sich denkt, dieses sei so weiß und glänzend wie sie. *(5140)*

Venedig ist nicht die versunkene, sondern die aus dem Meer aufgestiegene Stadt, im Stil der Muscheln und Korallen erbaut und eben darum auch so einzig in seinen Menschen und seiner Geschichte. *(5141)*

Dogenpalast unbewohnt: wer zöge Napoleons Rock an? *(5143)*

Auf dem Markusturm mein Artaxerxes[2], ein Mann, der die Stunden auf der Glocke anschlägt. *(5144)*

Aus der Antwort an Gutzkow vom 20. Aug. 53.
— Ihre Bemerkungen über meine beiden Stücke waren mir sehr interessant und gaben mir viel zu denken. Wie Sie die A[gnes] B[ernauer] wollen, ist sie ungefähr in dem alten Törringschen Schauspiel: fertiges Verhältnis gleich zu Anfang und Donner und Blitz folgt unmittelbar hinterdrein. Ich kannte dies Werk, ich achtete es auch als eine sehr gelungene Ausbeutung der hist. Anekdote, konnte mich aber mit der Auffassung so wenig befreunden, daß gerade sie mich vorzugsweise mit zu meiner Arbeit antrieb. Mehr sag ich nicht, wir haben hier, glaub ich, einen Grundunterschied unsrer gegenseitigen Naturen vor uns, in den wir uns finden müssen, wie in den der Augen und der Haare, denn „A. und B. stehen alle beide im A. B. C." Sie können mich hier nicht mißverstehen, mir deucht, das Verhältnis zwischen Schiller und Goethe, in dem ich von jeher etwas Symbolisches erblickte, wurde nur dadurch mög-

---

1. Daneben steht: „Venedig"; also wohl von der Reise im Sommer 1852.
2. Vgl. *Herodes und Mariamne*, V. 2262 ff.

lich, daß jeder sich in den Kreis des andern zu versetzen suchte und von ihm nur forderte, was innerhalb desselben zu leisten war. Ich meine, kurz gesagt, man muß sich überall die Linien zugeben, denn diese gehen ohne Wahl mit innerer Notwendigkeit aus der allgemeinen Anschauungsweise der Dinge hervor, während man über die Farben und die Verteilung von Licht und Schatten sehr gut die Kontroverse eröffnen kann. Sollte ich mich irren, wenn ich das für die beste Basis halte?

Ich rufe Ihnen entgegen, wie Sie mir: Lassen Sie uns zueinander halten! Wir können gegenseitig geben und nehmen; auch ich bin nicht so exklusiv, wie ich Ihnen vor Jahren erschienen sein mag: die Knospen sind es ja alle, aber was aufsprang, trinkt und saugt. Und wir wollen die Sache äußerst einfach fassen! Was Sie in Ihrem ersten Brief schreiben, ist so wahr, daß es in Gold gefaßt zu werden verdiente: Die Literatur ist in einer Anarchie begriffen, daß sie sich auflösen muß, wenn sich nicht Zentralpunkte bilden, welche der Fieberbewegung der Atome einen Damm setzen. Nun, dahin wollen wir gemeinschaftlich streben, und die Trivialität auf der einen Seite, die originell zu sein glaubt, während sie nachahmt und stiehlt, sowie die hohle Abstraktion auf der andern, die alles Lebendige erstickt, kräftig bekämpfen. Das Mittel: daß wir uns überall die Arena zu öffnen suchen, wo man sie uns verschließt, ohne dem Spruch der dort richtenden Instanz vorzugreifen.   *(5159)*

Die Musik kann nur das Allgemeine ausdrücken. Richard Wagner möchte das bestreiten. Aber man lasse einmal eine Beethovensche Symphonie aufführen, setze ein Publikum aus lauter Goethen, Schillern, Shakespearn, ja Mozarten, Glucken usw. zusammen und lasse jeden Anwesenden dann für sich aufschreiben, was er für den Ideengang des Werkes hält. Man wird dann so viele verschiedene Auffassungen zusammenkommen sehen, als Individuen anwesend waren. *(5163)*

Der dramatische Individualisierungsprozeß ist vielleicht durch das Wasser am besten zu versinnlichen. Überall ist das Wasser Wasser und der Mensch Mensch; aber wie jenes von jeder Erdschichte, durch die es strömt oder sickert, einen geheimnisvollen Beigeschmack annimmt, so der Mensch ein Eigentümliches von Zeit, Nation, Geschichte und Geschick. *(5178)*

„Deine Leute schwitzen nicht!" möchte ich zu jedem unserer jetzigen Dramendichter sagen. Ob's Juden oder Türken, Heiden oder Christen, Opiumkäuer oder Knoblauchesser sind, man merkt's der Atmosphäre nicht an. *(5182)*

Der Staat beruht sowenig auf einem bloßen Vertrag als der Mensch. *(5183)*

Naturrecht — historisches Recht: sind das Gegensätze, wie die Schulen glauben, die beide vertreten? Ich dächte nicht! Allem historischen Recht liegt das Naturrecht zugrunde, wie der Begriff des Menschen, als eines denkenden und empfindenden Wesens, jedem empirischen Menschen, und alles Naturrecht existiert nur als historisches Recht, da es nur unter bestimmten Bedingungen und in bestimmten Grenzen hervortreten kann. *(5184)*

„Glückliche Kinder geben glückliche Menschen. Alle Verstimmung des Charakters hat seinen wahrscheinlichsten Grund in diesen frühen Eindrücken!" sagt Forster und hat sehr recht. *(5195)*

Wenn man aus Italien nach Deutschland zurückkommt, hat man ein Gefühl, als ob man plötzlich alt würde.
(5197)

Ein Fluch, den der Verfluchte nicht hört, wie er ausgestoßen wird, weil er Lärm machen läßt, und den er

Wort für Wort in der Seele vernimmt, in dem Moment, wo er sich vollzieht. *(5202)*

d. 8. Nov. Mit Prof. Brücke[1] im neuen Irrenhause. Grauenvoll: M a s s e n von Wahnsinnigen zu sehen, denn dadurch wird das Unnormale scheinbar wieder normal. Schuster-, Schneider-, Buchbinder- usw. W e r k s t ä t t e n, Dutzende darin arbeitend. Der Maler, Schüler Führichs und der Ligurianer, und die Mappen mit seinen Zeichnungen; sein Drang, nicht den kleinsten Raum unausgefüllt zu lassen. Der Korridor, wo rasiert wurde durch einen Verrückten; die Bemerkung Dr. Fröhlichs: „Wir selbst bedienen uns seiner." Die Menschen: verstimmte Instrumente. *(5203)*

Abend. Die sich in immer dunklere Schatten einspinnende Welt. Nur noch die Spitze des Stephansturms im Licht der sinkenden Sonne glühend, als ob die Glut aller Andächtigen, die am Tage darin gebetet, sich zum Strahl verdichtet hätte und zum Himmel empor flammte. *(5210)*

d. 14. Dezbr. Heute den 1. Akt der „Rhodope"[2] geendigt. Braun von Braunthal machte mich auf Herodots alte Fabel vom Gyges aufmerksam, ich las sie nach und fand, daß allerdings eine Tragödie darin stecke. Freilich wird die Motivierung der Königin schwer sein. — *(5213)*

Erschiene das Ding einem doch vor dem Besitz wie nachher, und umgekehrt! *(5216)*

d. 31. Dezbr. In diesem Jahre allerlei zweifelhafte Bekanntschaften gemacht und allerdings nur aus diplomatischen Gründen gepflegt, dafür aber auch gleich darin die Strafe erhalten, daß ich mich mit ein paar Indivi-

1. Professor Ernst Ritter von Brücke, Wiener Physiologe, mit Hebbel befreundet.
2. Hebbels Tragödie *Gyges und sein Ring.*

duen duzen muß, die nur deshalb die Anmaßung hatten, mich dazu aufzufordern, weil sie den Kern meiner Natur nicht kennenlernten und mich mit einem gewissen Recht für ihresgleichen hielten. Gearbeitet nichts bis auf ein paar Gedichte und einen Akt der „Rhodope". Reise nach Hamburg und von da nach Helgoland; Aufenthalt beim Apotheker Franz, der mich erträglich genug aufnahm und mir doch die Regel abdrang, einen Jugendfreund nie wieder heimzusuchen; Reisebriefe. Große Angst nach der Rückkunft wegen meiner lieben Frau, die von einem Andrax befallen wurde und sehr litt. Ich selbst jetzt mit Gallenfieber und Gelbsucht beladen, doch freudigen Muts der Zukunft entgegensehend. Titi blüht. Bleibe alles, wie es ist! *(5218)*

1854

d. 4. Jan. Die Jammerperiode ist vorüber, ich fühle mich in meinen Knochen wie in meinen vier Wänden wieder wohl, kann aber doch eine Betrachtung nicht unterdrücken, die sich mir immer von neuem wieder aufdrängt. Ohne Zweifel stehe ich jetzt auf der Höhe meiner Existenz; ich habe ein teures Weib, ein lieblich aufblühendes Kind und wenigstens einen wahren, erprobten Freund; mit meiner Gesundheit kann ich zufrieden sein, die Geistes- wie die Leibeskräfte sind ungeschwächt, und meine Tätigkeit ist keine wirkungslose; dabei habe ich, was man zu einem bequemen Leben braucht, und bin sogar imstande, für die Zukunft einen Pfennig zurückzulegen. Ich bin, dies Zeugnis darf ich mir geben, von ganzem Herzen dankbar dafür und freue mich jedes Tags; das Mittagsmahl und besonders die bei einem Glase Bier und einem Butterbrot verplauderte letzte Abendstunde ist mir immer ein Fest, und ich nähre keinen anderen Wunsch mehr als den natürlichen, der in allen Verhältnissen übrig bleibt, daß es bleiben möge, wie es ist! Aber es kann nach der Natur der Dinge nur noch heruntergehen; meine Gesundheit wird wankend werden, das Talent wird schwinden usw. (5219)

d. 21. Jan. Am 13. Sept. 1840 begann ich die „Genoveva", schrieb aber zugleich in mein Tagebuch: „Es wird wohl kein Drama fürs Theater." Gestern kam sie zum erstenmal zur Darstellung[1] und der Erfolg war noch größer wie bei der „Judith". Nach jedem Akt wurde ich gerufen und zum Schluß zweimal. Auch der Kaiser war anwesend und blieb, was er bei Trauerspielen fast nie tut, bis zum Schluß. (5220)

An Gutzkow, 26. Jan. 54.
— — Es war mir Ernst mit diesem Brief und mit allem, was er enthielt, denn wohin soll es kommen mit unserer Literatur, wenn die wenigen Produzenten, die vorhanden sind, sich der nihilistischen, hohnsprechenden Kritik gegenüber nicht zusammenschließen, um den gemeinschaftlichen Boden zu verteidigen, sondern statt dessen die Sommersprossen und Warzen aneinander zählen. Ich habe mich, wie Sie wissen, zur Zeit meiner Entwicklung ganz für mich gehalten, weil ich das Bedürfnis fühlte, den reinen Widerklang der Welt zu vernehmen, um zur Selbsterkenntnis und zur richtigen Schätzung meiner Kräfte zu gelangen. Daran mag ein gewisser Stolz oder Dünkel, der von der Jugend wohl unzertrennlich ist, seinen Anteil gehabt haben, aber ich bereue es noch jetzt nicht, weil ich mir nun sagen darf, daß sich die zweiunddreißig Winde an meinem Ehrenkranz bereits alle versuchten und daß die Blätter, die

1. Hebbel hatte 1851 ein versöhnendes „Nachspiel" zur *Genoveva* gedichtet, und das Werk wurde jetzt in Wien als *Magellona* aufgeführt, da Kalenderheilige auf der Bühne des Hofburgtheaters nicht erscheinen durften.

sitzenblieben, mögen es auch noch so wenige sein, fest sitzen müssen. Doch diese Zeit ist vorüber und mit der neuen sind neue Gesetze in ihr Recht eingetreten. — — (In bezug auf den frühern Brief.) *(5221)*

Dein Charakter ist das Wort, das du der ganzen Welt gibst. Wirst du also deinem Charakter ungetreu, so brichst du der ganzen Welt dein Wort. *(5225)*

Mittelmäßige Poeten: verunglückte Lerchen. *(5237)*

Wer die Welt durch ein morgenrotes Glas betrachten will, der schaue sie durch die Augen eines Kinds, womöglich seines eigenen, an. *(5240)*

Fünftes Tagebuch

Angefangen d. 3. Juli 1854

[MARIENBAD]

Marienbad, d. 3. Juli 54. Hier sitz ich in einem böhmischen Bade, wohin ich mit meiner lieben Frau gereist bin, weil sich ein heftiges Leberleiden bei ihr eingestellt hat. Die erste Nachricht, die ich einzutragen habe, ist die, daß wir heute ganz nah daran waren, das Leben zu verlieren. In Petschau waren wir kaum eingestiegen, als unmittelbar vor dem Posthause selbst der Postillion uns auf der Straße umwarf. Hätte nicht der Sohn des Postmeisters den Wagen dadurch aufzuhalten gesucht, daß er sich mit seinem ganzen Leibe entgegenstemmte, so konnten wir dem Schicksal kaum entgehen, auf dem harten spitzigen Pflaster zerschmettert zu werden. Jetzt kamen wir mit einigen Kontusionen davon, während dieser arme Mensch, der den Fall des Wagens nur zu mäßigen, nicht aber zu verhindern vermochte, tödlich verletzt wurde. Ursache des Unglücks waren ein Paar junge, der Zucht noch nicht gewohnte Pferde und der steile, abschüssige Weg. *(5266)*

Zur Madonna gehört eigentlich der Tod nach der Geburt ihres Kindes. *(5269)*

d. 6. Juli. Der gestrige Tag begann kläglich, endete aber ganz gut. Die Nacht vorher schlief ich gar nicht; wie ich eindämmerte, störte mich das Geklatsch eines heftigen Regens, der an unsere Fenster schlug, wieder auf. Anfangs glaubte ich, es sei die Fontäne vor unserem Hause, die sich in der Stille der Nacht stärker vernehmen lasse, und machte mir wenig daraus; als ich mir aber die traurige Wahrheit, welche die schöne Hoffnung auf einen Witterungswechsel so grausam wieder durchstrich, endlich bekennen mußte, ward ich verdrießlich und fand den Schlaf nicht mehr. Die Morgenpromenade war kalt und frostig, im Kursaal mußte die Kalkluft eingeatmet und im Hause gefrühstückt werden; dann kam unser Reisegefährte, der Kaufmann, und brachte mir die Ostdeutsche Post, und man hatte leider einmal wieder Zeit, an den armen Kaiser von Rußland zu denken, der sich, nachdem er so lange von seinem bloßen Kredit lebte, nun plötzlich in eine Lage hineinpoltronisiert hat, wo er bar zahlen muß. Der Nachmittag heiterte sich auf und wurde zuletzt noch recht schön; wir tranken unsren Kaffee in der Marienbader Mühle, und ich merkte mir bei der Gelegenheit einen neuen Ausdruck, wie sie jeder Ort, jeder Stand und jedes Gewerk nach ihren besonderen Verhältnissen und Bedürfnissen erfinden: eine Portion mit viel Kaffee und wenig Milch heißt eine gerade und eine mit wenig Kaffee und viel Milch eine verkehrte. Abends ein Spaziergang auf die Hohendorfer Höhe, wo neben einer Bank eine Tafel angebracht war, die den Platz als Goethes Sitz bezeichnete. Sie war natürlich links und rechts beschrieben und vorzugsweise tat sich ein Kandidat der Theologie hervor; er hatte den Vers:

„Deinem hohen Geiste angemessen,
    Wähltest du dir diesen hohen Sitz."

extemporiert und seinen Namen hinzugefügt. Der heutige Morgen war schön, aber nicht klar, was uns denn antrieb, ihn rasch und mit einer gewissen Angst zu genießen, doch hielt sich das Wetter, so daß den ganzen Tag kein Tropfen fiel. Meine Frau nahm ihr erstes Schlammbad, aus verkohlten Pflanzenstoffen bestehend; ich besuchte den Moorgrund, wo die Erde gegraben wird, die sie enthält. Ein ziemlich ausgedehntes Lager, das sich dem Auge in Tintenschwärze darstellt; an der einen Seite ein brodelnder Teich voll braun-gelben Wassers, welches quillt und quallt, als ob es aus der Hölle aufstiege. Dann schweifte ich noch weit herum und bohrte mich ins Detail ein; Marienbad ist wirklich wie aus einem Urwald herausgeschnitten, von dem noch ein ganz respektabler Rest stehenblieb. Des Mittags erfuhr ich, daß Herr von Putlitz[1], der Lustspieldichter, mich aufgesucht habe; des Nachmittags traf ich ihn auf der Promenade, wo er mir auch Uechtritz[2] vorstellte, der uns begegnete. Er blieb bei uns, bis wir zu Hause gingen, und begleitete uns bis an die Tür. *(5275)*

„Eigentum ist Diebstahl!" sagt Proudhon. Großen Kunstwerken gegenüber, wie z. B. die Madonna von Raffael oder der Apoll, wird diese Phrase zur Wahrheit. *(5276)*

d. 7. Juli. Das wunderbare Auge meiner Frau für vierblättrigen Klee betätigt sich auch hier, denn eine ansehnliche Zahl dieser unscheinbaren und doch gern gesehenen Boten des Glücks liegt schon vor mir, und manches von ihrem Überfluß hat sie gewohnterweise wieder verschenkt. Es ist ganz eigentümlich, sie sucht nicht und braucht nicht zu suchen, sie wandelt unbekümmert und an jedem Gespräch teilnehmend an den Wiesen und Grasplätzen vorbei, sie bückt sich plötzlich und reicht mir vergnügt ihren Fund. Mein Auge ist ganz so scharf wie das ihrige, mir entgeht keine Stecknadel am Boden, und ich habe deren in Paris zum Spaß bis in die Hunderte hinein aufgehoben, aber nie gelang es mir noch, trotz aller Mühe, die ich aufbot, und aller

1. Edler Gustav zu Putlitz (1821-90), Verfasser zahlreicher, damals oft aufgeführter Lustspiele, versuchte sich später auch in historischen Tragödien. Leiter der Hofbühnen in Schwerin und Karlsruhe.
2. Friedrich von Uechtritz (1800-1875), eine tief religiöse, grüblerische Natur, Verfasser von Trauerspielen, die von Tieck gelobt wurden.

Aufmerksamkeit, die ich anwendete, ein solches Blatt zu finden. Die Sehkraft macht es also nicht aus, sondern es ist eine besondere Eigenschaft, die sie in einem staunenerregenden Grade besitzt. — Heute war der Tag geteilt, vormittags hell, nachmittags regnerisch, und ich mit Putlitz auf der Richards-Höhe. Ein Leichdorn plagte mich sehr, und das Gehen ist mir fast, was anderen das Atemholen. — *(5277)*

Wenn man in Gastein eine ganz verwelkte Blume in die Quelle hält, wird sie augenblicklich wieder frisch. *(5280)*

d. 9. Juli. Winterkälte, bleierner Himmel, dennoch um 5 Uhr am Brunnen. Dann klärte sich das Wetter auf, die Sonne brachte es wenigstens zu messingnen Strahlen, wenn die Wolken auch das Gold verschluckten, und wir machten gleich nach dem Frühstück einen Spaziergang zum Moorlager. Nie sah ich die Tanne noch so schlank und so stämmig wie hier, wo sie der einzige Baum ist, diesmal rauschten die Kronen im frischen Winde, und nie vernahm ich noch ein solches Rauschen; leise, fast säuselnd begann es, als ob in der Ferne nur ein einziger Baum geschüttelt würde, dann verstärkte es sich, wurde dichter und dichter und konzentrierte sich zum Sturmakkord über unserem Haupt, darauf schwächte es sich ab, und endlich verlor es sich mit Tönen, wie sie ein langsam fortrollender Wagen wohl von sich gibt. Um halb 11 Uhr kaum wieder zu Hause, ging ich gleich mit Putlitz wieder fort, der mich abholte. Er ist ein höchst gebildeter Mensch, der in manche Tiefe geschaut hat, wenn seine Poesie auch leicht, wie ein gaukelnder Schmetterling, darüberschwebt. *(5283)*

Der Greis nimmt, indem er genießt, gewiß auch immer schon Abschied von den Dingen. Ich bin kein Greis, aber ich ertappe mich oft schon auf ähnlichen Empfindungen. *(5284)*

Die Toten sehen fast immer ruhig-heiter, ja befreit aus, als wäre der Staub ebenso froh, den Geist los zu sein, wie umgekehrt. *(5287)*

d. 15. Juli. Der Morgen wunderschön. Mit Putlitz in Schönau gefrühstückt, dann über die Anhöhe mit dem Pavillon zurück. Das herrliche frische Wassser, das wir im Hause haben, veranlaßte mich zu der Frage, woher es komme. Die Antwort lautete: „Aus dem Keller!" Dort springt eine Quelle, man denke sich, welch ein reizendes Bild! Das ist ein freundlicher Spiritus familiaris, den ich einem widerwärtigen Kobold bei weitem vorzöge. Nachmittags mit Uechtritz in der Waldmühle; fein im Innern wie im Äußern, scheint er mir ein Mensch, mit dem sich fürs Leben ein Verhältnis anknüpfen läßt, übrigens hat er nie etwas von mir gelesen, und das ist mir gar nicht unangenehm, denn ich wirke lieber durch meine Persönlichkeit wie durch die Werke. In Tiecks Hause sah es doch etwas seltsam aus: er lebte mit der Finckenstein; seine Frau mit Herrn von Burgdorf und die Agnes mit Herrn von Baudissin; als die Dorothea am Typhus starb, fuhr er über Land, um nicht angesteckt zu werden, und sah sie sowenig im Sarg als bei der Beerdigung. Zu Mittag endlich ein zweiter Brief von Kuh; Titi ist Gott Lob gesund und wohl. *(5294)*

Zur Biographie

An den Kirchspielvogt Mohr in Wesselburen schickte ich heute nachstehenden Brief ab[1].

1. Emil Kuh hatte für seine 1854 in Wien erschienene erste kurze Biographie Hebbels *(Friedrich Hebbel. Eine Charakteristik)* den Kirchspielvogt Mohr in Wesselburen, Hebbels früheren Prinzipal, um Material über Hebbels Jugend gebeten. Die Antwort Mohrs war so negativ ausgefallen, daß Kuh schreiben konnte, Hebbel habe jeden Tag verwünscht, den er „an der Seite eines Pedanten vom trivialsten Schlag über den Akten zubringen mußte".
Dies war der Anlaß zu dieser bitteren Abrechnung Hebbels mit

Marienbad in Böhmen, d. 15. Juli 1854.

Es tut mir leid, daß ich im Lauf meines Lebens noch einmal mit Ihnen in Berührung treten muß. Aber ich sehe mich dazu gezwungen, denn ich kann die zwischen dem Herrn Dr. Kuh in Wien und Ihnen in betreff meiner geführte Korrespondenz nicht ignorieren. Diese Korrespondenz wurde mir erst wenige Tage vor meiner Abreise ins Bad mitgeteilt und auch jetzt nur, weil ich den Herrn Dr. Kuh zur Rede stellte, warum er Ihrer in seiner „Charakteristik Friedrich Hebbels" auf eine so herbe Weise gedacht habe; ich selbst hatte ihm dazu keinen Anlaß gegeben, denn ich habe mich nie über Sie geäußert. Zu seiner Rechtfertigung übersandte er mir Ihre beiden Briefe nebst seiner Antwort, und ich muß bekennen, daß er vollkommen gerechtfertigt ist, ja daß er es wäre, wenn er sich noch ganz anders über Sie ausgelassen hätte. Nur darin irrte er, wenn er dachte, daß ich von dem Vorgang keine Notiz zu nehmen brauchte; er kannte die Verhältnisse nicht und konnte sie nicht kennen.

Glauben Sie nicht, daß ich mich von Ihnen beleidigt fühle; das ist nicht der Fall und kann nicht der Fall sein. Ihr ästhetisches Urteil berührt mich nicht, denn Sie sitzen nicht mit in dem Areopag, der über mich und meinesgleichen richtet, und müssen sich es selbst sagen. Ihr moralisches Urteil, nun Ihre Expektoration über meine Bescheidenheit so zu nennen, ist mir günstig, soweit es die Ihnen bekannte erste Hälfte meines Lebens betrifft, und wenn Sie der letzte Jurist der Welt sein sollten, so müßten Sie noch wissen, was es hinsichtlich

Mohr, die sicher mitbestimmt ist vom Zorn des Augenblicks über die selbstgefällige Verachtung, die der Kirchspielvogt allem Geistigen gegenüber hier bekundete.
Das Original des Briefes fand sich im Nachlaß Hebbels, er dürfte also von Mohr nicht angenommen worden sein. Diese genaue Abschrift im Tagebuch zeigt, wie sehr Hebbel die versäumten Jahre seiner Jugend jetzt noch wieder schmerzten.

der Ihnen gänzlich unbekannten zweiten bedeutet. Ihre Kritik eines nicht für Sie bestimmten Briefs beweist endlich nur, daß Sie ihn nicht verstanden haben, und das ist ein Unglück, aber kein Verbrechen. Zwar ist der Ton, in dem Sie sich gefallen, nicht der feinste und dem Witz, in dem Sie exzellieren, völlig ebenbürtig, doch daraus geht nur hervor, daß Sie zu den Leuten gehören, die immer aus den Windeln des Kindes auf den Rock des Mannes schließen und deshalb oft am unrechten Orte plump oder zart sind. Das ist ein Naturfehler, und wer wird einen solchen nicht entschuldigen?

Hätte ich also bloß einen inkompetenten und zudringlichen Pseudorichter vor mir, so hätte der Herr Dr. Kuh recht gehabt, mir den Vorgang zu unterschlagen; den würde der erste beste Büttel der Themis schon ohne meine Beihilfe von seinem angemaßten Sitz verjagen. Aber ich habe es mit einem Pseudowohltäter zu tun, der behauptet, daß ich in seinem Hause „aufgewachsen" sei und dadurch zu verstehen gibt, daß er Ansprüche an mich habe, und den muß ich zurechtweisen, denn der könnte gehört werden. Ich bin nun n i c h t in Ihrem Hause aufgewachsen, ich kam in meinem vierzehnten Jahr, mit vortrefflichen Schulkenntnissen ausgerüstet, zu Ihnen und leistete Ihnen vom ersten Tage an Dienste, die anfangs zwar gering waren, die Sie aber sehr bald in den Stand setzten, Ihren Schreiber zu entlassen und mich an seiner Statt zu verwenden. Dadurch ersparten Sie den nicht unbeträchtlichen Gehalt, den Sie ihm zahlen mußten, und ich erhielt als Äquivalent Ihre abgelegten Kleider und die Beköstigung am Gesindetisch; für meine Bildung aber taten Sie gar nichts, wenn Sie es sich nicht etwa als Verdienst anrechnen, daß Sie mir Ihre paar Bücher nicht geradezu aus der Hand rissen, und auch später trugen Sie zu meinen Studien nicht das mindeste bei. Noch leben Hunderte, die das bestätigen müssen; wie können Sie sich dann unterstehen, das Gegenteil zu schreiben?

Wohl stand es bei Ihnen, mich zu Ihrem ewigen Schuldner zu machen; Sie aber brauchten mich, unbekümmert um meine Zukunft, wozu ich eben gut war, und gefielen sich, wenn Sie mir die letzten Jahre auch aus Scham eine Kleinigkeit aussetzten, bis zu dem Tage, wo ich Ihr Haus und Wesselburen zugleich verließ, in einem rohen Benehmen. In jenem Fall würde ich Ihnen bis an mein Lebensende dankbar gewesen sein, so gewiß, als ich es meinem braven Jugendlehrer, dem Herrn Rektor Dethlefsen, und der Frau Doktorin Amalie Schoppe bin, die mit mir recht zufrieden sind; ein bloßes Dienstverhältnis aber begründet keine Rechte und Verbindlichkeiten, die über das bedungene momentane Leisten hinausgehen.

Nein, Herr Mohr, ich stehe nicht in Ihrer Schuld, wohl aber Sie in der meinigen, denn Sie haben sich schwer an meiner Jugend versündigt, und der Mann ist in der Lage, sich Satisfaktion für das zu verschaffen, was Sie an dem Jüngling verbrachen. Schlägt Ihnen das Herz nicht, indem Sie dies lesen? Nach meiner Kenntnis der menschlichen Natur möchte ich es annehmen, aber nach der Rücksichtslosigkeit, die sich in Ihren Briefen ausspricht, muß ich es bezweifeln, darum will ich Ihr Gewissen wecken. Sie schwängerten Ihre Dienstmagd und hatten bei der Gelegenheit den brutalen Mut, mir einen Antrag zu tun, der sogar für den Bäckergesellen, der ihn nachher einging, entehrend war und ihm die Verachtung seiner Genossen zuzog. Damals waren Sie mein Prinzipal und mein Obervormund, hatten also die zwiefache Pflicht, mich zu allem Guten anzuleiten und vom Schlechten und Nichtswürdigen abzuhalten; wissen Sie, was das heißt und mit welchem Verdikt die ganze moralische Welt Sie belegen würde, wenn ich das Faktum in meinen Memoiren erzählte? Bis jetzt hatten Sie nichts zu befürchten, es ziemt dem Menschen zu vergeben und zu vergessen, und ich war entschlossen, Ihrer nur im allgemeinsten zu gedenken und jene scheußliche

Szene mit Nacht zu bedecken. Auch in diesem Augenblick noch wünsche ich, mit einer so traurigen moralischen Exekution verschont zu bleiben, nun aber hängt das nicht mehr von mir, sondern von Ihnen ab, denn ehe ich großmütig gegen Sie sein kann, muß ich mich sicher gegen Sie gestellt haben. Ginge das Selbstbewußtsein in mir auch nur um eine Linie über das Erlaubte, ja durch die erworbene Position Gebotene und von allen Seiten Bestätigte hinaus, so würde ich Ihnen eine schwere Bedingung setzen; aber die Beschäftigung mit der tragischen Kunst stimmt das Gemüt demütiger als die stündliche Betrachtung eines Totenkopfs, und ich will nur das Unbedingt-Notwendige fordern. Sie erklären dem Herrn Dr. Kuh, daß Sie Ihre beiden Briefe nach Form und Inhalt als übereilt mißbilligen und erbitten sie sich zum Zweck der Vernichtung zurück. Damit will ich zufrieden sein, bemerke Ihnen jedoch zugleich, daß ich selbst keine Zeile von Ihnen annehmen kann.

Erwägen Sie nun wohl, was Sie tun. Sie haben die Wahl zwischen einem einfachen Akt der Reue und zwischen der Ehre, die Ihnen aus der dereinstigen Veröffentlichung der obigen Szene erwachsen wird. Jener Akt bleibt unter drei Personen und wird bald vergessen; diese Ehre dürfte keine flüchtige sein, denn meine Memoiren werden länger dauern als die von mir im Dithmarscher und Eiderstedter Boten mitgeteilten Produktionen, denen Sie den Maßstab für mich zu entlehnen scheinen. Mir ist Ihr Entschluß natürlich gleichgültig; ich werde, wenn Sie nicht innerhalb der nächsten vier Wochen meinem sehr mäßigen Verlangen auf angemessene Weise entsprechen, gleich nach der Rückkehr in mein Haus dem Herrn Dr. Kuh zur einstweiligen Ergänzung seiner Akten und demnächstigen beliebigen Verfügung eine Abschrift des gegenwärtigen Briefs zustellen und dann meine Jugendgeschichte zum Abschluß zu bringen suchen, da ich während der Nachkur ohnehin nichts Dramatisches ausführen darf.

Schließlich noch einen Gruß an den alten treuen Christoph, dessen Sie auf eine Art gedenken, als ob Sie glaubten, daß ich mich seiner schäme. Das ist durchaus nicht der Fall, wenn ich auch vor zwanzig Jahren seine Rekonvaleszenz nach dem Fleckfieber nicht auf Ihren Befehl mit ihm in einem und demselben Bett durchmachen wollte, um Ihnen mit Gefahr meines Lebens eine kleine Ausgabe zu ersparen. Im Gegenteil, ich habe ihm in meiner „Julia" schon ein Denkmal gesetzt, und er wäre mir in Wien von Herzen willkommen; hätte er das Unglück, gerade einen Freund bei mir zu treffen, der ihm an Bildung, Rang und Stand gar zu weit überlegen wäre, z. B. den Fürsten Schwarzenberg, so würde er gewiß im Vorzimmer etwas warten oder sich noch einmal zu mir bemühen. Dies könnte vornehm klingen, aber dem Absender solcher Briefe gegenüber muß ich mich notgedrungen auf den zweifelhaftesten aller Größenmesser, den Hof- und Staatskalender, berufen, da die Koryphäen der Wissenschaft und der Kunst offenbar nicht hinreichten, um Ihnen das Wunder begreiflich zu machen, daß man der Sohn eines armen Mannes sein, sieben Jahre lang für Sie Lizitationsakten abfassen und es doch noch zu etwas bringen kann. — Übrigens habe ich die Ehre, zu sein

Ihr ergebener
Fr. Hebbel   (5300)

Die meisten dramatischen Dichter benehmen sich der Geschichte gegenüber ungefähr wie ein Maler, der vom Menschen nur den Kopf oder den Rumpf oder Hand und Fuß abzeichnen und das für ein Gemälde ausgeben wollte.   (5303)

d. 20. Juli. Abermals schön. Ich nahm meinen „Gyges" hervor aus dem Paket, konnte ihn aber nicht lesen, geschweige an ihm arbeiten. Worin wurzelt nun eine solche Stimmung? Offenbar in einer gewissen prosaischen Unfähigkeit, auf die Voraussetzungen einzugehen, unter denen ein poetisches Werk allein existiert. Das soll man sich recht deutlich machen, wenn man das Verhältnis der großen Menge zur Poesie begreifen will. Sie ist der Dichter in der Abspannung, dem alles zu blaß oder zu grell erscheint. — Um zehn einsamer Spaziergang zur kleinen Schweiz hinauf, etwas dort gesessen und das Auge am Grün der Tannen gestärkt, das sich vom Pavillon aus fast wie eine ungeheure Wiese ausnimmt, weil die Bäume terrassenförmig hintereinander aufsteigen, dann hinunter zur Waldquelle. Die Tannen rauschten diesmal im leisen Winde, der sie nur leicht bewegte, ganz so, als ob hoch oben in jeder Krone ein Bienenschwarm säße und emsig arbeitend sein Wohlbehagen in Tönen aussummte; daneben an der einen Seite ein fröhlicher Bach, wie denn überhaupt diese ewig sprudelnden Wasser, die bald als Quellen, gleich naiven Kindern, die nicht viel nach Ort und Stunde fragen, aus der Erde hervorbrechen, bald als Bäche aus den Wäldern herausstürzen, einen Eindruck machen, als ob die Natur hier ein unaufhörliches Freudenfest feierte. — Heute hat der liebe kleine Pinscher[1] mir das Tagebuch geschenkt, was er über Venedig geführt hat.   (5304)

Die geschaffene Welt ist nicht frei, aber sie wird frei. Das letzte Resultat der Schöpfung ist der Schauder vor der Vereinzelung; sie kann wieder abfallen von Gott, aber sie will nicht.   (5307)

d. 22. Juli. Um zehn Uhr fuhren wir mit Uechtritz zusammen nach Königswart, einer Besitzung des Fürsten Metternich. Unterwegs lebhaftes Gespräch in Ernst und Scherz, namentlich über die Sprache; wie kann eine

1. Hebbels Kosename für Christine, nach dem Hündchen, das ihn 1839 auf der Fußreise von München nach Hamburg begleitete und ihm als der Inbegriff der Treue erschien. (Vgl. 2654.)

Sprache, die, wie die deutsche, vorzugsweise das Entstehen und Werden darstellt, eine klingende sein, da sich doch nur das Seiende und Gewordene austönt? Auch auf Namenstage kam die Rede, und es wurde die Frage aufgeworfen, ob die Marien nicht besser daran seien wie alle andere Mädchen, da es doch so viele Marienfeste gebe. Meine Ansicht, daß der Liebhaber einer Marie wahrscheinlich alle diese Feste feiern, der Mann sich aber mit einem einzigen begnügen dürfte, fand Beifall. Angekommen bestellten wir zuerst unser Essen und besahen dann das Museum, um es hinter uns zu bringen; es enthält manches Interessante, ist aber offenbar mehr durch den Zufall zusammengebracht als mit Sinn und Absicht angelegt. Eine neugriechische Staatsschrift, von Lord Byron im Namen der Regierung unterzeichnet und in italienischer und hellenischer Sprache auf zweigeteiltem Blatt ausgeführt, erregte einen wunderlichen Eindruck; was würde wohl geworden sein, wenn das verkommene Volk und der Misanthrop ohne Grund, die so abenteuerlich zusammentrafen und sich einander in die Arme warfen, Zeit gehabt hätten, sich gegenseitig kennenzulernen! Eine Haarlocke der Jungfrau von Orleans gehört wohl zu den zweifelhaften Besitztümern, da der verliebte Dunois leider nur in Schillers Tragödie existiert und der Scharfrichter von Rouen sich schwerlich eine abgeschnitten hat, um sie auf Kinder und Kindeskinder zu vererben; sehr reell dagegen sind die spanischen Stiefel, nebst den Daumschrauben und den übrigen Folterwerkzeugen, die im Waffensaal eisern und zum Teil blutbespritzt von der Wand herunterdräuen. Andenken an die Paulskirche in Frankfurt am Main, bestehend in ausgeschnittenen Stücken Holz von den Pulten, an welchen Raveaux, Trütschler, Blum usw. im Parlamente saßen, überraschen doch einigermaßen. Höchst merkwürdig war mir aber ein Stück Bernstein, das einem Insekt, allem Anscheine nach einer Heuschrecke, zum durchsichtigen

Grabe diente, denn dies Naturspiel kam mir noch niemals vor; auch ein Ameisennest erregte Verwunderung und Erstaunen in einem ausgezeichneten Exemplar. Nach Tisch wurden wir vom Inspektor im Schloß herumgeführt, während die fürstliche Familie speiste; das elegante Arbeitszimmer des Fürsten und die noch elegantere Kapelle interessierte besonders, daneben eine Reihe von Familienporträts, unter denen das Bild der zweiten Frau, einer himmlisch-anmutigen Schönheit, und das einer im frühsten Jungfrauenalter abgeschiedenen Tochter sich vorzüglich hervortaten und auch dem flüchtigsten Beschauer einschmeichelten. Dann nahmen wir den Park in Augenschein, während meine Frau, den jungen Fürstinnen bekannt und wohl empfohlen, sich melden ließ; ein roh zusammengezimmertes Bethaus, auf das wir zuerst stießen und in dem der dort aufgehängte französische Kupferstich einer italienischen Madonna Wunder tut, wie ein ganzer Winkel voll aufbewahrter Krücken schlagend beweist, erweckte eigene Gedanken. Mittlerweile waren wir schon gesucht worden und erfuhren zu unserer großen Freude, daß der Fürst sich uns vorstellen lassen wolle. Wir trafen ihn nebst seiner jüngsten Tochter, der Gräfin Zichy, und meiner Frau im Garten, wo er auf einer Bank saß; er kam uns entgegen, wie wir uns näherten, und lud uns, nachdem meine Frau unsere Namen genannt hatte, zum Sitzen ein. Von mittlerer Größe, hält er sich noch immer vornehm-aufrecht und hat sich für seine fünfundachtzig Jahre so gut konserviert, daß er gewiß die Neunzig erreichen, wo nicht überschreiten wird; echt aristokratisch feine Züge, die aber etwas Gefälliges und Gewinnendes haben, und ein mildes, blaues Auge, in dem sogar etwas Feuchtes, ja, Verschwimmendes, liegt. Die Unterhaltung nahm er, wie alle Halbtaube, allein auf sich; er erzählte uns die Geschichte seines Parks. Vor dreißig Jahren sei das Schloß fast eine Ruine in einer Wüstenei gewesen; er habe die Fensterläden nicht

339

öffnen können, weil die Baumäste es verhindert hätten, und statt auf grünen Wiesen spazierenzugehen, habe er in Sümpfen zu waten gehabt. Jetzt sei alles umgestaltet, und das sogar ohne alle Kosten, denn das zu Anfang Hineingesteckte sei längst verdoppelt und verdreifacht wieder herausgebracht worden; „und dies" — fügte er hinzu — „bloß dadurch, daß ich den rechten Mann fand und ihm Zeit ließ." Mit großer Behaglichkeit ging er dann ins einzelne ein, lobte seinen alten Gärtner als einen Menschen, der keine Prätention habe als die der Pflichterfüllung, setzte uns sein patriarchalisches Verhältnis zu seinen Nachbarn, den umwohnenden Bauern, auseinander und drückte namentlich darüber seine Freude aus, daß er gar keiner Sicherheitsmaßregeln gegen Baum- und Waldfrevler bedürfe, weil die Leute sich selbst überwachten, seit sie wüßten, daß sie von niemand sonst überwacht würden. Zum Schluß erzählte er uns noch, was mir wenigstens neu war, daß die Nordamerikaner auf die schönsten Kinder von einem und einem halben Jahr Preise ausgeschrieben hätten, und meinte, er begriffe ein solches Manöver bei Ochsen und Kälbern, weil sie gegessen würden, aber nicht bei Menschen; darauf beurlaubten wir uns. Uechtritz war über die Behaglichkeit, die das Gespräch charakterisierte, verwundert und meinte, ein alter Landedelmann würde sich ungefähr so äußern; ich glaube doch, die Eigenschaft des Fürsten Metternich kennengelernt zu haben, durch die alle übrigen, mögen sie nun so bedeutend sein, wie sie wollen, allein zur Geltung gelangt sind. Dieser Mann weiß im rechten Moment das Rechte zu tun, und das ist die Hauptsache; wir waren da, um seinen Park zu besehen, darum sprach er uns von seinem Park, und das geschah mit so viel Geist und unter so geschickten Übergängen, daß ich begreife, wieviel er von jeher im Salon gegolten hat.

(5308)

Laß den Jüngling, der dich liebt,
　　Eine Lilie pflücken,
Eh dein Herz sich ihm ergibt,
　　Um ihn zu beglücken.

Wird kein Tropfe von dem Tau
　　Dann durch ihn vergossen,
Der sie netzte auf der Au,
　　Sei der Bund geschlossen.

Wer so zart die Blume bricht,
　　Daß die nicht entwallen,
Sorgt auch, daß die Tränen nicht
　　Deinem Aug’ entfallen!

Dies Gedicht habe ich, nach einem schönen Naturbilde, am Namenstage meiner lieben Frau, heute morgen niedergeschrieben; Rosen- und Nelkenduft umströmte mich dabei, denn drei prächtige Blumensträuße, der eine von Hossauer, die zwei anderen von Uechtritz auf der Promenade überreicht, standen in frischem Wasser auf dem Tisch vor mir; es ist aber nicht ganz so ausgefallen, wie es der zarten Idee nach könnte und sollte. Nachmittags trank Uechtritz den Kaffee bei uns, dann machten wir einen gemeinschaftlichen Spaziergang zusammen. Der Hauptmann der sächsischen Garde, welcher seiner Mutter während der Schlacht von Dresden die Geschichte der Makkabäer vorlesen wollte, weil diese noch „grausamer“ gewirtschaftet hätten wie Napoleon.　　　　　　　　　　　　　　　(5310)

In Napoleons Charakter liegt etwas so Unüberwindlich-Nüchternes, daß ich zweifle, ob ein dramatischer Dichter künftiger Jahrhunderte ihm den mangelnden ideellen Gehalt auch nur wird l e i h e n können.

　　　　　　　　　　　　　　　　　　　　(5315)

d. 28. Juli. „Moloch“ hat schon Unheil angestiftet, obgleich er noch nicht einmal geboren ist. Ich teilte meinem neuen Freunde Uechtritz gestern die Idee des Stücks mit, und sie ergriff ihn so, daß er gar nicht wieder davon loskommen konnte, obgleich ich selbst das Gespräch mehrmals zu wechseln suchte, weil ich weiß, daß er sich nicht zu sehr im Denken anstrengen darf. Nun hat er eine äußerst schlechte Nacht und infolge deren einen schlaffen Morgen gehabt; er leidet nämlich an einem gewissen Gehirnschwindel, der ihn plötzlich erfaßt und zwingt, im Sprechen abzubrechen und auf die Seite zu gehen. Ich hielt mich auch am Morgen absichtlich fern von ihm, um ihn nicht wieder aufzuregen, aber um elf Uhr begegneten wir einander und gingen zusammen. Eine Stunde darauf erschien seine Frau auf der Promenade, und als sie ihren Mann in meiner Gesellschaft erblickte, machte sie, obgleich sie mir sonst auch recht wohl will, ein Gesicht, als ob sie ihn Arsenik essen sähe, und wie man einem Kinde des verdorbenen Magens wegen den Kuchen verbietet, so machte sie mit ihm ab, daß er heute nicht wieder mit mir zusammenkommen solle. *(5316)*

Es gibt alte Menschen, die wie Kinder aussehen, aber wie Kinder einer anderen Welt. Dazu gehörte Tieck.
(5320)

Schiller nennt den Dichter den einzigen Menschen. Warum ist er es? Weil Rezeptivität und Produktivität bei ihm in einem notwendigen Gleichgewicht stehen, weil er immer gerade so viel gibt, als er empfängt, und umgekehrt. *(5321)*

Die Kette des Kolumbus klirrt durch die ganze Weltgeschichte. *(5325)*

d. 3. August. Regenluft, warm und schwer, die aber nicht zur Entladung kommt und nicht näßt, nur drückt. Wir waren mit Uechtritz auf der Richards-Höhe, die meine Frau noch nicht sah. Gespräch über Schiller.

Uechtritz meinte, er habe bei größerer Vertiefung in seinen Gegenstand manches Ungehörige, Klaffend-Unmotivierte wohl überwinden und seinen Werken so auch im Detail eine höhere Vollendung geben können. Ich mußte das verneinen, weil ich für ihn die Möglichkeit einer solchen Vertiefung nicht zugeben konnte. Schiller kommt, wie schon oft gesagt ist, vom Allgemeinen zum Besonderen und behandelt eben darum das Drama nicht bloß im einzelnen, sondern auch im ganzen, wie ein Gleichnis, wodurch er zu versinnlichen sucht, was ihm am Herzen liegt. Von einem Gleichnis wird nun aber durchaus keine absolute Kongruenz, sondern nur eine relative Übereinstimmung verlangt, ein Dichter wie er konnte also gar nicht auf sie ausgehen. *(5327)*

Realismus und Idealismus, wie vereinigen sie sich im Drama? Dadurch, daß man jenen steigert und diesen schwächt. Ein Charakter z. B. handle und spreche nie über seine Welt hinaus, aber für das, was in seiner Welt möglich ist, finde er die reinste Form und den edelsten Ausdruck, selbst der Bauer. *(5328)*

d. 5. August. Es ist acht Uhr abends, eben steigt der Mond in seltsamer Gestalt über den Bergen auf, die Pässe liegen vor mir, übermorgen geht's fort, und der morgende Tag wird durch allerlei Plackereien in Anspruch genommen, das Tagebuch werde daher noch heute für Marienbad geschlossen. Mit Uechtritz am Moorlager, beim Zurückwandeln pflückte seine Frau Blumen und die meinige nicht, ich machte ihn darauf aufmerksam, denn es war ein Symbol des Bleibens und des Scheidens! Er ist ein wahrhaft gebildeter Mensch und macht Tieck, in dessen Umgang er reifte, vielleicht mehr Ehre als seine sämtlichen Werke; die ungeheuren Probleme des Lebens, an welche die meisten sich nur erinnern, wenn sie zufällig einer Aufführung des „Hamlet" und des „Faust" beiwohnen, liegen ihm ebensosehr am Herzen wie mir; doch suchen wir die Lösung auf verschiedenen Wegen. Er ist Christ und nicht bloß im ethischen Sinne, wie ich, ohne sich doch, was ich nicht begreife, für irgendein bestimmtes Dogma zu entscheiden; nach meiner Erfahrung gibt es keine Ergänzung der menschlichen Beschränkung, als das Gefühl dieser Beschränkung selbst und das aus eben diesem Gefühl entspringende unendliche Fortstreben; er findet sie im Gottmenschen, für den ich in meiner Anschauung der Welt und der Dinge nun absolut keinen Platz ermitteln kann. Dennoch hat diese Grunddifferenz unser stilles ruhiges Verhältnis nicht einen Augenblick gestört. Begierig bin ich nun, wie meine Arbeiten auf ihn wirken werden. (5334)

[WIEN]

Wien, d. 14. Aug. 1854. Gestern abend um neun Uhr kam ich zurück und traf meine Frau, die vorausging, und mein Töchterlein, das bereits von der Großmutter aus Penzing hereingeholt war, im besten Wohlsein an, wie sie nämlich eben im Begriff waren, mit Kuh und Debrois zusammen einen „Puffer" zu verzehren. Heute habe ich nun aus- und umgepackt, die Lücken im Bücherkasten sind ausgefüllt, die nutzlos mitgenommenen Manuskripte liegen wieder an ihrem Ort, und mit einem Rückblick auf die letzten Begegnisse werde denn auch dies Reisediarium geschlossen, das ich im Grunde nur aus Langeweile anfing. Nach Dresden ging ich umsonst, die „Judith" wurde nicht aufgeführt, aber nicht ein Schnupfen der Heldin oder eine Heiserkeit des Holofernes verhinderte die Darstellung, sondern der tragische Tod des Königs von Sachsen, den der Hufschlag eines Pferdes vom Thron ins Grab hinunterschleuderte, als er in Tirol einen Berg herabfuhr. Ich hörte nichts von diesem Ereignis in Prag, obgleich Herr von Prittwitz, mein dortiger Begleiter, jeden Tag die Zeitung las, ich hörte nichts davon auf der Eisenbahn, obgleich ich unterwegs mit vielen Menschen sprach, ich hörte nicht einmal in Dresden in meinem Hotel de Saxe davon reden. Erst als ich mich im Souterrain des Theaters bei einer Frau nach Dawisons[1] Adresse erkundigte, erfuhr ich das Faktum, und auch hier ganz so, wie jener Edelmann den Brand seines Schlosses, als er nach seinem Raben frug. „Es wird heute nicht gespielt?" „Nein, o nein, in drei Wochen nicht." „In drei Wochen nicht? Um diese Zeit? Es wird doch sonst gespielt!" „Das wohl, aber es ist wegen dem König." „Wegen des Königs? Was hat denn der König für Grillen?" „Oh, er hat gar keine Grillen, er ist tot!" — Jetzt eilte ich zu Dawison, der nicht zu Hause war, dann nach einigem Umherstreifen im naßkalten Regenwetter zu Gutzkow, den ich auch nicht traf, der aber bald kam. Interessantes Gespräch, aber wie verschieden von den Unterhaltungen mit Uechtritz; hier alles aus dem Ewigen und Vollen heraus und auf das Zufällige und Wechselnde bezogen; dort umgekehrt! Eine gute Bemerkung von ihm über einen kritischen Attila[2], der in Leipzig sein Wesen treibt, war die, daß er sein eignes Bild nicht leiden könne und eben darum keinen gebildeten Menschen passieren lasse, sondern nur Schäfer und Bauern. Ein sehr zarter Punkt kam auch zwischen uns zur Sprache, er fragte mich, ob ich für meine Dramen ausführliche Pläne mache, und als ich es verneinte, gestand er mir, daß es ihm ebenso gehe, daß er das Gegenteil aber doch für besser halte. Ich bestritt dies, ich setzte ihm das Gefährliche einer zu großen Vertiefung ins Detail auseinander, das den Reiz vor der Zeit abstreift und im Gehirn abtut, was nur vor der Staffelei abgetan werden

1. Bogumil Dawison, Schauspieler in Dresden.
2. Der Kritiker Julian Schmidt.

darf, ich behauptete, eine gründliche Skizze vor dem Kunstwerk sei nicht viel besser wie eine Biographie vor dem Leben, dem Menschen gleich mit in die Wiege gelegt, ich glaube aber doch, daß er recht hat und daß für ihn das eine besser ist wie für mich das zweite. Dann ins Hotel zurück und am nächsten Morgen zu Dawison, mit dem ich den ganzen Tag verbrachte. Schauspieler Bürde, Dr. Ernst Fischer, Dr. Lederer, der Lyriker, die arme hektische Frau, die mich so ängstlich fragte, ob sie nicht schwindsüchtig aussehe. Dawison bei Lüttichau, dem Intendanten, er vom Verlust des Königs Friedrich August sprechend und jener vom Gewinn des Königs Johann; ich, gewarnt, den Vorgang gar nicht berührend.   (5338)

„Wenn der Genius geboren werden soll, so müssen Gott und Teufel einmal einig werden und sich von oben und unten die Hand reichen."   (5341)

d. 14. Novbr. Heute habe ich das Trauerspiel
                „Gyges und sein Ring"
vollendet; ich fing es im Frühling an und brachte bis zur Abreise nach Marienbad 2^1/$_2$ Akte fertig, die anderen 2^1/$_2$ Akte sind im Herbst entstanden.   (5348)

Das Was im Drama sei bekannt und werfe seinen Schatten, nur nicht das Wie. Wir wissen, daß der Mensch sterben muß, aber nicht, an welchem Fieber.   (5356)

Die Höhe der Kultur ist die einzige, zu der viele Schritte hinaufführen und nur ein einziger herunter.
                                                (5357)

Ein zu weitläufiges lyrisches Talent hält sich gern für ein dramatisches.   (5358)

d. 18. Dezbr. Das arme Titele hat die Masern. „Ist es sehr kalt?" fragt meine Frau eben die Magd. „Nein!" antwortet das Kind aus seiner Fieberhitze heraus.
                                                (5360)

— Mich haben Ihre Hymnen innig und warm angesprochen. Doch zweifle ich, ob diese Form sich jemals in Deutschland einbürgern wird, und habe mich ihrer, wie aller verwandten, in eigener Praxis bis aufs Distichon streng enthalten, obgleich ich die Stimmungen, in denen der Reim eine Fessel scheint, recht gut kenne. Es ist bis jetzt wenigstens immer mißlungen, von Klopstock und Voß an bis auf Platen herab; nichts von allem, was versucht wurde, lebt im Volk, und ich kann den Grund davon durchaus nicht in den Talenten finden. Nach meiner Meinung ist unsere Sprache bildungsfähig genug, die antiken Maße nachzuschaffen, wenn es sich um die Übertragung eines Gehalts handelt, der von ihnen untrennbar ist, aber nicht, sie aus sich selbst mit innerer Notwendigkeit hervorzutreiben, wie ein Spiegel das Bild, das er treu und klar auffängt, ja auch nicht rückwärts in den Gegenstand selbst verwandeln kann. Sie kommt wohl nicht weiter, wie z. B. die lateinische, wenn sie reimt; es geht, aber es beweist auch nichts weiter, als daß es geht.

(Brief an Pichler[1] vom 22. Dez. 54.) *(5361)*

Christus hatte Brüder und Schwestern, aber keins seiner Geschwister gesellte sich zu seinen Aposteln. *(5362)*

d. 31. Dezbr. Elise ist nicht mehr; am 18. November 1854 gegen Morgen ist sie verschieden. Lange vorher schon war für sie nichts mehr zu hoffen und also nur der Tod noch zu wünschen; so erschütterte mich die Schmerzenskunde denn im Moment des Eintreffens nicht so sehr, als sie in mir nachzitterte und nachzittern wird! Welch ein verworrenes Leben; wie tief mit dem meinigen verflochten, und doch gegen den Willen der Natur und ohne den rechten inneren Bezug! Dennoch werde ich niemand lieber als ihr in den reineren Regionen be-

1. Adolf Pichler (1819-1900), Ordinarius für Mineralogie in Innsbruck, Dramatiker, Lyriker, Verfasser von Tiroler Erzählungen.

gegnen, wenn sie sich mir dereinst erschließen. — Gearbeitet: „Gyges und sein Ring"; das erste Stück, das ich in den Kasten lege. Neue Bekanntschaften: Putlitz und Uechtritz; jenen im Anfang gewiß überschätzt, diesen vielleicht. Alles übrige geblieben, wie es war; möge es auch fernerhin der Fall sein. Ich will das Üble um des Guten willen gern ertragen.   *(5363)*

1855

Abstrahieren heißt die Luft melken.   *(5377)*

Nichts ist so unwiderleglich als ein Gegenstand. *(5379)*

d. 12. Mai. Bamberg aus Paris war hier, vier Wochen lang, doch hatte das Beisammensein nur durch die Erinnerung etwas Erquickliches. Er hat jeden Enthusiasmus für Kunst und Wissenschaft verloren, es gab nicht ein einziges Mal ein wirkliches Gespräch.   *(5382)*

[GMUNDEN]

— Die Welt, in der ich im Sommer lebe, ist von der des Winters so weit geschieden, daß sie auf diese fast so zurückschaut, wie der Tag auf die Nacht mit ihren Träumen und Phantasien, und ihr Gesetz nicht mehr versteht. Ich finde mich in meine eignen Ideen nicht mehr hinein, und wenn ich mich zum Arbeiten zwingen will, so kommt es mir vor, als ob ich einen nur schwach reflektierten Regenbogen mit dem Tüncherpinsel zu Ende bringen sollte. —
    Brief an Glaser[1] vom 3. Aug. aus Gmunden. *(5385)*

1. Julius Glaser (1831–85), Jurist, Freund Hebbels und Mitherausgeber der ersten Gesamtausgabe (vgl. Anm. zu 4893).

d. 14. August 1855. Ich habe Shakespeare immer für unerreichbar gehalten und mir nie eingebildet, ihm in irgend etwas nachzukommen. Dennoch hätte ich in früheren Jahren immer noch eher gehofft, einmal irgendeinen Charakter zu zeichnen, wie er, oder irgendeine Situation zu malen, als mir, wie er, ein Grundstück zu kaufen. Nichtsdestoweniger habe ich heute mittag 10 Uhr einen Kontrakt unterzeichnet, durch den ich Besitzer eines Hauses am Gmundner See geworden bin!

(5388)

Gmunden oder vielmehr Ort, im eigenen Hause, N. 31, d. 21. August.

Die erste Nacht im eigenen Hause zugebracht und gut geschlafen, so knapp und eng auch alles war. Da die alten Leute, die es mir verkauft haben, noch da sind, so haben wir nur ein einziges kleines Zimmer, das ungefähr so unter uns verteilt ist, wie das Jean Paulsche in den „Flegeljahren" zwischen Walt und Vult. Zwei große Betten und ein ungeheurer Ofen füllen es fast allein aus, und wir schlüpfen in die Ecken hinein, der eine in diese, der andere in jene, und dürfen uns nicht rühren, wenn wir uns nicht gegenseitig erdrücken wollen. Mein Verschlag ist hinter den Betten, wo ich jetzt auch schreibe, und ich gucke aus demselben hervor, wenn ich mich umdrehe, wie die Löwen aus ihrem Käfig in Schönbrunn. Übrigens ist das Zimmerchen hell und freundlich, und das ganze Häuschen könnte in Amsterdam stehen, so holländisch-reinlich ist es in jedem Winkel gehalten. Auch brauchen wir das Zimmer nur als Nest für die Regentage anzusehen, denn unser Garten ist groß und bietet die Aussicht auf den Traunstein und den See, so daß man bei gutem Wetter gar keinen schöneren Platz finden kann. — Heute morgen fiel mir ein, wie glücklich mein armer Vater gewesen wäre, wenn er es jemals zu einem so bescheidenen kleinen Besitz gebracht hätte! Es war ihm nicht vergönnt, und doch hat er mehr Tropfen Schweiß vergossen, als das Haus Atome zählt! Bei meinem heutigen Morgenspaziergang erzählte mir ein Fräulein, meine Nachbarin, daß der Adler in dem Garten ihres Vaters bestimmt ist, ausgebälgt und ausgestopft zu werden, sobald er ausgewachsen sein wird. Das junge, kühne Tier mit seinen feurigen Augen hat uns alle schon oft ergötzt; welch ein Schicksal! *(5389)*

[WIEN]

Heine spricht von Dantes schrecklichen Terzinen, in die so mancher Narr und Bösewicht eingesperrt sei. Das ist wahr, der Dichter kann einsperren, aber — und darum sei er vorsichtig! — nicht wieder auslassen. *(5392)*

Aus dem Kunstwerk die abstrakten Kategorien, auf die es sich durch einen unendlichen Verflüchtigungsprozeß am Ende zurückführen läßt, herausnehmen, und statt der Dinge die Wörter, durch die sie bezeichnet werden, verspeisen, statt der wirklichen Kirsche z. B. die Buchstaben, womit sie bezeichnet wird, zum Munde führen: das ist im Grunde dasselbe. *(5393)*

Dem Dichter phosphoreszieren alle Dinge, dem Fieberkranken brennen sie, dem Wahnsinnigen lösen sie sich in Rauch auf. *(5395)*

d. 18. Oktober. Ich fange an, mich ernstlicher mit den „Nibelungen" zu beschäftigen, mit denen ich bisher in Gedanken nur spielte. Der erste Akt (von z e h n e n vermutlich!) wird bald fertig sein und verspricht eine gute Exposition. Hagen und Siegfried stehen schon da, Kriemhild soll mir, wenn es ihr gefällt, heute das erste Wort anvertrauen. *(5396)*

d. 2. Nov. Heute abend den ersten Akt von „Kriemhildens Leid" geschlossen. *(5397)*

Das Nibelungenlied kommt mir jetzt, wo ich mich viel damit beschäftigen muß, wie ein taubstummes Gedicht vor, das nur durch Zeichen redet.   (5405)

Titi, mit dem Kammerdiener der alten Herzogin von Württemberg Judith und Holofernes spielend, ihm die Perücke herunterreißend und nun entsetzt dastehend, als ob sie ihm den Kopf selbst abgerissen hätte. (5406)

d. 31. Dez. Diesmal den Neujahrsabend traurig verbracht; meine arme Frau schon seit drei Tagen infolge einer heftigen Erkältung krank zu Bette; ich ganz allein, ihr Eisumschläge auf den Kopf legend. — Hausbesitzer in Gmunden geworden. Die Schwiegermutter im 68. Jahre an der Cholera gestorben; ich meiner Frau nach Wellersdorf die Botschaft bringend, gerade zu Mittag eintreffend, sie mir mit vor Freude und Überraschung gerötetem Gesicht entgegenrufend: „Hältst du's ohne deine Pinsche nicht länger aus?" Eine wunderliche, schwer zu beurteilende Person, die Abgeschiedene! Gearbeitet zwei Akte an den „Nibelungen", zufrieden mit dem Fertigen, jedoch ohne Vertrauen zu dem Ganzen und zweifelnd, ob ich fortfahren werde. An einem meiner jüngeren Freunde eine Erfahrung gemacht, die mich, ohne daß ich ihn schelten will, doch bestimmen wird, mehr in die Breite mit allen zu leben, als in die Tiefe mit einzelnen; das letztere geht nur in den seltensten Fällen. Neue Bekanntschaften: Hofrat Nordberg und Hofrat Engelhofen, beide, jeder in seiner Art, verdiente Männer. Nur Gesundheit fürs kommende Jahr! Von meinem Töchterchen die ersten geschriebenen Weihnachts- und Neujahrswünsche erhalten; für ihr Alter schon recht gut.   (5411)

d. 25. Feb. Heute habe ich den ersten Gesang eines idyllischen Epos[1] geendigt, den ich am Geburtstage meiner lieben Frau anfing. Eine gar liebliche Idee schwebt mir vor. *(5419)*

Solange menschliche Verhältnisse sind, was sie sein sollen, wird das Wort durch den Charakter ausgelegt; wenn sie sich umgedreht haben, der Charakter durch das Wort. *(5422)*

Wie die Träne physisch das Sandkörnlein aus dem Auge fortspült, so geistig den Schmerz aus der Seele. *(5423)*

d. 15. April. Ich bin nach einiger Stockung in das Gedicht wieder hineingekommen und habe den vierten Gesang fast geendigt. Er ist fast ganz im Prater beim Veilchenpflücken entstanden; es waren himmlische Tage. Sowie ich einen Strauß beisammen hatte, waren auch dreißig oder vierzig Hexameter fertig. *(5428)*

Die Natur sorgt allerhöchst unmittelbar dafür, daß der Mensch Atem holt, aber sie überläßt es ihm selbst, ob er sich auch waschen und sich die Nägel putzen will. Der Staat sollte sie hierin zum Vorbild nehmen.

(5431)

Man kann sich aufs Dichten so wenig vorbereiten wie aufs Träumen. *(5432)*

Ein schönes Mädchen loben ist so viel als eine Blume begießen. *(5434)*

Wo wäre in freundschaftlichen Verhältnissen die Sünde, die man nicht eher verziehe als die Lüge, wodurch sie verdeckt werden soll. *(5435)*

---

1. Das in Hexametern abgefaßte Epos *Mutter und Kind*.

Was der größte Dichter vom Menschen weiß? So viel, als im Edelsten und im Verruchtesten seines Volks liegt.

(5437)

d. 26. Mai. Mein zehnter Hochzeitstag! „Dies sind die zehn Finger", sagte ich heute beim Erwachen zu meiner lieben Frau, „nun kommen die Zehen, und dann die Zähne, die uns noch übriggeblieben sind!" Möchte es so werden! Ich habe heute morgen meinen letzten Willen aufgesetzt.

(5441)

Nur eine Uhr geht immer richtig: das Gewissen.

(5457)

Nicht sein Herz zu entblößen, ist die Keuschheit des Mannes.

(5458)

[GMUNDEN]

d. 4. Juli. Zum zweitenmal in Gmunden. Wir hatten auf der Donau wie auf der Eisenbahn eine köstliche Fahrt. Auf dem Dampfschiff „der Herr mit dem Stern" „und dem Stiefelknecht"! Mein Begleiter der 2000jährige Kelte, ein Skelett, das ich für Brücke mitgenommen hatte. In unserem kleinen Hause die mit Blumengewinden ehrenpfortartig geschmückte Tür; vor allem die schönen Lilien und Rosen!

(5472)

[WIEN]

d. 3. Okt. Gestern abend habe ich den ersten Akt der „Nibelungen" vollendet, wie er wahrscheinlich bleiben wird. Ich habe mich nämlich entschlossen, anstatt der anfangs projektierten 10 kurzen Akte 5 lange zu machen und den fertigen ersten deshalb durch den beabsichtigten zweiten erweitert. Mich leitet hiebei die Überzeugung, daß ich, wenn das Werk einmal vollendet ist, eher einen beherzten Metzger unter den Theaterdirektoren finden werde, einen solchen nämlich, der Arme und Beine abhackt, als einen Mann, der sich auf eine Biologie einläßt. Und das Theater ist hier doch Hauptsache, denn es kann sich absolut nur um die dramatische Vermittlung des Gedichts mit der Nation handeln. *(5477)*

Das reproduktive Talent bringt immer nur das Allgemeine, sich von selbst Verstehende, der Menschen und Zustände, das produktive aber das Besondere, wodurch jenes sich erst als wahr und wirklich beglaubigt. *(5479)*

d. 27. Okt. Recht unwohl. Aber ich mache die alte Erfahrung: das nützt der Arbeit. Nie blitzte das Gehirn mir mehr, wie heut. Seltsam; Brücke zu fragen. Eine Meisterszene geschrieben, mit der Hagen fertig ist! Eins darf ich mir sagen zu einigem inneren Trost. Hätt' ich die Wahl jetzt, ein Theaterstück hervorzubringen, welches über alle Bühnen der Welt gehen und die Anerkennung aller kritischen Schöppenstühle finden, aber nach einem Jahrhundert verurteilt werden sollte, oder ein würdiges Drama zu erzeugen, das aber mit Füßen getreten und bei meinen Lebzeiten nie zu einiger Geltung gelangen, später aber gekrönt werden sollte, ich wäre nicht eine Sekunde in der Wahl zweifelhaft. So genügt man denn doch wenigstens nach einer Seite dem höchsten Gesetz. An Tagen wie diesem ist einem zumut, als ob man die Feder, statt in Tinte, unmittelbar in Blut und Gehirn eintauchte. *(5483)*

d. 30. Okt. War gestern abend im „Lear". Friede mit dir, Shakespeare, wo du auch seiest! Du allein hast mehr getan, als sonst hundert Generationen zusammen! — Mich stören jetzt auch die Verwandlungen auf dem Theater nicht mehr so wie früher. Es ist doch nur so, als wenn zwei Träume ineinander übergehen, durch einen Moment der Ernüchterung zusammengeknüpft. *(5489)*

Wenn ein Mensch plötzlich eine Erfahrung an sich machte, die mit seinem ganzen früheren Wesen in Widerspruch stände! Wenn ich z. B. meine Schlangenfurcht verlöre.

(5497)

Wer seine Schweißtropfen zählt, wird nie sein Geld zählen. (5498)

Auch bei der Religion muß man auf den Urgrund zurückgehen. Dieser ist ewig, aber er tritt nur in vergänglicher Erscheinung hervor, und darin, daß diese sich zu lange behaupten will, liegt hier, wie überall, der tragische Fluch. Das Sterben wird immer mit zum Leben gerechnet. (5499)

Echte Anschauungen sind nicht Gedanken, sondern Gedankenmütter. (5504)

d. 29. Dez. Gestern abend die zwei „Nibelungen"-Akte vorgelesen, so gut es bei Grippe und Schnupfen ging. Die Wirkung war eine große, aber, wie es mir vorkam, zugleich eine betäubende. Ich glaube, obgleich die Zeit des Stückes weit hinter der Zeit des „Lear" zurückliegt, doch nicht so viel Kultur hineingezogen zu haben, wie Shakespeare in diesen, und doch nicht trocken geworden zu sein. „Wie die Kinder!" sagte Kuh; „wie die ersten Menschen", sagte meine Frau. Das wäre etwas.

(5518)

d. 31. Dezember. Mich plagt jetzt schon seit Monaten eine fast Schillersche Schlaflosigkeit, von der ich nicht weiß, ob sie der beständigen Nervenaufregung durch meine Arbeiten oder dem leider immer mehr zunehmenden, an sich freilich nach dem Ausspruch der Ärzte völlig unschädlichen, aber nichtsdestoweniger unbequemen Flechtenübel, mit dem ich, wie mein Landsmann Niebuhr, seit meinem sechzehnten Jahre behaftet bin, zuschreiben soll. So habe ich auch in der letzten Nacht erst um vier Uhr mein Licht ausgelöscht und auch dann nicht geschlafen und muß also heute mit fast verkalktem Gehirn den Jahresabschluß machen. Im allgemeinen habe ich alle Ursache, zufrieden zu sein. Von Krankheiten habe ich nichts zu berichten, und meine Tätigkeit ist sehr ergiebig gewesen; nie habe ich so leicht, so anhaltend und so befriedigend gearbeitet. Das Epos, am Geburtstage meiner lieben Frau nicht ohne ein günstiges Vorurteil angefangen, ist bis auf vier Gesänge gebracht und wird sich, wie ich zuversichtlich glauben möchte, bei den Deutschen einschmeicheln. Aus den beiden „Nibelungen"-Akten des vorigen Winters habe ich, auf einfach-mechanische Weise durch Wegnehmen des Zwischenstrichs, einen einzigen gemacht und einen zweiten hinzugefügt, der, wenn ich nicht sehr irre, schon etwas Zaubergold des versunkenen Horts enthält. Dazu habe ich meine sämtlichen Gedichte, gedruckte und ungedruckte, durchgesehen und sie, zum Teil freilich durch simples Zurückgehen auf die ganz ursprünglichen, später verworfenen Lesearten, unendlich gesteigert, so daß die bevorstehende Gesamtausgabe, die möglich zu werden scheint, da Campe mir die freie Verfügung über die erste Sammlung gestattet hat, unbedingt durch ihren Reichtum und ihre Reinheit einen günstigen Eindruck machen muß. Es sind sogar neue Gedichte in Menge hinzugekommen und echt lyrische vom besten Schlag, deren ich mich so wenig noch fähig hielt, wie den Spätsommer eines Veilchens; ja ich kann diese Stimmung, die mir die Rückkehr zum Drama erschwert, noch gar nicht wieder loswerden. So viel hatte ich lange nicht zu verzeichnen. Neue Bekanntschaften: Grailich, sehr tüchtig in seinem spezifischen Fach, aber ebenso befähigt, am Allgemeinen teilzunehmen. Weihnachtsabend mit den alten Freunden äußerst vergnügt zugebracht; Kuh kam von Troppau herüber und macht sich wieder wie zuvor. Titi verschenkte an uns alle selbstgestickte Buchzeichen und war selig, daß sie nicht mehr bloß empfing, sondern auch gab. Meinen Epigrammen „An die Götter" und „Conditio sine qua non", die einen unbefriedigten Zustand scharf und spitz aussprachen, fügte ich im neuen Mspt. Nachstehendes hinzu:

> „Götter, öffnet die Hände nicht mehr, ich würde
> erschrecken,
> Denn ihr gabt mir genug: hebt sie nur schirmend
> empor!"

Ich wiederhole dieses Gebet hier aus innerster Seele!

(5537)

1857

Klage nicht zu sehr über einen kleinen Schmerz; das Schicksal könnte ihn durch einen größeren heilen! (5539)

Mancher glaubt schon darum höflich zu sein, weil er sich überhaupt noch der Worte und nicht der Fäuste bedient. (5554)

d. 18. Februar. Heute abend um halb sechs Uhr auf der Mariahilfer Hauptstraße habe ich den dritten Akt der Nibelungen-Tragödie und damit die erste Abteilung (Siegfrieds Tod) geschlossen. Ich habe ihn, wie auch den zweiten, größtenteils mit der Adlerfeder geschrieben, die mir Dr. Bamberg bei meiner Abreise von Paris für den „Moloch" schenkte, und schreibe auch diese Zeilen damit nieder; jedoch aus keinem anderen Grunde, als weil sie doch einmal aufgebraucht werden muß. Nie habe ich ein reineres Manuskript gehabt, fast kein Wort ist ausgestrichen, und auch jetzt glaube ich nicht, daß ich viel zu korrigieren nötig habe; ich blicke mit vollkommen ruhigem ästhetischen Gewissen auf das Ganze wie aufs Detail. Hiebei fällt mir der Moment ein, wo ich das Nibelungen-Epos zum erstenmal zu Gesicht bekam. Es war in Hamburg, als ich Amalie Schoppe zum erstenmal, aus Dithmarschen zu dem Zweck herübergekommen, besuchte und bei ihr zu Tisch gewesen war; sie schlief nach dem Essen, und ich unterhielt mich mit Büchern in ihrem Garten. Unter diesen befand sich, neben Helmina von Chezys Werken, das alte Lied, und ich las den Gesang, der Siegfrieds Tod erzählt. *(5555)*

d. 1. März. Gestern abend schloß ich den fünften Gesang meines epischen Gedichts, den ich am 23. Febr. begann und also in fünf Tagen beendete. Die produktive Stimmung hält diesmal lange bei mir an und macht seltsame Sprünge. *(5566)*

Die Liebe ist ein Gut, was allen anderen den Schein abstreift. *(5570)*

d. 7. März. Einen alten Brief von sich selbst lesen, heißt in den Spiegel sehen. Mir kommt eben einer von mir aus dem Jahre 1848 zu Gesicht, den man, statt ihn zu bestellen, einer Autographensammlung einverleibt hat und den mir Herr Dr. Büdinger durch die Stadtpost zuschickt; ich habe aber, indem ich ihn durchlese, das angenehme Gefühl, daß ich über die berührten Punkte noch jetzt nicht anders schreiben würde, nicht einmal in anderem Ton. Er ist an Janinski gerichtet. *(5572)*

d. 8. März. Heute den sechsten Gesang von „Mutter und Kind" geschlossen. Was doch alles in solchen Stoffen liegt! Man ahnt es selbst nicht. *(5573)*

Brief an Uechtritz vom 12. März.
— Ich kenne diesen Autor bis jetzt durchaus nicht, aber ich kenne die Absonderlichkeiten manches anderen meiner Zeitgenossen, und ich hoffe doch, daß die meinigen, selbst die aus der frühesten Zeit, sich wesentlich von den ihrigen unterscheiden. Ihnen ist es immer nur um die Absonderlichkeit selbst, um die unnütze und unfruchtbare Spannung der Phantasie zu tun, die sich einer Sackgasse gegenüber wohl einstellen muß. Ich da-

gegen gehe, wenn ich nicht irre, beständig auf die Selbst-
korrektur der Welt, auf die plötzliche und unvorher-
gesehene Entbindung des sittlichen Geistes aus, und
wenn ich mich daher auch mit ihnen zuweilen auf demselben Wege finden mag, so ist mein Ziel doch von dem
ihrigen unendlich verschieden. — (5574)

d. 20. März. Heute den siebenten und letzten Gesang
von „Mutter und Kind" geschlossen. Ich glaube, das
Thema hat gehalten, was es versprach, und sogar noch
etwas mehr. (5575)

Die „Nibelungen" auf viele Dichter zurückführen, heißt
behaupten, ein Apfel sei nicht das Produkt eines Baumes, sondern eines Waldes. (5582)

Trage deine Mutter auf den Armen, wenn ihr die Beine
versagen; sie trug dich im Schoß, als du noch keine
hattest. (5590)

Bei Shakespeare sieht man das Kind im Mutterleibe.
(5605)

Der Mensch hätte vielleicht noch immer ebenso feine
Sinne wie das Tier, wenn das Denken ihn nicht von der
Außenwelt abzöge. (5609)

Das böse Gewissen des Menschen hat die Tragödie erfunden. (5611)

Es gibt Leute, die heute Sozialisten und Rebellen sind
und morgen Verwaltungsräte. Die sind Personifikatio-
nen der Seelenwanderung. (5618)

d. 31. Dezbr. Eben komme ich von der Leiche Alexander Baumanns, den ich von der Baumannshöhle her
kannte. Ich erhielt dort von vielen Seiten über einen in
die Wiener Zeitung gegebenen Aufsatz allerlei Lob-
sprüche; seltsamer Ort dafür und seltsamer Eindruck auf
mich! Von besonderen Glücksfällen des letzten Jahres

habe ich nichts zu verzeichnen, aber auch nicht von besonderen Unglücksfällen, und das ist genug. Mit meinen Arbeiten kann ich zufrieden sein: die erste Abteilung der „Nibelungen" ist vollendet und ebenso das Epos. Außerdem sind im letzten Herbst noch fünf Balladen tüchtigster Art entstanden und gleichfalls zwei Abhandlungen über Gentz und Holberg; ob es nun noch zu etwas Größerem kommt, muß ich abwarten, ich schwanke zwischen der Fortsetzung der „Nibelungen" und der Vollendung des Schillerschen „Demetrius", dem ich freilich eine ganz andere psychologische Grundlage geben müßte wie er und der mich, was ich fast vergessen hatte, schon mit achtzehn Jahren beschäftigt hatte. Die Gesamtausgabe meiner Gedichte[1] ist im Cottaschen Verlage erschienen und macht Glück, wie es scheint; ob sich ein Verhältnis aus dieser ersten gelungenen Anknüpfung ergeben wird, ist noch zweifelhaft. Das Epos hat in Dresden den von dem Komitee der Tiedge-Stiftung ausgesetzten Preis gewonnen; er ist nicht groß, aber es ist eine gute Annonce für das Buch. Zur Einsendung wurde ich durch den Dr. Hammer veranlaßt. Eine große Reise durch Deutschland, im Frühling wegen meines Adoptivsohns[2] unternommen, war ohne Resultat und ohne Erquickung; so genußunfähig und verdrußsüchtig war ich noch selten, und ich hatte überall, wo ich weg ging, das Gefühl, die früher vielleicht gemachten günstigen Eindrücke völlig zerstört und verwischt zu haben. In Gmunden war ich dem Tode nah; ich schwamm in der Traun unter einer Brücke durch und sah nach einer Libelle, die im Sonnenlicht schimmernd vor mir herschwebte, als mir ein toller Mensch auf den

1. Die Gesamtausgabe von Hebbels Gedichten im Verlage Cotta 1857 war Ludwig Uhland gewidmet, dem „größten Dichter der Gegenwart". Eine Gesamtausgabe seiner Werke, die Hebbel in den letzten Lebensjahren erstrebte, erlebte er nicht mehr.
2. Christines Sohn Carl, der in Hamburg in einer kaufmännischen Lehre war.

Rücken sprang. Von ernsten Krankheiten meiner Frau, die mir von Jahr zu Jahr, von Tag zu Tag teurer wird, oder meines Töchterchens habe ich Gott Lob nichts zu vermelden, und so will ich von Herzen froh sein, wenn das neue Jahr dem jetzt ablaufenden alten gleicht!

(5620)

1858

d. 16. März. Heute habe ich — 800 fl. C. M. (mehr als für „Judith", „Genoveva", „Maria Magdalena", Gedichte und „Diamant" zusammen) für einen Operntext eingenommen, den ich für den Komponisten Rubinstein in den letzten drei Wochen geschrieben und dem ich den Titel „Opfer um Opfer[1]" gegeben habe. Ein gutes Geschäft, und da mir die Arbeit noch obendrein ganz neue Blicke in das Verhältnis der Musik zum Drama, ja in die Natur des Dramas selbst verschafft hat, so kann ich in jeder Beziehung zufrieden sein.

(5627)

d. 12. Mai. Der Kuriosität wegen will ich doch in dies vernachlässigte Tagebuch einzeichnen, daß ich gestern nachmittag die Ehre hatte, vor dem Großherzog von Weimar zu stehen. La Roche hatte mir gesagt, daß er wünsche, mich persönlich kennenzulernen, und mich in seinem Namen eingeladen; kurz vor Tafel wurde ich empfangen. Er sagte mir allerlei Verbindliches über mein „kerniges" Talent und teilte mir mit, daß er sich zu seinem Geburtstag die „Genoveva" aufführen lasse, was ich schon wußte, da Dingelstedt es mir geschrieben und mich zur Herüberkunft eingeladen hatte; dann verabschiedete er mich mit den Worten: „Auf Wieder-

1. *Der Steinwurf oder Opfer um Opfer.* Anton Rubinstein (1829 bis 1894) komponierte den Text nicht.

sehn in Weimar!" Mein Gefühl: welch ein Glück, daß du nichts von ihm willst! (5631)

d. 27. Mai. Gestern feierten wir den zwölften Hochzeitstag. Unter denselben blühenden Kastanien in Schönbrunn, unter denen wir 1846 spazierengingen, wandelten wir auch diesmal, aber Titi war mit dabei und warf uns mit Blütenschneeballen, denn die Blüten lagen, vom etwas starken Wind heruntergefegt, so hoch auf den Wegen wie der erste Winterschnee. (5632)

Wäre die Sprache ein Produkt des logischen Geistes anstatt des poetischen, so würden wir nur e i n e haben.
(5634)

d. 29. Nov. Vor ein paar Tagen erhielt ich von Prof. Peissner in New York einen Brief, worin er mir anzeigte, daß Amalie Schoppe gestorben sei, und mich im Namen ihrer amerikanischen Schülerinnen aufforderte, ihr eine Grabschrift zu setzen. Ich antwortete: — „Die Todesnachricht, die Sie mir jetzt mitteilen, war schon durch die Zeitungen zu mir gedrungen, und Sie, möchte ich sagen, haben nur noch den Trost hinzugefügt, der in einem solchen Falle möglich ist. Denn die Verlängerung des Lebens in einem Zustande, der den Genuß wie die Tätigkeit auf gleiche Weise ausschließt, ist schwerlich ein Glück, und wenn auch ein ganz eigner Schauder den Menschen abhält, einem schwer und hoffnungslos Leidenden das Ende wirklich zu wünschen, so gelingt es ihm unter diesen Umständen doch leichter, seinen Schmerz zu unterdrücken, da er ihn für einen durchaus eigennützigen erklären muß. Darum wollen wir uns denn auch daran gewöhnen, unsere hart geprüfte und noch ganz zuletzt, wie ich von Ihnen vernehme, schwer heimgesuchte Freundin Amalie Schoppe unter den Toten statt unter den Lebendigen zu suchen und uns auch in bezug auf sie der stillen Hoffnung zu getrösten, die der Instinkt des Geschlechts festhält, wie

Verstand und Vernunft des einzelnen auch darüber denken mögen." Ich schlug das Distichon vor:
„Wie von den einzelnen Mühen und Lasten des Lebens
im Schlummer,
Ruht sie vom Leben selbst endlich im Tode sich aus."
(5637)

Wenn der alte Ring der Kunst gesprengt wird, so kann das Produkt, das in ihm möglich war, in gleicher Schönheit nie wieder hervortreten, sondern der neue erzeugt ein neues, ohne das alte zu beeinträchtigen. Daher die Möglichkeit der Klassizität trotz des ewigen Wechsels.
(5638)

d. 31. Dezbr. In schwerer Zeit bin ich mit meiner lieben Familie bis jetzt gesund geblieben; etwas Besseres kann ich zum Jahresschluß nicht eintragen. Aus Weimar, wo ich eine mir unvergeßlich-herzliche Aufnahme fand, kehrte ich mit einem Orden zurück, und zu Liszt und dem Wittgensteinschen Hause hat sich ein schönes Verhältnis gebildet. Das Epos hat mir zu der endlichen Regelung meiner Verhältnisse mit Campe verholfen, was ich als einen großen Gewinn für die Zukunft betrachten darf. Gearbeitet: zwei Akte „Demetrius", die ich aber noch nicht beurteilen kann. Bleibe alles, wie es ist; ich will das Gute gern mit den Trakasserien bezahlen!
(5642)

1859

Ein Flötenbläser: die Töne verwandeln sich in Sterne und kreisen um ihn herum. Traumbild. (5643)

Das Wunderbare ist doch nur wunderbar, d. h. unvermittelt hervortretend, in bezug auf die Erscheinungsreihen, die sich eben abspinnen und die Welt bilden, nicht aber in bezug auf die Idee, die dieser, als unerschöpfliche Mutter einer unendlichen Menge von mög-

lichen Weltformen, zugrunde liegt; vielmehr muß es dieser Idee viel besser entsprechen und sie viel tiefer offenbaren als das sog. Natürliche, an dessen Stelle es tritt, und sich dadurch in ein noch Natürlicheres, d. h. Zweckmäßigeres, verwandeln, sonst ist es Alfanzerei.
(5644)

d. 19. Febr. Ich fühle mich jetzt wieder unendlich zur Natur hingezogen; die Gedanken des Menschen verlieren Tag für Tag mehr in meinen Augen, und die Gedanken Gottes treten wieder in ihre Stelle. Man wird so von neuem Kind, aber mit Bewußtsein und darum für immer; man fühlt sich dem Urgrund eine lange Zeit durch die einzelnen Erscheinungen entfremdet, aber man kehrt zuletzt unbefriedigt wieder zu ihm zurück, weil man erkennt, daß nur er alles in allem bietet, wenn auch nichts so grell und bunt, daß Rausch und Wollust entstehen können. Dasselbe wiederholt sich in der Kunst, die immer die Probe des Lebens ist. (5646)

Das Weib muß nach der Herrschaft über den Mann streben, weil sie fühlt, daß die Natur sie bestimmt hat, ihm unterwürfig zu sein, und weil sie nun in jedem einzelnen Fall prüfen muß, ob das Individuum, dem sie sich vis-à-vis befindet, imstande ist, das ihm seinem Geschlecht nach zustehende Recht auszuüben. Sie strebt also nach einem Ziel, das sie unglücklich macht, wenn sie's erreicht. (5648)

Wer nicht im Weibe das Ideale sieht, wo soll der es überhaupt noch sehen, da das Weib doch offenbar in seiner Blüte die idealste Erscheinung der Natur ist. (5653)

Oft wird vom Künstler eine Interesselosigkeit verlangt, die den geistigen Zeugungsakt so unbedingt aufheben würde wie die völlige Gleichgültigkeit gegen ein Weib den physischen. Von dieser Interesselosigkeit erwartet man mit demselben Recht das reine Produkt, wie etwa von einer Umarmung ohne Leidenschaft und Feuer den sündenlosen Messias. Es entsteht aber eben gar nichts.

(5663)

Ein veränderter und gebesserter Mensch, der keinen anderen Feind hat als sich selbst von ehedem, der an diesem Feind aber auch zugrunde geht. (5666)

Unter Palmen wandeln und mit bedeutenden Menschen verkehren ist dasselbe. (5678)

Die Welt bleibt immer der Wirt, der erst illuminiert, wenn der Kaiser wieder fort ist. (5683)

Der individuelle Zusatz zu der reinen Linie in Gesicht, Leibesgestalt und Bewegung stört den allgemeinen Menschen und fesselt den besonderen, den Liebenden.

(5690)

Ich betrachte den Frühling, als ob er zu mir allein käme, um dankbarer zu sein. (5691)

Zwischen dem Zepter und dem Bettelstab liegt allerdings noch die Elle in der Mitte, aber nur für den Krämer. (5693)

Wie selten kann der Mensch dem Menschen mit sich selbst eine Freude machen, und wie rein empfindet er diese Freude beim Wiedersehen. (5694)

Die Ideen sind im Drama dasselbe, was der Kontrapunkt in der Musik; nichts an sich, aber Grundbedingung für alles. (5695)

Ein physisch schöner Mensch, der aber innerlich nullenhaft ist, macht einen Eindruck, als ob ein geborner Schneider sich die Maske und den Rock eines Königs gestohlen hätte. (5697)

Oft begegnet es, daß man ein häßliches Mädchen unbewußt so lange anschaut, bis sie selbst vergnügt zu lächeln anfängt. Für die meisten wird das komisch sein; mich rührt es. *(5698)*

Wenn ich mich mit einem Tier beschäftige, so habe ich es mit einem Gedanken der Natur zu tun, und mit einem unergründlichen, denn wer gelangt zum Begriff des Organismus? Wenn ich mich aber mit einem Menschen einlasse, der nicht ein höchst bedeutender ist, so dresche ich leeres Stroh, denn die Natur spricht nicht mehr unmittelbar durch ihn, und er selbst hat nichts zu sagen. Ja, selbst dem bedeutendsten Menschen gegenüber ist das Tier relativ im Vorteil, denn es spricht den Gedanken seiner Gattung rein und ganz aus; welcher Mensch aber täte das? *(5701)*

Alles Realistische hat einen idealen Moment, sei es nun der der Jugend, der Liebe, des Traums usw. *(5710)*

„Niemand wandelt ungestraft unter Palmen." Es geht auch niemand ungestraft mit großen Menschen um.
(5714)

Der Mond nimmt ab; er hat wieder so viel Schlechtes gesehen, daß er sein Angesicht wegwendet und wieder um die Ecke geht. In vier Wochen kommt er wieder, weil er hofft, daß die Menschen sich gebessert haben. Sei recht brav, mein Kind, vielleicht bleibt er dann. —
Zu einem Kindergedicht. *(5723)*

Die Eitelkeit ist im höheren Menschen das erhaltende, im niederen das zerstörende Prinzip. *(5728)*

Wer ein Kunstwerk in sich aufnimmt, macht denselben Prozeß durch wie der Künstler, der es hervorbrachte, nur umgekehrt und unendlich viel rascher. *(5732)*

Der ganze Unterschied zwischen den Menschen hängt davon ab, ob sie den Zweck ihres Lebens über das Leben hinausrücken und hinausrücken dürfen oder nicht.
(5750)

d. 26. Okt. Heute abend den ersten Akt von „Kriemhilds Rache" geschlossen. So gibt's am Ende wirklich noch eine Trilogie. Ich glaube, das düstre Familiengemälde, womit die Tragödie wieder beginnt, ist mir nicht übel gelungen, wie es denn überhaupt bei diesem ungeheuren Stoff merkwürdig ist, daß alles, wenn der große Maßstab des Ganzen nur nicht außer acht gelassen wird, aus den menschlichsten Motiven hervorgeht. Dies Herbstgeschenk ist mir um so lieber, als es zugleich auch das Entrée in einer neuen Wohnung bezeichnet. Ich fing etwa vor drei Wochen an.   (5754)

Die Welt ist schon rund, aber jeder muß sie von neuem umsegeln, und wenige kommen herum.   (5758)

Die Torheit sitzt hoch zu Roß, und Verstand und Vernunft schreiten als Knappen an beiden Seiten einher, um ihr wieder in den Sattel zu helfen, wenn sie einmal stürzt.   (5759)

d. 8. Nov. Gestern abend großer Fackelzug zu Schillers Ehren. Sehr schön. Ich sah in der Jägerzeil zu und verfolgte die große Feuerschlange dann auf Umwegen, bis sie sich auf dem Glacis um die weiße Statue zusammenrollte. Prachtvoll unter anderem, wie der Zug an der Donau entlang die Bischofgasse sich hinaufwand; alle Gewerke, namentlich Bäcker und Schmiede, vertreten, wie Wissenschaft und Kunst. Eine echte Nationalfeier. Wann wird aber der Buß- und Bettag folgen, dafür, daß auch ein Iffland und ein Kotzebue nicht bloß ihren Tag, sondern ihre Dezennien gehabt haben?   (5760)

Der Leser eines Dramas steht zwischen zwei Bühnen in der Mitte, auf welchen die gleiche Handlung vor sich geht, zwischen der Weltbühne, auf welcher sie sich wirklich abgespielt hat, und dem Theater, das sie im konzentrierten Reflex wiedergibt.   (5762)

d. 10. Nov. Schillers hundertjähriger Geburtstag. Ich

habe eine Hauptszene am 2. Teil der „Nibelungen" geschrieben, Siegfrieds Geburt behandelnd. Der letzte und tiefste Brunnen hat gesprungen. *(5763)*

d. 13. Nov. Gestern abend, wo das große Schiller-Bankett stattfand, feierten auch wir mit unseren alten Freunden im häuslichen Kreise das Gedächtnis des Dichters, der auch auf mich in der Jugend gewirkt hat wie kein anderer. Titi verteilte Sträußchen an die Eintretenden, was ihr in ihrer schamhaften Verlegenheit allerliebst stand, Debrois spielte Beethovens schönste Sonate, ich las den „Spaziergang", Kuhs Frau sang ein paar Lieder, und bei Tisch brachte Kuh einen Toast aus und ich trug ein paar komische Verse vor. Wir waren unter uns sehr vergnügt. *(5765)*

d. 22. Nov. 1859. Heut abend den zweiten Akt von „Kriemhilds Rache" geschlossen. Ich fing ihn acht Tage nach Abschluß des ersten an, habe also ungefähr drei Wochen dazu gebraucht. Die Prophezeiung der Meerweiber, die eine furchtbare Perspektive für die Zukunft eröffnet, und Siegfrieds Geburt, die ein mystisches Licht auf die Vergangenheit wirft, dürften gelungen sein, wenigstens sind's Dinge, auf die man sich so wenig vorbereiten kann wie auf's Träumen. *(5767)*

Der große Stil des Lebens unterscheidet sich vom gewöhnlichen wie Lesen vom Buchstabieren. *(5768)*

Tagebuch N. 6

Angefangen d. 24. Novbr. 1859

d. 24. Novbr. 1859. Noch ein Tagebuch und bald 47 Jahr! Lohnt sich's der Mühe? Eben legt meine liebe Frau mir's auf den Tisch. In ihrem Namen sei's denn angefangen. — Abends sah ich „Wallensteins Lager", seit lange, des Kapuziners wegen, vom Repertoire verschwunden und jetzt plötzlich, zum Beweis des „wirklichen Fortschritts", wie es scheint, wieder aufgetaucht. Dies Bild ist von einer so unglaublichen Schönheit, daß es mich fast zu Tränen rührt, wenn ich es sehe oder lese, was ich von Schillers Tragödien eben nicht sagen kann. Wer wissen will, wie Realismus und Idealismus sich im Indifferenzpunkt ausgleichen, der kann es hier erfahren; all diese Mücken und Ameisen tanzen im Sonnenstrahl, ohne ihn zu kennen, und doch gibt er allein ihnen die Kraft und das Vermögen.　　　(5769)

d. 17. Dezbr. den dritten Akt von „Kriemhilds Rache" geschlossen. Nie arbeitete ich mehr in einem Zuge, nie hat mich ein Werk aber auch so angegriffen, ich habe abends ordentlich Fieber. Ich habe nicht ganz drei Wochen gebraucht.　　　(5774)

d. 31. Dezbr. Ehemals lächelte ich wohl, wenn ich in fremde Tagebücher oder Briefe, besonders in solche, die aus älterer Zeit stammten, durch Zufall hineinsah und fand, daß sie gewöhnlich mit Gesundheitsberichten anfingen. Jetzt mache ich es ebenso und freue mich unendlich, in diesem Augenblick niederschreiben zu können: es steht mit uns allen wohl! Mir ist es persönlich in dieser Beziehung während des letzten Jahrs nicht zum besten gegangen. Gegen Ende des Juni-Monats bekam ich einen heftigen Anfall von Rheumatismus, den Freund Brücke für einen podagristischen erklärte. Auf einem Spaziergang im Augarten mit meiner Frau und mit Emil Kuh zuckte es mir auf einmal empfindlich quer durch den Fuß, und zwar durch den rechten. An diesem Fuß litt ich zum erstenmal in Kopenhagen infolge zweimaliger heftiger Erkältung, die sich zunächst in der Hüfte setzte, dann aber nach einer Reihe von Dampfbädern hinunterkroch und sich im Knöchel verschanzte. Ich konnte nur mit Mühe gehen, als ich nach Deutschland zurückkam; in Frankreich und Italien schien sich das Übel zu verlieren, in Wien stellte es sich aber gleich wieder ein und wich erst dem Gebrauch des alten Blocksbades in Ofen. Viele Jahre spürte ich nichts mehr davon; nach einer sehr anstrengenden Bergpartie in Gmunden, bei der ich mit gänzlich zerrissenen Schuhen stundenlang im Schnee und dann im Regen herumwatete, kehrten die Schmerzen jedoch im Knöchel, ihrem alten Sitz, zurück, verschwanden aber nach einigen Tagen von selbst wieder und ließen nicht die geringste Spur. Geneigt zu Rheumatismen muß mein Organismus sein, denn, um alles zu rekapitulieren, was hieher gehört, auch als Student in München litt ich zur Zeit meiner Ankunft einmal stark daran, diesmal freilich im Arm und im Rücken. Das hatte seinen Grund in einer äußerst feuchten Wohnung, in der das Wasser an den Wänden niederlief; als ich sie, von meinem Freund Rousseau aufmerksam gemacht und angetrieben, verließ, war ich in vierzehn Tagen wieder gesund. Diesmal, um auf diesen Sommer zurückzukommen, verteilte der Schmerz sich zwischen dem Knöchel und der großen Zehe, die alle beide mächtig anschwollen; auch der linke Fuß trat in Mitleidenschaft, besonders in der Ferse, jedoch nur schwach und ohne große Unbequemlichkeit für mich. Magenbeschwerden, Appetitlosigkeit usw. gingen nicht vorher, und was an derartigen

Erscheinungen später folgte, möchte ich nicht aus dem Zustand, sondern aus dem mir sehr empfindlichen Mangel an Bewegung ableiten. Einer bedeutenden Erkältung war ich mir aber auch nicht bewußt, doch erinnerte mich viel später nach längst eingetretener Herstellung im Dampfbade die Bemerkung eines gichtischen Badegastes, daß er dort alles, nur nicht das steinerne Bassin ohne nachteilige Folgen ertragen könne, an den Mißbrauch, den ich im vorhergegangenen Winter mit eben diesem Bassin getrieben hatte. Ich pflegte darin nämlich, um den mir angenehmen Kältegrad hervorzurufen, zwei- bis dreimal mit dem rechten Bein so lange niederzuknien, bis ich langsam bis hundert zählte, und brachte dadurch Bein und Fuß nicht bloß, wie den übrigen Körper, mit dem kalten Wasser, sondern auch mit dem Stein in unmittelbare Berührung. Möglicherweise war dieser Umstand, möglicherweise auch ein anderer, vielleicht ein irrtümlich genommenes Medikament Gelegenheitsursache gewesen; schlimm war es gewiß, und mein Arzt und Freund Schulz verwies es mir ernstlichst, daß ich dem Fuß nicht gleich Ruhe gönnte, sondern ihn noch anstrengte, solange er es noch irgend ertrug, ja ihn sogar mit dem dicksten Strahl des Diana-Bades stark duschte. Die Schmerzen wurden denn auch bald unerträglich und die Geschwulst so arg, daß ich den Fuß nicht mehr aufsetzen konnte, sondern mich legen mußte; die Schmerzen vertrieb Schulz in etwa acht Tagen durch Eisumschläge, die Brücke nachher in seiner stillen Weise durch Berufung auf die alte Methode mißbilligte, die Geschwulst verhärtete sich aber, und nur mit großer Mühe kam ich nach Gmunden. Hier nahm ich anfangs ein paar kalte Bäder, jedoch mit entschiedenem Nachteil, dann ging ich zur entgegengesetzten Behandlungsweise über, wickelte den Fuß in Guttapercha ein und ging ins Solenbad, was denn nach und nach, äußerst langsam zwar und unter stetem Wechsel des Befindens von einem auf den zweiten oder dritten

Tag, in Verbindung mit dem überaus heißen Sommer, die Besserung herbeiführte. Bei der Rückkehr nach Wien konnte ich wieder leidlich gehen und nahm nun auf ärztliche Anordnung jede Woche zwei bis drei Dampfbäder; auch jetzt ist alles noch keineswegs vorüber, da ich um den Knöchel herum noch immer eine gewisse Spannung fühle, doch geniert mich das nicht. Schmerzen hatte ich auch in Gmunden nur selten und niemals stark; aber der Fuß war durch die Bewegung gleich erschöpft, gewissermaßen tot, und ich mußte in der ersten Zeit von 50 bis 50 Schritt ausruhen. Zu Gichtknoten und Beulen kam es nicht, auch nicht zu erheblichen Verdauungsbeschwerden, aber im Winter vorher spürte ich zuweilen ein gewisses gichtisches Zucken in Arm und Bein, besonders nachmittags vorm Einschlummern, das dem Übel vorangegangen sein und es angekündigt haben mag. Der Gemütszustand war sehr finster, die Arbeitsunfähigkeit groß, und mit tiefster Reue gedenke ich so mancher heftigen Aufwallung gegen die Meinigen, die selbst durch Krankheit nicht zu entschuldigen ist und die meine teure Frau mit Engelgeduld ertrug. Freilich war ich fest überzeugt, daß ich nie wieder gesund werden würde, und wer mir die Beine nimmt, der nimmt mir auch den Kopf. Ich habe dies alles aufgezeichnet, weil ich wohl leider auf die Wiederkehr des Zustandes rechnen muß und dann an meinen Erinnerungen eine Richtschnur zu haben wünsche, die mir diesmal fehlte; die ganze Epoche währte zirka acht Wochen. Nach meiner Herstellung machte ich, teils um einer dringenden Einladung der Prinzessin Wittgenstein zu folgen, teils um einem notwendig gewordenen Umzug zu entgehen und teils um dem Wunsch meiner Frau zu entsprechen, eine Reise nach Weimar. Wunderlicher Abend der Ankunft und unerwartete Geständnisse, die mich im Verein mit dem zwischen Liszt und Dingelstedt ausgebrochenen Zerwürfnis veranlaßten, von meinem ursprünglichen Plan abzugehen und unter dem Vorwand dringender Geschäfte gleich wieder fort zu eilen. Der Pfarrer Luck, Georg Büchners Jugendfreund, den ich auf dem Weimarer Bahnhof traf und der mich bis Dresden begleitete; in Dresden die Szene mit Gutzkow, der Emil Kuh, von dem er wußte, daß er mein vieljähriger Hausfreund ist und ein Buch über mich geschrieben hat, beim Glase Bier und in Anwesenheit des Pfarrers, wohl zehnmal hintereinander in unglaublicher Wut einen „Commis, dem die akademische Bildung mangle", ja einen „Schurken" zu nennen beliebte, weil er mit seiner Beurteilung des „Zauberers von Rom" nicht zufrieden war, um die er ihn selbst mündlich und schriftlich dringend ersucht hatte. Mit Hettner[1] wieder angeknüpft, wie ich mir gleich vornahm, als ich von Gurlitt erfuhr, daß Adolf Stahr[2], der in Italien zwischen ihn und mich trat, ihn einen Schurken nenne, weil er eine alte Schachtel, die man ihm im Rausch aufdisputiert haben mochte, nicht im Ernst heiraten wollte; schöne Reminiszenzen, vielleicht eine fruchtbare Korrespondenz. Kolaczek näher getreten; die Freude gehabt, Robert Kolbenheyer wiederzusehen, auch von Engländer Brief empfangen. Des Weltlaufs erwähne ich nicht; mein politisches Glaubensbekenntnis, unverhohlen ausgesprochen, hat mir, wie ich besorge, Uechtritz' Freundschaft gekostet, dennoch dürfte es sich in nicht zu ferner Zeit zeigen, daß sich den beiden Blutschlachten, die Österreich verloren hat, weil Preußen die Hilfe verweigerte, die dritte gesellen wird, welche Preußen verliert, weil Österreich sich nicht einstellt. Gearbeitet mehr, als ich erwarten durfte; einen dritten Akt „Demetrius", drei Akte „Nibelungen" und dazu Aufsätze und Gedichte in Menge. Gott schütze die Meinigen!   (5777)

1. Hermann Hettner (1821-82), bedeutender Literarhistoriker, mit dem Hebbel schon in Italien bekannt geworden war.
2. Adolf Stahr (1805-76), Literarhistoriker und Schriftsteller.

d. 1. Febr. Bei der letzten Vorstellung des „Lear" war ich mit Emil Kuh im Theater; es sind keine drei Wochen. Die Vorstellung regte uns beide an zu lebhaftem Gespräch. Gestern abend sah ich Lessings „Emilia Galotti"; Emil Kuh kam auch, saß dicht vor mir und grüßte mich nicht[1]. Es war für mich die Reprise des „Lear", nur daß er diesmal nicht auf der Bühne, sondern im Parterre spielte. Ich habe durch diesen Menschen, wegen dessen ich mich noch vor einigen Monaten mit Gutzkow auf Tod und Leben entzweite, weil er ihn einen Commis nannte, schweres Unrecht erlitten und gründlich erfahren, wie bitter der Undank ist. Aber ich habe es mir, obgleich ich vierzehn Tage lang keine Nacht schlief und dem Typhus nahe war, doch dadurch zu versüßen gewußt, daß ich es als eine Art von Kompensation für das Unrecht betrachtete, das ich selbst begangen haben mag, und dadurch wirkliche Erleichterung gefühlt. So liegt der Gedanke der Buße in der Menschenseele.   (5785)

d. 22. März. Eben, abends 7 Uhr, schreibe ich die letzten Verse des fünften Akts von „Kriemhilds Rache" nieder. Draußen tobt das erste Frühlingsgewitter sich aus, der Donner rollt und die blauen Blitze zucken durch das Fenster, vor dem mein Schreibtisch steht. Beendet, wenn nicht vollendet. Die Hauptszene fiel auf meinen Geburtstag, mir immer ein schönes Zeichen fürs ganze Jahr. Oktober 1855 begann ich.   (5798)

Die Götter schenken wie die Kinder; sie nehmen alles zurück, sobald es ihnen gefällt.   (5800)

---

1. Es war zwischen Hebbel und Emil Kuh (sowie Carl Debrois van Bruyck) zu einem Bruch gekommen, über dessen Ursachen wir nicht klar sehen. Erst auf Hebbels Sterbelager versöhnten sich die beiden miteinander.

Goethe schließt die Umarbeitung seiner „Stella" mit der Teilung zweier Weiber in einen Mann. Dabei vergaß er aber, daß in der Eins die wahre Unendlichkeit liegt, in der Zwei aber die schlechte, die Million.

(5819)

Gebildete Menschen können sich oft nicht darüber beruhigen, daß Verstand und Vernunft im Weltgetriebe so wenig ausrichten. Sie vergessen, daß beide nur Elemente neben anderen sind, wie Luft und Feuer neben Erde und Wasser, und daß in der sittlichen Welt, wie in der physischen, alles in Organismen gebunden ist, die auf disparat erscheinenden, obgleich ohne Zweifel durchaus gesetzlichen Mischungsverhältnissen beruhen.

(5820)

Sich gewisse Bücher in gewissen Händen denken! Falstaff z. B., wie er „Werthers Leiden" liest.   *(5822)*

Würde Raffael zu malen aufhören, wenn die ganze Welt bis auf ihn blind würde?   *(5838)*

Der echte Dichter würde auch noch auf einer wüsten Insel dichten und seine Verse in den Sand schreiben, selbst wenn er das Rhinozeros schon erblickte, das sie gleich nachher zertreten sollte.   *(5839)*

An H[errn] Pfarrer Luck in Wolfskehlen.

Lassen Sie mich mit dem Allgemeinen beginnen. Sie möchten mich dem positiven Christentum näher bringen, als Sie mich ihm gestellt glauben. Seien Sie überzeugt, daß ich Ihr Motiv auf keine Weise verkenne. Aber ich habe über denselben Gegenstand schon vor Jahren mit meinem Freunde Friedrich von Uechtritz eifrig korrespondiert, ohne daß es mehr als einen Waffenstillstand zur Folge gehabt hätte. Ich stehe durchaus in keinem feindlichen Verhältnis zur Religion, wie Sie selbst sehr richtig bemerken; das ist auch bei einem Dichter, und Sie erklären mich für einen solchen, nicht wohl möglich, wenn er anders den Namen verdient und nicht zu der französischen Zwittergattung gehört, denn Religion und Poesie haben einen gemeinschaftlichen Ursprung und einen gemeinschaftlichen Zweck, und alle Meinungsdifferenzen sind darauf zurückzuführen, ob man die Religion oder die Poesie für die Urquelle hält. Ich muß mich nun für die Poesie entscheiden und kann sowenig in den religiösen Anthropomorphismen wie in den philosophischen Doktrinen etwas von den großen poetischen Schöpfungen spezifisch Verschiedenes erblicken; es sind für mich alles Gedanken-Trauerspiele, in denen bald die Phantasie, bald der Intellekt vorschlägt, bis beide sich im reinen Kunstwerk durchdringen und in gegenseitiger Sättigung zusammen wirken. Damit verschwindet denn für mich der christliche Gottmensch, wie der griechische und persische, oder vielmehr, sie treten in die symbolische Sphäre zurück, ohne daß die neuere Bibelkritik, die Straußsche z. B., mir diese erst hätte erschließen müssen, denn sie ist der Anfang aller Kunst und dürfte auch, nur in verwandelter Gestalt, ihr Ende sein. Sollte Ihnen das zu profan klingen, so erwägen Sie, daß ich ja von der Religion nicht geringer, sondern von der Poesie, der Allumfasserin, nur höher denke; jedenfalls glaube ich nicht, daß es einen Dichter geben kann, dem die universellen Formen des Dramas und des Epos zu Gebote stehen und der zu der positiven Religion ein anderes Verhältnis hat. Calderon werden Sie mir nicht einwenden wollen; es fehlt ihm eben das Beste, wenn man ihn in Herz und Nieren prüft. Es ist nun freilich wahr, daß auch diejenigen Dichter, die uns hier allein beschäftigen dürfen, den religiösen Anschauungen und Empfindungen nicht selten einen Ausdruck verleihen, der den Gläubigsten nicht allein befriedigt, sondern ihm sogar in seinem eigensten Wesen ganz ungeahnte Tiefen öffnet. Das rührt aber nicht daher, weil der Poet in solchen Momenten gewissermaßen mit ihm zum Abendmahl geht, sondern weil ihm das Geheimnis des Lebens anvertraut ist, weil er, immer den rechten Mann vorausgesetzt, instinktiv jede Existenz in ihrer Wurzel und jedes Moment einer Existenz in seinen allgemeinen und besonderen Bedingungen ergreift, und davon sind die religiösen natürlich nicht ausgenommen. Er ist also darum ebensowenig Christ, weil er dem Christen seine Sehnsucht erklärt und verklärt, als er gerade verliebt zu sein braucht, weil er den Liebenden über sein Herz belehrt; er ist einfach der Proteus, der den Honig aller Daseinsformen einsaugt (allerdings nur, um ihn wieder von sich zu geben), der aber in keiner für immer eingefangen wird. Wer diesen Standpunkt festhält, der würde sich nicht wundern, wenn der „Hamlet" und der „Standhafte Prinz" einen und den nämlichen Verfasser hätten; wer ihn aus den Augen läßt, der muß über die Widersprüche des Poeten außer sich geraten und ihn in gut vulgärem Sinn für charakterlos erklären. Es sind aber die Widersprüche der Welt, die trotz ihrer des bindenden und regelnden Mittelpunkts nicht entbehrt, wenn man ihn auch auf keine Formel zurückführen kann! — Hiebei muß ich es bewenden lassen; Sie werden wenigstens meinen guten Willen nicht verkennen, mich mit Ihnen zu verständigen. Ich gehe nie ohne Kampf und Widerstreben in diese Dinge ein und kümmere mich für mich selbst eigentlich ganz und gar nicht um die Pole, zwischen denen meine Existenz sich dreht; die geistige Zeugung geht, wie die leibliche, am besten im Dunkeln vonstatten, und auch der Dichter erfährt's erst von der Hebamme, ob seine Kinder männlichen oder weiblichen Geschlechts sind.   d. 16. Okt. 1860. *(5841)*

Alle menschliche Verhältnisse gebären ihr Maß und Gewicht aus sich selbst und müssen mit diesem gewogen und gemessen werden, nicht aber mit dem, was auf dem Markte gilt.   *(5842)*

Das Gute existiert in der Gattung, das Böse nur in den Individuen. *(5843)*

.... den Regierungsrat Deinhardstein, dessen Häuslichkeit er zum Dank dafür bei Bier und Wein Mal für Mal persiflierte und karikierte. Als er das zweite oder dritte Mal zu mir kam, vertraute er mir, „weil er vor mir keine Geheimnisse haben könne", daß er in Triest schon .... gehabt habe und daß sein Onkel in Blutschande mit der Tochter einer Frau lebe, die früher seine Geliebte gewesen sei. Einst kam er an meine Tür und teilte mir mit, in dem neuesten Heft der „Revue des deux mondes" sei ich der erste Schriftsteller des Jahrhunderts genannt worden; als ich das Journal nachsah, kam nicht einmal mein Name darin vor. Das alles hätte mich warnen sollen, es bewog mich aber bloß, mich um so ernster mit ihm zu befassen, und dafür habe ich denn jetzt den Dank. Sei's darum![1] —
Gearbeitet 1860 die letzten zwei Akte der „Nibelungen". War in Paris. Erhielt vom König von Bayern den Maximilians-Orden. *(5846)*

[1861]

d. 23. Febr. Ein Abkömmling von Götz von Berlichingen, Graf Friedrich v. B. in Mannheim, wandte sich an mich um einen poetischen Beitrag zur Biographie seines Ahnherrn, die er herausgeben will. Ich schrieb:

Auf Götz von Berlichingen

Du hast im Leben jede Zier,
Die Helden ehrt, errungen,

---

1. Diese z. T. unleserlich gemachten Zeilen aus dem Jahresrückblick auf 1860 beziehen sich offenbar auf Emil Kuh.

Doch ist der Taten höchste dir
  Im Tode erst gelungen:
Du hast den größten Dichtergeist
  Des deutschen Volks entzündet,
Und wo man Goethes Namen preist,
  Wird deiner auch verkündet. *(5848)*

Jeder Mensch trägt einen Zauber im Gesicht: irgendeinem gefällt er. *(5874)*

Je näher der Tod kommt, je weiter scheint sich der Gedanke an den Tod vom Menschen zu entfernen. *(5878)*

An Luck.
— Gewiß können wir jetzt Frieden schließen oder vielmehr auf den alten Friedensfuß zurückkehren. Mein Standpunkt hat nichts Ausschließliches, ich ehre einen jeden und lasse es ganz dahingestellt, wer den besseren hat; ich will nur nicht von dem rohen Zufall der Geburt, der dem Menschen seine Religion anweist und den er nicht korrigieren kann, ohne das allen Völkern gemeinsame und äußerst schwer ins Gewicht fallende Vorurteil gegen Renegaten hervorzurufen, sein zeitliches und ewiges Heil abhängig gemacht wissen. Die absolute Philosophie gebe ich Ihnen von Herzen preis, wenn ich es auch an ihr schätzen muß, daß sie selbst in ihren ärgsten Verirrungen nur den intelligibeln Menschen angreift, nicht, wie die absolute Religion, den moralischen, denn wenn Hegel jemand das Begriffsvermögen abspricht, so liegt in dem angeschuldigten Mangel zugleich die Rechtfertigung, wenn demselben Individuo aber die Sünde gegen den Heiligen Geist vorgeworfen wird, so gibt es keine Rettung mehr, denn der absichtlichen Verstockung muß die Verdammung folgen. Friedrich Schlegel erklärte seinem Freunde Tieck einmal, die himmlischen Gestirne würden dereinst zusammenrücken und in der Form des Kreuzes auf die Erde herabblitzen; ob er bei Tieck damit etwas ausrichtete,

weiß ich nicht, aber für mich würde auch das, wenn es plötzlich geschähe, nichts weiter sein als eine zufällige Konstellation der Himmelslichter, über die ich mich bei der Astronomie Rats zu erholen hätte. Ebensowenig freilich kümmert es mich, wenn der Philosoph mir versichert, er habe den Ring Salomonis wieder aufgefunden und trage ihn am Finger; wie seine Diamanten auch funkeln und schwache Augen blenden mögen, ich weiß, daß kein Talisman darunter ist, weil keiner darunter sein kann. Dabei verkenne ich durchaus nicht, daß mein Standpunkt sein Gefährliches hat, denn wenn es auf der einen Seite feststeht, daß die Welt jeden großen Fortschritt nur durch Individuen machte, welche, seien es nun Religionsstifter, Feldherren oder Künstler, das Gesetz aus sich selbst nahmen und mit den Zuständen und Anschauungen brachen, die sie vorfanden, so läßt es sich auf der anderen Seite nicht leugnen, daß das Prinzip scheußliche Karikaturen erzeugt, die sich wohl gar, wie der blöde Sand, in ihrem Dünkel zu Weltrichtern aufwerfen. Aber genau besehen werden das immer Nachbeter sein, die, sobald sie die Theorie in Praxis umzusetzen suchen, der bürgerlichen Gesellschaft verfallen, während, wenn man ein Absolutes für Millionen aufstellt, die schlimmsten Triebe der menschlichen Natur unter heiligem Deckmantel rasen und ungestraft von der einzelnen Ketzerverfolgung zur Bekehrung oder Vertilgung ganzer Völker durch Feuer und Schwert fortschreiten können, wie die Geschichte es uns schaudernd lehrt. Es steht daher ein Unendlich-Kleines dem Unendlich-Großen gegenüber, und da ist die Entscheidung leicht. Doch, wozu mehr; wir sind im Grunde ja einig. Auch ich halte es für schwerer, das Vaterunser zu beten, als alle Schlachten Napoleons zu gewinnen, ja ich bezweifle es stark, daß es auf Erden schon gebetet worden ist, aber freilich nur wegen seiner ethischen Voraussetzungen, die ich nicht ausschließlich vom Christentum abhängig machen kann, wenn dieses ihnen auch in diesem Gebet für alle Zeiten eine unübertreffliche Fassung gegeben hat. Wenn ich sagte, dem Dichter sei das Geheimnis des Lebens anvertraut, so dachte ich allerdings nicht, wie Sie auch selbst schon bemerken, ans Wissen, sondern ans Können, nicht ans Erklären, sondern ans Hinstellen, und eins hängt im geistigen Gebiet sowenig wie im physischen vom anderen ab, hier aber macht jedermann die Erfahrung, daß er frisches Blut in Zirkulation setzen kann, ohne den Blutumlauf zu kennen wie Haller. Goethes Gedicht: „Friede" entstand, um auch diese Kleinigkeit zu berichtigen, 1789, also in seinem vierzigsten Jahre, wo er die größten seiner Taten noch vor sich hatte, nicht hinter sich; es kann daher nicht gut etwas anderes ausdrücken als das, was ich ihm unterlegte. — *(5891)*

Bei einem großen Dichter hat man ein Gefühl, als ob Dinge emportauchten, die im Chaos steckengeblieben sind. *(5906)*

Monologe: laute Atemzüge der Seele. *(5907)*

Von einem Schweigsamen: Er denkt nur mit dem Hinterkopf, der keinen Mund hat. *(5908)*

Du kannst mit der Kanonenkugel nicht in die Wette laufen, aber sie kann auch nicht um die Ecke biegen wie du! *(5909)*

Weil die Nachtigall für die meisten ein angenehmes Objekt ist, ist es auch gleich jeder mittelmäßige Vers, der von ihr singt. *(5911)*

Der Künstler hat lauter Kugelgestalten im Kopf, der gewöhnliche Mensch lauter Dreiecke. *(5912)*

Die E r d e kann man nicht essen wie die Früchte, die in ihr stecken. *(5914)*

Woher das Gewissen, das alle Zwecke, welche die Natur nach dem Standpunkt der Materialisten mit dem Menschen hat, beeinträchtigt, ja aufhebt? Und wenn der Gedanke wirklich das Produkt der wägbaren und meßbaren Kräften wäre, wie könnte dies Produkt über seine Faktoren hinausgehen? Er könnte diese multiplizieren und steigern, aber nicht verändern, er könnte sich immer nur auf die Materie zurück beziehen, es könnte nur Anatomen und Nationalökonomen geben, aber kaum Physiologen und Mathematiker, gewiß aber keine Künstler und Philosophen, auch könnte der Mensch nicht träumen. (5920)

Wer leugnet den Egoismus? Worauf sollen die Radien eines Kreises zurückführen, als auf den Mittelpunkt, der sie bindet, worauf sollen die Bestrebungen eines Individuums, das nur durch den Selbstzweck ein solches ist, abzielen, als auf den Selbstgenuß? Da aber der dauernde Selbstgenuß unwandelbar an die Selbstentwicklung und Selbstvervollkommnung geknüpft ist und auf jedem anderen Wege in Selbstzerstörung umschlägt, so führt dieser Egoismus eben auf die sittliche Grundwurzel der Welt zurück, und es stellt sich als letztes heraus, daß man der Welt nur insoweit dient, als man sich selbst liebt. (5921)

d. 15. Juni. An meinem Eichkätzchen mache ich Erfahrungen, die über alles hinausreichen, was man der Tierwelt bisher zugestand. Wenn es ein kleines Stück Zucker erhält, so verzehrt es das mit Behagen, jedoch ganz so, wie jede andere Leckerei; wenn das Stück aber groß ist, so groß z. B., daß das Tierchen es kaum heben kann, so singt es und stößt Freudentöne aus. Wenn meine Frau sich des Abends an meine rechte Seite stellt und ich das Tierchen in der Hand halte, so bleibt es ruhig und liebkost oder läßt sich liebkosen; wenn sie dann aber auf die linke hinübertritt, wird es ungeduldig und sucht auf ihren Arm zu kommen. Nach rechts liegen nämlich die Fenster, links ist das Schlafzimmer mit seinem Nest im grünen Bettvorhang. Es weiß also zu unterscheiden zwischen groß und klein und links und rechts. *(5922)*

ad Nibelungen

Mir scheint, daß auf dem vom Gegenstand unzertrennlichen mythischen Fundament eine rein menschliche, in allen ihren Motiven natürliche Tragödie errichtet werden kann und daß ich sie, so weit meine Kräfte reichen, errichtet habe. Der Mystizismus des Hintergrunds soll höchstens daran erinnern, daß in dem Gedicht nicht die Sekundenuhr, die das Dasein der Mücken und Ameisen abmißt, sondern nur die Stundenuhr schlägt. Wen das mythische Fundament dennoch stört, der erwäge, daß er es, genau besehen, doch auch im Menschen selbst mit einem solchen zu tun hat, und zwar schon im reinen Menschen, im Repräsentanten der Gattung, und nicht bloß in der noch weiter spezifizierten Abzweigung desselben, im Individuum. Oder lassen sich seine Grundeigenschaften, man nehme die physischen oder die geistigen, erklären, d. h. aus einem anderen als dem mit ihm selbst ein für allemal gesetzten und nicht weiter auf einen letzten Urgrund der Dinge zurückzuführenden oder kritisch aufzulösenden organischen Kanon ableiten? Stehen sie nicht zum Teil, wie z. B. die meisten Leidenschaften, im Widerspruch mit Vernunft und Gewissen, d. h. mit denjenigen Vermögen des Menschen, die man am sichersten als diejenigen bezeichnen darf, die ihn unmittelbar, als ganz allgemeine und interesselose, mit dem Weltganzen zusammenknüpfen, und ist dieser Widerspruch jemals aufgehoben worden? Warum denn in der Kunst einen Akt negieren, auf dem doch sogar die Betrachtung der Natur beruht? *(5933)*

Otto Prechtler erzählte mir folgendes. Wie Grillparzer mich bei meiner Ankunft in Wien kennenlernt, sagt er ihm: „Auf diesen Mann wird niemand auf Erden wirken; einer hätte es vermocht, aber der ist tot, nämlich Goethe." Einige Jahre später fügt er hinzu: „Ich habe mich geirrt, auch Goethe hätte nicht auf ihn wirken können." (5936)

Halt nicht zu fest, was du gewannst,
Und schlag's dir aus dem Sinn,
Denn eh' du's recht beweinen kannst,
Bist du schon selbst dahin! (5939)

d. 17. Dez. „Moloch" einmal wieder hervorgezogen; schon vergilbt. Der Ton ist zu hoch genommen; ich müßte von vorn wieder anfangen. Das ist aber ein Prozeß, als ob man schon vorhandene Rosen, Bäume, Tiere usw. durch chemische Zerstörung wieder in die Elemente zurückjagen sollte. (5940)

Man erobert die Welt nicht bloß als Feldherr, indem man sie unterwirft, sondern auch als Philosoph, indem man sie durchdringt, und als Künstler, indem man sie in sich aufnimmt und sie wieder gebiert. (5941)

d. 27. Dezbr. Den Weihnachtsabend haben wir diesmal ganz unter uns zugebracht; zum erstenmal, aber darum nicht weniger vergnügt. Im Tannenbaum saß, was von dem lieblichen Geschöpf, von Herzi-Lampi-Schatzi[1] noch übrig ist und sonst zu Shakespeares Füßen auf meinem Schrank steht; meine Frau hatte ihn hineingestellt, aber er erweckte uns allen nur Schmerz und Tränen. Titi spielte uns zum erstenmal etwas vor; etwas geht es schon über „Ach, du lieber Augustin!" hinaus, obgleich nicht viel, eine Schumann steckt nicht in ihr, und das tut auch nichts. Die Feiertage waren wunderschön; tiefblauer Himmel, italienischer Sonnenschein, freilich etwas kalt, aber das ist mir gerade recht. (5945)

1. Das Eichhörnchen (vgl. 5922), das Hebbel, als es gestorben war, ausstopfen ließ.

d. 31. Dezbr. Aufführung der „Nibelungen"-Trilogie in Weimar, sehr gegen meinen Willen, weil ich bei den geringen Bühnenkräften einen Mißerfolg besorgte, der mir schaden mußte, während ein dortiger Erfolg mir wenig nützen konnte; Reise dahin im Februar auf Befehl des Großherzogs; äußerst glücklicher Ausfall der beiden ersten Stücke; die größten Auszeichnungen vom Hof, worüber die Briefe an meine Frau das Nähere enthalten. Am letzten Abend mußte ich dem Großherzog versprechen, ihn auf jedes junge Talent, das der Förderung bedürfe und ihrer würdig sei, aufmerksam zu machen, wogegen er gelobte, es auf meine Empfehlung hin zu unterstützen. Geheimrat Vogel, Goethes Arzt, auf dem Ball über die „Nibelungen": „Hier ist mehr als Goethe; er selbst würde gesagt haben: ‚Sie, Vogel, das ist ein Kerl, der könnte einem die Rippen im Leibe entzweidrücken!'" Nicht aus Eitelkeit notiert.

Im Mai: Reise mit meiner Frau nach Weimar zur Aufführung des dritten Stücks[1], die ohne ihre Mitwirkung unmöglich gewesen wäre und auf Liszts Vorschlag durch unmittelbare Verwendung des Großherzogs beim Kaiser ermöglicht wurde. Unterdrückte Verstimmung Dingelstedts darüber, der, wie die Folge lehrt, Gott weiß was darunter gesucht haben mag; offene Gereiztheit in Wien, obgleich ich mit höchster Vorsicht mich jeglicher persönlicher Beteiligung an der Sache enthalten, ja sogar die Bedingung gestellt hatte, ganz auf eigene Kosten reisen und kein Honorar entgegennehmen zu dürfen. Der Graf Lanckoronsky, der Oberstkämmerer, drohte, sie wegen dieses, von ihr nicht nachgesuchten, sondern ihr vom Kaiser erteilten Urlaubs zu pensionieren; Korrespondenz zwischen mir und dem

1. Die Uraufführung der *Nibelungen*-Trilogie fand unter Dingelstedts Leitung am 16. und 18. Mai 1861 in Weimar statt. Christine spielte im zweiten Teil die Brunhild, im dritten die Kriemhild.

Hofrat Raymond. Als ich den Vorgang Dingelstedt erzählte: „Kommt zu uns, das Fach der Genast ist frei, 1500 Taler kann ich geben!" Ich ging darauf ein, weil mir Wien aus vielen Gründen widerwärtig geworden war, zweifelte aber an Dingelstedts Machtvollkommenheit und teilte dem Sekretär der Großherzogin, dem Hofrat Marshall[1], den Vorgang mit. Dieser sagte mir, daß Dingelstedt vollkommen befugt sei, ein solches Engagement abzuschließen, freute sich sehr und sprach der Großherzogin davon. Die Herrschaften gingen gleichfalls aufs bereitwilligste darauf ein, und in einer zweistündigen Audienz bei der Großherzogin, während deren der Großherzog ab- und zuging, wurde abgemacht, daß die Großherzogin meiner Frau aus eigner Kasse eine Pension von 500 r. zahlen wolle, falls sie beim Theater nicht herauszuschlagen sei. Dingelstedt war nämlich in demselben Maße, als die Herrschaften für die Sache erglühten, kälter geworden; er machte namentlich wegen der Pension Schwierigkeiten und ging so weit, zu sagen: „Am Ende erweisen wir den Wienern noch einen Gefallen", was mich natürlich veranlaßt haben würde, auf der Stelle abzubrechen, wenn ich noch gekonnt hätte. Sein Verdruß erreichte den höchsten Grad, als meine Frau bei der Abschiedsaudienz, die an sich schon eine seltne Auszeichnung war, unmittelbar von der Großherzogin, statt durch den Intendanten oder bestenfalls durch die Oberstofmeisterin, ein kostbares Armband erhielt. Wir brachten den letzten Abend bei ihm zu; er konnte sich nicht mehr beherrschen und wurde entschieden unartig. Übrigens war auch die Wirkung des dritten Teils der „Nibelungen" außerordentlich und die Leistung meiner Frau gewaltig. Aber welche Angst vorher! Infolge des

1. Hofrat John Marshall, der Sekretär der Großherzogin Sophie, ein gebürtiger Engländer, riet Hebbel in völliger Aufrichtigkeit von der Übersiedlung nach Weimar ab. Hebbel und Marshall wurden Duzfreunde.

Wiener Ärgers reiste sie krank ab und kam krank in Weimar an. Den Tag vor der Vorstellung eine Heiserkeit, die alles in Frage stellte. Wunderkur eines Homöopathen!

In Wien: Memorial an Laube[1]. Seine Erwiderung, jungdeutsch-patzig in der Form, schüchtern und furchtsam im Kern. Raymonds Begütigungsversuche. Dingelstedts Abschreckungsbrief, von mir im höchsten Vertrauen dem Hofrat Marshall mitgeteilt und in allen Punkten unrichtig befunden. Entlassungsgesuch an den Grafen Lanckoronsky. Nach mehrmonatiger Pause Warnungsbrief von Marshall; Nachricht, daß Gutzkow von D[resden] nach Weimar[2] gezogen sei; Aufforderung, Weimar nur als ein pis aller zu betrachten; Verpflichtung zu unverbrüchlichem Stillschweigen über den Brief. Meine Antwort, daß die Würfel geworfen, aber noch nicht gefallen seien und daß ich nach solchen Eröffnungen sicher nicht kommen werde, wenn ich in Wien noch bleiben könne. Zwischenhandlung: Eitelberger und Lewinsky wegen der Professur. Da die Entscheidung des Oberstkämmerers gar nicht kam, Abreise nach Hamburg wegen der „Nibelungen". Diese an Campe für 400 r. P. C. bei unbestimmter Auflage, aber unter Vorbehalt des Rechts zur Aufnahme in die Gesamtausgabe verkauft; mein Antrag, sie ihm für immer zu geben, dies Recht ausgenommen; seine Antwort: „Ich will sie gar nicht für immer haben!" In Berlin Zusammentreffen mit dem Großherzog, worüber das Nähere in der Korrespondenz mit meiner Frau. Marshalls Warnung tönte mir von allen Seiten entgegen; Beaulieu, Putlitz sprachen wie er, sogar die Großherzogin, mit der mich der Zufall oder etwas anderes zusammen-

1. In diesem „Memorial" rechnete Hebbel mit Laube über die Schikanen ab, denen er und seine Frau jahrelang durch Laube ausgesetzt gewesen waren.
2. Gutzkow war zum Sekretär der Schiller-Stiftung ernannt worden.

führte, als ich im Audienzzimmer des Berliner Schlosses auf den Großherzog wartete. Sie sagte: „Ich wollte, daß ich egoistisch sein dürfte, dann würde ich unbedingt raten, zu kommen, denn ich würde manche schöne Stunde mehr haben, aber Dingelstedt ist ‚un charactère abominable'." Nun mußte mein Entschluß wohl feststehen, falls mir noch einer übrigblieb, was ich nicht wissen konnte. Der Großherzog wußte von nichts; als ich ihm sagte, er habe in Gutzkow ja meinen Antagonisten nach Weimar berufen, versicherte er mir, er habe nicht den geringsten Anteil daran gehabt, und jeden meiner Gründe wußte er mit einer Allgemeinheit abzufertigen. „Ich rechne mit Bestimmtheit auf Ihr Kommen, ich wäre sonst blamiert, ich habe es aller Welt schon gesagt." Er hätte auch recht gehabt, wenn es nicht Dinge gäbe, die kein Souverän befehlen oder wenigstens, wenn sie erst befohlen werden müssen, kein Ehrenmann annehmen kann. Zuletzt forderte er mich auf, auf der Rückreise nach Weimar zu gehen und mich mit D. persönlich zu besprechen. Wozu sollte es führen? und doch konnte ich den Vorschlag nicht ablehnen, ohne D. direkt anzuklagen. Glücklicherweise war im rechten Moment aus Wien die Entscheidung eingetroffen, und es war notwendig, nach Wien zurückzueilen, da meine Frau, nur halb unterrichtet, sich nicht zu helfen wußte. Ich sprach mit Beaulieu, der mir dringend riet, nicht erst nach Weimar zu gehen und ihm einen ostensiblen Brief über die Notwendigkeit meiner raschen Rückreise zu schreiben, durch den er mich beim Großherzog entschuldigen wolle. Dies tat ich, und zwar im Atelier des Malers Schramm. In Dresden hörte ich von Hettner, daß ich zum Oberbibliothekar in Weimar bestimmt sei; was sich daran knüpfte, siehe in den Briefen Hettners und Sterns[1]. In Wien wartete ich

---

1. Adolf Stern (1835-1907), der spätere Literarhistoriker, war ein Bewunderer Hebbels.

acht Tage, um zu erfahren, ob an diesem Gerücht, das von Weimar selbst ausgegangen und durch alle Zeitungen gelaufen, an mich selbst aber ganz zuletzt gekommen war, irgend etwas sei; dann teilte ich dem Hofmarschall, Grafen Beust, die Entscheidung des Grafen Lanckoronsky mit und gab die Erklärung, die ich geben muß te und doch nicht gründlich motivieren durfte, wenn ich nicht Dingelstedt in erster Linie, Marshall in der zweiten und vielleicht sogar die Großherzogin in der dritten bloßstellen wollte. Ich habe seitdem nichts mehr von Weimar gehört, nicht vom Großherzog, nicht von Beust, nicht einmal von Marshall, dessen Ratschlägen ich gefolgt war und dem ich es anzeige. Wohl aber wurde in der Weimarer Hofzeitung jenes Gerücht, das man sechs Wochen lang hatte durch die Welt laufen lassen, auf eine Weise dementiert, die mich verletzte und von meinen Widersachern aufs boshafteste ausgebeutet wurde. Siehe über das Ganze die Aktenstücke.

Gedicht an den König von Preußen bei Gelegenheit des Attentats. Die ganze östreichsche Monarchie durch die vier Verse[1]:

> „Auch die Bedientenvölker usw."

erschüttert. Wut der Polen und der Tschechen; Schändlichkeiten aber nur von den Deutschen, die es bis zur Kritik meiner Visitenkarten trieben und mir den Chevalier de plusieurs ordres vorrückten, den ich, weil ich von den Grenzen eines deutschen Renommees nicht so schmeichelhaft denke wie meine Kollegen, für meine Pariser Reise mit aufnehmen ließ.

Polemik mit Herrn Bodenstedt.   (5947)

---

1. Die Zeilen in Hebbels Gedicht an den König von Preußen, die so viel böses Blut machten, lauten:
   Auch die Bedientenvölker rütteln
   Am Bau, den jeder tot geglaubt,
   Die Tschechen und Polacken schütteln
   Ihr strupp'ges Karyatidenhaupt ...

1862

d. 15. Novbr. 1862. Ludwig Uhland ist gestorben. Die
Zeitungen bringen soeben die Nachricht; es ist frühmorgens. Der einzige Dichter, von dem ich ganz gewiß
weiß, daß er auf die Nachwelt kommt, nicht als Name,
sondern als fortwirkende, lebendige Persönlichkeit.
Seine Freunde verlieren wenig an ihm; er hatte wenig
zu geben und war fest in sein Talent eingesperrt wie
Robert Schumann. Die Literatur verliert gar nichts; er
hatte nur einen Frühling, keinen Sommer und keinen
Herbst, denn seine Dramen überschätzte ich ehemals,
und in allem, was er sonst betrieb, konnte ihn der mittelmäßigste Fachgelehrte ersetzen. Er selbst muß auch
von der Welt genug gehabt haben; er zählte 76 Jahre.
Kein anderer hat in der Jugend auf mich gewirkt wie
er; doch würde das in geringerem Maß der Fall gewesen
sein, wenn ich Goethe gekannt hätte. Das persönliche
Verhältnis war unfruchtbar; jeder seiner Briefe trocken
und dürftig und nicht aus Zurückhaltung. Sein Tod
überrascht mich nicht; ich erwartete ihn mit Bestimmtheit, als ich von dem neuen Anfall hörte. Er war im
letzten Frühling schon schwer krank und genas wieder,
hatte aber, wie man mir auf meiner Durchreise in
Stuttgart erzählte, nicht das geringste Verlangen nach
seiner Bibliothek, in der er sonst den ganzen Tag zu
verbringen pflegte. Dies beunruhigte seine Frau, und
das mit Recht, denn wenn die Lieblingsneigungen scheiden und erlöschen, so ist es mit dem Menschen aus. Die
Großmutter meiner Frau war eine große Freundin von
Blumen, pflegte sie sorgfältig und duldete nicht, daß
die Kinder sie auch nur berührten. Eines Morgens reißt
sie selbst alle aus den Töpfen heraus und streut sie herum. Sie ist dem Anschein nach noch gesund und wohl,
aber den nächsten Tag in der Frühe, gleich nachdem sie
ihr Bett gemacht hat, trifft sie der Schlag; sie sitzt in

ihrer reinlichen weißen Haube gelähmt auf der Treppe und stirbt noch vor Abend. *(5983)*

Ein absoluter Monarch muß ein Spieler sein, ein konstitutioneller ein Intrigant. Das ist Naturgesetz. *(5984)*

Die Geschichte ist eine Mühle, worin die Lebendigen zu arbeiten glauben, die Geister aber die Arbeit verrichten. Wie sich die übermütigen Zwerge, die im Sonnenschein herumhüpfen, auch anstrengen mögen, die toten Riesen, die aus der Ewigkeit in unermeßlichem Zuge hervorschreiten, machen sie zu unnützen Knechten und schauen mitleidig auf ihr Gezappel herab. *(5992)*

Oft scheint der Teufel an die Tür zu klopfen, und es ist doch nur der Schornsteinfeger. *(5995)*

Große Talente sind große Naturerscheinungen wie alle anderen. Ein Trauerspiel von Shakespeare, eine Symphonie von Beethoven und ein Gewitter beruhen auf den nämlichen Grundbedingungen. *(5997)*

Die Strafe des Individualisierungsaktes ist, daß sich jetzt alles haßt und verfolgt, was sich lieben sollte.
(6001)

Englische Reise[1]

Seltsam genug ist's, daß Shakespeare einen Kontrakt unterzeichnen mußte, um auch in den Autographensammlungen unsterblich zu werden, denn kein Blatt aus „Hamlet" und „Lear", nur eine gerichtlich konfirmierte Unterschrift von ihm ist übrig. *(6013)*

---

1. Im Sommer 1862 reiste Hebbel nach London; die Fahrpreise dorthin waren der Welt-Industrie-Ausstellung wegen sehr verbilligt, und Hofrat Marshall ermunterte ihn dazu. Sie trafen sich in London, und ihre Freundschaft, die auf Marshalls redliches Verhalten in der Weimarer Berufungsangelegenheit zurückging, vertiefte sich.

Ich hörte keine Stundenglocken in London, bis zu dem Moment, wo ich diese Bemerkung auf Freiligraths Bureau niederschrieb. *(6026)*

Rückreise *(6033)*

Eduard Mörike, dem ich die „Nibelungen" zugeschickt hatte, sagte mir buchstäblich: „Mir war bei Ihren ‚Nibelungen', als ob plötzlich ein Felsblock durchs Dach gefallen sei. Dort ist der Sofa, dort lag ich, dort empfand ich die Schauer, die allein das Große hervorruft, das zugleich schön ist, dort fühlte ich die übers Gesicht kriechenden Spinnwebsfäden und rief einmal übers andere aus: ‚Und solch ein Mann hält dich würdig, dir ein solches Werk zu schicken?' Hier ist meine Frau, sie mag's bezeugen, war's so? Du lügst nicht!" Er versprach mir dann, mir ausführlich über das Werk zu schreiben, hat es aber nicht getan. Nachmittags mit ihm und dem Dr. Zoller bei Theobald Kerner (Hofrat) in Cannstatt, den ich morgens bei Zoller getroffen hatte. Spaziergang; Flasche Bier im Wirtshaus; das Kerner-Album mit den zu phantastischen Figuren verarbeiteten Tintenflecken; die Orgel der Seherin von Prevorst. Ein Fremder zu Uhland, nachdem er ihn angeredet hatte: „Ach, verzeihen Sie, ich glaubte, Sie seien der berühmte Herr Bruder." Der alte Cotta beschäftigte sich jeden Abend damit, die Siegel der eingelaufenen Briefe abzulösen und in eine Stange zusammenzuschmelzen. Christian Höppl, der Junggermane, und seine Verzweiflung darüber, immer mit mir verwechselt zu werden; sein Selbstmord, weil er in eine hübsche Kellnerin verliebt war, die mehr Wert auf die handgreiflichen Bewerbungen eines Jägers als auf seine Gedichte legte; sein Nekrolog, wonach er sich nicht der Kellnerin wegen getötet haben wollte, sondern um in einem vornehmen Hause Mann und Frau nicht miteinander zu entzweien, und der von seiner eigenen Hand geschrieben und den Frankfurter Didaskalien vor vollbrachter Tat zugeschickt worden war. Die anderswo eingetragenen Geschichten von Lenau. Gewährsmann für alles: Kerner.

(6038)

d. 31. Dezbr. Gott sei Dank, ich kann von diesem Jahre sagen, daß es gesund verlaufen ist, bis auf kleine Störungen; gesund für Frau und Kind, gesund für mich! Reise nach London; Aufenthalt in Wilhelmsthal[1]. Die Eindrücke in Briefen niedergelegt. Außer Gedichten und dem Prolog zur österreichischen Verfassungsfeier nichts gearbeitet; der „Demetrius" ruht wie ein Stein, möge er im stillen wachsen wie der! Die „Nibelungen" haben mehr Erfolg wie je ein Werk von mir; in der Presse wie auf dem Theater. Ganz gegen meine Erwartung, so sehr, daß sich auch nicht im letzten Winkel des Herzens eine stumme Hoffnung verbarg, die das ahnte. In Berlin und Schwerin wurden sie bereits mit Pauken und Trompeten gegeben; in München, sogar in Wien stehen sie bevor. Aufhören, den Dudelsack an den Nagel hängen wäre jetzt vielleicht das beste! *(6052)*

1863

d. 1. Jan. Silvesterabend auf einem Ball bei Kompert. Ich sah meine Tochter zum erstenmal tanzen. Liebliches Bild, nicht für mich allein; ganz eingehüllt vom Wirbel bis zur Zeh' in jungfräuliche Scheu und wie aus einer Wolke hervorblickend und antwortend, wenn sie angeredet wurde. Leider war meine Frau nicht wohl, so daß wir aufbrechen mußten, wie man noch bei Tische saß. Titi rasch fertig, aber doch nicht ohne stille Tränen

---

1. Nach der Londoner Reise war Hebbel als Gast der Großherzogin von Sachsen-Weimar im Sommer 1862 in Schloß Wilhelmsthal bei Eisenach und verlebte in dem feingebildeten Kreise dort beglückende Tage.

Abschied nehmend, weil sie um den Kotillon und den Kotillonorden kam. *(6053)*

d. 4. Jan. War gestern abend in Gesellschaft, bei Littrow[1]. Sie hatten mich oft zu ihrem jour fix geladen, ich war aber nicht hingegangen, denn ein jour fix, der Freund und Feind zusammenwürfelt, ist für Städte wie London und Paris eine traurige Notwendigkeit, aber für Wien und Berlin ein lächerlich-willkürlicher Zwang. Amüsierte mich gut, besonders mit einer Gräfin, die recht gut sprach und mir interessante Dinge erzählte, z. B. daß die Erzherzöge in einem Hofkonzert, in welchem der Violinist Joachim spielte, einen Lärm gemacht hätten wie die Stallknechte, während sie, wenn ein Komiker etwas Lustiges vorträgt, still dabeisitzen, als ob das Gebet für die Toten gesprochen würde, und den armen Schauspieler durch gänzliche Teilnahmlosigkeit zur Verzweiflung bringen. Sie ist an einen Baron Ebner verheiratet und leider, wie ich später erfuhr, eine heimliche Schriftstellerin[2]. *(6056)*

d. 8. Jan. Eine russische Brautschau steht wieder bevor. Ein Großfürst ist für die Vermählung reif geworden und bereist nun alle Höfe Europas, wo Prinzessinnen sind, um sie in Augenschein zu nehmen und zu wählen. Das ist von einem Sklavenmarkt doch auch nicht allzu verschieden. *(6060)*

d. 12. Jan. Gutzkows „Zauberer von Rom" endlich beendigt; ich las drei bis vier Jahre dran. Immer Seraphine. Im Anfang schnitzt er Käserinden, und wenn sie nach und nach ein halb-menschliches Gesicht bekommen und Interesse zu erwecken anfangen, haut er seine Männerchen wieder zusammen. Das ist das objektive Resultat bei unleugbar vorhandenem subjektivem Reichtum. *(6062)*

1. Direktor der Sternwarte in Wien.
2. Die Dichterin Marie von Ebner-Eschenbach (1830-1916).

d. 21. Jan. Wir waren auf dem Medizinerball. Ich wurde dem Handelsminister, dem Grafen Wickenburg, vorgestellt oder er mir; ich hatte wenigstens nicht um die Ehre gebeten. Er sagte mir viele Artigkeiten und machte mir unter anderem ein äußerst schmeichelhaftes Kompliment über meine — Alemannischen Gedichte. Die Schulmeisterin Betz in Münster tat das auch, als wir das erstemal in Gmunden waren; diese fragte ich, ob ich meine hundert Jahre, die ich damals als Konsistorialrat Hebel hatte, nicht mit Anstand trüge, einer Exzellenz vis-à-vis konnte ich mich nur dankend verneigen. *(6063)*

d. 22. Jan. Ich trat abends einen Augenblick in ein Café. An einem Tisch mir gegenüber saß ein alter Herr, von dem ich glaubte, daß er schliefe, weil er ganz teilnahmlos vor sich hinstierte. Als ich aufbrach und ihn noch einmal betrachtete, erkannte ich, daß er blind sei. Welch ein Elend! Die Zeit, uns allen so kostbar, ihm die größte Last. Und doch noch nicht das Äußerste! Er könnte ja auch in Regen und Wind in Lumpen an einer Straßenecke stehen und sich die Pfennige zum Nachtquartier zusammenbetteln. *(6064)*

d. 23. Jan. Es ist frühmorgens, die Sonne scheint hell, und die Straßen werden gekehrt, nicht aber von Schnee oder Kot, sondern von Staub. Dieser fliegt wie im Sommer, und Sommer ist es auch seit acht Tagen. Gestern las ich zum erstenmal in Simrocks Sammlung das alte Volksbuch von den Heiligen Drei Königen und war nicht wenig erstaunt, als ich daraus ersah, daß ich diese Figuren in „Herodes und Mariamne" geradeso angelegt habe, wie sie hier gefaßt sind; sie wissen nichts von einander, sie wohnen in ganz verschiedenen Ländern und treffen erst in Jerusalem zusammen, ganz wie in meinem Stück. Das war mir eine große Freude. Schon einmal, in den „Nibelungen", bei der Konzeption der

Brunhild, hatte ich eine ähnliche. Ich erschrak, als ich merkte, daß mir Norne und Valkyre zusammenrannen, und konnte sie doch nicht auseinanderhalten, war und blieb aber höchst unzufrieden. Da ging ich einmal in Grimms „Deutscher Mythologie" spazieren, denn so muß man's wohl nennen, wenn man sich mit diesem konfusen Buch beschäftigt, und entnahm daraus, daß Nornen und Valkyrien ursprünglich wirklich eins sind.
(6065)

d. 3. Febr. Prof. Pfeiffer hat den Verfasser des Nibelungen-Liedes entdeckt. Es ist ein gewisser Kürenberger, von dem man noch ein paar Strophen hat, die im Nibelungen-Versmaß gedichtet sind. Daß der Mann Eigentümer dieser Strophen ist, steht hypothekarisch fest; daß ihm auch das Nibelungen-Lied gehört, weiß man nicht, aber Prof. Pfeiffer schreibt es ihm im Germanistengrundbuch zu, weil das Versmaß übereinstimmt. Napoleons sämtliche Schlachten werden nach dieser Analogie einst vergessen sein, aber der graue Rock und der dreieckigte Hut werden leben!   (6068)

d. 4. Febr. Geist macht auf bedeutende Frauen denselben Eindruck wie Tapferkeit. Warum? Weil er identisch mit ihr ist und seine Taten sogar noch in einer höheren Region vollbringt.
(6069)

d. 9. Febr. Heute ist der Geburtstag meiner lieben Frau, und wir sind alle gesund; wie weiß ich dies Glück zu schätzen! Felix Bamberg wunderte sich vor vielen Jahren schon einmal darüber, daß Paris, in dem ich fast jeden Tag mit ihm herumstrich, mir nichts Altes wurde, und beneidete mich darum. Ich verstand ihn damals nicht, aber er hatte Ursache, denn das Leben der meisten Menschen ist eben deshalb so reiz- und interesselos, weil sie alles, was sie besitzen, was aber auch gar wohl fehlen könnte, ohne daß sie gleich zu existieren aufhörten, gewissermaßen mit zu sich selbst rechnen und als etwas von ihrem Wesen Unzertrennliches betrachten. Da muß natürlich eine vollkommene innere Stokkung eintreten, die nur noch allenfalls durch ein plötzlich aus den Schultern hervorsprossendes Flügelpaar gehoben werden kann und auch dann nur für einen Moment, da Mensch und Engel ja gleich wieder zusammenschmelzen würden. Bei mir ist das ganz anders. Ich freue mich zwar auch nicht darüber, daß ich Lungen habe, denn ohne Lungen würde ich nicht da sein, aber ich freue mich schon darüber, daß meine Lungen gesund sind, daß ich nicht bucklig bin, daß Arme und Beine mir den Dienst nicht versagen usw. Ich freue mich meines Morgenkaffees, meines Mittagsessens, meines Abendbrots, meines Betts, und ich halte selbst an dem verdrießlichsten Tage meinen Unmut noch dadurch im Zügel, daß ich denke: Er kann dir noch einmal als ein unerreichbares Ideal, als ein Sektor aus der goldenen Zeit vorschweben, wenn du alt, arm, krank und einsam daliegst! *(6075)*

d. 21. Febr. Am 19. waren die „Nibelungen". Ich ging nicht ins Theater; im Hause hätte ich überall den heiligen Sebastian vorgestellt, denn Blicke sind ebenso empfindlich wie Pfeile, wenigstens für mich, und auf der Bühne konnte ich nicht sein, wenn ich nicht in einen Frack kriechen und Glacéhandschuhe anziehen wollte, was mir schon deshalb widerstrebt, weil es doch etwas zuviel Selbstvertrauen und Zuversicht an den Tag legt und weil der Frack sich in ein Nessushemd verwandelt, wenn er sich gegen den dritten, vierten Akt hin entbehrlich zeigt. Ich machte daher meinen gewöhnlichen Spaziergang und las und kramte dann bis halb elf, wo meine Frau und Glasers, die so freundlich gewesen waren, mein neugieriges Töchterlein in ihre Loge mitzunehmen, vom Schlachtfelde zurückkehrten und mir das Resultat mitteilten. Vollständiger Erfolg; neunmal gerufen und nicht einmal gekommen. Gestern sah ich mir das Stück nun selbst an; Laube hatte mich mit Titi in seine Loge eingeladen, und ich saß sehr gut, ohne gesehen zu werden. Gesteckt voll, große Aufmerksamkeit, nicht einmal Gelächter bei der Nachahmung der Vögelstimmen. Ich wurde wieder fünfmal gerufen; der alte Anschütz dankte und zeigte mir, wie ich mich in fünfundzwanzig Jahren präsentieren werde, wenn sie mir noch beschieden sind. Ich wurde den ganzen Abend den Gedanken nicht los, daß der Schöpfer eines solchen Gedichts bis auf den Namen vergessen werden konnte. Das geht mir über den Untergang Babylons und Ninives. Heute gratulierten mir zu dem Erfolg zwei Damen, deren Namen ich schon oft las, als ich mich noch in Wesselburen befand, nämlich Charlotte von Hagn, die zu der Vorstellung ausdrücklich von München herübergekommen ist, und Fanny Elßler[1]. Wer mir damals, als meine Werke in Lizitations- und Distributions-Protokollen bestanden, so etwas vorausgesagt hätte, wenn ich sonntags morgens aus dem Hamburger Freischütz ersah, wie viele Kränze man beiden die Woche zuvor in den verschiedenen Städten Deutschlands geworfen hatte! Märchenhaft; man schläft ein auf Stroh und erwacht in einem Palast. (6084)

d. 23. Feb. An S. Engländer.

„— Was nun Ihre Bedenken gegen den Realismus des ‚Gyges‘ und der ‚Nibelungen‘ anlangt, so setze ich den Realismus hier und überall ausschließlich in das psychologische Moment, nicht in das kosmische. Die W e l t kenne ich nicht, denn obgleich ich selbst ein Stück von ihr vorstelle, so ist das doch ein so verschwindend kleiner Teil, daß daraus kein Schluß auf ihr wahres Wesen abgeleitet werden kann. Den M e n - s c h e n aber kenn ich, denn ich bin selbst einer, und wenn ich auch nicht weiß, wie er aus der Welt ent-

1. Fanny Elßler (1810-84), die berühmte österreichische Tänzerin.

398

springt, so weiß ich doch sehr wohl, wie er, einmal entsprungen, auf sie zurückwirkt. Die Gesetze der menschlichen Seele respektiere ich daher ängstlich; in bezug auf alles übrige aber glaube ich, daß die Phantasie aus derselben Tiefe schöpft, aus der die Welt selbst, d. h. die bunte Kette von Erscheinungen, die jetzt existiert, die aber vielleicht einmal von einer anderen abgelöst wird, hervorgestiegen ist. Mir sind die Nibelungen demnach nicht der ,Aberglaube der deutschen Nation' wie Ihnen, sondern, wenn Sie mir einen Ausdruck gestatten wollen, den ich nur Ihnen gegenüber zu brauchen wage, ein Sternbild, das nur z u f ä l l i g nicht mit am Sternenhimmel funkelt. Doch dies ist ein Punkt, den man brieflich nur berühren kann, aber die Einschränkung, die ich mir auf der einen Seite auflege, wenn ich auf der anderen gewissermaßen ins Grenzenlose hinaussteure, will ich doch noch markieren. Nie gestatte ich mir, aus der dunklen Region unbestimmter und unbestimmbarer Kräfte, die ich hier vor Augen habe, ein Motiv zu entlehnen; ich beschränke mich darauf, die wunderbaren Lichter und Farben aufzufangen, welche unsere wirklich bestehende Welt in einen neuen Glanz tauchen, ohne sie zu verändern. Der Gyges ist ohne Ring möglich, die Nibelungen sind es ohne Hornhaut und Nebelkappe; prüfen Sie, Sie werden es finden." — *(6085)*

Bemerkenswert ist es, daß alle Zauberdichtung, das Märchen nicht ausgeschlossen, sich innerhalb der Grenzen hält, die ich in diesem Brief zu ziehen versuchte. Sie springt mit der Welt um wie die Kinder mit dem Lehm, aus dem sie allerlei Figuren kneten, aber sie rührt nicht an den Menschen. Sie jagt ihn freilich durch alle mögliche Tierleiber hindurch, denn sein Körper gehört noch mit zur Welt, ja sie sperrt ihn in Bäume und Felsblöcke ein, aber der Prinz bleibt Prinz, das Mädchen Mädchen usw. In der Regel begnügt sie sich sogar damit, Raum und Zeit aufzuheben, die der Philosoph ohnehin für bloße Anschauungsformen erklärt, also den gleißenden Scheinrealismus, der gar nicht existiert, zu beseitigen, und das ist am allermerkwürdigsten. *(6086)*

d. 24. Februar. Gestern abend die dritte Vorstellung der „Nibelungen". Das Haus so voll, daß kein Apfel zur Erde konnte, Aufmerksamkeit wie bei Messe und Predigt, am Schlusse abermaliger Hervorruf, und für die vierte Wiederholung die Sitze schon alle verkauft. Ich kam um halb neun Uhr auf die Bühne, um den Schauspielern, die ich seit der letzten Probe nicht mehr gesehen hatte, einige Worte des Danks und der Ermunterung zu sagen. In Erwiderung derselben richtete Madame Rettich mir viel Schmeichelhaftes von der Erzherzogin Sophie, der Mutter des Kaisers, aus, die über das Stück entzückt sei und sie beauftragt habe, mir das mitzuteilen. Also Publikum und Hof gewonnen; da darf man ja wohl an einen Erfolg glauben! Nicht zu verachten! „Laßt mich die Lieder eines Volks machen und macht ihr die Gesetze", sagt Fletcher. *(6087)*

d. 3. März. Gestern abend in Gesellschaft bei Fanny Elßler. Diese Dame hat etwas von der Ninon de L'enclos; sie ist bereits Großmutter, aber noch immer fein und graziös. Dabei versteht sie sich auf die Geheimnisse der Toilette, auf die unschuldigen, möchte ich sagen, deren Wirkung mit der der Natur fast zusammenfällt. Die Frauen sollten es machen wie das Jahr; der Frühling kleidet sich in den ersten Schmelz, der Sommer prangt in der vollen Pracht der Farbe, aber der Herbst dämpft sie weise, und der Winter löscht sie völlig aus. *(6096)*

d. 7. März. Gestern abend Gesellschaft bei uns; die letzte in diesem Jahr, denn meinen fünfzigsten Geburtstag will ich nicht feiern. Etwas zerrissen, weil die stark grassierende Grippe mehrere Gäste fernhielt; La Roche und Familie, die Owen, Kalchbergs. Seltsamer Traum meiner Frau. Sie tritt in mein Zimmer, ich sitze auf dem Sofa, und zu meinen Füßen auf dem Teppich kauert ein altes Weib, das mir Karten legt und dem ich gespannt zuschaue. M e i n e F r a u. „Aber was ist das? Alles schwarz! Das bedeutet Tod." I c h. „Ist denn die L a n g (die Schloßhauptmännin war gemeint) noch nicht gestorben?" M e i n e F r a u. „Ich glaube nicht." P r o f e s s o r G l a s e r (die Tür aufreißend). „Ich komme von Langs; es ist aus." M e i n e F r a u. „Nun, die übrigen Karten sind gut."   (6101)

d. 9. März. Morgens um zehn Uhr eine Deputation der Techniker; die Burschenschaft Libertas will mir einen Kommers geben. Seit Heidelberg sah ich die grünen Kappen nicht mehr.   (6103)

Nachmittags beim Kaffee sagte mir meine Frau, sie habe fest geschlafen und sogar geträumt, aber von häßlichen Dingen, die bei ihr immer Ärger oder Krankheit bedeuteten, nämlich von Wasser und Wäsche. Wir haben jetzt schon alles beides. Eine halbe Stunde später kam aus dem Theaterbureau eine Repertoireveränderung; die „Nibelungen" können am Donnerstag nicht sein, weil König Gunther hustet. Und am Abend hat der Grippzustand meiner Frau sich so verschlimmert, daß sie sich gleichfalls unpäßlich melden muß.   (6104)

Ein paar gute Geschichten. Eine Fürstin Esterhazy erzählt, sie habe bei der Robotaufhebung im Jahre 1848 zirka 100 000 Gulden an Jahreseinkünften eingebüßt, aber sie freue sich darüber, denn sie habe ohnehin nie gewußt, was sie mit dem Gelde machen solle.   (6105)

d. 25. März. Über meinen Geburtstag bin ich wie im Traum weggekommen; ich war krank. Das ist denn so übel nicht; ich war ohnehin entschlossen, ihn nicht zu feiern. Nun sind die Fünfzig überschritten, und ich denke, man treibt's fort wie bisher. Doch ist mir an diesem Tage so viel Herzliches und Freundliches zuteil geworden, daß es undankbar von mir wäre, wenn ich nicht eine kleine Um- und Rückschau hielte. Moritz Kolbenheyer in Oedenburg schickte mir zwölf Flaschen Ungarwein; ich habe ihn noch nicht gekostet, aber ich habe gesehen, mit welcher Andacht ihn andere tranken. Die Großherzogin von Sachsen-Weimar verehrte mir einen kostbaren silbernen Pokal; dafür bin ich Marshall den Dank schuldig. Marshall schrieb mir zugleich, der Großherzog habe mich zu seinem Hofbibliothekar ernannt, ohne Besoldung natürlich, wie ohne Verpflichtung; doch ist das Patent nicht eingetroffen. L. A. Frankl[1] schenkte mir die Canovasche Gruppe, wie Theseus den Zentauren erlegt, und fügte in Anspielung auf den Erfolg der „Nibelungen" sinnig bei, sie sei ein Symbol meines Doppelsiegs: der Kunst und des gebändigten Widerstandes; möge es ein prophetisches Wort gewesen sein. A. Stern aus Chemnitz stellte sich mit einem Sonett ein, La Roche brachte mir einen Toast der Grünen Insel[2], von Konstantin Würzbach gedichtet und am Abend zuvor gesprochen, Eitelberger gratulierte mir mit ein paar herzlichen Worten, Campe telegraphierte aus Hamburg, und das vierjährige Töchterchen von Littrow brachte mir einen Blumenstrauß und eine Malerei der Schwester vor mein Bett. Auch Adolph Strodtmann[3] ließ sich vernehmen, meinte jedoch seltsamerweise, ich würde wohl nicht mit Jubel, sondern mit Wehmut auf das abgelaufene halbe Jahrhundert zurückschauen, und hielt mir eine förmliche Parentation, wie einem Lebendigbegrabenen. Das Schönste aber kam von Glasers; zwei Aquarellgemälde, die mir die ferne Vergangenheit unmittelbar vor die

1. L. A. Frankl (1810-94), Wiener Dichter.
2. Eine Wiener Künstlergesellschaft.
3. Adolph Strodtmann (1829-79), Redakteur in Hamburg.

Augen und die Seele rückten, nämlich das Bild der Wesselburner Kirche und des Kirchspielvogt Mohrschen Hauses. Diese zarte Aufmerksamkeit hat mich tief gerührt! Das war kein flüchtiger, momentaner Einfall, den man ausführt, weil der Laden, an dem man zufällig vorbeigeht, Gelegenheit dazu bietet; das war ein Gedanke, der durch eine lange Kette von Händen laufen mußte, bevor er verkörpert werden konnte. An die Kosten freilich mag ich nicht denken! *(6114)*

d. 7. April. Wunderbare Tage; man widersteht nur mit Mühe der Versuchung, Sommerkleider anzulegen. Das erste Sprenkelgrün der Bäume gleicht dem ersten Gefieder der jungen Vögel; es ist duftig und hingehaucht zum Wegblasen. *(6119)*

Gestern morgen erhielt ich endlich das Dekret aus Weimar, das mich zum Hofbibliothekar macht; es ist ein bloßer Titel, aber in Wien kann er mir nützen. Mittags empfing ich die Tantieme für die ersten acht Vorstellungen der „Nibelungen"; sie belief sich auf 860 fl., und die Verrechnung zeigte, daß das Haus bis auf weniges am letzten Abend so voll gewesen war wie am ersten. Um fünf Uhr dinierte ich beim Grafen Salm; ein großes Opfer von meiner Seite, da eine so späte Eßstunde mir den ganzen Tag zerreißt, aber ich mußte es bringen, denn der Graf war zweimal persönlich bei mir, um mich einzuladen. Ich sah dort die Fürstin Hohenlohe seit Jahren zum erstenmal wieder und hatte Mühe, die Prinzessin Wittgenstein in ihr wiederzuerkennen; so blaß, abgefallen und verschüchtert war sie. Sie hatte dies Zusammentreffen veranstaltet, indem sie mir nach der Aufführung der „Nibelungen" ein freundliches Billett schrieb, worin sie mich bat, ihre Freundin, die Gräfin Salm, die mich kennenzulernen wünsche, einmal zu besuchen, was ich nach meiner Genesung tat. *(6122)*

d. 19. April. Gestern abend fand der Studentenkommers statt, den die Libertas in Verbindung mit den übrigen Technikervereinen mir zum 18. v. M. zugedacht hatte. Noch immer nicht wieder gesund, ging ich nur ungern hin, aber ich konnte mich einer solchen Freundlichkeit unmöglich entziehen. So saß ich denn seit siebenundzwanzig Jahren zum erstenmal wieder unter Studierenden, und was ehemals auch für mich volle, schöne Wirklichkeit war, ging als Schauspiel, Traum und Schatten an mir vorüber. Ein langer, langer Saal; Zugang durch ein mit Lampen erhelltes Gärtchen, die Wände mit Fahnen und Emblemen, unter denen sich natürlich Germania und Libertas hervortaten, bunt aufgeschmückt, und an hundert junger Leute in ihren roten, grünen und blauen Kappen und mit den phantastisch geformten Pfeifen, ohne die der Bursch defekt sein würde, um die Tische herumgelagert. Sie führten zum Teil wunderliche Namen; es fand sich ein Winkelried von der Silesia, und auch ein Hebbel war da, der schon zu der Zeitungsnotiz, daß ein Sohn von mir Technik studiere, Anlaß gegeben hatte. Mir wurde mein Platz oben beim Präses angewiesen; Kulke[1] hatte ich mitgebracht, um doch mit der Jugend nicht ganz allein zu sein, es kamen aber auch einige Professoren, unter anderen der Weltumsegler Hochstetter und Freund Frankl. Reden, Gedichte, Trinksprüche, bei denen ich wie auf Kohlen saß. Aber Napoleon sagt: Es ist einerlei, w o f ü r der Jüngling sich begeistert, w e n n er sich nur begeistert! und dies tiefsinnige Wort half mir zuletzt über die Verlegenheit hinweg. Ein schönes Blatt, von dem Maler der Verbindung ausgeführt und mit den Unterschriften der sämtlichen Mitglieder versehen, ward mir zu bleibendem Andenken verehrt; mein Bild, nach einer Photographie, und

1. Eduard Kulke, ein junger Bewunderer Hebbels, veröffentlichte 1865 Gespräche mit Hebbel.

ringsherum Gruppen aus „Judith“, „Gyges“, „Mutter und Kind“ und den „Nibelungen“. (6127)

d. 3. Mai. Endlich einmal wieder ein poetischer Atemzug; das Gedicht „Diokletian“! Sonst bin ich so prosaisch-nüchtern und unproduktiv, wie man es nur sein kann, wenn das ganze Nervensystem sich in einen rheumatisch-hämorrhoidalischen Knoten verwandelt hat. (6134)

d. 26. Mai. Unser siebzehnter Hochzeitstag! Wir waren nachmittags in Schönbrunn; allein, Vater, Mutter und Kind, und ich wollte, wir wären es immer gewesen. Die praktischen Nationen, die Italiener, Franzosen und Engländer, die sich fest in ihrem Familienkreis abschließen und kein fremdes Element zulassen, folgen einem sehr richtigen Instinkt. Was hab ich davon, daß ich mich zehn Jahre lang mit sogenannten Freunden schleppte und jeden Abend um acht Uhr ängstlich zu Hause eilte, um ja für sie daheim zu sein! Viele kostbare Stunden habe ich geopfert, den Meinigen oder meinen Arbeiten entzogen, und mein Gewinn besteht darin, daß ich mich nicht umsehen darf. Denn, wie hell das Licht auch in der Vergangenheit brennen mag, überall fällt mein Blick zuerst auf diese Larven, die es umtanzen, und das erfüllt mich mit einem solchen Schauder, daß ich selbst von der schönen Sternenkette der Weihnachtsabende mein Auge abwenden muß. (6146)

d. 30. Mai. Wir waren im Augarten; Herr von Goethe[1] schloß sich uns an. Er sagte mir, daß im Juni die Korrespondenz zwischen Goethe und Carl August erscheinen wird, und zwar auf Betrieb des Großherzogs, zu dessen Geburtstag sie ausgegeben werden soll. Ich bin äußerst begierig; dies kann die Publikation nicht sein, von der Herr von Cotta im vorigen Jahr bei meiner

1. Goethes Enkel.

Durchreise in Stuttgart erklärte, daß sie ihm vater-
mörderisch vorkomme und daß er sie lieber bezahlen
als drucken wolle. Herr von Goethe sprach sehr gut
über das Buch; er meinte, es werde für alle Zeiten die
Frage lösen, ob zwischen einem Fürsten und einem
Nichtfürsten ein Freundschaftsverhältnis bestehen könne
oder nicht, im übrigen aber müsse man nichts Tatsäch-
lich-Neues davon erwarten, denn umgebracht habe sein
Großvater niemand und, einen etwa verheimlichten
Mord ausgenommen, sei ja alles aus seinem Leben bekannt.   *(6148)*

d. 2. Juni. Großer Studentenkommers zu meinen Ehren
im Zeisig. Ich hätte gern abgelehnt, denn ich liebe die
Wiederholungen nicht und bin überdies krank, aber ich
war der letzte, der eingeladen wurde. Wohl vierhun-
dert junge Männer; alle Fakultäten zahlreich vertreten.
An Professoren: Unger für die Jurisprudenz; Dumrei-
cher für die Medizin; Stein für die Nationalökonomie;
Zimmermann für die Philosophie usw. Brücke entschuldigte sich den Abend vorher gegen mich mit einer Ko-
mitee-Sitzung, fügte aber hinzu, daß er auch ohnehin
nicht gekommen sein würde; er wolle nicht den Michel
Perin, den Spion wider Willen spielen, und er halte es
nicht für unwahrscheinlich, daß unter irgendeinem
neuen Ministerium noch einmal wieder Untersuchun-
gen wegen schwarzrotgoldner Westenbänder und Pfei-
fenquasten eingeleitet werden könnten. Das ist freilich
möglich. Glaser vermißte ich; seltsam genug ergab es
sich später, daß er übergangen war. Unger sprach über
die Poesie des Rechts, an den fünften „Nibelungen"-
Akt anknüpfend; Zimmermann entwickelte meine Stellung in der Literatur und ging dabei von dem alten
dithmarsischen Schlachtruf: „Wahr di, Bur, de Garr, de
kummt" und dem zweiten: „Wahr di, Garr, de Bur, de
kummt" ebenso originell als ergötzlich aus. Beide Reden waren vortrefflich; Stein tickte mit Vorsicht an die

Schleswig-Holsteinische Frage und rief dadurch viele Unvorsichtigkeiten hervor; ich druckste mir ein paar schickliche Worte des Dankes ab. Kolbenheyer hatte sich mit einem lustigen Gedicht eingestellt, worin er der alten schlesischen Dichter gedachte, denn er selbst ist Schlesier, und die Silesia hatte das Fest veranstaltet. Ovationen der Art setzen mich immer in Verlegenheit, aber ich ertrage diese, weil sie wahr sind. Die Jugend ist unbestechlich; sie ruft nicht hurra!, wenn sie nichts empfindet. (6150)

[GMUNDEN]

d. 18. Juni. Gestern nahm ich das erste Solenbad, und zwar in dem neuen Etablissement. Kaltes Zimmer, kalte Metallwanne, kaltes Wasser, keine Spur von Transpiration, vielmehr Schaudern und Frösteln. Resultat: ein scheußlicher Tag. Heute nahm ich das zweite, aber in der alten Badhütte auf der Traunbrücke; alles umgekehrt. Als ich aus meinem Zimmer heraustrat, flatterte mir eine Schwalbe entgegen, die auf der Diele ihr Nest hatte; ich nahm es „für ein günstig Zeichen, ein Zeichen, wie's der Kranke braucht", um Uhlands Verse mit einer kleinen Variation anzuwenden. (6161)

Vorher schrieb ich meiner Frau einen Brief über Geselligkeit und gesellige Leute. Als ich zurückkam, tief in meinen Überrock eingeknöpft, begegnete mir einer von der noblen Klasse, und ich rief: Der wird nun über dich herstürzen wie das Faultier über den grünen Baum! Es geschah zufällig nicht, aber der Prozeß, aus dem dieser Gedanke hervorging, wurde mir merkwürdig. Bis zum vergleichenden W i e war er natürlich, als sich ganz von selbst verstehend, beim Anblick des bedrohlichen Individuums auf der Stelle da und wurde auch laut ausgesprochen. Beim W i e stockte die Zunge, augenblick-

Hebbels letzte Tagebucheintragung vom 25. Oktober 1863

(leicht verkleinert)

lich aber schoß das ergänzende Bild nach, ohne daß die Genesis desselben vorher ins Bewußtsein gefallen wäre. Das geschieht auch nie, aber in diesem speziellen Fall ist der Ideenassoziation, die das Bild erweckte, vielleicht mit Bestimmtheit nachzukommen. Das Faultier tötet den Baum, auf den es sich setzt, wenigstens für einen Sommer, und der langweilige Mensch denjenigen, an den er sich hängt, wenigstens für eine Stunde oder für einen Tag. So decken sich diese beiden analogen Erscheinungen der physischen und der intellektuellen Welt für die Phantasie in dem Punkt, der für sie der wesentliche ist, vollständig und müssen sich darum auch gegenseitig hervorrufen. Dieser Prozeß wird aber immer stattfinden, wenn er sich auch nur selten so klar in seine einzelnen Momente auflösen lassen mag.   (6162)

d. 20. Juni. Nachmittags von sechs bis Sonnenuntergang beim Kogelbräu. Die Wirtin, kaum ein paar Jahre verheiratet, ist schon so dick wie ein Faß. Wie sie sich so durch den Saal schob und ihrem Schädel für jeden der Gäste ein paar nichtssagende Worte abzupressen suchte, war sie die Karikatur einer Fürstin, die im Hofzirkel die nämliche Rolle zu spielen hat. Gespräch. Ein Gast machte die zufällige Bemerkung: „Was hat eine Kellnerin im Alter!" Eine Kellnerin, die gerade vorüberging, hörte es und versetzte: „Wie viele Kellnerinnen sterben jung!" Der Tod ist solch einem Mädchen gewiß der Schrecken aller Schrecken; nichtsdestoweniger mußte er hier als Schild gegen den Gedanken an ein hilfloses Alter dienen. Aber so ist der Mensch! Die „Nibelungen" sind am 19. zum zehntenmal gegeben; diesmal auf Befehl des Hofs zur Eröffnung des Reichsrats.   (6163)

Wie reich kommt man sich in der Jugend vor. Und im Alter ist man der Vogel, der den Ozean austrinken und den Berg, Sandkorn nach Sandkorn, abtragen soll! Aber beides muß sein!   (6168)

d. 23. Juni. Einen allerliebsten Brief von Titi; acht Seiten lang. Seltsames Gefühl, eigentümliche, den eigenen zum Teil widersprechende Gedanken und Empfindungen von einem Wesen entgegenzunehmen, das ohne einen nicht da wäre. Sie richtet mir Grüße nach der „Jelängerjelieber-Liste" aus, nämlich von der Mama, von Schatzi, Schelmi, Pintschi, Drossi und Zeisi. Da ist auch wirklich so ziemlich alles aufgezählt, was ich mit Liebe und Vertrauen zugleich umfasse. Alle übrigen Verhältnisse sind mehr oder weniger konventioneller Natur und werden durch den Strick von Sand aus dem Kindermärchen zusammengehalten, den man bekanntlich nicht anrühren darf und auch vor dem Luftzug in acht nehmen muß. (6170)

Sehr hübscher Brief vom Großherzog. Er dankt mir für meine Gratulation zu seinem Geburtstage und nennt mich den „Fürsten der Gedanken". (6174)

d. 27. Juni.

Ich schritt vorbei an manchem Baum,
　　Im Spiel der Morgenwinde;
Da rief ich plötzlich wie im Traum:
　　„O Gott, o Gott, wie linde!"

Es war der holde Lindenbaum,
　　Ihn kräuselten die Winde,
Da weckte aus dem Dichtertraum
　　Sein süßer Duft mich linde.

Ich aber sprach: Du einz'ger Baum,
　　Dich grüßt wohl selbst der Blinde,
Der deinen Namen nie im Traum
　　Vernommen, noch als Linde!

Buchstäblich. Erlebt, als ich um halb zehn ins Bad ging; gemacht während des Bades; niedergeschrieben, wie ich wieder zu Hause kam. (6175)

411

[WIEN]

d. 25. Oktober. Eine große Leidensperiode, die noch nicht vorüber ist, so daß ich sie erst später fixieren kann. Aber seltsam genug, hat seit 14 Tagen der poetische Geist angefangen, sich in mir zu regen, es entstanden anderthalb Akte des „Demetrius", obgleich ich, durch Rheumatismen verhindert, kaum imstande war, sie niederzuschreiben, und wenn es so fort geht, darf ich hoffen, das Stück im Winter unter Dach und Fach zu bringen. Wunderlich-eigensinnige Kraft, die sich jahrelang so tief verbirgt, wie eine zurückgetretene Quelle unter der Erde, und die dann, wie diese, plötzlich und oft zur unbequemsten Stunde, wieder hervorbricht! *(6176)*

Hebbels letzte Brieftasche [1]

Meinem innigstgeliebten Nux[2] zu seinem 50. Geburtstage mit dem Wunsche, daß er jeden Tag wenigstens
fünfzig schöne Gedanken hineinschreiben möge.   *(1)*

Völlig zufrieden, wenn mir nur noch einer täglich vom
Himmel fällt.   Nux. *(2)*

Ist bis jetzt nicht geschehen.
Döbling, d. 10. Juni 1863.   Nux. *(3)*

Gerade der Künstler setzt Ehr' über Gut.   *(7)*

Setze ein Ding in den vollkommensten Widerspruch
mit seinem Zweck: Du zerstörst es u. wär's eine Armee.
                                                       (8)

Wenn irgendeine Generation des menschlichen Geschlechts nur könnte, wie rasch würde sie die irdische
Unsterblichkeit für sich allein in Anspruch nehmen; unbekümmert um die großen Genies, die noch geboren
werden, unbekümmert um die, die wieder auferstehen
könnten.   *(11)*

Die Linde, unter der ich ging, und ihr D u f t.[3]   *(12)*

Mit welch einer Blut- und Qualschuld hat die Menschheit sich durch ihre Sünde an der Tierwelt bedeckt! *(15)*

1. Zu seinem 50. Geburtstage am 18. März 1863 schenkte Christine
ihrem Mann eine Brieftasche, in die er seine Gedanken eintragen
sollte. Nach seinem Tode am ⟨13. Dezember 1863 hütete sie sie
sorgsam, stellte sie aber dann doch für die Herausgabe der Tagebücher zur Verfügung. Die erste Eintragung stammt von ihrer
Hand.
2. Christines Kosename für Hebbel.
3. Die Notiz, aus der dann das Gedicht oben (Nr. 6175) hervor-
gegangen ist.

Den Menschen sind Verstand und Vernunft gegeben, um den Sternenhimmel zu erklären. Aber wenige von ihnen machen den Versuch, und die andern brauchen sie dann, um desto besser die fetten Würmer im Staube zu finden. *(16)*

Wer weiß denn, ob nicht jedes Tier die Fähigkeit hat, in ein anderes höheres überzugehen? Erst in großen Weltkrisen der Natur könnte das sich zeigen. *(17)*

Ich setze mein Eichkätzchen in den Baum; es leckt die Hand, die es hineingesetzt, und schlüpft wieder in sie zurück. Die ganze Welt, die ihm gehört, ist ihm fremd, u. es fürchtet sie. *(18)*

Es als t r a g i s c h e s Motiv zu brauchen, daß der bescheidenste Mann, gedrängt von höherer historischer Notwendigkeit, sich selbst rühmen, von seinen Eigenschaften sprechen muß; z. B. in der Szene zwischen Friedrich und Heinrich dem Löwen. „Nicht Ehrgeiz treibt mich, Pflicht. Mir flucht der Bauer, den ich vom Pflug abrufe; er weiß nicht, daß es sonst sein Büttel täte!" — *(19)*

Der Polyp kann sich aus sich selbst ergänzen; jedes Stück enthält einen g a n z e n. Der Mensch bleibt ewig Stückwerk. *(24)*

Der Dichter verwandelt die Welt in ein Spiel. Was heißt das? Er kehrt das Ding um; wenn in der Welt das Gesetz der Erscheinung erliegt, so erliegt im Kunstwerk die Erscheinung dem Gesetz. *(40)*

Goethe rechnete nicht mit der Totalität der Menschheit, sondern mit ihren einzelnen Fakultäten. *(43)*

Ein großer Mann gilt für eine Million, wie schade, daß man diese Million nicht, wie eine andere, durch Scheidemünze zusammenbringen kann. *(49)*

ZEITTAFEL ZU HEBBELS LEBEN UND SCHAFFEN

1813 18. März Hebbel geb. in Wesselburen. — 25. März Taufe.

1817 9. Februar Christine Engehausen (Enghaus) geb. in Braunschweig.

1827 Konfirmation. — 18. November Tod des Vaters Claus Friedrich Hebbel (geb. 1789). — Hebbel wird Schreiber beim Kirchspielvogt Mohr.

1835 14. Februar Abmarsch nach Hamburg. Unterstützung durch Amalie Schoppe, geb. Weise (geb. 1791). — 23. März Beginn der Tagebücher. Bekanntschaft mit Elise Lensing (geb. 1804).

1836 27. März Abmarsch nach Heidelberg. — 12. September Beginn der Fußreise von Heidelberg über Straßburg, Stuttgart und Tübingen nach München. — 29. September Ankunft in München.

1837 13. April Ankunft Emil Rousseaus in München. — September neue Wohnung bei Tischler Schwarz. Freundschaft mit dessen Tochter Josepha (Beppi).

1838 28. August Emil Rousseaus Promotion, Hebbel Opponent. — 3. September Tod der Mutter Antje Margaretha Hebbel, geb. Schubart, in Wesselburen (geb. 1787) — 2. Oktober Tod von Emil Rousseau in Ansbach (geb. 1817).

1839 11.—31. März Fußreise von München nach Hamburg. — 2. Juni lebensgefährliche Erkrankung. — 2. Oktober Beginn der *Judith*.

1840 27. Januar Vollendung der *Judith*. — 6. Juli Aufführung der *Judith* in Berlin. — Juli Liebe zu Emma Schröder. — 13. September Beginn der *Genoveva*. — 5. November Sohn Max geb. — 1. Dezember Aufführung der *Judith* in Hamburg.

1841 1. März *Genoveva* vollendet. — 4. Juli *Judith* erschie-

nen. — 29. November *Der Diamant* vollendet. —
25. Dezember *Der Diamant* beim Preisgericht in Berlin eingereicht.

1842 5.—8. Mai Hamburger Brand. — Juli *Gedichte* erschienen. — Oktober *Genoveva* erschienen. — 21. Oktober Max getauft. — 12. November Abreise nach Kopenhagen. — 13. Dezember erste Audienz bei König Christian VIII.

1843 23. Januar zweite Audienz bei König Christian VIII. — März Erkrankung an Rheumatismus. — 10. März *Maria Magdalena* begonnen. — 4. April Reisestipendium für zwei Jahre bewilligt. — 12. April Dekret erhalten. — 27. April Abreise von Kopenhagen. — 28. April Ankunft in Hamburg. — 31. Juli *Mein Wort über das Drama!* beendigt und sofort publiziert. — 8. September Abreise von Hamburg. — 12. September Ankunft in St. Germain-en-Laye. — 28. September Übersiedlung nach Paris. — 2. Oktober Tod des Sohnes Max in Hamburg. — 4. Dezember *Maria Magdalena* vollendet.

1844 14. Mai Sohn Ernst geb. — September *Maria Magdalena* erschienen. — 26. September Abreise von Paris. — 3. Oktober Ankunft in Rom.

1845 19. Juni bis 8. Oktober in Neapel. *Moloch* begonnen. — 11.—29. Oktober zum zweiten Male in Rom. — 4. November Ankunft in Wien. — November *Julia* begonnen.

1846 26. Mai Vermählung mit Christine Enghaus. — Juli mit Christine in Ofen. — 12. September *Ein Trauerspiel in Sizilien* begonnen. — 27. Dezember Emil (Ariel) Hebbel geb.

1847 9. Januar *Ein Trauerspiel in Sizilien* vollendet. — 14. Februar Tod des Sohnes Emil Hebbel. — 23. Februar *Herodes und Mariamne* begonnen. — 12. Mai Tod des Sohnes Ernst in Hamburg. — 15. Mai *Der Diamant* erschienen. — 29. Mai Ankunft Elise Lensings in Wien. — 26. Juni bis 9. Juli in Graz mit Christine. — 15. Juli bis Anfang August mit Christine in Berlin. — 23. Oktober *Julia* vollendet. — November *Neue Gedichte* erschienen. — 25. Dezember Christine (Titi) Hebbel geb.

1848 20. Januar Tod König Christians VIII. — März Revolution in Wien. — 8. Mai *Maria Magdalena* in Wien aufgeführt. — 26. Mai bis 8. Juni Reise nach Innsbruck zum Kaiser. — 27. August Abreise Elise Lensings nach Hamburg. — 14. November *Herodes und Mariamne* beendet.

1849 1. April *Der Rubin* begonnen. — 19. April *Herodes und Mariamne* aufgeführt in Wien. — 19. Mai *Der Rubin* beendet. — 15. November Feuilletonredakteur der „Österreichischen Reichszeitung". — 21. November *Der Rubin* aufgeführt in Wien. — Dezember *Schnock* erschienen.

1850 Januar *Herodes und Mariamne* erschienen. — 15. März Rücktritt von der „Österreichischen Reichszeitung". — Juli Reise nach Agram und Hamburg mit Christine. — 8. Oktober *Ein Trauerspiel in Sizilien* und *Der Rubin* erschienen. — Mitte November *Michel Angelo* begonnen, 18. Dezember beendet.

1851 21. Januar Nachspiel zur *Genoveva* beendet. — April *Julia* mit *Abfertigung eines ästhetischen Kannegießers* erschienen. — April Reise nach Berlin. — Juli Reise nach Berlin und Hamburg mit Christine und Emil Kuh. Besuche bei Ludwig Tieck. — 22. September *Agnes Bernauer* begonnen, 24. Dezember beendet. — *Michel Angelo* erschienen.

1852 Februar und März Aufenthalt in München. — 25. März *Agnes Bernauer* in München aufgeführt. — Juli Reise nach Venedig und Mailand mit Christine.

1853 28. April Tod Ludwig Tiecks. — Juli Reise nach Hamburg und Helgoland. — September *Feuchtersleben* erschienen. — Dezember *Gyges und sein Ring* begonnen.

1854 20. Januar *Genoveva (Magellona)* aufgeführt in Wien. — Juli und August Reise mit Christine nach Marienbad und Prag, allein nach Dresden. — Oktober *Agnes*

Bernauer erschienen. — 14. November *Gyges und sein Ring* beendet. — 18. November Tod Elise Lensings in Hamburg.

1855 August Reise nach Gmunden. — 14. August Häuschen in Gmunden-Ort angekauft, 21. August bezogen. — Oktober *Die Nibelungen* begonnen. — *Erzählungen und Novellen, Michel Angelo, Gyges und sein Ring* erschienen.

1856 9. Februar *Mutter und Kind* begonnen. — Juli in Gmunden.

1857 18. Februar *Siegfrieds Tod* beendet. — 20. März *Mutter und Kind* beendet. — April und Mai Reise nach Hamburg, Rhein, Frankfurt (Besuch bei Arthur Schopenhauer mit Wilhelm Jordan), Weimar, Stuttgart (bei Eduard Mörike). — Juli in Gmunden. — September *Gedichte, Gesamtausgabe* erschienen. — Dezember Tiedge-Preis für *Mutter und Kind*. — *Demetrius* begonnen.

1858 22. Februar bis 16. März den Operntext *Der Steinwurf oder Opfer um Opfer* geschrieben. — 11. Mai dem Großherzog Karl Alexander von Sachsen vorgestellt. — 19. Juni bis Juli Reise nach Weimar. — 25. Juni *Genoveva* in Weimar aufgeführt. — Verleihung des Falkenordens. — Juli in Gmunden. — Mitte September mit Emil Kuh in Krakau. — 25. September Tod von Amalie Schoppe in New York.

1859 Juni an Rheumatismus erkrankt. — Juli und August in Gmunden. — September Reise nach Weimar. — Wiederaufnahme der *Nibelungen*. — *Mutter und Kind* erschienen.

1860 Ende Januar Bruch mit Emil Kuh. — 22. März *Die Nibelungen* vollendet. — 7. Juni Bruch mit Debrois van Bruyck. — Juli und August in Gmunden. — November Reise nach Paris. — Dezember Maximiliansorden.

1861 Ende Januar Reise nach Weimar. — 31. Januar *Die Nibelungen* erste und zweite Abteilung aufgeführt in Weimar. — Mai Reise nach Weimar mit Christine. —

16. und 18. Mai *Die Nibelungen* vollständig aufgeführt in Weimar. Übersiedlung dahin geplant. — Juli und August in Gmunden. — Oktober Reise nach Hamburg und Berlin. — Endscheidung, in Wien zu bleiben.

1862 März *Die Nibelungen* erschienen. — Mai und Juni Reise über Paris nach London zur Weltausstellung. — Juli und August in Gmunden. — Mitte August Gast des Großherzogs in Wilhelmsthal. — 13. November Tod Ludwig Uhlands.

1863 19. Februar *Die Nibelungen* erste und zweite Abteilung aufgeführt in Wien. — 16. März Erkrankung. — 18. März fünfzigster Geburtstag. Ernennung zum Privatbibliothekar in Weimar. — 18. April Kommers der „Libertas" zu Ehren Hebbels. — 2. Juni Kommers der „Silesia" und „Germania". — 15. Juni bis Ende August in Gmunden zur Kur. — September Kur in Baden bei Wien. — Oktober *Demetrius* wieder aufgenommen. — 7. November Schillerpreis. — 13. Dezember Tod Hebbels um 5 Uhr 40 Minuten morgens. — 18. Dezember endgültige Beisetzung in der Gruft des Matzleinsdorfer evangelischen Friedhofs in Wien.

Diese Tagebücher Hebbels, die er als junger Mensch mit so großen Hoffnungen zu führen begann, haben in doppelter Beziehung die an sie geknüpften Erwartungen erfüllt. Sie sind ihm selbst in der Tat ein „Notenbuch" seines Herzens geworden; Stimmungen, Gefühle, Gedanken, die sonst schnell vergangen und vergessen gewesen wären, hat er sich hier bewahrt. Andererseits haben die Tagebücher der Nachwelt, besonders dem in der Tagebuch-Präambel mit so viel Skepsis heraufbeschworenen „künftigen Biographen", erst ein wirkliches Bild dieses sehr aufrichtigen Menschen und Dichters vermittelt, der viel zu stolz war, um sein Spiegelbild hinaufzustilisieren.

Hebbel selbst boten die Tagebuchaufzeichnungen im Rückblick Anhaltspunkte für das einst Überlegte und Geplante, denn wir wissen mit Sicherheit, daß er in ihnen geblättert und sich des vom Strom der Zeit mitgerissenen Gedankenguts und Gefühlsgehalts wieder versichert hat. Er hat die Tagebücher aber nicht nur dafür gebraucht, sondern auch — um den Ausdruck Kleists anzuwenden — als „Ideenmagazin": Gedanken und Entwürfe zu Dramen, philosophische oder dramentheoretische Aperçus, die ihn durchblitzten und schnell niedergeschrieben sein wollten, hat er später, wenn die Stunde dafür da war, wieder aufgesucht und verwendet.

In der frühesten Zeit, die von Not und Armut so beengt war, daß Papier und Porto gewichtige Ausgaben verursachten, vertraute er dem Tagebuch schlechthin alles an, was für ihn wichtig war: Abschriften von Briefen, Exzerpte aus gelesenen Büchern, Rechnungen über ausgegebenes und erhaltenes Geld. Besonders in der einsamen Münchener Zeit, da er in endloser Lektüre und ausdauerndem Studium, im stillen Kämmerlein mehr als im Hörsaal, sich den Weg zum eigenen Dichtertum ertrotzt, ist das Tagebuch oft über Wochen sein einziger Gesprächspartner gewesen. Daher die Fülle der Eintragungen in den frühen Jahren gegen die Knappheit späterhin. Wenn er eigene Werke unter den Händen hat, geht der geistige Strom unmittelbar in die Werke ein, das Tagebuch verzeichnet dann unter Umständen nur die Daten der Entstehung der einzelnen Akte oder des Abschlusses. Vielleicht sind die Eintragungen während der Entstehung der *Agnes Bernauer* (September bis Dezember 1851) am bezeichnendsten dafür, wo es am Schluß lakonisch heißt: „Zufrieden."

In den späteren Jahren, seit der Niederlassung in Wien, waren die natürlichen Gesprächspartner seine Frau und der Kreis der Freunde, der sich um sie beide zusammenfand. Christine war selbst Künstlerin, und ihr feines Gefühl für Dichtung hatte sie mit Hebbel zusammengeführt: weil sie den Dichter der *Judith* und der *Maria Magdalena* kennenzulernen wünschte, machte Hebbel ihr den ersten Besuch. Abgesehen von diesem persönlichen Kreis wuchs in Wien gleichzeitig Hebbels Korrespondenz mit gleichstrebenden und interessierten Zeitgenossen und Freunden stetig ins Weite. Es ist zu verstehen, daß durch diese von Hebbel bewußt verwaltete Korrespondenz dem Tagebuch vieles entzogen wurde. Nur in Zeiten, wo ein Werk vollendet und das nächste in ihm noch nicht Gestalt und Kontur gewonnen hatte, wurden die Eintragungen im Tagebuch reichlicher. Aber während er in der Jugend dann ausschließlich auf das „Pflügen im Tagebuch" angewiesen gewesen war, weil er keine Bücher besaß oder entleihen konnte, so fiel diese Schwierigkeit in späteren Jahren natürlich fort. Er benutzte dann das Tagebuch für seine Exzerpte aus den gelesenen Werken, notierte sich darin bis in die letzten Zeiten hinein Wissenswertes. Man darf nicht vergessen, daß Hebbel Autodidakt war und sich konsequent bemühte, die Lücken in seiner Jugendbildung, selbst wenn sie nur durchschnittliches positives Wissen betrafen, zu schließen.

Auffällig erscheint in den Tagebüchern Hebbels Sinn für merkwürdige, absurde oder gar groteske Situationen und

Begebenheiten, die ihm bis ins Alter des Aufzeichnens würdig sind. Dabei wird seine Vorliebe für das Paradoxe immer wieder sichtbar: die seltsame — komische oder tragische — Widersprüchlichkeit des Lebens in Dingen oder Begebenheiten erfaßt er mit blitzartiger Schnelligkeit und formuliert sie verblüffend exakt.

Es ist dieselbe geistige Eigenart, die ihn im Leben überhaupt den Dualismus als das grundlegende Weltprinzip erkennen läßt. Er erblickt im Ganzen der Natur und des Menschen immer zuerst Gegensatzpaare, die sich befehden, zum Beispiel das Einzelwesen, das sich im Akt der Individuation vom Universum löst und dahin zurückgeholt werden muß, ein Geschehen, das nur die Tragödie adäquat darzustellen vermag; oder aber: den „zwischen den Geschlechtern anhängigen Prozeß", welcher Mann und Weib nie zu einem letzten Begreifen kommen läßt, selbst nicht in der Liebe; schließlich: die große Persönlichkeit, die vom Rad der Geschichte zermalmt wird, nachdem sie es vorwärtsgedreht hat; und endlich: die Institutionen, denen der einzelne zum Opfer fällt — das alles sind solche Gegensätze, die Hebbels Grübeln als Fundament des Weltgeschehens erkannte und in den Tagebüchern in Worte faßte.

Diese Gegensatzpaare: Individuum—Universum, Mann—Weib, Held—Geschichte, Staat—Einzelmensch konstituieren Hebbels Weltanschauung, denn für diesen scharfen und schnellen Geist manifestiert sich im Dualismus das Wesen der Welt und des Lebens. Diese dualistische Sehart führt ihn in den Tagebüchern oft zu Formulierungen von schneidender Prägnanz, die blitzartig die geistige Urlandschaft erhellen, in der er denkt. Dann wieder bedient er sich des schrittweisen logischen Räsonnements, um sich selbst (sicher in solchen Momenten nicht „seinem künftigen Biographen zu Gefallen", wie die Präambel verheißt) die Richtigkeit seiner intuitiv ergriffenen Erkenntnisse von dem die Welt durchwaltenden Dualismus methodisch zu verifizieren. Man spürt, wie klar und scharf, aber auch wie eigenwüchsig und eigenwillig die Weltkonzeption dieses Dichterphilosophen ist.

Noch eine andere Qualität Hebbels bekunden die Tagebücher immer wieder: einen unerbittlich ernsten Willen: „Du
kannst ihm meinen Geist mit einem einzigen Wort skiz-
zieren: Willen, denn dieser, da er ernst und heilig ist, setzt
alles voraus", schrieb Hebbel ganz früh schon an einen
Freund, der für ihn in Kopenhagen etwas bei Oehlenschläger
bewirken sollte (an Schacht. 18. Jan. 1834. P. Bornstein, *Der
junge Hebbel*. I, 206).

Diesen festen Willen spürt man vielfältig in den Tagebüchern, nicht zuletzt in dem langen Atem, mit dem sie
durchgehalten sind. Er führt sie in allen Lebenslagen weiter,
da er sie einmal als wichtig für sein geistiges und künstlerisches Wachstum erkannt hat. Selbst während der dunkelsten
Etappe seiner Existenz, jener Fußreise im kalten März 1839
von München nach Hamburg, hat er sich in den billigen
Gasthäusern, die er aufsuchen mußte, kurze Bleistiftnotizen
gemacht, die er viel später erst, in Kopenhagen, in sein Tagebuch eintragen konnte. Diese Methode, sich zunächst kurze
Notizen in der „Brieftasche" zu machen und sie dann einzutragen, scheint in wachsendem Maße Gewöhnung geworden
zu sein: Hebbel betont in späteren Jahren, daß er im Zimmer nie seine Dichtung vorwärtstreibe, sondern im Wandern
und im Spazierengehen. Als er sein Epos *Mutter und Kind*
schrieb, entstanden die Hexameter im Prater beim Veilchenpflücken; wenn ein Strauß fertig war, war auch ein ganzes
Bündel von Hexametern fertig. So muß man auch die
„Letzte Brieftasche", das Geschenk Christines an ihn zu seinem 50. Geburtstag, verstehen: sie wußte, wie sehr Hebbel
die kurzen Notizen und Einfälle brauchte und wünschte ihm
recht viele davon.

Hier läßt sich nun ein unmittelbarer Blick in die Werkstatt des späten Hebbel tun. In der „Letzten Brieftasche"
steht eine kurze Notiz: „Die Linde, unter der ich ging, und
ihr D u f t " (Nr. 12), zweifellos während des Sommers in
Gmunden notiert. Dies Erlebnis des Lindenduftes schenkt
ihm dann eins seiner allerletzten Gedichte: „Ich schritt vorbei an manchem Baum . . .", das er nun unter dem 27. Juni

1863 in sein Tagebuch (6175) einträgt. Vielleicht hat diese Art des Tagebuchführens bei Hebbel in den späteren Jahren überwogen, obwohl man bei einem so glänzenden Aphoristiker wie Hebbel, der so schnell und präzise formuliert, dessen nicht absolut sicher sein kann.

Noch etwas anderes verraten die Tagebücher über Hebbels Art: die unerbittliche Kritik am eigenen Schaffen und am eigenen Wesen. Nie verzichtet Hebbel auf den Rückblick im Tagebuch auf das vergangene Jahr zu seinem bürgerlichen Abschluß am Silvesterabend. Auch wenn er krank oder deprimiert ist, erläßt er sich nicht diesen unbeirrbaren Richterspruch über das, was er im vergangenen Jahr erlebt, geleistet oder aber ertragen hat; selbst nicht, wenn ihm die Diskrepanz zwischen Erhofftem und Erlangtem, Erstrebtem und Geschaffenem, Gewolltem und Erreichtem beschämend groß erscheint. Er scheut sich nicht, der eigenen Wahrheit ins Gesicht zu sehen; er kennt die Kräfte, die aus solchem Rückblick in feierlich-besinnlicher Stunde kommen können, um das eigene menschliche und künstlerische Wachstum zu fördern.

Nicht nur das eigene Schaffen wird kritisch gesehen, sondern in späteren Jahren hat der Einzelgänger Hebbel auch gelernt, den Zuwachs an Freunden als wichtig am Ende eines Jahres zu verbuchen. So einsam und verschlossen er in der Jugend war, so schätzte er in steigendem Maße den Wert, den die Ausweitung seiner Welt durch andere für ihn besitzt, und verzeichnet ihn im Tagebuch, allerdings auch Zorn, Abrechnung und Enttäuschung gegenüber ungetreuen Freunden. Auch hierin sind die Tagebücher ein getreuer Spiegel seiner Eigenart.

Der Mensch und der Künstler Hebbel werden gleichermaßen in den Tagebüchern sichtbar, wie in einer Autobiographie, nur unmittelbarer aus dem gelebten Moment heraus und in einer erstaunlichen Fülle von Facettierungen.

Hebbel muß die Tagebücher, die er fast dreißig Jahre lang führte, als Teil seines Gesamtwerkes empfunden haben. In sie waren so viele seiner besten Gedanken und seiner brillantesten Formulierungen eingegangen, sie betrafen so sehr die ganze Weite der geistigen Welt, in der er sich bewegte, daß er sie in eine künftige Gesamtausgabe mit einbeziehen wollte.

Seitdem seine *Gesammelten Gedichte* 1857 bei Cotta herausgekommen waren, ließ ihn der Gedanke an eine Ausgabe seiner sämtlichen Werke nicht mehr los. Im Sommer 1861 war er in Hamburg, um mit dem alten Julius Campe über den Druck der *Nibelungen* abzuschließen, und dabei zeigte sich Campe dem Gedanken einer Gesamtausgabe nicht abgeneigt, hatte er doch gerade die gesammelten Werke Börnes und Heines, der ihm „das Haus gebaut", verlegt. Hebbel mußte also die Kontrakte mit seinen anderen Verlegern lösen und — was ihn am stärksten belastete — an die Umarbeitung seiner Jugendwerke gehen. Er hielt das als strenger Kritiker seiner selbst für notwendig, weil manche von ihnen in ahnungsloser Jugend leicht hingeschrieben seien. Im nächsten Jahre, im Sommer 1862, verhandelte Hebbel bei einem Besuch in Stuttgart mit dem Baron Cotta, der ebenfalls dem Gedanken einer Gesamtausgabe von Hebbels Werken nicht abgeneigt war, aber Hebbel wußte, daß Cotta schlecht zahlte. Nach Cottas Tod gewannen deshalb im Frühjahr 1863 die Abmachungen mit Julius Campe in Hamburg feste Form. Campe schrieb ihm am 20. Mai 1863:

„Ihre Ansprüche finde ich nicht unbillig, und wie jedes Geschäft ein Wagnis ist, so ist es dieses mit Ihren Werken ebenfalls — aber es geht nicht über meine Kräfte und ist jedenfalls ein sehr anständiges und respektables Geschäft ... Sie verlangen für die e r s t e A u f l a g e dreitausend Taler; dafür liefern Sie das d r u c k f e r t i g e M a t e r i a l, wie Sie die Werke gedruckt haben wollen ... " (R. M. Werner, Briefe VII, Anhang p. 413/414).

Darauf antwortete Hebbel (ebenda p. 346): „Ich danke Ihnen, daß Sie meine B a s i s für eine zu veranstaltende Gesamtausgabe meiner Schriften annehmen. Auf dem ‚Teilen' liegt ein Fluch seit den Nibelungen; König Niflungs Söhne schlugen sich tot dabei und in der Bibel geht es nicht besser her. Was nun das O b j e k t dieser Gesamtausgabe anlangt, so beschäftigt uns zunächst das bereits V o r h a n - d e n e , welches, Gedrucktes und Ungedrucktes zusammen- gerechnet, nach meiner Schätzung zehn Bände ausmacht. Ich bin aber nicht bloß erbötig, sondern es ist mein Wunsch, daß alles, was ich noch s c h r e i b e n w e r d e , sich diesen ersten zehn Bänden unmittelbar anschließe; über den Modus haben wir uns dann zu vereinbaren. Weiter wünsche ich, daß auch mein N a c h l a ß , bestehend aus meiner Korrespon- denz, meinen Tagebuch-Aufzeichnungen und meinen Me- moiren, seiner Zeit hinzukomme; dieser wird nicht bloß sehr bedeutend sein, sondern er wird auch rasch und allgemein wirken, denn er umfaßt die ganze soziale und politische Welt, er kann aber freilich auch erst nach dem Tode er- scheinen."

Als Hebbel dies am 28. Mai 1863 schrieb, ahnte er nicht, daß schon nach einem halben Jahr dieser Fall für das Er- scheinen seines Nachlasses gegeben sein würde.

Aber die Gesamtausgabe war nicht zustande gekommen, und damit begann der Schicksalsweg von Hebbels Tage- büchern. Der Jurist Dr. Julius Glaser und Emil Kuh, Heb- bels Freunde, wollten vor allem die Gesamtausgabe, die Hebbel so sehr gewünscht hatte und an der auch seiner Frau viel lag, zustande bringen. Sie schlossen die Tagebücher und die Briefe davon aus. Emil Kuh, der schon 1854 eine kurze Biographie Hebbels verfaßt hatte, legte sie seiner zweibän- digen Hebbel-Biographie zugrunde, die sich über weite Strecken wie eine Parallelerzählung zu den Tagebüchern liest. Emil Kuh starb darüber (1876), und Rudolph Valdeck beendete die Biographie, die 1877 erschien. Aber sie be- wirkte keine sonderliche Belebung des Interesses an Hebbel und seinen Werken. Das erreichte erst die Herausgabe der Tagebücher durch Hebbels Freund von der Pariser Zeit her, Felix Bamberg.

Wilhelm Scherer, der große Literarhistoriker, hatte in- zwischen erklärt, Hebbels Tagebücher seien ein literarhisto- risches Denkmal ersten Ranges. Dank dem unermüdlichen Eifer Bambergs wurden die Tagebücher entziffert und erschien gedruckt zum erstenmal 1885 und 1887 als *Friedrich Hebbels Tagebücher* im Verlag Grote in Berlin. Was Hebbel fünfzig Jahre zuvor in der ironischen Präambel zu seinen „Reflexionen über Welt, Leben und Bücher, hauptsächlich aber über mich selbst, nach Art eines Tagebuchs" prophezeit hatte, das bewahrheitete sich jetzt, und die Wirkung dieser Dokumente eines schweren, bewußt gestalteten Lebens war erstaunlich. Ein neues Interesse für Hebbel erwachte in breiteren Schichten Deutschlands, dann aber erhielt auch die Hebbel-Forschung entscheidende Impulse durch die Tagebücher.

Man darf diese Erstausgabe der Tagebücher, wie auch die Publikationen von Emil Kuh, nicht mit modernen editorischen Maßstäben messen. Felix Bamberg hat fortgelassen, was ihm für die Veröffentlichung nicht geeignet erschien, er hat wegradiert, unleserlich gemacht, ja ganze Seiten herausgeschnitten. Er glaubte sich befugt, das Bild seines Helden Hebbel zu geben und zu entscheiden, was diesem Bilde zuträglich sei. Neuerdings muß man aber vermuten, daß Bamberg nicht allein schuld ist an diesen Retuschen: Frau Christine, die ihren Mann bis 1910 überlebte, hat das größte Gewicht darauf gelegt, daß Hebbels Erbe gehütet werde, besonders aber auch, daß noch Lebende oder deren Verwandte nicht durch die Publikationen verletzt würden.

Hebbel hatte in den Anfängen seine Notizen auf einzelne Blätter geschrieben und sie eigenhändig zusammengenäht. Er war erst später zum Gebrauch fester Hefte gekommen.

1892 entschloß sich Frau Christine, dem Großherzogspaar in Weimar, dem sie und Hebbel durch die Ermöglichung der *Nibelungen*-Uraufführung im Mai 1861 ihre größten künstlerischen Triumphe verdankt hatten, Hebbels Nachlaß zu schenken. Der Großherzogin lag am Ausbau des Goethe-Schiller-Archivs sehr viel, und Christine und Titi, inzwischen Frau Dr. Kaizl, übersandten den Nachlaß dorthin. Felix Bamberg ließ für diesen Zweck die Tagebücher in rotes Maroquinleder binden, und so liegen sie heute im Goethe-Schiller-Archiv in Weimar.

Natürlich mußten dafür die Ränder beschnitten werden; beim Entziffern und Abschreiben durch Bamberg und seine Hilfskräfte hatten sich Fehler eingeschlichen, auch die Einordnung und Datierung einzelner Notizen war nicht mit Sicherheit auszumachen.

Diesen Übelständen ist — so weit wie möglich — durch die historisch-kritische Ausgabe von Richard Maria Werner abgeholfen worden. Er gab als 2. Abteilung (die erste enthält in 12 Bänden Hebbels Werke, die dritte seine Briefe in 8 Bänden) Hebbels Tagebücher in 4 Bänden 1903/04 neu heraus. Als eine Tat für die Wissenschaft darf man es bezeichnen, daß R. M. Werner es wagte, die Fülle der Eintragungen durchzunumerieren, wobei er auf eine Zahl über 6000 kam. Dazu hat er aus seiner profunden Hebbel-Kenntnis einen Text gewissenhaft hergestellt, ihn durch knapp gehaltene Anmerkungen verständlich gemacht und, was für die Benutzung sehr wichtig ist: er hat ein sehr ausführliches Sach- und Personenverzeichnis hinzugefügt.

Die hier vorgelegte Auswahl von Hebbels Tagebüchern hält sich genau an den Text der historisch-kritischen Ausgabe von R. M. Werner, bedient sich aber der heute üblichen Orthographie und Interpunktion. Sie gibt in Klammern die Ziffern der Wernerschen Numerierung, damit ein Vergleich und in etwa auch ein wissenschaftliches Zitieren möglich sei. Am Ende ist die von R. M. Werner aufgestellte Zeittafel zu Hebbels Leben und Werken abgedruckt, an der nur ganz geringfügige Änderungen vorgenommen wurden. Die Auswahl möchte zeigen, wie sich Biographisches, Bekenntnishaftes, Philosophisches und Künstlerisches vermischen mit Werkgeschichte und Weltgeschehen. Völlig ausgeschlossen von der Aufnahme in diese Auswahl wurden alle Exzerpte Hebbels aus gelesenen Werken, alle Lesefrüchte oder Kollektaneen. Gewiß ergibt sich auch aus ihnen für Hebbels geistiges Streben mancher Aufschluß, es zeigen sich Zusammenhänge zwischen ihnen und dem selbständigen Denken und Schaffen des Künstlers. Da Hebbel aber bis in die Wiener Zeit für seine Lektüre abhängig war vom Zufall, der ihm Bücher brachte oder nicht, dürfte dieser Verzicht sich noch am ehesten rechtfertigen lassen.

Schwieriger ist es bei den Abschriften, die Hebbel sich selbst von wichtigen Briefen machte, ehe er sie absandte. Hier ist nur das Wichtigste davon aufgenommen; es gibt immerhin eine ganze Reihe von Briefsammlungen Hebbels (auch abgesehen von der in R. M. Werners historisch-kritischer Ausgabe), die heute noch zugänglich sind.

Kein Geringerer als Ernst Beutler nannte Hebbels Tagebücher eine „Schatzkammer des Geistes, in der es funkelt, aufleuchtet, blendet wie im ,Grünen Gewölbe'", und er meinte, daß wir wenig Bücher besäßen, die „eine solche Fülle gescheiter Einsichten und tiefer Gedanken verschwenderisch vor dem Leser ausbreiten". Diese Fülle möchte die vorliegende Auswahl im Zusammenhang eines ernst und bewußt gestalteten Künstlerlebens sichtbar machen.

Anni Meetz

INHALT

Friedrich Hebbel

IN RECLAMS UNIVERSAL-BIBLIOTHEK

Philipp Reclam jun. Stuttgart